ZWANZIG JAHRE JOHN NEUMEIER UND DAS HAMBURG BALLETT 1973 – 1993

ZWANZIG JAHRE JOHN NEUMEIER
UND DAS HAMBURG BALLETT
1973 – 1993

ASPEKTE

THEMEN

VARIATIONEN

DAS ZWEITE JAHRZEHNT

CHRISTIANS

ZUSAMMENSTELLUNG UND REDAKTION

WOLFGANG WILLASCHEK

GRAFISCHE GESTALTUNG

PETER SCHMIDT DESIGN

JUDITH GRUBINGER UND MARCEL CREMER

STATISTIK

BIRGIT PFITZNER

FOTOS

HOLGER BADEKOW

DAVID AMZALLAG, FRIEDMAN ABELES, ARCHIV JOHN NEUMEIER, BUNDESBILDSTELLE, GERT VON BASSEWITZ, JEAN-MARIE BOTTEQUIN, MARC ENGUERAND, JOACHIM FLÜGEL, MARCEL FUGERE, INES GELLRICH, MARTIN GRAF, GUNDEL KILIAN, INGRID KRUSE, REGINE KÖRNER, THOMAS KAISER, DINA MAKAROVA, COLETTE MASSON, HELEN BALFOUR MORRISON, LENA MÖNKEDICK, JACOBS MYDTSKOV, TONY NUTTEY, FRITZ PEYER, LESLIE SPATT, RENATE SCHÄFER, YNGVILD SÖRBY, CYLLA VON TIEDEMANN, JOACHIM THODE, RODOLPHE TORETTE, MATTHIAS DU VINAGE, PHOTO WEBER

JOHN NEUMEIER
AN KURT A. KÖRBER

Bei einer Nachfeier zur Hamburger Premiere von *Romeo und Julia* im Jahr 1974 kam ein Mann auf mich zu, der mir sicherlich zuvor vorgestellt worden war, dessen Namen ich aber in aller Premierenaufregung vergessen hatte. Er schaute mich fröhlich an und sagte unumwunden zu mir: »Herr Neumeier, was wünschen Sie sich?« Ich war so überrascht über die Frage, die ich zunächst nicht richtig verstand. Ich wußte nicht, ob ich sie ernst nehmen sollte und brauchte Jahre, um mir eine Antwort darauf zu überlegen. Aber eigentlich war keine Antwort nötig, denn dieser Mann – Kurt A. Körber – tat von sich aus alles, um mich und meine Arbeit nicht aus den Augen zu verlieren. Ich gebe zu, daß ich ihn schon von mir aus einige Male an seine damalige Frage erinnert habe. Zum ersten Mal, als es darum ging, unser erstes kostspieliges Gastspiel in meiner amerikanischen Heimat zu finanzieren. Er hat es mit Hilfe seiner Stiftung großzügig ermöglicht. Nicht zuletzt würde das 1989 eröffnete Ballettzentrum ohne seine tatkräftige Unterstützung heute nicht existieren. Unvergeßlich ist für mich der Augenblick, in dem er im Mai 1988 während der Benefiz-Gala zur Errichtung des »Schumacher-Ballettbaues« bekanntgab, daß sich ein Mäzen, der ungenannt bleiben wolle, bereitgefunden habe, eine immense Summe zur Fertigstellung des Zentrums zu spenden. Es handelte sich um das Kuratoriumsmitglied Hermann Schnabel. Kurt A. Körber konnte also nicht nur Geld zur Verfügung stellen, sondern selbstlos um einer guten Sache willen seine Beziehungen einsetzen. Die langen Jahre unserer Bekanntschaft über lernte ich in ihm nicht nur einen großzügigen Förderer kennen, sondern darüber hinaus einen begeisterungsfähigen, im besten Sinn gefühlsbetont handelnden Menschen von ungewöhnlicher Spontaneität. Stets wird mir die eindrucksvolle, sehr persönliche Rede in Erinnerung bleiben, die er zum Gedenken an die erschütternden Bombennächte des Zweiten Weltkrieges anläßlich unseres Gastspieles in der Dresdner Semperoper (das er ebenfalls ermöglichte) im Februar 1992 gehalten hat. Hier war zu erkennen, daß er niemals vergessen hat, welchen Wurzeln er seine Entwicklung verdankte. Bis zuletzt hat Kurt A. Körber an seinem Versprechen, mich und meine Hamburger Arbeit zu fördern, festgehalten und niemals die Frage vergessen, die er mir 1974 gestellt hatte: »Herr Neumeier, was wünschen Sie sich?« Die letzte Antwort gab er auf diese Frage mit der Unterstützung dieses Buches über meine zwanzigjährige Tätigkeit als Direktor des Hamburg Balletts. Als ich erfuhr, daß die Stiftung zur Förderung der Hamburgischen Staatsoper dieses Buch mitfinanzieren will, versuchte ich ihn aus meinem Ferienort in Italien an seinem Ferienort in Süddeutschland zu erreichen. Trotz vieler Versuche kam das Gespräch nicht durch. Meinen Dank – insbesondere ein Dank für die zahlreichen Antworten, die ich ihm auf seine Frage geben durfte – statte ich ihm heute mit der Widmung dieses Buches ab, das ohne ihn in der vorliegenden Form nicht existieren würde.

ROLF LIEBERMANN
AN JOHN NEUMEIER

Als ich im Jahr 1985 zum zweiten Mal die Intendanz der Hamburgischen Staatsoper übernahm, wußte ich, daß Sie und Ihre Arbeit zu einem besonderen Markenzeichen und Gütesiegel des Hauses an der Dammtorstraße geworden waren. Ich fand in Ihrer weltweit einzigartigen Compagnie ein Fundament vor, das es mir erleichterte, ein in Führungskrisen geratenes Haus zu übernehmen, wußte ich doch um den Erfolg und die Stabilität Ihres Ensembles. Zu meinen damaligen Aufgaben gehörte die zunächst nicht ganz leichte, einen neuen Vertrag mit Ihnen als Ballettdirektor zu schließen. Dabei war mir klar, daß Sie sich Ihrer Bedeutung und Qualität bewußt waren, zumal mit den anstehenden Vertragsverhandlungen die Entscheidung über die endgültige Errichtung des Hamburger Ballettzentrums verbunden war. Für mich war trotz schwieriger Details niemals zweifelhaft, daß es bei diesen Verhandlungen darum ging, Ihre auf langfristige Lösungen angelegten Pläne in vollem Umfang und uneingeschränkt zu unterstützen. Ihre Absicht, die Kreativität des Choreographen mit der Umsicht eines Schul- und Zentrumsleiters zu verbinden, konnte nur sinnvoll sein, wenn man Ihnen in großzügiger Form die nötigen Voraussetzungen dazu einräumte. Was nützte der Titel eines Direktors des Hamburg Balletts, wenn diesem nicht wenigstens weitere zehn Jahre gegeben wurden, seine Visionen zu realisieren? Inzwischen hat sich der Ruf des Ballettzentrums durchgesetzt, nicht zuletzt, weil hier nicht einfach Tanz unterrichtet wird, sondern Lehren und Lernen in ständiger Verbindung mit Ihren Creationen und Ihrer Phantasie stehen, eine Schule nicht zur musealen Einrichtung verkommt, sondern täglich den Beweis anzutreten hat, ein neuen Impulsen aufgeschlossenes Ausbildungszentrum zu sein. Belustigt stelle ich mir vor, daß bald meine Nachfolger vor der Aufgabe stehen, erneut mit Ihnen zu verhandeln, der Sie inzwischen längst zu einer festen Institution im internationalen Kulturleben geworden sind.

Ich erinnere mich, weit früher bei einer nicht unwichtigen Entscheidung, Sie und Ihre Arbeit betreffend, eine Rolle gespielt zu haben. Es handelt sich dabei um ein »Nein«, das von weitreichender Bedeutung für Sie und Ihre Arbeit geworden ist. Hätte es diese Absage nicht gegeben, wäre dieses Buch über Ihr zwanzigjähriges Wirken in Hamburg wahrscheinlich niemals zustandegekommen. Ich bat Sie vor mehr als zwanzig Jahren, Ballettdirektor in Paris zu werden, weil Sie mir als »Amerikaner in Paris« die richtige Lösung für diese weiß Gott heikle Aufgabe zu sein schienen. Aber da hatten Sie sich bereits so sehr an die Stadt an der Elbe gewöhnt, daß Sie an die Stadt an der Seine nicht wechseln wollten.

1985, als ich nach Hamburg zurückkehrte, arbeiteten Sie am *Othello* und eroberten damit die Kampnagelfabrik als neue Aufführungsstätte. Im Sommer 1988, da ich mein Interimsamt niederlegte, hatten Sie Maurice Béjart eingeladen, ein *Hamburger Impromptu* zu entwerfen, das sich auf ganz spezielle Weise mit den Beziehungen zwischen einem Choreographen und seinen Tänzern, einem Direktor und seinem Ensemble auseinandersetzte. Sind dies auch nur zwei von vielen Aspekten, die für Ihre Arbeit im letzten Jahrzehnt ausschlaggebend sind, so erscheinen sie mir doch auf besondere Weise charakteristisch. In Shakespeare fanden und finden Sie einen Autor, dessen Stoffe besonders geeignet sind, gerade im Bereich des Tanzes einer intensiven Vermenschlichung und Konkretisierung unserer existentiellen Probleme Ausdruck zu verleihen. Und Maurice Béjart ist Ihnen ein Partner, Berater und Freund, dessen Arbeit etwas von dem spiegelt, was im Zentrum Ihres Wirkens steht: die Identität von Tänzer und Mensch. Wenige Wochen nach dem *Hamburger Impromptu* arbeitete ich zusammen mit George Gruntz und Robert Wilson an einem Stück, dessen Titel und Texte Alan Ginsburg zu verdanken waren, gedacht als mein »zweiter«, endgültiger Abschied von Hamburg, die Erfüllung eines langjährigen Traumes. Es sollte ein Musiktheater sein, das Oper und Jazz miteinander verknüpft, eine Symbiose, die »ihr« Amerikaner stets selbstverständlicher zu akzeptieren verstandet als »wir« Europäer. Ich möchte Ihnen heute das Motto dieses Abends widmen und es diesem Band, in dem die vielfältigsten Aspekte und Tendenzen Ihrer Arbeit zur wortreichen und bildhaften »Sprache« kommen sollen, voranstellen: *Cosmopolitan Greetings*. Wenige Monate nach *Othello* gingen Sie ein weiteres Mal in die Kampnagelfabrik, um dort einen Ballettabend zu choreographieren, der sich mit Ihren »amerikanischen Wurzeln« beschäftigte. Dessen Titel ist eine ideale Ergänzung der *Cosmopolitan Greetings*. Er sollte das gesamte Buch wie ein roter Faden durchziehen und sollte als Frage schließlich am Ende jeder Lektüre stehen, die sich mit Ihnen und Ihren Balletten beschäftigt: *Shall we dance?*

INHALT

ZWANZIG JAHRE JOHN NEUMEIER
UND DAS HAMBURG BALLETT
1973–1993

VORWORT

Ein Buch, dessen Autoren es sich zum Ziel gesetzt haben, das zwanzigjährige Wirken des Choreographen John Neumeier und seines Ensembles zu dokumentieren, sollte für sich sprechen. Also benötigt es kein Vorwort. Aber ein Buch, in dem es darum geht, möglichst viele kontroverse Aspekte der zwanzigjährigen Arbeit eines Tänzers, Choreographen und Ballettdirektors an einem einzigen Ort zu erfassen, zerfällt notgedrungen in zahlreiche Daten und Fakten, Thesen und Bilder. Also braucht dieses Buch ein Vorwort.

Das gilt besonders, wenn man sich mit John Neumeier beschäftigt, mit dem Choreographen und dem Menschen, der von sich sagt, er konzentriere sich gerne auf Details, ohne das »Ganze« aus dem Auge zu verlieren. Deshalb – Wesen der Dialektik – zerfällt seine Arbeit in eine Vielzahl von Fußnoten, Verästelungen, Beziehungen, Querverbindungen. Man benötigt Abstand, um erkennen zu können, zu welchem Eindruck sich diese verschiedensten Mosaiksteine fügen.

Vergliche man John Neumeiers Arbeit mit einem Baum, so hat dieser Baum unleugbar feste Wurzeln, seine Äste gestalten sich aber zunehmend verzweigter. Es ist nicht leicht, bei der Betrachtung beides nicht aus dem Auge zu verlieren, die Wurzeln und die Äste.

Der Tänzer John Neumeier ist nicht denkbar ohne den Choreographen, der Choreograph nicht ohne den Menschen John Neumeier. Die inzwischen zwanzig Jahre umfassende Ära seiner Hamburger Arbeit ist nicht vorstellbar ohne das Ensemble, ohne die Ballettschule, schließlich ohne das Ballettzentrum. Will man in einem Buch – und dies ist das erklärte Ziel derer, die es verantworten – über die Vermittlung von Daten und Fakten hinaus gerade jene Spannungsmomente einfangen, die John Neumeiers zwanzigjährige Arbeit prägen, sollte man alles tun, dem Leser komplizierte Details einfach und klar, übersichtlich und verständlich darzustellen.

Der Inhalt des Buches *Zwanzig Jahre John Neumeier und das Hamburg Ballett* konzentriert sich auf die Arbeit John Neumeiers in den Jahren 1983 bis 1993. Das vorrangige Thema sind die Ballette und Tanzereignisse

des zweiten Jahrzehnts. Das Buch ist eine Fortsetzung des 1983 erschienenen Bandes über die ersten zehn Jahre von John Neumeiers Tätigkeit in Hamburg, deren vielseitige Aspekte auch in den zweiten Band einfließen. Der Hauptteil dieses zweiten Buches ist in zehn Kapitel unterteilt, jeweils eines für eine Spielzeit, beginnend in der Spielzeit 1983/84, endend in der Spielzeit 1992/93.

Im Mittelpunkt jedes Kapitels steht ein wesentlicher *Aspekt* aus der Arbeit des Hamburg Balletts in der jeweiligen Spielzeit. Künstler, die John Neumeier und seiner Arbeit nahestehen, international anerkannte Autoren und Ballettkritiker leiten jeweils mit einem Originalbeitrag diesen *Aspekt* ein. Es folgen *Themen,* bezogen auf den jeweiligen wesentlichen *Aspekt.* Unter *Themen* sind alle neuen Creationen aufgeführt, die zwischen 1983 und 1993 für das Hamburg Ballett entstanden. *Aspekte* und *Themen* bilden die Grundlagen dieser Dokumentation. Die daraus sich ergebenden »Verästelungen« sind Inhalt eines dritten Abschnittes: *Variationen.* Im Stil einer Chronik beschließt ein Rückblick jedes Kapitel: *Die Spielzeit.*

Die Verantwortlichen dieses Buches wünschen sich, in der Vielfalt des Angebotes möge der einzelne Leser seine *Aspekte, Themen* und *Variationen* selbst suchen und entdecken.

Wolfgang Willaschek

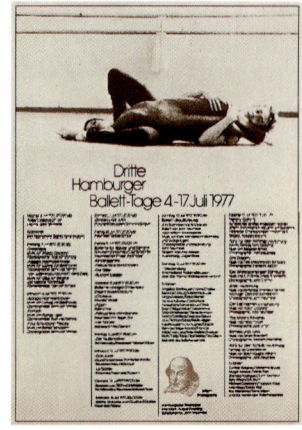

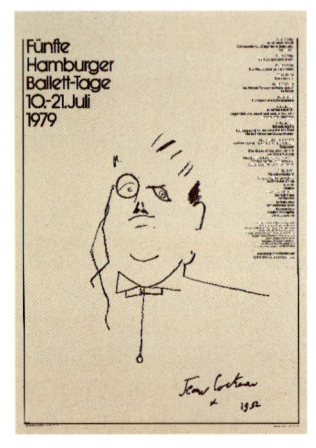

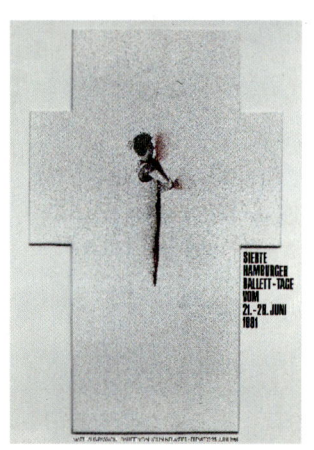

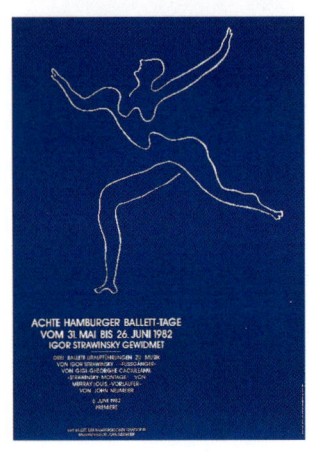

PLAKATE FÜR DAS HAMBURG BALLETT 1974–1993
NEUINSZENIERUNGEN UND HAMBURGER BALLETT-TAGE

Foto/Design: Holger Badekow

»Meyerbeer-Schumann«, Design: Marco Arturo Marelli – Erste und Achte Hamburger Ballett-Tage, Design: Ingeborg Bernerth – Zweite Hamburger Ballett-Tage, Foto: Jean-Marie Bottequin, Design: Ingeborg Bernerth – Vierte Hamburger Ballett-Tage, nach einem Prospektentwurf von Jürgen Rose, Design: Ingeborg Bernerth – Fünfte Hamburger Ballett-Tage, Design: Ingeborg Bernerth (nach einer Zeichnung von Jean Cocteau) – Dritte, Sechste und Siebte Hamburger Ballett-Tage, Foto: Holger Badekow, Design: Ingeborg Bernerth.

Antoine Livio

JOHN NEUMEIER

Originalbeitrag in Französisch

PREFACE

Créer une danse qui soit sienne, donc nouvelle par rapport aux autres et par rapport à soi-même, à ses créations antérieures, signifie partir à la quête de sa propre âme, car on ne peut renouveler son art, sans se renouveler soi-même. Et puisqu'on écrit la danse avec son corps, il n'est pas pensable de créer en faisant abstraction de ce qui confère au corps sa beauté, son élégance et sa grandeur, son souffle premier: l'âme. Il faut bien nommer les choses, comme on les écrivait jadis . . . *anima, animus!* L'âme est à l'esprit, ce que la danse est au corps, une exigence morale, une règle de conduite, avant d'être un chant d'amour et d'exaltation. En effet la danse est pour l'être une nécessité première, comme respirer et manger. Une façon de dire l'indicible, de nommer l'innommable: l'expression première, à l'heure où les mots font défaut. Ainsi montrer sa joie, quand on ignore encore ce qu'est la joie. Ce besoin de danser que tout enfant ressent, avant même de comprendre ou de savoir ce qu'est la danse, ce qu'est la musique et quel lien étroit les lient, prouve la réalité d'une fonction physique, pour ne pas dire organique, qu'on préfère écarter de toute étude, comme on aime faire fi de certains *mystères.*

LE MYSTERE DE LA CREATION

Au mot *mystère,* nous sommes au cœur de la création selon John Neumeier, puisqu'il est aujourd'hui, de tous les chorégraphes, celui qui nous permet de prendre le mieux conscience de toute la profondeur, de toute la valeur de l'action dansée. La danse, comme l'écriture est transmission. On écrit une lettre pour qu'elle soit lue par l'autre. Un poème pour qu'un autre le lise, le transcende et transmette aux autres ce que le poète célait au fond de lui. Passage de relais. Une flamme pour alimenter la flamme. Quelque soit son âge, le vrai chorégraphe écrit donc sa danse avec son propre corps, ce qui faisait dire à George Balanchine, que le jour où il ne pourrait plus danser, il ne pourrait plus régler de ballet. Puis, du corps du chorégraphe, la danse s'épanouit, prend sa juste dimension et son envol, grâce à ce qu'on nomme le *corps de ballet,* corps multiple, visages divers, sensibilités diverses.

L'EVEIL A LA DANSE

Pour comprendre la quête de John Neumeier, il faut retrouver le jeune étudiant qui, grâce au jésuite qui lui enseigne la philosophie, découvre qu'il a un corps affamé de mouvement. Et j'aime ce parallèle, qu'à l'instant où le bachelier fait l'investigation de son esprit, et de ses richesses, il prend soudain conscience qu'il dispose d'un corps pour parler une autre langue que celle des livres. Découvrir la danse à l'âge de l'épanouissement intellectuel, c'est prendre d'abord conscience de ses manques: le corps ne suit pas. Ne suit plus, car la danse est plaisir d'enfance, péché d'adolescence . . . il faut pouvoir modeler les muscles et sculpter les os pour bâtir un corps en mouvement, un instrument de danse, selon les règles de Beauchamp, de Blasis, de Petipa . . . Or au début de ce siècle, la femme a voulu s'émanciper de toutes ces règles qui corsetaient son existence, de femme d'abord, d'artiste ensuite. Et comme la danse était depuis l'ère romantique l'art féminin par excellence, ce furent par conséquent les femmes qui ont jeté à la poubelle pointes et règles, corset, tutu et tout le falbala dont s'arnachait alors la danse.

LA LECON D'ISADORA DUNCAN

Parmi les pionnières, Isadora Duncan viendra de son Amérique natale danser jusqu'à Saint-Pétersbourg – source même du ballet classique – et dans la salle se trouvent, éblouis, Diaghilew et Fokine. Aussitôt l'un et l'autre essayent de saisir toute l'étendue de la leçon que la jeune américaine dissimule sous sa révolte et son féminisme. Et toute l'épopée des Ballets russes va découler en quelque sorte de l'enthousiasme qu'Isadora Duncan déchaîne chez Fokine surtout, et de ce qu'en saisira Diaghilew, pour choisir avant tout de grands compositeurs afin d'élaborer cette danse nouvelle qui sera celle du XXè siècle. Pendant ce temps, en Amérique, on continue de danser pieds nus. Toute une nouvelle danse, typiquement américaine, est née, même si toutes ces danseuses, à l'exemple de Ruth Saint-Denis, vont chercher en Egypte ou en Grèce – à l'aube de la civilisation européenne – de quoi nourrir leur passion et leur danse. Puis ce seront les indiens et leurs jeux guerriers qui inspireront aussi bien les premiers danseurs, comme Ted Shawn, que Martha Graham. Depuis les grands stages d'été de Bennington College et de Colorado Springs, qui rassemblaient surtout les professeurs d'éducation physique d'Amérique du Nord, ces derniers se sont répandus dans tous les Etats-Unis pour transmettre la bonne parole, cette façon de danser qui permet à quiconque de s'exprimer sans avoir suivi, depuis l'enfance, les longues et pénibles heures d'exercices à la barre et d'équilibre au milieu.

L'EUROPE OU LE RETOUR AUX SOURCES

Ainsi John Neumeier va pouvoir découvrir chez Sybil Shearer non seulement l'usage de son corps, mais l'exigence de celui-ci, qui en veut toujours davantage, qui peu à peu force l'inertie musculaire et recule la frontière de la danse dite moderne *(modern dance)* pour s'offrir aux difficultés de la danse académique, ce qu'en Amérique on appelle encore, par opposition, le *ballet*. Toujours grâce aux conseils avisés du père jésuite, qui ne cesse de l'inciter à aller de l'avant, à poursuivre cette quête qui pourrait paraître insensée à d'autres, John Neumeier part pour Copenhague, puis pour Londres, où il suit les cours de la Royal Ballet School. Tant de danseurs on fait le chemin inverse! formés à la danse classique (ou académique), ils optent pour la *modern dance,* une fois l'âge rendant la prouesse technique pénible, pour ne pas dire impossible. Hélàs nous nous trouvons alors devant un rétrécissement du vocabulaire et de l'inspiration. Avec John Neumeier, nous assistons au contraire à un épanouissement perpétuel, et du langage et de l'expression. En effet à l'écoute des musiques les plus sophistiquées, les plus hermétiques ou les plus riches de tous les répertoires, que sa curiosité sans faille lui fait aborder, John Neumeier trouve toujours, en son imagination, de quoi répondre à l'agression musicale. C'est un jeu de répliques. Un dialogue qui ne serait que fou, insensé ou plein d'humour, s'il n'y avait perpétuellement chez le chorégraphe cette nécessité première de répondre à l'exigence profonde de l'esprit, de retrouver grâce à la danse l'âme de toute partition.

LE SENS DES CORRESPONDANCES

Cette quête des correspondances, ce retour aux sources spirituelles de la danse – telle celle de David devant l'Arche – ce besoin de retrouver le fondement religieux de tout acte, de tout geste, accorde à la danse de John Neumeier une lumière qui éclaire de l'intérieur ses moindres chorégraphies, d'un adage sur le Concerto N° 21 de Mozart (dans »Ariel«) à telle plainte d'Arvo Pärt, qui serait peut-être une prière! C'est la seule voie possible, pour être à l'écoute des uns (les danseurs) et obtenir l'écoute des autres (les spectateurs). Et John Neumeier à force de s'abstraire en ses chorégraphies, de descendre au plus profond de la musique et de la danse, donc de lui-même, s'est imposé une rigueur qui rejaillit sur les autres; non seulement ses danseurs, mais aussi les élèves qu'il a rassemblés autour de sa compagnie et qu'il prépare à devenir de réels artisans de la danse. Ainsi s'est-il imposé comme un des rares vrais chefs d'une grande compagnie de danse. Un maître avec des disciples qui, à leur tour, deviennent chefs de troupe: Jean-Christophe Maillot à Monte-Carlo, François Klaus à Berne . . . Arrivé à la moitié de sa vie – tel Faust – et se retrouvant chaque matin, jeune à la classe, jeune devant la jeunesse, gourmand devant sa gourmandise et ému devant sa beauté, John Neumeier poursuit sa mission de chorégraphe, à l'abri des styles, des modes, des engouements passagers, mélant au chant du monde et aux musiques du siècle, tous les vocabulaires et tous les gestes qui sont un corps en mouvement, une âme qui prie.

Antoine Livio

JOHN NEUMEIER

VORWORT

Seinen eigenen Tanz zu schaffen, also einen Tanz, der in bezug auf andere, auf sich selbst und auf eigene frühere Creationen neu ist – bedeutet, sich auf die Suche nach der eigenen Seele zu machen. Denn man kann nicht seine Kunst erneuern, ohne sich selbst zu erneuern. Und da der Tanz vom Körper geprägt wird, ist es undenkbar, zu kreieren, ohne das zu beachten, was seine Schönheit, seine Eleganz und seine Größe, seinen ersten Atemzug ausmacht: die Seele. Man muß die Dinge beim Namen nennen, wie man sie einst schrieb ... *anima, animus!* Die Seele ist für den Geist, was der Tanz für den Körper ist: eine moralische Aufforderung, eine Verhaltensregel und erst in zweiter Linie ein Liebeslied und ein Ausdruck der Begeisterung. Tatsächlich ist der Tanz für den Menschen unentbehrlich wie das Atmen und das Essen. Eine Art, das Unaussprechliche auszudrücken, Unbeschreibliches zu benennen: die erste Äußerung, da, wo Worte fehlen. Um dadurch seine Freude zu zeigen, wenn man sich noch nicht bewußt ist, was Freude ist. Dieses Bedürfnis zu tanzen, das jedes Kind verspürt – noch bevor es versteht oder weiß, was Tanz ist, was Musik ist und welch enges Band beides verbindet – beweist das tatsächliche Vorhandensein einer physikalischen, um nicht zu sagen organischen Funktion, die man bei jeder Studie ausschließen möchte, so wie man eben gewisse *Geheimnisse* verschmäht.

DAS GEHEIMNIS DER SCHÖPFUNG

Beim Wort Geheimnis sind wir nach Meinung John Neumeiers mitten in der Schöpfung. Er ist heute von allen Choreographen derjenige, der uns am besten die ganze Tiefe, den ganzen Wert einer getanzten Handlung bewußt werden läßt. Der Tanz ist genau wie das Schreiben Übermittlung. Man schreibt einen Brief, damit er von anderen gelesen wird. Ein Gedicht, damit ein anderer es liest, es aufnimmt und an andere weitergibt, was der Dichter in seinem Innersten geheimhielt. Weitergabe und Verflüchtigung. Eine Flamme, um die Flamme zu speisen. Wie alt er auch ist, der wirkliche Choreograph schreibt seinen Tanz mit seinem Körper. Deshalb sagte George Balanchine, daß er nur solange Ballett aufführen könnte, wie er auch tanzen könne. So entfaltet sich der Tanz vom Körper des Choreographen aus, bekommt sein richtiges Format und seinen Schwung dank dem, was man *Corps de ballet* (»Ballett-Körper«) nennt: verschiedenartige Personen, verschiedene Gesichter, vielfältige Empfindungswelten.

DER WUNSCH ZU TANZEN

Um John Neumeiers Suche zu verstehen, muß man sich an den jungen Studenten erinnern, der dank des Jesuiten, der ihn Philosophie lehrte, entdeckt, daß sein Körper nach Bewegung hungert. Und – ich liebe diese Parallele – daß in dem Augenblick, in dem der Abiturient seinen Geist und seine Fähigkeiten erforscht, er sich bewußt wird, daß er einen Körper besitzt, der es ihm ermöglicht, eine andere Sprache als die der Bücher zu sprechen. Den Tanz im Alter des geistigen Erblühens zu entdecken, das bedeutet zunächst einmal, sich auch der Schwächen bewußt zu werden: der Körper macht nicht mit. Macht nicht mehr mit, denn der Tanz ist ein Vergnügen der Kindheit, eine Jugendsünde ..., man muß die Muskeln und die Knochen formen können, um einen Körper der Bewegung zu erhalten, ein Instrument des Tanzes nach den Regeln von Beauchamp, von Blasis, von Petipa. Nun aber wollte Anfang dieses Jahrhunderts die Frau sich von allen ihre Existenz einschränkenden Regeln befreien, zunächst von denen der Frauen und dann von denen der Künstler. Und da der Tanz seit der Romantik die feminine Kunst schlechthin war, so waren es folglich die Frauen, die alles fortwarfen: Tanz auf Spitze und Konventionen, Korsett und Ballettröckchen und die ganzen Verschnörkelungen.

DIE LEKTION VON ISADORA DUNCAN

Unter den Pionieren kommt die aus Amerika stammende Isadora Duncan bis nach St. Petersburg – dem Ursprung des klassischen Balletts – um dort zu tanzen. In dem Saal befinden sich, verblüfft, Diaghilew und Fokine. Instinktiv versuchen beide das ganze Ausmaß der Lektion zu erfassen, die die junge Amerikanerin hinter ihrer Revolte und ihrem Feminismus verbirgt. Und das ganze Epos der Ballets russes wird in eine Art Enthusiasmus zerrinnen, den Isadora Duncan besonders bei Fokine entfesselt und von dem auch Diaghilew erfaßt wird. Deshalb wird dieser sich hauptsächlich für die großen Komponisten entscheiden, um diesen neuen Tanz, der der Tanz des 20. Jahrhunderts sein wird, zu entwickeln. Während dieser Zeit tanzt man in Amerika weiterhin barfuß. Ein ganz neuer Tanz, typisch amerikanisch, ist geboren. Auch wenn alle Tänzerinnen – nach dem Beispiel von Ruth Saint-Denis – in Ägypten oder in Griechenland am Beginn der europäischen Zivilisation suchen, wovon sie ihre Leidenschaft und ihren Tanz nähren können. Danach sind es die Indianer und ihre Kriegsspiele, die die ersten Tänzer des neuen Stils, wie Ted Shawn und Martha Graham, inspirieren. Seit den großen Sommerproben am Bennington College und in Colorado Springs, die vor allem Sportlehrer aus Nordamerika anziehen, haben sich diese überall in den Staaten niedergelassen, um die »gute Nachricht« zu vermitteln – eben die Art zu tanzen, die es jedem erlaubt, sich auszudrücken, ohne seit der Kindheit lange und anstrengende Übungsstunden an der Stange verbringen zu müssen, um zu lernen, das Gleichgewicht zu halten.

EUROPA ODER DIE RÜCKKEHR ZU DEN URSPRÜNGEN

So wird John Neumeier bei Sybil Shearer nicht nur die Beherrschung seines Körpers entdecken, sondern auch dessen Forderungen: dieser Körper, der täglich mehr will, der nach und nach die Trägheit der Muskeln bezwingt und die Grenzen des sogenannten modernen Tanzes *(modern dance)* zurückdrängt, um sich den Schwierigkeiten des akademischen Tanzes zu stellen, den man im Gegensatz dazu in Amerika noch das *Ballett* nennt. Dank der klugen Ratschläge des Jesuitenpaters, der nicht aufhört, ihn aufzufordern, weiterzugehen und diese Suche, die anderen sinnlos erscheinen könnte, weiterzuführen, begibt John Neumeier sich erst nach Kopenhagen und dann nach London, wo er an Kursen der Royal Ballet School teilnimmt. So viele Tänzer sind den umgekehrten Weg gegangen! Ausgebildet in klassischem (oder akademischem) Tanz, entscheiden sie sich für den *modern dance,* wenn einmal das Alter erreicht ist, das den technischen Erfolg anstrengend, um nicht zu sagen unmöglich werden läßt. Und leider werden nun die Ausdrucksmöglichkeiten und Ideen immer geringer. Bei John Neumeier erleben wir im Gegenteil eine ständige Entwicklung; sowohl in der Sprache als auch im Ausdruck. Es ist ein Spiel der Erwiderung. Ein Dialog, der nichts als verrückt, sinnlos oder humorvoll wäre, erschiene es dem Choreographen nicht ständig absolut notwendig, eine Antwort auf die große Forderung des Geistes zu erhalten und dank des Tanzes die Seele jeder Partitur wiederzufinden.

DIE BEDEUTUNG DER ÜBEREINSTIMMUNG

Diese Suche nach Übereinstimmungen, diese Rückkehr zu den geistigen Ursprüngen des Tanzes – so wie die von David vor der Arche – dieses Bedürfnis, die religiöse Grundlage jeder Handlung, jeder Geste wiederzufinden, verleiht dem Tanz von John Neumeier eine strahlende Kraft, die seine intimsten Choreographien von innen heraus erleuchten läßt; vom Sinnspruch zum Konzert Nr. 21 von Mozart (in »Ariel«) bis zu jener Klage von Arvo Pärt, die genauso gut ein Gebet sein könnte. Das ist der einzig mögliche Weg, um die einen (die Tänzer) zu hören und sich bei den anderen (den Zuschauern) Gehör zu verschaffen. Dadurch, daß er sich geistig von seinen Choreographien löst, eben durch sein Hineinversetzen in das tiefste Innere der Musik und des Tanzes – also auch in sich selbst – hat John Neumeier sich eine Strenge auferlegt, die auf alle anderen zurückfällt. Nicht nur auf die Tänzer, sondern auch auf die Schüler, die er um sein Ensemble versammelt hat und die er darauf vorbereitet, wirkliche Tanzkünstler zu werden. So hat er sich als einer der wenigen wirklichen Direktoren eines großen Ballettensembles etabliert. Ein Meister mit Schülern, die dann ihrerseits Direktoren eines Ensembles werden: Jean-Christophe Maillot in Monte Carlo, François Klaus in Bern ... Wie Faust befindet sich John Neumeier in der Mitte seines Lebens, jeden Morgen jung vor seiner Klasse, jung vor der Jugend, alles Ästhetische genießend und ergriffen von der Schönheit. John Neumeier verfolgt seine Mission als Choreograph unbeeinflußt von Stilrichtungen, Moden und augenblicklicher Begeisterung. Hierbei verbindet er die Melodien der Welt und die Musikstile der Jahrhunderte mit allen Ausdrucksmöglichkeiten und Gesten, die ein Körper in Bewegung, eine Seele, die betet, darstellen kann.

DIE ERSTEN ZEHN JAHRE

HÖHEPUNKTE AUS JOHN NEUMEIERS CHOREOGRAPHIEN 1973–1983

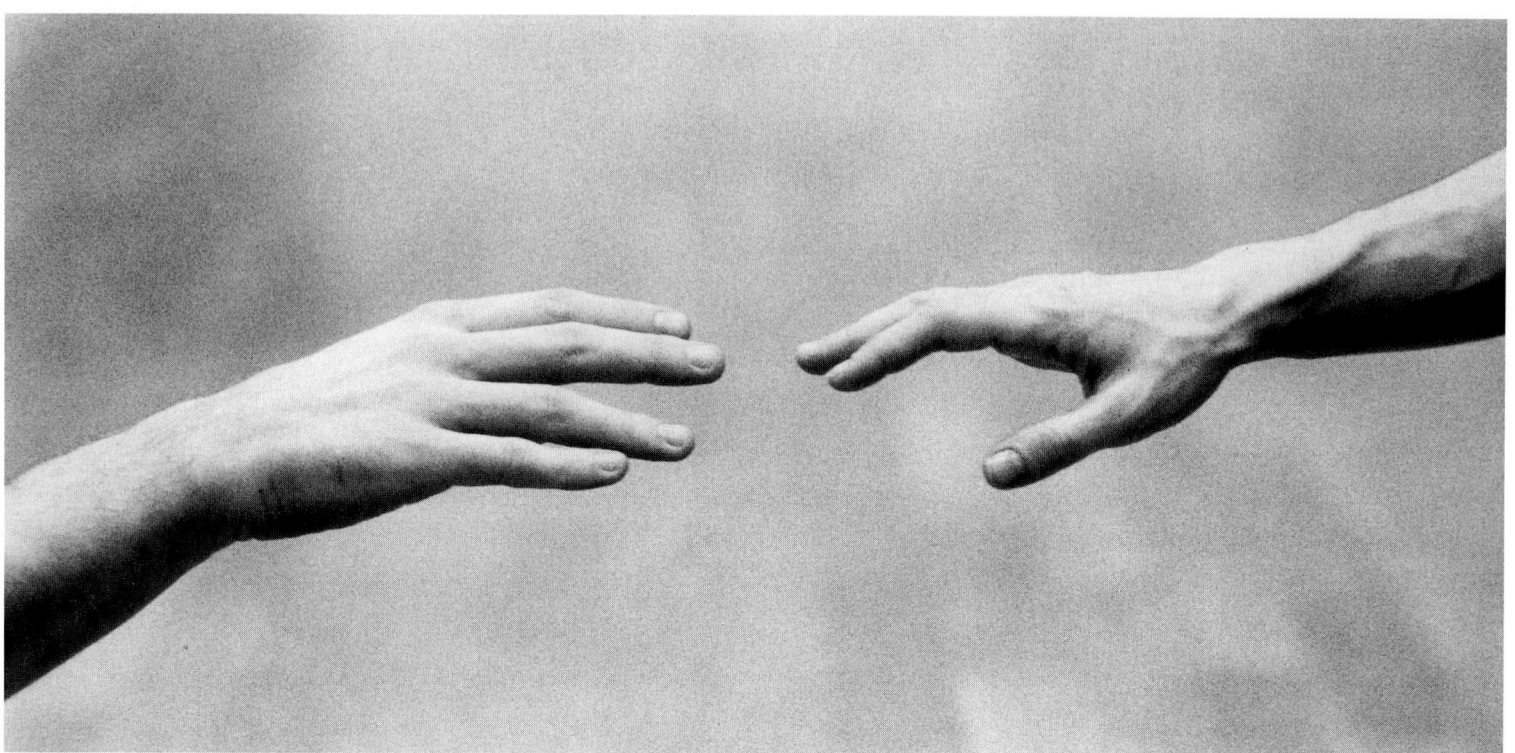

1973/74 – »Romeo und Julia«   *HB*

1974/75 – »Dritte Sinfonie von Gustav Mahler« – Salvatore Aiello, Ballettensemble   *GB*

1975/76 – »Le Sacre« – Ballettensemble　　　　　　　　　　　　　　　　　　　　　　*GB*

1976/77 – »Ein Sommernachtstraum« – François Klaus (Oberon), Zhandra Rodriguez (Titania), Kevin Haigen (Puck)　　　*GB*

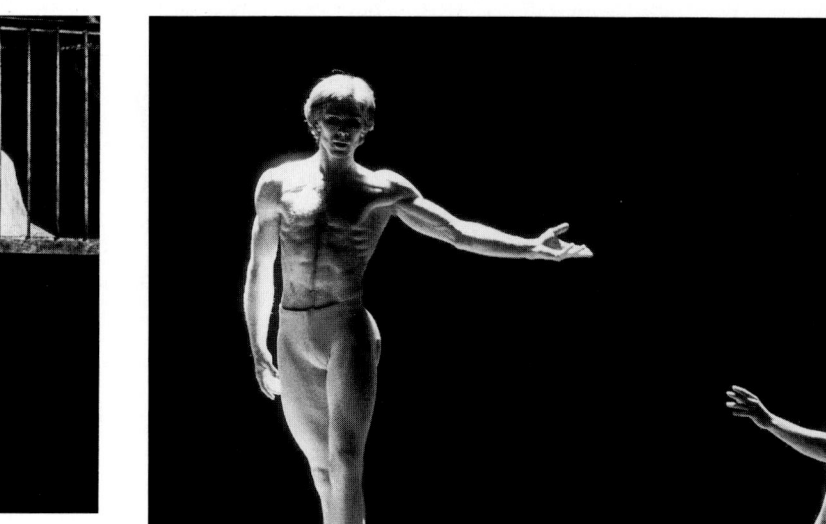

1977/78 – »Dornröschen« – Colleen Scott (Prinzessin Aurora), François Klaus (Prinz Desiré)　　　　　　*JF*

1978/79 – »West Side Story«
Jon Garrison (Tony),
Deborah Sasson (Maria)　　*GB*

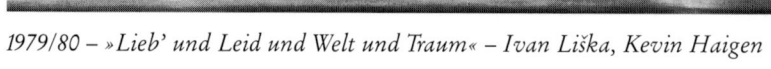

1979/80 – »Lieb' und Leid und Welt und Traum« – Ivan Liška, Kevin Haigen　　　　　　*HB*

1981/82 – »Petruschka«
Kevin Haigen   CM

1980/81 – »Matthäus Passion« – John Neumeier, Ballettensemble   HB

1982/83 – »Artus-Sage« – François Klaus (Artus), Colleen Scott (Ginevra), Ballettensemble   MF

11 Das sinfonische Ballett
»Sechste Sinfonie von Gustav Mahler« – Beatrice Cordua, Max Midinet, Ballettensemble

»Othello« – Gigi Hyatt (Desdemona), Gamal Gouda (Othello)

HB

13 Ballett auf Tournee
Japan-Tournee 1989, »Der Nußknacker«
Stefanie Arndt, John Neumeier, Jean Laban, Ballettensemble

AJN

»Endstation Sehnsucht« – Gamal Gouda (Stanley Kowalski), Gigi Hyatt (Blanche DuBois)   *JT*

15 Creation in Hamburg: Der Andere
»Über Ionesco: Hamburger Impromptu / Die Stühle« · Probenfoto mit Maurice Béjart, John Neumeier, Ballettensemble

HB

16   Auftragswerk
»Peer Gynt« – Ivan Liška (Peer Gynt), Gigi Hyatt (Solveig)

HB

17   Das Ballettzentrum
Treppenhaus des Ballettzentrums Hamburg

18   Mozart
»Requiem« – Solisten und Ballettensemble

HB

19 Der Raum
»A Cinderella Story« – Manuel Legris, Ballettensemble

»Gras« – Bettina Beckmann, Gamal Gouda

ASPEKTE

THEMEN

VARIATIONEN

11

DAS SINFONISCHE BALLETT

Die Choreographien zu Sinfonien von Gustav Mahler verbinden das erste mit dem zweiten Jahrzehnt John Neumeiers in Hamburg – Versuche, gestische Bilder vom Geheimnis der Musik zu erzeugen.

1984: Sechste Sinfonie, *Bekenntnis zu einer von Angst und Pessimismus geprägten Welt.*

1989: Des Knaben Wunderhorn / Fünfte Sinfonie, *gewidmet dem Ensemble und dessen neuer Wirkungsstätte, dem Ballettzentrum Hamburg.*

ASPEKTE

John Percival

THE SYMPHONIC BALLET

Originalbeitrag in Englisch

More than any other choreographer of our time, John Neumeier has kept alive the idea of the "symphonic ballet". If that term is to be worth using, it must mean something more than simply a ballet danced to a symphony. There would be no point, for instance, in calling a work of pure display dancing, such as Balanchine's Bizet *Symphony in C,* a symphonic ballet; the choreographer's own definition of it as a classic ballet is more apt. (Balanchine's ballet to the Stravinsky *Symphony in Three Movements,* however, might seem more of a borderline case.) On the other hand, the fact that Neumeier set the second half of *A Streetcar named Desire* to Schnittke's *First Symphony* cannot in any meaningful way bring that ballet, inspired by a play, within the "symphonic" category. So let me start with a definition:

A symphonic ballet is one which is made to a piece of symphonic music; it consciously and specifically has an emotional element but not a plot that can be narrated in literary form; and the choreographer has drawn that emotional element from his reaction to the music rather than bringing preconceived ideas to the music.

That seems to me to cover a category of dance works worth defining as an entity, somewhere between pure-dance and dancedrama, and to fit all the best examples of the genre since the term was brought into general use in the 1930s by the immense popularity of Léonide Massine's ballets to symphonies of Brahms, Tschaikovsky and others.

Possibly as early as his ballet to Scriabin piano music, *Dämmern* (created in Frankfurt, 1972), Neumeier began flexing his muscles towards the kind of kinetic and emotional structure drawn from music which he developed soon afterwards in *Third Symphony of Gustav Mahler* (1975), the first of his ambitious series of symphonic ballet inspired by the challenge of that composer's music. It is worth noting that, from the time when Antony Tudor first had the temerity to stage the *Kindertotenlieder* as *Dark Elegies* in 1937 and *Song of the Earth* as *Shadow of the Wind* in 1948, Mahler's music played an important role in helping to establish a serious but non-literary dramaturgy for ballet; the names of Eliot Feld, Maurice Béjart and Kenneth MacMillan would also have to figure in any discussion of that topic. In *Third Symphony of Gustav Mahler,* Neumeier explored aspects of human nature, paralleling the inspiration which Mahler drew from nature for that work. He explained his "theme" as being the music itself, an attempt to express visually the feelings he experiences in listening to it (although it is relevant to note that he had already choreographed the fourth movement of the symphony as *Night* for a tribute to his

»Dämmern« – Beatrice Cordua, Marina Eglevsky   *FP*

44

»Dritte Sinfonie« – François Klaus, Zhandra Rodriguez   *FP*

former mentor John Cranko at a Stuttgart gala in 1974, when there must have been an additional source of inspiration).

As a man with a keen sense of dance history, Neumeier was certainly aware of many precedents. We know that as long ago as 1829 the French choreographer André Deshayes made a ballet to Beethoven's *Sixth Symphony* at the King's Theatre in London, but that seems unlikely to have fitted my definition. Almost eighty years on, Isadora Duncan caused a stir by dancing to Beethoven's *Seventh Symphony,* and not long after that Alexander Gorsky set a ballet to Glazunov's *Fifth Symphony.* Even so, Fyodor Lopokov was regarded as doing something new when he created *Dance Symphony* (to Beethoven's fourth) in Leningrad in 1923. From descriptions, this seems to have been a genuine symphonic ballet, and possibly the first within our definition. Two young choreographers were among the dancers taking part, and both of them at least briefly took up similar ideas during their subsequent careers, but only as a digression from the styles they more consistently followed. George Balanchine did this in *Errante* and even to some extent in *Serenade* before developing his more characteristic plotless ballet, and Leonid Lavrovsky in *Paganini,* which avoided the strictly narrative structures in which he mostly worked. Because Lopokov's experiment was unknown in the west, Massine was generally credited with inventing the symphonic ballet, and he did in fact form his ideas independently, visiting the Temple of the Giants at Silenus in Sicily. Overcome by the scale of the fragmentary columns and remains of mighty statues, he found that they suggested "vast harmonic groupings, and I wondered if it would be possible to create with human bodies a similar feeling of physical grandeur wedded to pure music". The immense impact of, particularly, *Les Présages*

(Tschaikovsky fifth) and *Choreartium* (Brahms fourth) was largely responsible for his reputation during the 1930s as the leading choreographer of the day. Dance lovers saw them as doing something new and exciting, and tried to go over and over again to see them. The musical structure had required choreography which avoided the old conventions of ballet-making with set numbers, symmetry, male-female balance and so on; at the same time the emotional content of the music compelled a similar depth and non-verbal meaning in the movement. Changes in the world ballet scene during the second world war resulted in these ballets being little seen after the 1930s until recent revivals by the Paris Opera and by Birmingham Royal Ballet once more drew attention to their qualities after half a century of obscurity. Their influence, however, continued at least intermittently, for instance in Ashton's *Dante Sonata* and *The Wanderer,* to music by Liszt and Schubert, MacMillan's *Symphony* (Shostakovich first), Béjart's *Ninth Symphony* (Beethoven) and Jiří Kylián's *Symphony of Psalms* (Stravinsky), not to mention Boris Belsky's *Leningrad Symphony* (Shostakovich seventh) and Nureyev's *Manfred* (Tschaikovsky). But nobody else pursued this path as consistently as Neumeier did once he had discovered it.

Only a year after his *Third Symphony of Gustav Mahler* came the *Rückert-Lieder,* not strictly a symphonic work but one in which he treated a theme of isolation and loss in a similar semi-abstract style (in contrast, for instance, to Eliot Feld's highly dramatic use of the same score in *At Midnight).* On the same programme was the European premiere of *Epilogue,* a duet to the adagietto of Mahler's *Fifth Symphony* which Neumeier had originally made in America for Natalia Makarova and Erik Bruhn, expressing a struggle against the ravages of time. Less than another year later, Neumeier's *Fourth Symphony of Gustav Mahler* developed a theme of a child growing up and away from his parents – probably the most coherently specific content of

any of his symphonic works, although for lack of a tradition of such an approach in London, where he created it for the Royal Ballet, it did not find full understanding until he mounted it, with some modifications, in Hamburg later in 1977. There was a pause of three years before Neumeier resumed the series with *Lieb' und Leid und Welt und Traum,* again first given by another company before its Hamburg premiere, although in this instance Béjart's Ballet du XXe Siècle proved more readily attuned to his intentions, the large cast led by the titanic Jorge Donn. Neumeier's programme note specified that „the theme of my ballet is the music itself – Mahler's first and last symphonies. I have tried (perhaps like a sculptor who must find his statue in the stone) to find in the structure and specific emotional world of this music an action,

»Dritte Sinfonie« – François Klaus, Truman Finney in der Fernsehfassung des ZDF   RS

then to give this action life, logic and development in dance", adding that his visualisation of course followed his own subjective feelings and intuition. In the heroic scope of its content (man as created in the first part, to the first Symphony; man as creator in the second part, to the adagio of the unfinished tenth Symphony) this work came close to his vastly ambitious *Third Symphony,* even if – as a personal reservation – I felt it to be more consciously worked out from the score than the organic inspiration of that inspired first step on the symphonic path. (Note, incidentally, that in this period Béjart and Neumeier were to some extent pacing each other – as runners do in a race – by the number of scores they both tackled.)

Neumeier's concentration on symphonic ballets reached a climax at the beginning of his second decade in Hamburg, with the *Sixth Symphony of Gustav Mahler* premiered during a Ballet Week in May 1984 that also offered performances of the *Third Symphony* and *Fourth Symphony* – the latter in a double bill (titled *Wendungen*) with his *Schubert's String Quintet in C.* This juxtaposition illustrated the widely varying possibilities of treating symphonic music in dance. The structure and emotional implications of the Schubert were sufficiently matched simply by a sense of the relationships among a group of friends, one of whom is taken from the others but remains within their consciousness. On the other hand, the new Mahler *Sixth Symphony* developed an elaborate content of contrasted sections to match the four movements of Mahler's bleakest symphony. Two of them contain very specific images: women in stiff-skirted ballet dresses manipulated like dolls by their partners in the second movement; and in the third movement (accompanied by recurring pictures of fire and destruction from the film *Gone with the Wind*) a girl wearing one pointe shoe and one high-heeled to symbolise that she is emotionally crippled, and unable to bear the responsibilities of freedom when a kind stranger succeeds in relieving her of them. These episodes are framed within massed

battle formations for the men in the first movement, and further strife, despair and confusion for the whole cast in the last movement. Continuity is provided by an older couple first seen in a prologue closing a door, trying to keep out a storm that threatens their peaceful life, later watching like a chorus, and the woman finally making a gesture of courage once the music has ended by opening the door to face out her fears.

The complexity of the work's dramaturgy recalls that which Neumeier found for the much earlier *Third Symphony of Gustav Mahler,* and the images are as specific but unrelated as those which Massine included in his first symphonic ballet, *Les Présages,* half a century earlier. By contrast, there are no such concrete references in what is, so far, Neumeier's only subsequent excursion into this territory, *Fifth Symphony of Gustav Mahler* created in December 1989 (although that was paired with *Des Knaben Wunderhorn,* where the songs evoked precise vignettes of the characters of young lovers parted by war). The vital question raised by works of this nature is the validity of

»Fünfte Sinfonie«, Probenfoto – Anna Grabka, Bettina Beckmann   HB

using one self-sufficient work of art as the source of a different work of art. I remember the composer Lukas Foss discussing the morality of this in a seminar when he compared what a choreographer does to the music in making a ballet to what a composer does to a poem in writing a song. In each case, he suggested, one artist takes the dominant role and *uses* the work of the other, but he saw no objection to this provided that the relationship was an honest one from which both could benefit. Applying this principle to Neumeier's symphonic ballets, and in particular to his long, very public love affair with Mahler's music, there seems no likelihood that the composer, when writing his scores, can have had in mind images at all like those in the ballets. But they do generally provide a convincing parallel to what he wrote, and spectators may be helped to a new understanding of the music, which therefore gains some benefit in return for the inspiration and richness which it provides for the choreography. This dancing to the implications as well as the structure of the music is a relationship of which neither side need feel ashamed, and it has enriched the Hamburg repertoire with a series of bold, ambitious and imaginative works.

John Percival

DAS SINFONISCHE BALLETT

Mehr als jeder andere Choreograph unserer Zeit hat John Neumeier die Idee des »Sinfonischen Balletts« am Leben erhalten. Wenn es überhaupt einen Sinn hat, diesen Begriff zu verwenden, dann muß er mehr aussagen als nur, daß ein Ballett zu einer Sinfonie getanzt wird. Es würde sich zum Beispiel nicht lohnen, ein Werk reiner Tanzdarstellung, wie George Balanchines *Sinfonie in C* nach Musik von Bizet, ein sinfonisches Ballett zu nennen; in diesem Fall ist die eigene Definition des Choreographen als klassisches Ballett wesentlich passender (obwohl man Balanchines Ballett zu Strawinskys *Sinfonie in drei Sätzen* weit eher als Grenzfall betrachten könnte). Auf der anderen Seite macht die Tatsache, daß John Neumeier die zweite Hälfte von *Endstation Sehnsucht* zu Schnittkes *Erster Sinfonie* choreographierte, dieses von einem Theaterstück inspirierte Ballett noch nicht »sinfonisch«. Lassen Sie mich daher mit einer Definition beginnen:

Ein sinfonisches Ballett ist eines, das zu einem Stück sinfonischer Musik choreographiert wird; es enthält bewußt ein emotionales Element, aber keine in literarischer Form erzählbare Handlung – und: der Choreograph hat dieses emotionale Element aus seiner Reaktion auf die Musik bezogen und nicht, indem er mit vorgefaßten Ideen an die Musik heranging.

So scheint mir eine Kategorie von Tanzarbeiten definiert, die es lohnt, als Einheit angesehen zu werden, irgendwo zwischen reinem Tanz (»ballet pure«) und Tanzdrama; außerdem paßt diese Definition auf sämtliche der besten Beispiele des Genres, seitdem der Begriff in den dreißiger Jahren aufkam, ausgelöst durch die große Beliebtheit der Ballettwerke Léonide Massines zu Sinfonien von Brahms, Tschaikowsky und anderen.

Wahrscheinlich war bereits Neumeiers Ballett zu Skrjabins Klaviermusik, *Dämmern* (1972 in Frankfurt kreiert), ein erster Schritt in Richtung auf eine aus der Musik bezogene kinästhetische und emotionale Struktur, ein Genre, das er schon bald danach in *Dritte Sinfonie von Gustav Mahler* (1975) entwickelte, das erste in seiner ehrgeizigen Serie sinfonischer Ballette, die von der Herausforderung durch die Musik dieses Komponisten inspiriert sind. Es lohnt sich anzumerken, daß seit der Zeit, als Antony Tudor als erster die Tollkühnheit besaß, die *Kindertotenlieder* 1937 als *Dark Elegies* und *Lied von der Erde* 1948 als *Shadow of the Wind* auf die Bühne zu bringen, Mahlers Musik eine wichtige Rolle dabei spielte, eine ernstzunehmende und gleichzeitig nicht-literarische Ballettdramaturgie zu etablieren. Andere Namen, die bei einer Erörterung dieses Themas zu erwähnen wären, sind Eliot Feld, Maurice Béjart und Kenneth MacMillan. In der *Dritten Sinfonie von Gustav Mahler* erforscht Neumeier Aspekte der menschlichen Natur, die eine Parallele bilden zu den Inspirationen, die Mahler für diese Arbeit aus der Natur zog. Zu seinem »Thema« erklärte er die Musik selbst: ein Versuch, die Gefühle, die er beim Hören dieser Musik hat, visuell auszudrücken (obwohl hier anzumerken ist, daß er den vierten Satz der Sinfonie bereits als *Nacht* choreographiert hatte – als Tribut an seinen ehemaligen

»Vierte Sinfonie von Gustav Mahler«
Denis Feuillette, Heather Jurgensen, Anders Nordström   HB

Mentor John Cranko anläßlich einer Gala in Stuttgart im Jahre 1974; damals muß es eine zusätzliche Quelle der Inspiration gegeben haben).

Als ein Mensch mit einem wachen Sinn für Tanzgeschichte war sich Neumeier sicherlich vieler seiner Vorgänger bewußt. Wie wir wissen, gab bereits in einer so weit zurückliegenden Zeit wie 1829 der französische Choreograph André Deshayes im King's Theatre in London ein Ballett zur *Sechsten Sinfonie* von Beethoven, obwohl dieses Werk wahrscheinlich nicht meiner Definition entspricht. Fast achtzig Jahre später erregte Isadora Duncan die Gemüter, als sie zu Beethovens *Siebter Sinfonie* tanzte, und nicht lange danach machte Alexander Gorsky ein Ballett zu Glasunows *Fünfter Sinfonie*. Trotzdem hielt man es für eine Neuheit, als Fedor Lopuchow 1923 in Leningrad (zu Beethovens Vierter) die *Tanzsinfonie* kreierte. Den Beschreibungen nach scheint es sich dabei um ein »echtes« sinfonisches Ballett gehandelt zu haben; möglicherweise war es sogar das erste, das unserer Definition entspricht. Unter den mitwirkenden Tänzern waren zwei junge Choreographen, die beide in ihren späteren Karrieren zumindest kurzzeitig ähnliche Ideen aufnahmen, wenn auch eher als Abstecher von ihren jeweiligen eigentlichen Stilrichtungen. Ich spreche von George Balanchine in *Errante* und sogar in gewissem Ausmaß in *Serenade*, bevor er die für ihn charakteristischen handlungslosen Ballette entwickelte, und von Leonid Lawrowsky in *Paganini*, das die streng erzählerischen Strukturen vermied, mit denen er meist arbeitete. Weil Lopuchows Experiment im Westen unbekannt war, schreibt man die Erfindung des sinfonischen Balletts allgemein Léonide Massine zu, und er hat in der Tat seine Ideen unabhängig entwickelt, inspiriert durch einen Besuch im Tempel der Riesen in Selenus auf Sizilien. Überwältigt vom Ausmaß der bereits halb zerfallenen Säulen und mächtigen Statuen fand er, daß sie »weitläufige harmonische Gruppierungen« suggerierten; »ich fragte mich, ob es möglich sein würde, mit menschlichen Körpern einen vergleichbaren Eindruck physischer Größe im Ein-

klang mit reiner Musik zu er-
schaffen«. Die immense Wirkung insbesondere von *Les
Présages* (die *Fünfte Sinfonie*
von Tschaikowsky) und *Choreartium* (die *Vierte Sinfonie*
von Brahms) war weitgehend
verantwortlich für seinen
Ruhm als führender Choreograph des Tages während der
dreißiger Jahre. In den Augen von Tanzliebhabern, die
seine Werke immer und im-
mer wieder sehen wollten, tat
er etwas Neues und Aufre-
gendes. Die musikalische
Struktur hatte eine choreographische Struktur verlangt,

»Vierte Sinfonie« – Chantal Lefèvre, Ivan Liška, Anders Nordström   *HB*

die die alten Konventionen der Ballettkunst mit ihrer strengen Abfolge, ihrer Symmetrie, der männlich-weiblichen Ausgewo-
genheit und so weiter vermieden. Gleichzeitig entlockte der emotionale Gehalt der Musik den Bewegungen eine vergleichbare Tiefe und Bedeutung jenseits der Sprache. Veränderungen in der internationalen Ballettszene während des Zweiten Weltkrieges führten dazu, daß diese Ballette nach den dreißiger Jahren wenig aufgeführt wurden. Erst kürzlich gab es Wiederaufführungen der Pariser Oper und des Birmingham Royal Ballet, die diese Kunstrichtung nach mehr als einem halben Jahrhundert wieder auferstehen ließen und auf ihre Qualitäten aufmerksam machten. Während all der Zeit hatte sich jedoch ihr Einfluß, zumindest mit Unterbrechungen, weiterhin bemerkbar gemacht, zum Beispiel in Ashtons *Dante Sonate* und *Der Wanderer* zu Musik von Liszt und Schubert, in MacMillans *Sinfonie* (die Erste von Schostakowitsch), Béjarts *Neunter Sinfonie* (Beethoven) und Jiří Kyliáns *Psalmensinfonie* (Strawinsky), von Boris Belsky *Leningradsinfonie* (die Siebte von Schostakowitsch) und Nurejews *Manfred* (Tschaikowsky) ganz zu schweigen. Aber niemand sonst verfolgte diesen Weg so konsequent wie John Neumeier, von dem Zeitpunkt an, da er ihn einmal entdeckt hatte.

»Lieb' und Leid und Welt und Traum« – Ballettensemble   *HB*

»Sechste Sinfonie« – Ballettensemble   *HB*

Nur ein Jahr nach *Dritte Sinfonie von Gustav Mahler* folgten die *Rückert-Lieder,* kein strenggenommen sinfonisches Werk, sondern eines, in dem er ein Thema der Isolation und des Verlustes in einem ähnlich halb abstrakten Stil behandelte (im Kontrast zum Beispiel zu Eliot Felds hochdramatischer Bearbeitung derselben Partitur in *Um Mitternacht*). Auf demselben Spielplan stand die europäische Premiere von *Epilog,* ein Duett zum Adagietto von Mahlers *Fünfter Sinfonie,* das Neumeier ursprünglich in Amerika für Natalia Makarova und Erik Bruhn entworfen hatte; es geht um die Darstellung eines Kampfes gegen den Zahn der Zeit. Kaum ein weiteres Jahr später entwickelte Neumeiers *Vierte Sinfonie von Gustav Mahler* das Thema eines Kindes, das aufwächst und seinen Eltern entwächst – wahrscheinlich der zusammenhängendste konkrete Inhalt all seiner sinfonischen Arbeiten, obwohl das Werk erst später, als er es mit einigen Abänderungen 1977 in Hamburg auf die Bühne brachte, volles Verständnis fand – in London, wo er das Stück zunächst für das Royal Ballet choreographiert hatte, gab es damals noch keine Tradition, auf die sich ein solcher Ansatz hätte berufen können. Es gab eine Pause von drei Jahren, bevor Neumeier die Serie mit *Lieb' und Leid und Welt und Traum* wieder aufnahm; auch dieses Ballett wurde vor seiner Hamburger Premiere zunächst wieder von einer anderen Truppe aufgeführt, obwohl in diesem Fall Béjarts Ballet du XXe Siècle sich als für seine Absichten passender erwies; die große Besetzung wurde von dem titanischen Jorge Donn angeführt. In Neumeiers Programmnotiz heißt es: »Das Thema meines Balletts ist die Musik selbst – Mahlers erste und seine letzte Sinfonie. Ich habe versucht (vielleicht wie ein Bildhauer, der seine Statue im Stein ›finden‹ muß), in der Struktur und der ganz eigenen emotionalen Welt dieser Musik eine Handlung zu finden, dieser Handlung dann im Tanz Leben, Logik und Entwicklung zu geben«, und er fügte hinzu, daß seine Entwürfe selbstverständlich seine eigenen, subjektiven Gefühle und Intuitionen widerspiegelten. Vom heroischen Umfang seines Inhaltes her (der Mensch als erschaffenes Wesen im ersten Teil, zur *Ersten Sinfonie;* der Mensch als Schöpfer im zweiten Teil, zum Adagio der unvollendeten *Zehnten Sinfonie*) reichte diese Arbeit nahe an seine äußerst ehrgeizige *Dritte Sinfonie* heran, wobei ich sie – das ist mein persönlicher Vorbehalt – als von der Partitur her bewußter ausgearbeitet fand als die Inspiration jenes inspirierten ersten Schrittes auf dem sinfonischen Weg. (Bitte beachten Sie auch, daß in dieser Periode Béjart und Neumeier einander durch die Anzahl der Partituren, die jeder von ihnen in Angriff nahm, in gewisser Weise als Schrittmacher dienten – wie zwei Läufer in einem Rennen.)

Neumeiers Konzentration auf sinfonische Ballette erreichte einen Höhepunkt zu Beginn seiner zweiten Dekade in Hamburg, mit der *Sechsten Sinfonie von Gustav Mahler,* deren Premiere während einer Ballettwoche im Mai 1984 stattfand, die ebenfalls Vorstellungen der *Dritten Sinfonie* und *Vierten Sinfonie* anbot, letztere in einem Doppelprogramm (mit dem Titel *Wendungen*) mit seinem *Streichquintett in C von Franz Schubert.* Diese Nebeneinanderstellung versinnbildlichte die weitgefächerten Möglichkeiten der Behandlung sinfonischer Musik für Tanz. Die Struktur und den emotionalen Implikationen des Schubert-Stückes wurde ausreichend Rechnung getragen durch die Darstellung der Beziehungen innerhalb einer Gruppe von Freunden, von denen einer die anderen verlassen muß, von ihnen jedoch nicht vergessen wird. Auf der anderen Seite entwickelte die neue *Sechste Sinfonie* von Mahler einen ausgefeilten Inhalt miteinander kontrastierender Abschnitte, um sich den vier Sätzen von Mahlers düsterer Sinfonie anzupassen. Zwei von ihnen enthalten sehr konkrete Bilder: Frauen in steifabstehenden Ballettkleidchen, die von ihren Partnern wie Puppen manipuliert werden, im zweiten Satz; und im dritten Satz (begleitet von immer wieder eingeblendeten Bildern von Feuer und Zerstörung aus *Vom Winde verweht)* eine junge Frau, die an einem Fuß einen Ballettschuh trägt und am anderen einen hochhackigen Schuh, um zu symbolisieren, daß sie emotional verkrüppelt ist und unfähig, sich der Verantwortung ihrer Freiheit zu stellen, als es einem wohlmeinenden Fremden gelingt, sie davon zu befreien. Diese Episoden werden eingerahmt von heftigen Kampfszenen für die Männer im ersten Satz, sowie von Kampf, Verzweiflung und Verwirrung für die gesamte Besetzung im letzten Satz. Die Kontinuität wird gewahrt durch ein älteres Paar, das man zuerst in einem Prolog sieht, wo sie eine Tür schließen und versuchen, einen Sturm abzuhalten, der ihr friedliches Leben bedroht, später als unbeteiligte Beobachter, bis schließlich die Frau eine Geste des Mutes macht, als die Musik geendet hat, indem sie die Tür aufmacht, um sich ihren Ängsten zu stellen.

Die komplexe Dramaturgie des Werkes erinnert an das, was Neumeier für die viel frühere *Dritte Sinfonie von Gustav Mahler* gefunden hatte, und die Bilder sind ebenso konkret, stehen jedoch in keinem Zusammenhang mit jenen, die Massine ein halbes Jahrhundert vorher in seinem ersten sinfonischen Ballett, *Les Présages,* verwendete. Im Gegensatz dazu gibt es keine so konkreten Verweise in dem, was seitdem Neumeiers einziger weiterer Ausflug in dieses Territorium war, nämlich die *Fünfte Sinfonie von Gustav Mahler,* die im Dezember 1989 kreiert wurde (obwohl sie mit *Des Knaben Wunderhorn* gekoppelt war, dessen Lieder präzise Vignetten der Charaktere junger Liebender, die durch den Krieg getrennt wurden, evozierten). Die Kernfrage, die durch Werke dieser Art aufgeworfen wird, lautet: inwieweit ist es zulässig, ein sich selbst genügendes Kunstwerk als Quelle eines andersgearteten Kunstwerks zu nehmen. Ich erinnere mich, wie der Komponist Lukas Foss in einem Seminar über die Moral dieser Vorgehensweise sprach; er verglich das, was ein Choreograph mit der Musik tut, wenn er ein Ballett macht, mit dem, was ein Komponist macht, wenn er ein Gedicht vertont. In jedem Fall, so meinte er, stellt sich ein Künstler über den anderen und *benutzt* dessen Arbeit; allerdings fand er dagegen nichts einzuwenden, solange die Beziehung ehrlich ist und beide von ihr profitieren können. Wenn wir dieses Prinzip auf Neumeiers sinfonische Ballette anwenden, und insbesondere auf seine lange, ausgesprochen öffentliche Liebesaffäre mit Mahlers Musik, erscheint es sehr unwahrscheinlich, daß der Komponist, als er seine Partituren schrieb, Bilder wie jene aus den Balletten überhaupt im Kopf hatte. Und doch bieten sie im allgemeinen eine überzeugende Parallele zu dem, was er schrieb, und die Zuschauer können durch sie zu einem neuen Verständnis der Musik kommen, was wiederum dem Komponisten zugute kommt als Gegenleistung für die Inspiration und den Reichtum, den er dem Choreographen zur Verfügung stellt. Dieses Tanzen zu den Implikationen sowie den Strukturen der Musik ist eine Beziehung, derer sich keine Seite zu schämen braucht; hinzu kommt, daß diese Ballettwerke das Hamburger Repertoire um eine Reihe kühner, ehrgeiziger und origineller Stücke erweitert haben.

»Fünfte Sinfonie«, Probenfoto – Ralf Dörnen, Anna Grabka   *HB*

THEMEN

25. MAI 1984

SECHSTE SINFONIE VON GUSTAV MAHLER

Ballett von John Neumeier
Choreographie, Bühnenbild und Kostüme von John Neumeier
Musikalische Leitung: Heribert Beissel
Uraufführung, Hamburgische Staatsoper – Hamburg Ballett

SINFONISCHES BALLETT

Symphonie heißt mir eben: mit allen Mitteln der vorhandenen Technik eine Welt aufbauen.

Gustav Mahler über sein Schaffen

Der Begriff »sinfonisch« wird wahrscheinlich nur ungefähr dem gerecht, was man im Zusammenhang mit Tanz damit ausdrücken will und was speziell ich darunter verstehe. Wenn ich ihn verwende, versuche ich immer gleich eine Definition mitzuliefern. Der Begriff wurde meines Wissens in den dreißiger Jahren für die Ballette von Massine erfunden; Anatole Chujoy betitelte ein Buch über diesen Choreographen »The Symphonic Ballet«. Ich selbst verstehe das Wort in einem weiteren Sinn. Für mich ist sinfonisches Ballett dann gegeben, wenn die Musik den Ausgangspunkt und die maßgebende Instanz für Thema, Technik und Struktur des Tanzes darstellt. Dies ist beispielsweise bei meinen Mahler-Balletten der Fall. Das Ballett *Endstation Sehnsucht* dagegen, das vom Stuttgarter Ballett bei den Ballett-Tagen gezeigt wird, ist zwar im zweiten Teil zur *1. Sinfonie* von Alfred Schnittke choreographiert; ich würde es aber nicht als sinfonisches Ballett bezeichnen. Es ist ein Zufall, daß die Musik zu einem Thema, das ich bereits im Sinn hatte, bevor ich die Sinfonie hörte, im nachhinein sich als völlig passend erwies. Die Sinfonie bildete aber nicht den Ausgangspunkt des Balletts. Meine Auffassung von sinfonischem Ballett geht wahrscheinlich zurück auf Isadora Duncan, die, glaube ich, die erste ist, die zu einer autonomen Musik tanzte, welche nicht für das Ballett geschrieben worden war. Zu dieser Musik hat sie aber nicht Geschichten erzählt im Sinne eines traditionellen Handlungsballetts; die »Geschichte« war eine körperliche Verbildlichung dessen, was in der Musik enthalten war. Und ähnlich verstehe ich sinfonisches Ballett. Die Rolle der Musik ist vergleichbar derjenigen, welche der Stein für Michelangelo spielt. Er kann nicht etwas aus diesem Stein herauszwingen, was nicht in ihm angelegt ist. Ich kann – auch bei aller Freiheit der Subjektivität – in der Musik nur das empfinden, was in

Ballette zu Musik von Gustav Mahler haben in der Zusammenarbeit von John Neumeier und dem Hamburg Ballett von Anfang an einen besonderen Stellenwert gehabt. *Dritte Sinfonie von Gustav Mahler,* 1975 kreiert, ist – neben der *Matthäus-Passion* und *Ein Sommernachtstraum* – zu einem Signet für die Compagnie geworden, Zeugnis absoluter Übereinstimmung in dem Miteinander und Füreinander von Choreograph und Ensemble. Die Mahler-Ballette – zum Repertoire zählen neben der *Dritten Sinfonie* noch *Lieb' und Leid und Welt und Traum,* die *Vierte Sinfonie* und als weitere Kreationen die *Rückert-Lieder* und die *Sechste Sinfonie* – fungierten auch immer wieder als Forum, um Solisten und Ensemble dem Publikum zu präsentieren.

Anja von Witzler, 1989

Ich will mich mit einigem befassen, was gegen Mahlers Werk gesagt wurde. Da sind zunächst zwei Vorwürfe: seine Sentimentalität und die Banalität seiner Themen. Mahler hat unter diesen Vorwürfen sehr gelitten. Gegen den einen ist man fast, gegen den andern vollständig machtlos. Man bedenke: ein Künstler schreibt in absoluter Ehrlichkeit, ohne eine Note zu verändern, ein Thema so hin, wie sein Ausdrucksbedürfnis und sein Gefühl es ihm diktieren. Wenn er wollte, wenn er der Banalität ausweichen wollte, wäre es ihm eine Leichtigkeit. Jeder schäbigste Notenschreiber, der mehr auf seine Noten sieht als in sein Inneres, ist imstande, mit ein paar Federstrichen aus einem banalen Thema ein interessantes zu »machen«. Und die meisten interessanten Themen entstehen auf diese Art. (So wie jeder Maler dem kitschigen Feinmalen auszuweichen vermag, indem er ebenso kitschig mit breitem Strich malt.) Und nun bedenke man: gerade dieser feinste, geistig hochstehendste Mensch, von dem man die tiefsten Worte gehört hat, gerade der sollte es nicht zusammenbringen, unbanale Themen zu schreiben, oder sie wenigstens solange zu verändern, bis sie nicht mehr banal aussehen! Ich glaube, er hat es einfach nicht bemerkt. Und zwar aus einem einzigen Grunde: weil sie nämlich nicht banal sind.

Arnold Schönberg
über Gustav Mahler

ihr enthalten ist. Insofern bildet für die Entscheidung, ein sinfonisches Ballett zu machen, immer die Musik selbst den Anstoß. Ich kenne nie Thematik oder Handlung eines solchen Balletts, bevor ich mit der Musik choreographisch arbeite. Das heißt, ich studiere die Partitur, die Werkgeschichte, den Komponisten – aber erst durch meine Bewegung und durch meine Tänzer beginne ich die Sinfonie richtig zu verstehen. Insofern ist, um es kurz zu fassen, ein sinfonisches Ballett ein Ballett, dessen Stil und dessen Thema aus der Musik kommt und nicht von außen her daraufgesetzt wird.

John Neumeier, »Ein körperliches Bild
vom Geheimnis der Musik«, 1984

»Sechste Sinfonie«, Probenfoto zum Ersten Satz – Rena Robinson, John Neumeier, Gamal Gouda HB

SECHSTE SINFONIE

Früher habe ich einmal gesagt, ich wolle nach Möglichkeit Gustav Mahlers Gesamtwerk choreographieren. Warum gerade jetzt die *Sechste Sinfonie*, dieses besonders schwer zugängliche Werk? Diese Sinfonie – oft mit dem Zusatz »Die Tragische« versehen – ist für mich die pessimistischste. Ihre Grundstimmung drückt Angst, Einsamkeit, falsche Hoffnungen, Negativität aus. Sie scheint mir der Stimmung unserer Welt in diesen Tagen besonders zu entsprechen. Diese Entsprechung hat es mir nicht möglich werden lassen, wie ich zunächst plante, ein rein »formales« Ballett zu choreographieren, das heißt, absolute Musik lediglich in Bewegung zu übersetzen. Beim Choreographieren sind immer wieder Handlungsfragmente entstanden, Konflikte, Situationen zwischen Menschen. Diese Ideen entwickeln sich

Erster Satz – Rena Robinson, Gamal Gouda *HB*

in den vier Sätzen der Sinfonie auf ganz unterschiedliche Weise – sind aber doch verwandt. Wege ins Niemandsland? Es heißt: Kunst kann die Welt nicht verändern. Trotzdem: Meine Tänzer und ich widmen dieses Ballett der Friedensbewegung in der ganzen Welt. (...)

Mein neues Ballett könnte man auch nennen »Was mir die *Sechste* erzählt«. Bei der Auseinandersetzung mit der *Sechsten* von Mahler sind für mich ganz überraschende Dinge herausgekommen. Es sind Ideen, keine Handlung im eigentlichen Sinne, sondern auch menschliche Situationen, und zwar Situationen, die ich, bevor ich die Musik choreographierte, nicht hätte erdenken können. (...)

Immer wenn ich mitten in meiner Arbeit stecke, bekomme ich Zweifel und frage mich: Warum habe ich überhaupt begonnen? Auch hier muß ich mich rückblickend fragen: Was war es, das mich gerade zu dieser Sinfonie

Zweiter Satz – Bettina Beckmann, Christoph Lechner   HB

Dritter Satz – Gigi Hyatt, Jeffrey Kirk   HB

gebracht hat? Die Antwort dazu ist schwer zu geben. Es war – wie alle derartigen Entscheidungen bei mir – eine intuitive Entscheidung. Im nachhinein betrachtet scheint mir die *Sechste* eine außerordentlich zeitgemäße Stimmung zu vermitteln, sie erscheint sehr »heutig«. Ich finde, die Grundstimmung der *Sechsten Sinfonie* ist Angst, ihr Prinzip negativ. Positive, optimistische Passagen sind in sich abgeschlossene Episoden, die nicht über sich hinaus führen. Als Ganzes endet die Sinfonie pessimistisch. Mahler selbst hat diese pessimistische Stimmung nie wieder in dieser Intensität zum Ausdruck gebracht. Vielleicht hat mich das dazu gezwungen, diese Sinfonie gerade jetzt zu choreographieren. (...) Es handelt sich also nicht nur um ein subjektives, sondern auch um ein objektives Müssen. (...)

Man darf als Choreograph zur sinfonischen Musik nicht parallel gehen, sie nicht Note für Note wiedergeben. Wollte man dies bei Mahlers *Sechster,* so bräuchte man im Finale sechs Compagnien. Es kommt nicht darauf an, das ungeheure Volumen dieses Satzes auf der Bühne durch entsprechende Quantitäten zu wiederholen, sondern Situationen und Bewegungen zu erstellen, die eben dieses Volumen dem Zuschauer qualitativ bewußt machen.

John Neumeier zu »Sechste Sinfonie
von Gustav Mahler«, 1984

Vierter Satz – Max Midinet,
Beatrice Cordua, Ballettensemble

HB

DES KNABEN WUNDERHORN
FÜNFTE SINFONIE VON GUSTAV MAHLER

Zwei Ballette von John Neumeier
Choreographie, Bühnenbild und Kostüme von John Neumeier
Musikalische Leitung: Peter Ernst Lassen
Uraufführung, Hamburgische Staatsoper – Hamburg Ballett

KONZEPT: FÜR DAS NEUE BALLETTZENTRUM

Zwei Gedanken haben mich bewogen, diese Ballette zu choreographieren. Ursprünglich war für den Premieren-Termin die deutsche Erstaufführung von *Amleth* geplant. Aber als ich im Frühjahr von einer Japan-Reise nach Hamburg zurückkam und durch das fast fertige Ballettzentrum ging, war ich von der Schönheit und Klarheit dieser Räume und ihren Lichtverhältnissen restlos begeistert. Dieses Bild hat sich vervollkommnet, als die Tänzer begannen, dort zu arbeiten. Ich dachte, daß die Räume es verdient haben, durch eine Creation eingeweiht zu werden. Und ich wollte ein Ballett für meine Compagnie machen, für die Tänzer, die in diesen Räumen arbeiten. Diese Ballette sollen den jetzigen Zustand der Compagnie dokumentieren, ihre Vielschichtigkeit, ihre Einheit. Ich habe versucht, innerhalb der Struktur dieser Ballette ein Vokabular zu finden, das mit dem täglichen klassischen Training der Tänzer in Übereinstimmung ist, die Musikalität Mahlers widerspiegelt und die für mich richtige Bewegungsdynamik hat. In dieser Balance bewegen sich die Ballette.

»Des Knaben Wunderhorn«, Wer hat dies Liedlein erdacht – Chantal Lefèvre, Ballettensemble HB

Ich weiß für mich, daß ich, so lange ich mein Erlebnis in Worten zusammenfassen kann, gewiß keine Musik hierüber machen würde. Mein Bedürfnis, mich musikalisch – symphonisch – auszusprechen, beginnt erst da, wo die dunkeln Empfindungen walten, an der Pforte, die in die »andere Welt« hinüberführt; die Welt, in der die Dinge nicht mehr durch Zeit und Ort auseinanderfallen.

Gustav Mahler

Tambourg'sell – Ralf Dörnen, Patrick Becker, Anders Hellström HB

Wo die schönen Trompeten blasen – Gigi Hyatt, Jeffrey Kirk HB

»Fünfte Sinfonie«, Zweiter Satz – Ralf Dörnen, Anna Grabka   *HB*

Ein Neumeier-Ballett, das nicht versucht, die schließlich auch bei Mahler vorhandenen Widersprüche und Brüche zu verkleistern und zu begradigen, sondern stehenzulassen als Reflexe einer Welt, die viel zu kompliziert geworden ist, um länger auf einen Nenner gebracht zu werden. Und so gibt es bei Neumeier sowenig wie bei Mahler das Abbild einer heilen Welt, sondern Bilder, Aspekte und Perspektiven einer Welt, die Schönheit, Harmonie und Perfektion nur noch als unerreichbares Ideal kennt, deren Grundton Trauer, Zorn und Verzicht ist, die Einsicht in die Hilflosigkeit des modernen Menschen nach dem Verlust seiner Naivität.

Horst Koegler über »Dritte Sinfonie von Gustav Mahler«, 1975

Als Musik wählte ich die *Fünfte Sinfonie,* die mir für diesen Zweck genau richtig schien auf Grund ihrer Vielschichtigkeit und vor allem, weil ich sie für eine sehr tänzerische Musik halte, und die Lieder aus *Des Knaben Wunderhorn.* Lieder und Sinfonie bilden nicht zwei Teile eines Stücks, es sind eigenständige Ballette, aber es besteht eine Verwandtschaft zwischen ihnen; Mahler zitiert einige Fragmente der Lieder in der *Fünften Sinfonie.* Für mich stellen die *Wunderhorn*-Lieder eine Vergangenheit zur Gegenwart der *Fünften Sinfonie* dar. Mahler schrieb Musik zu den *Wunderhorn*-Texten, nicht um diese Texte zu illustrieren, zu vertonen, sondern um die Eindrücke, die die Texte in ihm hervorriefen, in seiner Sprache, der Musik, auszudrücken. Er wollte den tieferen Gehalt, den er hinter den Texten spürte, um seine eigene Dimension bereichern. So verstehe ich auch meine Ballette. Sie sind keine einfache Umsetzung der Texte oder auch der Musik in Tanz. Ich will keine Geschichte erzählen, sondern in meiner Sprache, dem Ballett, weiterentwickeln, was ich in dieser Musik empfinde.

John Neumeiers Choreographie zur Ersten Sinfonie und dem Adagio der Zehnten ist die bisher vielschichtigste und weitausgreifendste Mahler-Produktion überhaupt. Sie besitzt auch den stärksten Symbolgehalt und erschließt sich in ihrer Tiefe erst von da her.

Helmut Scheier über John Neumeiers Mahler-Ballette, 1980

Gustav Mahler hat über seine *Fünfte Sinfonie* gesagt, daß sie kein Programm habe. Genau das gleiche sage ich über meine Ballette. Sie haben keinen nacherzählbaren Inhalt. Mahler wollte reine Musik schreiben, ich will reinen Tanz choreographieren. Aber gleichzeitig beschäftigt mich ein Gedanke: Ist ein Satz, den Mahler »Trauermarsch« überschreibt, ein Takt, dem er die Bezeichnung »klagend« gibt, denn wirklich ohne Programm? Und gibt es, wenn man die ersten vier Sinfonien Mahlers und die *Fünfte* miteinander vergleicht, einen hörbaren Unterschied zwischen einem Satz mit Programm und einem Satz ohne Programm? Ich glaube nicht, daß der zweite Satz der *Fünften* wirklich kein Programm hat. Ich denke viel eher, daß Mahler, um nicht mißverstanden zu werden, vorsichtiger geworden ist. Zu Natalie Bauer-Lechner sagte Gustav Mahler einmal: »Die einzelnen Sätze der *Fünften* haben keine Titel. Ich könnte ihnen die schönsten Titel geben, aber ich tue es nicht.« Genauso denke ich auch. Ich könnte sicher auch Titel für meine Ballette angeben, aber ich will es nicht.

John Neumeier, Programmheft zu »Des Knaben
Wunderhorn / Fünfte Sinfonie«, 1989

Dritter Satz – Ballettensemble   *HB*

Fünfter Satz – Ballettensemble   *HB*

VARIATIONEN

JOHN NEUMEIERS CHOREOGRAPHIEN ZU MUSIK VON GUSTAV MAHLER

ICH BIN DER WELT ABHANDEN GEKOMMEN

(3. Teil im Ballett *Rondo*)

Uraufführung, Frankfurter Ballett
7. 10. 1970
The Royal Winnipeg Ballet
27. 7. 1971
Fernseh-Produktion des ZDF
Hamburg Ballett
18. 10. 1973

NACHT

(4. Satz der 3. Sinfonie)

Uraufführung, Stuttgarter Ballett
6. 7. 1974

DRITTE SINFONIE VON GUSTAV MAHLER

Uraufführung, Hamburg Ballett
14. 6. 1975
Fernseh-Produktion des ZDF
Juni 1976

EPILOG

(4. Satz der 5. Sinfonie)

Uraufführung
American Ballet Theatre
(Natalia Makarova, Erik Bruhn)
8. 7. 1975
Hamburg Ballett, Nijinsky-Gala II
(Violette Verdy, Tanju Tüzer)
9. 5. 1976

RÜCKERT-LIEDER

Uraufführung, Hamburg Ballett
9. 5. 1976
Neufassung
3. 11. 1976

VIERTE SINFONIE VON GUSTAV MAHLER

Uraufführung
The Royal Ballet London
31. 3. 1977
Hamburg Ballett
11. 12. 1977
Stuttgarter Ballett
30. 12. 1986

LIEB' UND LEID UND WELT UND TRAUM

(Erste Sinfonie und Adagio der Zehnten Sinfonie)

Uraufführung
Ballet du XXe Siècle Brüssel
4. 3. 1980
Hamburg Ballett
6. 7. 1980
Ballett der Warschauer Oper
28. 10. 1984
Ballets de Monte-Carlo
(Adagio der Zehnten Sinfonie)
28. 12. 1989

SECHSTE SINFONIE VON GUSTAV MAHLER

Uraufführung, Hamburg Ballett
25. 5. 1984

DES KNABEN WUNDERHORN

Uraufführung, Hamburg Ballett
10. 12. 1989
Königlich Dänisches Ballett
Kopenhagen
geplant 21. 4. 1994

FÜNFTE SINFONIE VON GUSTAV MAHLER

Uraufführung, Hamburg Ballett
10. 12. 1989
Königlich Dänisches Ballett
Kopenhagen
geplant 21. 4. 1994

»Vierte Sinfonie« – Anders Nordström, Denis Feuillette HB

»Dritte Sinfonie« – Ballettensemble GB

»Epilog« – Erik Bruhn, Natalia Makarova DM

»Rückert-Lieder« – Magali Messac, Tanju Tüzer, Kevin Haigen GB

»Vierte Sinfonie« – Kevin Haigen   *MF*

»Vierte Sinfonie«
The Royal Ballet London,
Wayne Sleep, Lynn Seymour   *LS*

»Lieb' und Leid und Welt und Traum« – Ballet du XXe Siècle
Andrzej Ziemski, Jorge Donn, Riitta Heinonen   *AJN*

DIE SPIELZEIT

PREMIEREN UND WIEDERAUFNAHMEN

Hommage à George Balanchine
Die vier Temperamente /
Mozart 338 – Uraufführung /
Tschaikowsky Pas de deux /
Serenade
>8. 1. 1984

Sechste Sinfonie
von Gustav Mahler
Uraufführung
>25. 5. 1984

Endstation Sehnsucht
Stuttgart, Stuttgarter Ballett,
Uraufführung in der Choreographie
von John Neumeier
>3. 12. 1983

BALLETT-WERKSTÄTTEN

Debüt
>30. 10. 1983

Die Gestaltung einer Rolle
durch Bewegung, 1. und 2. Teil
>11. 12. 1983
>19. 2. 1984

Hommage à George Balanchine
>3. 1. 1984

Junge Choreographen
>15. 4. 1984

Erste Schritte
>13. u. 15. 5. 1984

BALLETT-GASTSPIELE

Dortmund, Oper
>25./26. 11. 1983

Lausanne, Théâtre de Beaulieu
>23. 3. 1984

Toronto, Ryerson-Theatre
>6.–10. 6. 1984

Ottawa, National Arts Centre
>12./13. 6. 1984

Montreal, Place des Arts
Salle Wilfried Pelletier
>15.–17. 6. 1984

Chicago, Ravinia-Festival
>19.–24. 6. 1984

GAST-COMPAGNIEN IN HAMBURG

Endstation Sehnsucht
Gastspiel des Stuttgarter Balletts
>29. 5. 1984

BESONDERE EREIGNISSE

Zehnte Hamburger Ballett-Tage
>25.–31. 5. 1984

Nijinsky Gala X
»Der sinfonische Tanz«
>31. 5. 1984

AUSZEICHNUNGEN

Stefanie Arndt
Prix de Lausanne 1983

Nathalie Perriraz
Prix de Lausanne 1984

John Neumeier
Dance Magazine Award

12 LITERARISCHE HANDLUNG

Drei Literaturballette in einer Spielzeit. John Crankos Ballettklassiker Onegin: *choreographische Verdichtung psychologischer Momente.*

Othello: *Ein Bilderpuzzle, eine Reise von Venedig nach Zypern, eine Reise von der Renaissance bis in die Gegenwart.*

Mozart und Themen aus »Wie es Euch gefällt«: *Komödie nach der Tragödie, Satyrspiel im Ardenner Wald, Thema in Variationen, Shakespeare zur Musik Mozarts.*

ASPEKTE

Horst Koegler

DIE LITERARISCHEN METAMORPHOSEN DES JOHN NEUMEIER – ACHT ABENDFÜLLENDE HANDLUNGSBALLETTE IN ZEHN JAHREN

Es hat es schwer heutzutage, das *literarische Ballett*, zumindest bei einem Großteil der Kritik – sehr im Gegensatz zum Publikum, das die *Romeo und Julia-, Kameliendamen-* und *Endstation Sehnsucht*-Vorstellungen stürmt, sich für mehrteilige Ballettabende mit konzertanten Werken hingegen nur zögernd erwärmt. Zum einen scheint da noch immer der Horror der Literaturballette des 19. Jahrhunderts à la *Don Quixote* nachzuwirken, in dem vom Original des Cervantes kaum noch etwas zu erkennen ist (was kein Publikum zwischen Moskau und New York je daran gehindert hat, sich an der tänzerischen Nonstop-Bravour dieses Klassikers weidlich zu ergötzen). Zum anderen mag die Aversion gegen vertanzte Literatur mit der Geschichte des modernen Balletts zu tun haben, die, am Anfang des Jahrhunderts zwanzig Jahre lang von den Ballets Russes Diaghilews beherrscht, ganz im Zeichen des Kurzballetts konzertanten Zuschnitts *(Les Sylphides)* oder auf einer eigens erfundenen anekdotischen Story beruhend, stand *(Petruschka)*.

Keine Frage, daß es nichtliterarische Kurzballette waren, welche die entscheidenden Wegmarken für die Entwicklung des Balletts im 20. Jahrhundert gesetzt haben: *Les Sylphides* (Michail Fokine), *Apollon musagète* (George Balanchine), *Lilac Garden* (Antony Tudor), *Symphonic Variations* (Frederick Ashton), *Agon* (George Balanchine), *Dances at a Gathering* (Jerome Robbins) – bis hin zu Stücken wie Hans van Manens *Adagio Hammerklavier,* Jiří Kyliáns *Sinfonie in D* und William Forsythes *In the Middle, Somewhat Elevated.* Doch das Ballett auf diese Kurzform zu reduzieren, wäre etwa so, wie wenn man die erzählende Literatur auf die Gattung der Kurzgeschichte beschränken wollte.

Es stimmt zwar, daß auch die Oper und der Film, wenn sie sich literarischer Werke als Stoffvorlagen bedienen, unverhohlener Skepsis begegnen, aber doch kaum so ausgesprochener Abneigung wie das Ballett, wenn es sich etwa anmaßt, den *Sommernachtstraum, Werthers Leiden* oder *Anna Karenina* zu »vertanzen« – wobei schon in der Vorsilbe die ganze pejorative Verachtung für ein derartiges Unterfangen mitschwingt. Letzten Endes wird es freilich darauf ankommen, in wie weit es dem Choreographen (beziehungsweise seinem Librettisten oder Dramaturgen) gelingt, in einem Literaturballett die Not der stofflichen Reduktion zur ästhetischen Tugend einer Gestaltverwandlung aus dem Geiste des anderen künstlerischen Mediums zu machen – die Einbuße an Literatur sozusagen durch die Besinnung auf die Eigengesetzlichkeit des Tanzes zu kompensieren. Je mehr der Tanz sich vom Handlungsballast der literarischen Vorlage und dem Zwang zur Nacherzählung löst und den so gewonnenen Freiraum durch seine eigenen Mittel ausfüllt, um so bereitwilliger wird man ihm künstlerisches Gelingen bestätigen. Nicht auf den Nachvollzug, sondern auf die Metamorphose kommt es an. Die Handlung des *Hamlet* lediglich mit tänzerisch-pantomimischen Mitteln nachzuerzählen, würde nur offenbaren, wieviel ärmlicher die Möglichkeiten des Tanzes gegenüber der Sprache sind, konkrete Inhalte exakt zu übermitteln. Die literarische Vorlage kann für den Tanz nur die Partitur sein, deren freie tänzerische Interpretation Sachverhalte transparent werden läßt, die vor, beziehungsweise hinter ihrer sprachlichen Konkretisierung liegen.

Die Wiederentdeckung des großen Handlungsballetts und seiner Möglichkeiten ging in unserem Jahrhundert von der ehemaligen Sowjetunion aus. Zum einen war dessen traditionelle Überlieferung dort nie unterbrochen worden, zum anderen waren die ästhetischen Reformen, wie sie Diaghilew und seine Ballets Russes im Westen auf den Weg gebracht hatten, in Rußland selbst kaum zum Tragen gekommen. Als entschieden populärste unter den theatralischen Kunstgattungen besaß das Ballett – nach anfänglichen Irritationen – auch für die sowjetischen Kulturfunktionäre einen hohen Stellenwert – ganz im Sinne einer theatralischen Bilderbibel, deren Inhalte sich freilich der Doktrin des sogenannten sozialistischen Realismus zu fügen hatten, das heißt, daß ihre Stoffe – rein konzertante Ballette waren strikt verpönt – einer marxistisch-leninistischen Gehirnwäsche unterzogen wurden. Diese Stoffe wurden mit Vorliebe der klassischen russischen, aber auch der Weltliteratur entlehnt: So kamen vor allem Puschkin und Shakespeare zu neuen Ballett-Ehren. Einer der westlichen Ballett-Leute, durch und durch ein Mann des Theaters, der sich dem Erlebnis des abendfüllenden Handlungsballetts voll öffnete, war John Cranko, Südafrikaner in London, der, als er 1961 die Ballettdirektion der Württembergischen Staatstheater übernahm, Stuttgart zur vordersten Plattform des dramatischen Handlungsballetts machte. 1962 brachte er dort seine Inszenierung von Prokofjews *Romeo und Julia* heraus, die zum Markenzeichen des sich peu à peu formierenden Stuttgarter Balletts wurde – und darüber hinaus dieses Ballett erst wirklich für den Westen durchsetzte. Der Erfolg von *Romeo und Julia,* der das »Stuttgarter Ballettwunder« einleitete, ermutigte Cranko zu weiteren Unternehmungen auf diesem Gebiet. Als nächstes nahm er sich Puschkins *Onegin* an, zu dem ihm der Kapellmeister Kurt-Heinz Stolze die Musik aus überwiegend unbekannteren Tschaikowsky-Stücken arrangierte. Am liebsten hätte Cranko eine Orchesterbearbeitung der Melodien aus Tschaikowskys Oper gehabt, doch davon wollte der damalige Stuttgarter Generalintendant Walter Erich Schäfer aus ästhetischen Gründen nichts wissen. Danach folgte, frei nach Shakespeare, *Der Widerspenstigen Zähmung,* wiederum zu einem Musikarrangement von Stolze, diesmal beruhend auf verschiedenen Scarlatti-Piècen. Beide Abendfüller erwiesen sich auf Anhieb als ausgesprochene Publikumhits und sind es bis auf den heutigen Tag geblieben, von der Kritik eher zähneknirschend zur Kenntnis genommen als wirklich geliebt. *Carmen* wurde dann ganz der Erfolg, den sich Cranko erhofft hatte, und über den Vorbereitungen zu einem großen *Tristan*-Ballett (zu dem Hans Werner Henze die Musik komponieren sollte) ist Cranko dann 1973 so tragisch früh verstorben.

Crankos großes Verdienst war es, daß er die Dramaturgie des abendfüllenden Handlungsballetts verschlankt hat, daß er es den im Westen gewonnenen neuen choreographischen Mitteln und Ausdrucksmöglichkeiten geöffnet hat, und daß er vor allem neue dramatische Formen des Pas de deux entwickelt hat, indem sich in seinen Pas de deux die Handlung und die Charaktere weiterentwickeln, so daß an ihrem Ende eine andere psychologische Situation erreicht ist als an ihrem Anfang. Das ist

namentlich in *Onegin* und *Der Widerspenstigen Zähmung* der Fall, die in ihren Pas de deux eine derartige Konzentration der Handlung bieten, daß ernsthaft überlegt worden ist, die beiden Ballette auf ihre Pas de deux zu reduzieren und mit ein bißchen Rahmendramaturgie (etwa nach Art von Ashtons *Marguerite and Armand)* aufzufüllen. In seiner linearen narrativen Dramaturgie hat sich Cranko freilich durchweg an die literarische Vorlage gehalten.

Es nimmt nicht wunder, daß John Neumeier als sich damals gerade vom Tänzer zum Choreographen entwickelndes Mitglied des Stuttgarter Balletts entscheidende Anregungen durch die von Cranko so ostentativ betriebene Pflege des dramatischen Handlungsballetts empfing. Von allen aus der Talentschmiede der Stuttgarter Noverre-Matineen hervorgegangenen Choreographen (u. a. Jiří Kylián und William Forsythe) war Neumeier derjenige, der erst in Frankfurt und dann in Hamburg (und, nicht zu vergessen, zwischendurch immer wieder als Gast in Stuttgart) die Dramaturgie des abendfüllenden Handlungsballetts am konsequentesten und erfolgreichsten weiterentwickelt und dabei neue Formen der choreographischen Anverwandlung literarischer Vorlagen ausgeprägt hat. Das begann mit seiner noch Werkstatt-Charakter tragenden Einstudierung des *Nußknacker* in Frankfurt. Es setzte sich fort in seiner sehr eigengeprägten – weit von der sowjetischen Originalvorlage, aber auch von Crankos Fassung abweichenden – Frankfurter *Romeo und Julia*-Produktion und erreichte seinen ersten modellhaften Höhepunkt in der Stuttgarter *Ka-*

»Onegin« – Ivan Liška (Onegin)   *HB*

meliendame, deren drei verschiedene Schichten (die Auktion des Nachlasses der Marguerite Gautier, die Rückblende in die den Haupthandlungsstrang liefernde Liebesgeschichte zwischen Marguerite und Armand und deren Spiegelung in der Theateraufführung eines *Manon Lescaut*-Balletts) sich gegenseitig durchdringen. Die Anverwandlung der Literatur und ihre Umwandlung in eine eigene dramaturgische Form erscheint in der *Kameliendame* in der Tat so brillant gelöst, daß man versucht ist, dieses Ballett als einen *Choreographischen Roman* zu klassifizieren.

Rückblende und Traumerzählung sind auch in den folgenden Handlungsballetten Neumeiers bevorzugte Mittel, sich einer literarischen Vorlage choreographisch zu bemächtigen. Sie prägen seine Einstudierungen der Tschaikowsky-Klassiker, von denen man mit Fug und Recht behaupten kann, daß er in ihnen die Literarisierung der überlieferten Modelle entscheidend vorangetrieben hat – für die »Torhüter« der reinen St. Petersburger Tradition ein Affront, für diejenigen, welche die Klassiker nicht nur als Museumsstücke, sondern als Produkte einer zeitgenössischen Theaterästhetik dargeboten wissen wollen, ein hochintelligenter, glänzend gelungener Rettungsversuch.

Mehr und mehr hat sich John Neumeier in den letzten Jahren zum führenden Repräsentanten des literarischen Balletts auf internationaler Ebene entwickelt – zur Freude des Publikums in aller Welt, zum Verdruß eines Teils der Kritik, der den nicht abzustreitenden Gewinn an Intelligenz und Geistigkeit in seinen Balletten als zu teuer durch eine vermeintliche Einbuße an choreographischer Innovation erkauft sieht. Die Liste seiner literarisch inspirierten und ambitionierten Abendfüller allein der letzten zehn Jahre ist in der Tat imponierend: *Endstation Sehnsucht* (Stuttgart und Hamburg), *Othello* (Hamburg), *Mozart und Themen aus »Wie es Euch gefällt«* (Hamburg und Helsinki), *Amleth* (Kopenhagen), *Peer Gynt* (Hamburg und Stockholm), *Medea* (Stuttgart), *Fenster zu MOZART* (Hamburg) und *A Cinderella Story* (Hamburg). Sie ist noch stattlicher, berücksichtigt man die diversen Umarbeitungen und Neufassungen früher entstandener literarischer Ballette während dieses Dezenniums (*Romeo und Julia, Ein Sommernachtstraum, Die Kameliendame* und *Artus-Sage*). Es gibt keinen anderen Choreographen, der sich in einem vergleichbaren Zeitraum derartig konzentriert mit dem Problem der Adaptierung literarischer Vorlagen für das Ballett auseinandergesetzt hätte. Auch nur ein flüchtiger Blick auf die Stationen der Wegstrecke, die Neumeier in diesen zehn Jahren zurückgelegt hat, verblüfft durch die Vielgestaltigkeit der Lösungen, die er sich dafür hat einfallen lassen.

Da er sich mit Elia Kazan darüber im klaren war, daß wir in *Endstation Sehnsucht* Blanches Verhalten »erst verstehen,

wenn wir die Auswirkungen ihrer Vergangenheit auf ihr gegenwärtiges Verhalten erkennen«, Vergangenheit im Ballett aber nicht erklärt werden kann, sondern zur sichtbaren Gegenwart werden muß, entschloß er sich, der Handlung von Tennessee Williams Stück, die in New Orleans spielt, einen ersten Teil vorauszuschicken, der Blanche in Belle Reve, dem Haus ihrer Familie, und die tragischen Verstrickungen ihres Hochzeitstags zeigt. Seine *Endstation Sehnsucht* beginnt und endet im Irrenhaus, blendet also aus der Irrealität ihrer Wahnvorstellungen in die Realität und letzten Endes wieder zurück in den Wahn. Sehr bewußt hat er seinem Ballett Tennessee Williams Selbstreflexion, »Ich habe eine Art, vom Be-

»Endstation Sehnsucht« – Ballettensemble   *HB*

stimmten zum Abstrakten zu springen, denn das Bestimmte ist manchmal alles, was wir vom Abstrakten wissen«, als Motto vorangestellt. In *Othello,* speziell auf die Raumverhältnisse der Hamburger Kampnagelfabrik zugeschnitten, geht John Neumeier frei mit der literarischen Vorlage um. Er unterteilt die Handlung in zwei Akte, spielt so bewußt den Kontrast zwischen Venedig und Zypern aus. Hier ist es ihm weniger um eine tänzerische Nacherzählung der Handlung Shakespeares zu tun, »vielmehr werden in Aktionen und Situationen die einzelnen Charaktere des Dramas, ihre Beziehungen und Motivationen beleuchtet und ausgelotet und zu einer lockeren Folge aneinandergereiht. Immer wieder ist der äußere Verlauf zugunsten der inneren Handlung unterbrochen. Das Geschehen wird auf mehreren Ebenen erzählt, ein vielschichtiges tänzerisches Bilderpuzzle«. Der Tanz steuert die »Couleur locale« bei: Er basiert im einleitenden Venedig-Akt auf streng zeremoniösen Renaissanceformen und erscheint im zweiten Akt, dem Zypern-Akt, abgeleitet aus den Exerzierübungen der Militärs.

»Mozart und Themen aus ›Wie es Euch gefällt‹« – Colleen Scott (Celia), François Klaus (Oliver)   *HB*

Noch im gleichen Jahr wie *Othello* gelangt Neumeiers *Mozart und Themen aus »Wie es Euch gefällt«* zur Uraufführung, ein Ballett, so locker, so heiter und doch so ernst und besinnlich – ganz wie es der Musik Mozarts und der Komödie Shakespeares (inklusive der bei beiden mitschwingenden Melancholie) entspricht. Es zeugt für die Freiheit und die Souveränität, die Neumeier inzwischen im Umgang mit der Literatur gewonnen hat. Indem er mit Themen, Charakteren und Situationen Shakespeares gleichsam spielt, erfindet er Szenen, die Shakespeare gar nicht geschrieben hat – wie etwa »den Augenblick der ersten Begegnung zwischen Celia und Oliver, eine Gegenüberstellung, die wir im Schauspiel nur durch den Bericht anderer Personen erfahren . . . Ich war gezwungen, eine Situation zu erfinden, die dem Publikum klarmacht, wie schamhaft und berührt diese beiden Menschen das Wunder ihres Kennenlernens erleben. So, wie ich es choreographiere, steht es nicht bei Shakespeare, und doch wäre es in der Art, wie ich es ausdrücke, ohne Shakespeare nicht denkbar.« Denkbar immerhin wäre, daß Shakespeare, hätte er je ein Ballettlibretto geschrieben, diese Szene genau so beschrieben hätte, wie Neumeier sie choreographiert hat.

Drei große Shakespeare-Ballette in einem Jahr! Denn im November 1985 hat in Kopenhagen *Amleth* Premiere, der sich in seiner Herkunftsbezeichnung noch vor Shakespeare auf Saxo Grammaticus (um 1200) beruft und als literarische Quellen weiterhin Belleforests *Histoires Tragiques* sowie den dänischen Romantiker Adam Oehlenschläger zitiert. Wieder benutzt Neumeier den ersten Akt, um die Geschehnisse zu zeigen, die Shakespeares Tragödie vorausgehen und die bei Shakespeare nur berichtet werden – es handelt sich also auch hier wieder um eine Vergegenwärtigung der Vergangenheit (»es gibt keinen Schritt, der andeutet, ›er wurde ermordet‹«). Zur Verfremdung der Shakespeareschen Vorlage trägt nicht zuletzt die Verwendung von Saxos Namen bei: Amleths Mutter heißt Gerutha, sein Vater Horvendil. Doch auch durch die Verwendung einzelner Kompositionen von Tippett distanziert sich Neumeier in *Amleth* von *Hamlet*. Jeder andere Choreograph, wenn er sich nicht einer der bereits existierenden *Hamlet*-Kompositionen bedient hätte (Liszt, Berlioz, Tschaikowsky, Blacher), hätte sich entweder eine neue Musik schreiben lassen, oder aber – wie erst jüngst wieder Jonathan Taylor in seiner Version fürs Royal New Zealand Ballet – auf Musik des elisabethanischen Zeitalters zurückgegriffen. Daß *Amleth* nur relativ kurze Zeit im Repertoire der Kopenhagener überlebt hat und von keiner anderen Compagnie übernommen wurde, deutet schon darauf hin, daß Neumeier hier wohl keine Interpretation von der gleichen Schlüssigkeit wie bei seinen anderen Literaturadaptionen gelungen ist – ebensowenig offenbar wie in seiner früheren Auseinandersetzung mit dem Stoff in den *Hamlet Connotations* zu Musik von Aaron Copland

»Peer Gynt« – Anna Grabka (Aase), Ivan Liška (Peer Gynt), Gigi Hyatt (Solveig)   *HB*

»Meyerbeer-Schumann« – Ballettensemble   *FP*

fürs American Ballet Theatre und Stuttgarter Ballett (beide 1976).

Um den folgenden *Peer Gynt* hat Neumeier jahrelang gerungen – es ist sein erstes abendfüllendes Ballett, zu dem er sich eine eigene Musik von Alfred Schnittke komponieren ließ (von dem er einzelne Stücke schon in *Endstation Sehnsucht* und *Othello* verwendet hatte). Neumeier nennt *Peer Gynt* ein »mysteriöses Stück«, erklärt, daß das, was ihn an der Ibsenschen Vorlage reizt, der »Peer Jedermann Gynt« sei. Sein entscheidender dramaturgischer Eingriff betrifft die Titelfigur, der er sieben verschiedene Aspekte seiner Persönlichkeit beigesellt, um die ganze Bandbreite von Peers Charakter zu zeigen. Eine ausgesprochen tänzerische Motivierung erfährt die Weltreise Peers, die er als Tänzer absolviert: »Mein zweiter Akt beginnt deshalb mit einem Vortanzen, bei dem Peer durch eine gewisse Frische und Inspiration auffällt, engagiert wird, Karriere macht und um weiterzukommen, immer mehr Klischees erfüllt. Der Druck, den Erfolg zu halten, den er erreicht hat, bringt ihn in eine extreme Streßsituation ... Auf einer poetischen Ebene spricht Ibsen schon früh von Peer als Kaiser, ›Kaiser der Welt‹. So malt es sich Peer in seinen kindlichen Wunschträumen detailliert und phantasievoll aus. Film wäre, dachte ich, dafür die richtige Übersetzung.« Auch der Schluß, der Epilog, der den Tod Peers als »endloses Adagio« in eine surrealistische Apotheose einmünden läßt, bestätigt noch einmal Neumeiers eigene Sicht des Ibsenschen Versdramas.

Die Todesnähe seines *Peer Gynt,* die in Neumeiers zyklisch angelegter Dramaturgie im finalen vierten Kreis als dem »spirituellen und metaphysischen Kern des Stücks kulminiert«, lotet er dann noch weiter in seiner für Marcia Haydée und das Stuttgarter Ballett choreographierten *Medea* aus. Dies ist Neumeiers freieste Literaturadaption. Zwar zitiert das Programmheft alle möglichen *Medea*-Autoren zwischen Euripides und Heiner Müller (nicht zu vergessen Noverre, der 1763 in Stuttgart mit *Jason et Médée* Ballettgeschichte machte), doch in der Konzeption und Dramaturgie des klassischen Stoffs ist Neumeier völlig eigene Wege gegangen – nicht zuletzt durch die so prononcierte Gegenüberstellung der matriarchalisch-atavistischen Gesellschaft um Medea und der modernen Macho-Gesellschaft am Hofe von Korinth. So gelingt ihm eine überzeugende Vergegenwärtigung der Antike –

»Fenster zu MOZART« – Anders Hellström (Der Graue Bote), Gamal Gouda (Die Musik), Ivan Liška (W. A. Mozart), Anna Grabka (Die Musik)   HB

und das nicht zuletzt auch musikalisch durch die Verwendung einerseits von traditioneller Musik aus Bulgarien (»Le Mystère des Voix Bulgares«) und Burundi und andererseits von Musik Bartóks und Schnittkes. Wenn die Engländer und Amerikaner in Zusammenhang mit dem Choreographieren immer wieder davon sprechen, jemand »writes a ballet«, den Choreographen also quasi den Schreibern und Schriftstellern zuordnen, dann gehört *Medea* sicher zu den eigenständigsten Leistungen des Ballettschriftstellers John Neumeier.

Klar, daß das Mozart-Jahr 1991 für Neumeier, der sich auch vorher schon verschiedentlich mit Mozart auseinandergesetzt hatte *(Mozart 338* und *Mozart und Themen aus »Wie es Euch gefällt«)* eine Herausforderung bedeutete, der er sich gleich zweimal gestellt hat: mit *Fenster zu MOZART* gewissermaßen als Heimspiel seiner Hamburger Compagnie und mit *Requiem,* ein paar Wochen später, als Beitrag des Hamburg Balletts zu den Salzburger Festspielen. In diesem Zusammenhang interessiert uns das *Fenster zu MOZART,* dem er wohl auch den Untertitel »Imaginäre Szenen aus dem Leben des Komponisten« hätte geben können – ganz im Sinne einer »Biographie imaginaire«, nicht im Sinne einer ver- (da ist sie wieder: die niederschmetternd trivialisierende Vorsilbe) -tanzten Vita des Salzburgers, sondern als genuine Autorenleistung von einem, der sich vorgenommen hat, »eine ganz persönliche Annäherung, Einblicke in Mozarts Leben, Momentaufnahmen, wie der Blick durch ein Fenster, das immer nur für einen Augenblick Einblick gewährt in das, was sich dahinter verbirgt, Zustände des inneren und äußeren Seins des Komponisten zu beleuchten ...« Historisch entschieden konkreter als in seinem *Meyerbeer-Schumann*-Ballett von 1974, scheut sich Neumeier nicht, nicht nur Mozart, sondern auch, beispielsweise, Vater Leopold, die Schwester Nannerl, das Augsburger Bäsle, Aloisia und Constanze Weber nebst dem »Grauen Boten« auf die Bühne zu bringen. Ähnlich wie in *Peer Gynt* läßt er die Titelfigur von mehreren Tänzern darstellen. Waren es dort kontrastierende Aspekte seines Charakters, so führt er uns Mozart in fünf verschiedenen Entwicklungsstadien vor: das Wunderkind, Wolfgangerl (den – nicht nur – Briefpartner des

»A Cinderella Story« – *Bettina Beckmann (Cinderella), Ballettensemble*   *HB*

Bäsles), Wolfgang Amadeus (den schwärmerisch in Aloisia verliebten Jüngling), Wolferl (den Mann Constanzes) und W. A. Mozart (den Mann seiner letzten Lebensjahre). Darüber hinaus gibt er der konkreten Historie aber einen verfremdenden Rahmen, indem er in einer Art Prolog allegorisch die Geburt Mozarts aus dem Geist der Musik schildert und an den Schluß die Choreographie der kompletten *Jupiter-Sinfonie* stellt, in die alle handelnden Personen des Balletts einbezogen sind: die Apotheose als konzertante Sublimierung der Biographie, beziehungsweise die Metamorphose der Musik in den Tanz.

Las man vorweg, welche verwandtschaftlichen Bezüge Neumeier zum »Aschenbrödel«-Märchen der Brüder Grimm während der konzeptionell-dramaturgischen Vorbereitung seiner Ballettinszenierung von Prokofjews *Soljuschka* entdeckt hatte, von Shakespeares *Hamlet* und *König Lear* via Büchners *Leonce und Lena* bis hin zum *Tagebuch der Anne Frank*, wurde einem angst und bange ob des literarischen Ballasts, mit dem Hamburgs Ballettchef sein Publikum diesmal zu konfrontieren gedachte. Doch am Ende ging man nach drei Stunden aus der Aufführung beschwingt und verzaubert durch einen schwebend-leichten Theaterabend: ein Märchen, ganz rein und klar und von einer lichten Modernität erfüllt. Hier ist Neumeier eine ausgesprochen moderne Psychologisierung der Figuren gelungen, die völlig anstrengungslos scheint, um erst bei näherer Beschäftigung ihre geheimnisvollen psychoanalytischen, ja mythischen Verflechtungen preiszugeben. Nirgends empfindet man die Anreicherung und Differenzierung der Charaktere und die Interpolation einzelner Szenen (gleich die Introduktion mit dem Begräbnis der Mutter Aschenbrödels, die geradezu leitmotivisch wiederholte Rückkehr zum Grab, auf dem ein Haselnuß-strauch prächtig erblüht, der zur segenspendenden Heimstätte des Geistes der verstorbenen Mutter wird . . .) als überflüssige, den Tanz eher behindernde Zutat (quasi den didaktischen Zeigefinger). Im Gegenteil: Man ist froh und glücklich, die simple Märchenhandlung in ein so reiches Beziehungsnetz verknüpft, das Märchen in die Story über den Selbstfindungsprozeß und das Erwachsenwerden zweier Außenseiterfiguren (denn das ist nicht nur Aschenbrödel, sondern auch der Prinz) überführt zu sehen. Daher denn auch Neumeiers eigenwillige Titeländerung in *A Cinderella Story*. John Neumeier als Bruder von Jacob und Wilhelm Grimm oder der Choreograph als der Fortsetzer der Brüder Grimm ins tanzmotivierte 20. Jahrhundert, in dem das Ballett die Funktion des Märchens übernommen hat: Wer hätte das aber auch vorauszusagen gewagt, als Neumeier vor zwanzig Jahren die Leitung des Balletts der Hamburgischen Staatsoper übernahm!

THEMEN

4. NOVEMBER 1984

ONEGIN

Ballett in drei Akten von John Cranko nach »Eugen Onegin« von Alexander S. Puschkin
Musik von Peter I. Tschaikowsky, eingerichtet und instrumentiert von Kurt-Heinz Stolze
Choreographie und Inszenierung von John Cranko
Bühnenbild und Kostüme von Jürgen Rose
Musikalische Leitung: Peter Ernst Lassen
Hamburger Erstaufführung, Hamburgische Staatsoper – Hamburg Ballett

Der Vorhang hob sich vor einem schönen, eleganten Raum. In der Mitte der Bühne stand ein Himmelbett, in dem der sterbende Onkel lag. Um das Bett standen einige Trauergäste – ein armer Verwandter mit seinen Zwillingstöchtern, eine reiche Verwandte mit ihrer Tochter. »Der Prolog« war von Cranko in einem anderen Stil entwickelt als der Rest des Balletts, ein Stil, der eher an seine *Lady and the Fool* erinnerte. Vielleicht wollte Cranko seinen Prolog auf diese Weise zu einer geschlossenen Einheit machen und einen anderen Erzählstil versuchen, ähnlich dem Puschkins in seinen Exkursen. Die Choreographie war übertrieben; das erzählerische Moment voller Gags, die Charakterisierung breit und absurd. Die Verwandten hockten wie Geier um das Bett des Toten; Onegin trank einen Toast auf sein neues Leben und warf dann das Champagnerglas (ein echtes) in den Souffleurkasten, oder, wie ein Kritiker es sah, mitten ins Gesicht der Zuschauer, einer Gesellschaftsschicht, die er verachtete. Gemeint war das alles als leichte und satirische Erzählung einer Episode, die der zentralen Aufgabenstellung zugeordnet war: Kontrast. Die feierliche Gegenwart des Todes wurde durch das respektlose, zynische Verhalten des Helden kontrastiert. Die gierigen, unehrerbietigen Verwandten, die ihre liebedienerische Heuchelei durch Posen, Bewegungen und Aktionen ausdrücken mußten, wurden ausgespielt gegen Onegins ehrliche Haltung gegenüber dem Tod eines völlig unwürdigen Menschen, wie Puschkin ihn im zweiten Kapitel beschreibt.

Von großer Wichtigkeit im *Onegin* sind Jürgen Roses Kostüme und Bühnenbilder, die nicht einfach dekorativ sind, sondern Crankos Konzeption und die Erzählstruktur des Balletts hilfreich unterstützen. Das Hauptmerkmal der Farbgliederung des Prologs war ein Rot-Schwarz-Kontrast. Das reiche Rot des Raums wurde kon-

Was mich an *Onegin* besonders anzieht, ist die Tatsache, daß die Handlung ein Mythos ist und zugleich eine Gefühlssituation, die absolut wahrhaftig ist. In Onegin hat man einen überheblichen Weltmann vor sich, der versäumt hat, das häßliche Entlein neben sich zu bemerken. Als es sich in einen Schwan verwandelt, möchte er das Mädchen sofort zurückhaben. Sie erkennt, wie oberflächlich und langweilig er tatsächlich ist. Und während ihr Gefühl zu ihr sagt: »Nimm ihn!«, sagt ihr die Vernunft »Nimm ihn nicht!«

John Cranko

Colleen Scott (Tatjana), Ivan Liška (Onegin)   *HB*

Doch erst nach wiederholtem Sehen wurde deutlich, wie ausgewogen Crankos *Onegin* ist; wie genau die vier Hauptcharaktere gezeichnet sind und wie feinsinnig in ihren Einzelszenen und Begegnungen entwickelt; wie mühelos Cranko zwischen den drei Ebenen des Balletts: Raummuster, Handlung und Mythos vermittelt; wie nahtlos die verschiedenen Szenen eines Aktes ineinander übergehen; wie er immer und immer wieder die Realität anhält für die Aus-Flüge seiner Figuren ins Reich der Phantasie; wie gekonnt er mit Bewegungs-Leitmotiven umgeht und sein eigenes klassisches Vokabular erschafft, das ausgeschmückt ist mit einer Vielzahl virtuoser Kunststücke und seiner ihm eigenen Art von »Crankolore«, dem seltsamen Gebräu von ukrainischen und griechischen Ingredienzen.

Horst Koegler

trastiert durch das schwarze Bett, die schwarzen Trauerkleider der Verwandten durch den roten Frack Onegins. Allein Onegin trauerte nicht, und er zeigte dies offen. Das Kostüm war Teil der grundlegenden Charakterisierung und vermittelte einfach und wirkungsvoll die Grundbehauptung: dieser Charakter unterscheidet sich von den anderen. Im weiteren Verlauf des Balletts wurde dieses Farb-Schema umgekehrt: Onegin war der einzige in Schwarz, was den Vorteil bot, ihn aus einer bunten Menge herausragen zu lassen, und was ihm klare Auftritte und Abgänge verschaffte. Das Kostüm half außerdem, seine Beziehungen zu anderen Menschen mit einfachen visuellen und räumlichen Mitteln aufzuzeigen: die Isolierung des Individuums von der Menge und seine Verachtung ihrer Konventionen. Die Exposition seines Charakters, wie sie der Prolog vorsah, folgte Puschkins Konzeption: Onegin war ein reicher, aristokratischer, attraktiver und eleganter junger Mann, intelligent und ehrlich, doch kalt, arrogant und vollkommen mit sich selber beschäftigt. Darüber hinaus hatte man den Eindruck, daß er, abgesehen von diesen negativen Qualitäten, kein gewöhnlicher junger Mann war, sondern seiner Umgebung durchaus überlegen. (...)

Zu der Zeit, als Cranko dieses Ballett schrieb, war die choreographische Beschreibung eines psychologischen Vorgangs etwas Neues für das Ballett, waren Charaktere unkomplizierte, feststehende Modelle. Crankos Charaktere sind richtige Menschen statt stilisierter archetypischer Figuren, sie haben Leben und Dimension, sie entwickeln sich mit den Konflikten. Und diese Entwicklung muß motiviert sein. (...)

Es ist ein Werk, das original/nell und neu ist, der Oper und dem Roman gleicht und sich doch von ihnen unterscheidet. Das Schicksal von Crankos *Onegin,* gleich dem von Puschkins Roman und Tschaikowskys Oper, hat sich wie ein Kreis geschlossen. Sein Einfluß und seine Popularität sind ständig gewachsen, und heute wird er auf Bühnen der ganzen Welt gespielt als ein Edelstein aus der Schatztruhe der erzählenden Ballettliteratur.

Antonia Glasse, John Crankos »Onegin«, 1984

27. JANUAR 1985

OTHELLO

Ballett von John Neumeier nach William Shakespeare
Musik von Nana Vasconcelos, Arvo Pärt, Alfred Schnittke und anderen
Choreographie, Inszenierung, Bühnenbild und Kostüme von John Neumeier
Musikalische Leitung: Heribert Beissel
Uraufführung, Kampnagelfabrik – Hamburg Ballett
Fernseh-Aufzeichnung, Zweites Deutsches Fernsehen, August 1987

HB

Othello entstand phasenweise in einem sehr konzentriert und kontinuierlich ablaufenden Prozeß. Was ich später als Puzzle, Mosaik oder Variation beschrieben habe, hatte weniger mit einem Konzept als vielmehr mit den in der Praxis gemachten Erfahrungen zu tun. Und die Aufführungsgeschichte seit Januar 1985 verläuft gewissermaßen analog dazu. Seither wurde dieses Ballett jede Spielzeit für die Kampnagelfabrik wiederaufgenommen, es wurde auf Gastspielen gezeigt, fürs Fernsehen aufgezeichnet, hat sich für mich unter besten Umständen »verselbständigt«. Wir werden es in diesem Sommer 1988 z. B. in meiner amerikanischen Heimat und bei den Salzburger Festspielen zeigen. Der Abend besitzt höchste musikalische Qualität: Tatjana Grindenko und Gidon Kremer, für die die Kompositionen Pärts und Schnittkes entstanden, treten häufig als Solisten in unseren Aufführungen auf. Natürlich ließe sich über Anhaltspunkte reden: Ich empfand es als meine Aufgabe, zunächst einen bewußten Abstand zu Shakespeare zu suchen,

Ralf Dörnen (Der wilde Krieger), Gigi Hyatt (Desdemona)　　*HB*

um die zentralen Anknüpfungspunkte an das Drama zu finden, die eine Übertragung in das Medium Tanz ermöglichen. Schritt für Schritt kristalisierte sich so als ein zentrales Thema die grundsätzliche Glaubwürdigkeit heraus, die in der Liebe zwischen zwei Menschen eingefordert wird: Wie aufrichtig oder zweifelhaft kann es sein, wenn jemand zu einem anderen sagt »Ich liebe dich«?

Für mich dient die intensive Beschäftigung mit einer literarischen Vorlage nicht dem Versuch, eine quasi »wortwörtliche« Übersetzung des bereits dort Ausgedrückten anzustreben, weil das nicht nur vollkommen sinnlos, sondern für einen selbständig denkenden und fühlenden Künstler geradezu unmöglich wäre.

Tanz ist Gott sei Dank eine so vehement auf Gegenwärtiges und unmittelbar Auszudrückendes angewiesene Kunstform, daß ich bei jedem Detail einer Vorlage – sei sie nun literarischer, sinfonischer oder abstrakter Art – sofort den Offenbarungseid leisten muß: Über welche Mittel als Choreograph verfügst du, Sprache und/oder Musik durch Gesten und Bewegungen zu versinnbildlichen? Insofern sind die entscheidenden Fragen, die ich an einen Stoff

Gamal Gouda (Othello),
Stefanie Arndt (La Primavera)　*HB*

Gamal Gouda (Othello),
Ballettensemble　　*HB*

Gigi Hyatt (Desdemona), Gamal Gouda (Othello)   *HB*

Othello, ein Hauptmann von schwarzer Hautfarbe, erreicht durch Erzählen von seiner Tapferkeit und seinen kriegerischen Heldentaten, daß Desdemona, eine Senatorentochter, ihn liebt und ihm ohne Wissen der Eltern angetraut wird. Weil er Cassio vorzog und zu seinem Leutnant machte (ein Platz, um den sein Fähnrich Jago gebeten hatte), treibt Jago aus Rache den Mohren in die Eifersucht, Cassio mache ihn zum Hahnrei: Er bewerkstelligt es, indem er ein gewisses Taschentuch stiehlt und weiterreicht, das der Mohr seiner Braut zur Hochzeit geschenkt hatte . . . Othello ermordet Desdemona und ist bald darauf von ihrer Unschuld überzeugt . . . Er tötet sich selbst.

Thomas Rymer, 1693

stelle, struktureller Art. Dazu gehört viel Grundsätzliches: Übernehme ich Akt- oder Szeneneinteilungen, formuliere ich diese für mich neu, oder: Welche Spannungen ergeben sich zwischen Zeit und Raum, und wie finde ich ein Fundament, solche Spannungsverhältnisse sichtbar zu machen etc. Ich hätte im Ballett *Othello* erzählen können, was nacheinander an Handlung abläuft. Mehr interessierte mich z. B. aber ein Gefühl umzusetzen, das ich schon in ganz jungen Jahren beim Lesen dieses Dramas verspürte. Für mich baut Shakespeare diese Geschichte so zwingend auf, daß sie sich in sehr langen Zeiträumen zwischen den Polen Venedig und Zypern abspielen könnte, aber in ihrer Drastik und Ausweglosigkeit ebenso an einem einzigen Tag denkbar wäre, parallel zu These und Antithese dieses Stükkes, die beide in die Gleichsetzung von Liebe und Tod münden. Als Choreograph habe ich stets zu versuchen, nicht Gedankengänge, sondern Realitäten herzustellen. (. . .)

Auf den äußersten Punkt gebracht ist *Othello* eine Liebesgeschichte zweier Menschen, zu denen ein dritter hinzukommt, um Verwirrung zu stiften. Als Fundament hierfür habe ich mir stets eine sehr enervierende, gleichsam

Othello wurde 1985 speziell für Halle 6 der Kampnagelfabrik geschaffen. Es ist die erste Produktion des Hamburg Balletts für diesen reizvollen Raum. John Neumeier arbeitet in seinem Konzept bewußt mit den anderen praktischen und ästhetischen Gegebenheiten eines solchen alternativen Spielortes. Es soll ein »intimes« Ballett werden. Das Orchester sitzt hinter dem Spielfeld auf einer Empore. Die Choreographie nutzt die Möglichkeiten einer an drei Seiten von Zuschauertribünen gerahmten Arenabühne und sucht die Nähe zum Zuschauer. Dem Ambiente des Industriegebäudes entsprechend wahrt die Inszenierung einen Werkstattcharakter – so wird teils im Kostüm, teils nur im Trikot getanzt – und folgt einem eher experimentellen dramaturgischen Konzept. Der äußere dramatische Verlauf wird immer wieder zugunsten der inneren Handlung unterbrochen, das Geschehen auf mehreren Ebenen erzählt, in lockerer Folge aneinandergereiht und zu einem vielschichtigen Bilderpuzzle zusammengesetzt. Es ist eine Sprache, die schon in den frühesten Choreographien angelegt ist, aber nun aufgrund des Freiraums, den die Fabrik bietet, spielerischer und extremer wird.

Angela Dauber, Programmbuch XIX. Hamburger Ballett-Tage, 1993

analysierende Musik gewünscht. Als sich der Plan zerschlug, für *Othello* eine völlig neue Komposition in Auftrag zu geben, entschloß ich mich eigentlich sehr schnell dazu, um Alfred Schnittkes *Concerto grosso* herum unterschiedlichste Kompositionen anzusiedeln. In der Arbeit war ich dann fasziniert von den Kontrasten, aber auch Entsprechungen zwischen sogenannter alter und sogenannter neuer Musik.

Ein Renaissancelied konnte im Zusammenhang mit Szene und Bewegung modern anmuten, eine zeitgenössische Komposition gewann eine mit traditionellen Stücken vergleichbare Strenge und Wirkung. (...)

Würde ich mir vornehmen, meine Version des *Othello* mit einer Situation beginnen zu wollen, die den Umstand verdeutlichen müßte »Jetzt befinden wir uns in Venedig«, so kann ich dies zwar annähernd mit Requisiten oder Möbeln zeigen, aber garantiert nicht durch Bewegungen oder Schritte.

Was ich aber ideal mit meinen Mitteln verdeutlichen kann – und damit mache ich »sichtbar«, was bei Shakespeare vor, zwischen oder hinter den Zeilen steht –, sind die Gefühle, die zwei Menschen empfinden, die in einer großen Menge stehen und sich voneinander angezogen fühlen. Das meinte ich, wenn ich später *Othello* ein direktes Drama nannte. Was ich als Choreograph stets suche, ist das Kraft- und Nervenzentrum einer Vorlage, von dem aus es mir möglich ist, tänzerisch zu denken.

John Neumeier, »Standortbestimmungen«,
Ein Gespräch, 1988

Gamal Gouda (Othello),
Max Midinet (Jago)   HB

Max Midinet (Jago),
Anne Brossier (Emilia)   HB

Ein roter Faden in der Auswahl der Musik. In eine klar zu überblickende venezianische Welt bricht ein exotischer Bereich herein, der eines exotischen Klanges bedarf. Bewußt wird für diese Sphäre Nana Vasconcelos gewählt. Verwandt einer solch geordneten »exotischen« Klangwelt ist eine »ursprüngliche« Erotik in der brasilianischen Folklore. Musik der Renaissance scheint zunächst einen Gegensatz zu bilden, besitzt aber eine faszinierende Parallelität in ihrer Klarheit und Durchdringlichkeit zu dieser Exotik. Eine solch unakademische Art findet sich auch in der Musik Arvo Pärts. Schon beim Hören läßt diese Musik die Verwandtschaft zu Alfred Schnittkes *Concerto grosso* spürbar werden. Bei Schnittke ist zu hören, wie fast »barock« anmutende Musik immer wieder durch zeitgenössische Kompositionsweisen zerstört wird, bei Pärt ist eine an »minimal music« erinnernde Klangsinnlichkeit zu entdecken, die an Musik aus vergangener Zeit erinnert.

Wolfgang Willaschek, Journal der
Hamburgischen Staatsoper, 1985

Gigi Hyatt (Desdemona), Gamal Gouda (Othello)   HB

MOZART UND THEMEN AUS »WIE ES EUCH GEFÄLLT«

Ballett in zehn Themen von John Neumeier nach William Shakespeare
Musik von Wolfgang Amadeus Mozart
Choreographie und Inszenierung von John Neumeier
Bühnenbild und Kostüme von Klaus Hellenstein
Musikalische Leitung: Gerhard Markson
Uraufführung, Hamburgische Staatsoper – Hamburg Ballett
26. März 1992 Helsinki, Finnische Nationaloper – Finnisches Nationalballett

Themen in »Mozart und Themen
aus ›Wie es Euch gefällt‹«

Thema 1: Die Natur
Thema 2: Die Ungerechtigkeit
Thema 3: Flucht und Verkleidung
Thema 4: Eine Schäferidylle
Thema 5: Der Traum vom
          Goldenen Zeitalter
Thema 6: Verwirrung der Liebe
Thema 7: Alle Bösen werden gut
Thema 8: Verliebt in die Liebe
Thema 9: Die Zeit
Thema 10: Happy End

Aus der Fülle von Ideen und Gedanken, die die Beschäftigung mit William Shakespeares *Wie es Euch gefällt* in mir hervorrief, versuche ich, Themen zu zeigen, die meine persönlichen Assoziationen zu dem ausdrücken, was Shakespeare in diesem Stück in so vielfältigen Variationen vorführt. (...)

    Ich glaube, in *Wie es Euch gefällt* geht Shakespeare davon aus, Themen aufzustellen und diese mit Charakteren und Situationen zu konfrontieren. Er macht ja damit in diesem Stück nichts anderes, als uns, die Zuschauer, mit jenen Wunschvorstellungen zu bedienen, denen wir in der Literatur so oft begegnen und die wir so sehr lieben. *Wie es Euch gefällt* sucht stets die Nähe zum Märchen und zum Unwirklichen, um sich ganz plötzlich umzukehren und zu zeigen: Das, was ihr seht, ist Wirklichkeit. – Das

Probenfoto – Lynne Charles (Rosalind), Ivan Liška (Orlando)   *HB*

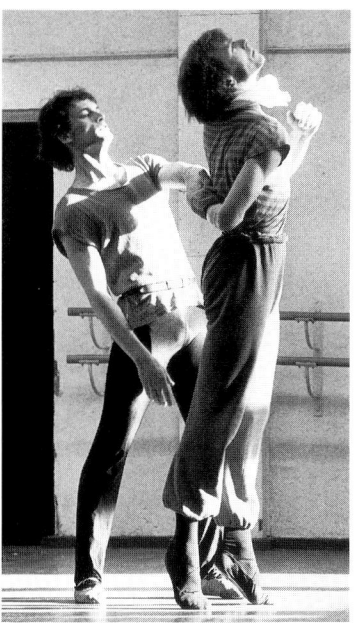

*Probenfoto – François Klaus
(Oliver), Ivan Liška (Orlando)*   *HB*

Solisten, Ballettensemble   *HB*

Ich flehe euch an, ihr lieben Frauen, bei eurer Liebe zu den Männern, laßt euch das aus dem Stück gefallen, was euch liegt; und euch, liebe Männer, flehe ich an, bei eurer Liebe zu Frauen – an eurem Schmunzeln merke ich wohl, daß keiner von euch sie haßt – daß ihr miteinander Gefallen an dem Spiel finden mögt.

William Shakespeare, »Wie es Euch gefällt« – Epilog der Rosalind

seid auch ihr! – So suchte ich zusammen mit Gerhard Markson die Musik für diese Themen aus und entwickelte für diese Choreographie ein bestimmtes Arbeitsprinzip: Jeder Teil des Balletts, also jedes Thema, begann mit einer improvisierten Spielsituation. Dadurch ergab sich gewissermaßen ein Rahmen und in ihm die Möglichkeit, Tanz aus einer realistischen Situation heraus zu motivieren. Diese Spielaktionen haben ganz unterschiedliche Länge und unterschiedlichen Charakter. Es ergab sich während der Arbeit, daß wir plötzlich feststellten, wie zwei Szenen nahtlos ineinander übergingen und wir die bereits improvisierte Spielaktion streichen konnten. Ich setze mich in dieser Choreographie bewußt nicht dem Druck aus: »Was mußt und willst du

Lynne Charles (Rosalind), Ivan Liška (Orlando) HB

Ivan Liška (Orlando) HB

Colleen Scott (Celia), Lynne Charles (Rosalind), Ivan Liška (Orlando) HB

noch zeigen, damit auch alle Aspekte des literarischen Stoffes in deinem Ballett enthalten sind?«, sondern ich versuche statt dessen, die Atmosphäre, auch das Zeitgefühl dieses Stückes zu übernehmen. Dabei ist es dann für mich das Wichtigste, daß ich im Stück und im Ballett das Gefühl bekommen muß, die Zeit verrinne mir zwischen den Fingern, und wenn es zu Ende ist, habe ich das Gefühl, es seien nur wenige Minuten vergangen. (...)

Die goldene Zeit stand an der Welten Anfang. Sie kannte keinen König, kein Gesetz; denn Treu und Recht galt ohne jeden Zwang, und keine Strafe übte ihren Schrecken. Noch war am Bergeshang die Fichte nicht gefällt und in die Flut hinabgestiegen, damit das Schiff nach fremden Landen fahre, ein jeder kannte nur die eigne Küste. Der Krieg war unbekannt und störte nicht die Ruhe der Menschen, die in süßer Muße lebten. Ströme von Milch und Ströme Nektars flossen, und goldnen Honig träufelten die Eichen.

Ovid, »Utopia«

Es gibt ganz entscheidende Momente in den Stücken Shakespeares, die ich »optisch« verdeutlichen muß – auch über das bei Shakespeare Gesagte hinaus, bis hin zum Entwurf von Szenen, die er gar nicht geschrieben hat. In *Wie es Euch gefällt* gibt es beispielsweise den Augenblick der ersten Begegnung zwischen Celia und Oliver, eine Gegenüberstellung, die wir im Schauspiel nur durch den Bericht anderer Personen erfahren. Diese »Liebe auf den ersten Blick« zwischen beiden ist ein Ereignis, das im gesamten Stück vorbe-

Max Midinet (Touchstone), Eric Miot (Adam)   HB

Die Übersetzung eines Theaterstückes in Tanz setzt voraus, das Drama neu und anders zu lesen: Nicht die Worte sind entscheidend, sondern die Situationen, aus denen heraus sie gesprochen werden, die zwischenmenschlichen Beziehungen, die sie beschreiben. Hat der Choreograph bei der Entwicklung seines Planes die Fäden der Handlung herausgearbeitet und so miteinander verknüpft, daß durch Tanz ausdrückbare Situationen klar erkennbar sind, beginnt die »eigentliche« Arbeit, die Kreation aus der Musik.

John Percival

reitet wird und innerhalb der Ausgewogenheit von Struktur und Inhalt einen entscheidenden Rang einnimmt. Es wäre mir lächerlich vorgekommen, eine solche Begebenheit einfach »nachzuerzählen«. Ich war gezwungen, eine Situation zu erfinden, die dem Publikum klarmacht, wie schamhaft und berührt diese beiden Menschen das Wunder ihres Kennenlernens erleben. (...)

Mich interessiert es nicht, mit *Wie es Euch gefällt* eine Geschichte zur Musik Mozarts zu illustrieren, sondern es geht für mich darum, durch die Choreographie eigenständige Ebenen für die Musik zu entwickeln. Aus Respekt für die Bedeutung der Musik – denn ohne Musik kann ich mich nicht bewegen, und sie wird ja zu meinem ständigen Partner bei den Proben im Ballettsaal – habe ich für *Wie es Euch gefällt* den Arbeitstitel gewählt *Mozart und Themen aus »Wie es Euch gefällt«.* Mozarts Musik ist dabei nicht einfach ein Begleitumstand zu Literatur und Choreographie, sondern absolut notwendig für die Synthese von Literatur, Musik und Tanz.

John Neumeier, »Standortbestimmungen«, Ein Gespräch, 1988

Gamal Gouda (Oliver),
Anna Grabka (Celia)   HB

VARIATIONEN

LITERARISCHE HANDLUNGEN, STOFFE UND PERSONEN IN CHOREOGRAPHIEN VON JOHN NEUMEIER

DER FEUERVOGEL

Frankfurter Ballett	16. 3. 1970
Ballett der Wiener Staatsoper, Neufassung	
	6. 1. 1983
Hamburg Ballett	20. 12. 1985

ROMEO UND JULIA

Frankfurter Ballett	14. 2. 1971
Hamburg Ballett	6. 1. 1974
Königlich Dänisches Ballett Kopenhagen Neufassung des Bühnenbildes	
	20. 12. 1974
Hamburg Ballett in der Kopenhagener Bühnenbildfassung	23. 12. 1981

DER NUSSKNACKER

Frankfurter Ballett	21. 10. 1971
The Royal Winnipeg Ballet Neufassung des Bühnenbildes	
	27. 12. 1972
Ballett der Bayerischen Staatsoper München	8. 5. 1973
Fernseh-Produktion des CBS Toronto	1974
Hamburg Ballett	27. 10. 1974

DAPHNIS UND CHLOË

Frankfurter Ballett	2. 1. 1972
Hamburg Ballett	18. 10. 1973
Ballett der Wiener Staatsoper	
	22. 1. 1983

DON JUAN

Frankfurter Ballett	25. 11. 1972
National Ballet of Canada	
	13. 2. 1974

Hamburg Ballett	26. 10. 1975
Ballett der Wiener Staatsoper	
	4. 4. 1978

MEYERBEER – SCHUMANN

Uraufführung, Hamburg Ballett	
	12. 5. 1974

HAMLET – CONNOTATIONS

American Ballet Theatre	
	6. 1. 1976

DER FALL HAMLET

Neufassung, Stuttgarter Ballett	
	28. 11. 1976
Hamburg Ballett	17. 7. 1977

ILLUSIONEN – WIE SCHWANENSEE

Uraufführung, Hamburg Ballett	
	2. 5. 1976

JOSEPHS LEGENDE

Ballett der Wiener Staatsoper	
	11. 2. 1977
Fernseh-Produktion Unitel	
	23. 12. 1977
Hamburg Ballett, Neufassung des Bühnenbildes	18. 7. 1979
Ballett der Bayerischen Staatsoper München Neufassung des Bühnenbildes	
	18. 5. 1980

EIN SOMMERNACHTSTRAUM

Uraufführung, Hamburg Ballett	
	10. 7. 1977
Königlich Dänisches Ballett Kopenhagen	11. 10. 1980

Ballett der Pariser Oper	
	5. 5. 1982
Ballett der Wiener Staatsoper	
	21. 12. 1986
Königlich Schwedisches Ballett Stockholm	4. 11. 1990
Ballett der Bayerischen Staatsoper München	
	geplant 5. 12. 1993

ARIEL

Uraufführung, Hamburg Ballett (Zhandra Rodriguez, Zane Wilson), Nijinsky-Gala III	17. 7. 1977

DORNRÖSCHEN

Hamburg Ballett	16. 7. 1978

DIE KAMELIENDAME

Uraufführung, Stuttgarter Ballett	
	4. 11. 1978
Hamburg Ballett	31. 1. 1981
Kino- und Fernsehfilm Polyphon/NDR/WDR	26. 9. 1987

DON QUIXOTE

Uraufführung, Hamburg Ballett	
	18. 7. 1979

ARTUS-SAGE

Uraufführung, Hamburg Ballett	
	12. 12. 1982
Neufassung	13. 5. 1986

TRISTAN

(Exkurs aus der 1. Fassung der *Artus-Sage*)

Hamburg Ballett	12. 12. 1982

Königlich Schwedisches
Ballett Stockholm   25. 2. 1984
Ballett der Deutschen Oper Berlin
    3. 5. 1986
Sächsisches Staatsballett Dresden
    13. 12. 1992

ENDSTATION SEHNSUCHT

Uraufführung, Stuttgarter Ballett
    3. 12. 1983
Hamburg Ballett   30. 4. 1987

OTHELLO

Uraufführung, Hamburg Ballett
    27. 1. 1985
Fernseh-Aufzeichnung
Zweites Deutsches Fernsehen
    August 1987

MOZART UND THEMEN AUS »WIE ES EUCH GEFÄLLT«

Uraufführung, Hamburg Ballett
    13. 7. 1985
Finnisches Nationalballett Helsinki
    26. 3. 1992

AMLETH

Uraufführung, Königlich Dänisches
Ballett Kopenhagen   2. 11. 1985

SHAKESPEARES LIEBESPAARE

Uraufführung, Hamburg Ballett
    29. 11. 1985

EINHORN

Uraufführung
Ballett der Deutschen Oper Berlin
    3. 5. 1986
Hamburg Ballett   12. 5. 1990

PEER GYNT

Uraufführung, Hamburg Ballett
    22. 1. 1989
Königlich Schwedisches
Ballett Stockholm   3. 11. 1992

MEDEA

Uraufführung, Stuttgarter Ballett
    21. 1. 1990

FENSTER ZU MOZART

Uraufführung, Hamburg Ballett
    19. 4. 1991

A CINDERELLA STORY

Uraufführung, Hamburg Ballett
    15. 5. 1992

»Der Feuervogel«, Probenfoto – Lynne Charles (Der Feuervogel),
Ivan Liška (Ein junger Soldat), Gigi Hyatt (Ein junges Mädchen)   HB

»Romeo und Julia« – Janusz Mazoń (Romeo), Gigi Hyatt (Julia)   HB

»Josephs Legende« – Judith Jamison (Potiphars Weib)   FP

»Illusionen – wie Schwanensee«
Max Midinet (Ludwig II.)   GB

»Der Fall Hamlet« – Magali Messac (Gertrud), François Klaus (Claudio),
Marianne Kruuse (Ophelia), Max Midinet (Hamlet)   FP

»Ein Sommernachtstraum« – Ballettensemble HB

»Die Kameliendame«
Colleen Scott (Marguerite Gautier),
Ivan Liška (Armand Duval) HB

»Don Quixote« – Roy Wierzbicki (Sancho),
Max Midinet (Don Quixote) MF

»Artus-Sage« – Ballettensemble FP

»Amleth« – Mette Bødtcher (Ophelia)   *JM*

»Endstation Sehnsucht«
Gigi Hyatt (Blanche DuBois),
Gamal Gouda (Stanley Kowalski)
HB

»Medea« – Marcia Haydée (Medea), Wolfgang Stollwitzer (Jason)   *MG*

DIE SPIELZEIT

PREMIEREN UND WIEDERAUFNAHMEN

Onegin
Hamburger Erstaufführung
4. 11. 1984

Othello
Uraufführung, Kampnagelfabrik
27. 1. 1985

Mozart und Themen aus
»Wie es Euch gefällt«
Uraufführung
13. 7. 1985

BALLETT-WERKSTÄTTEN

Debüt
30. 12. 1984

Othello als Ballett / 1. und 2. Teil
20. 1./12. 5. 1985

Ballett aus Literatur
21. 4. 1985

Zwischenschritte
2. 6. 1985

BALLETT-GASTSPIELE

Salzburger Festspiele, Domplatz
18./21./24. 8. 1984

Frankfurt, Alte Oper
1./2. 9. 1984

Leverkusen, Forum
10./11. 11. 1984

Neuss, Stadthalle
12. 11. 1984

New York, Brooklyn Academy of Music
12.–23. 3. 1985

Paris, Théâtre de la Ville
23. 4.–5. 5. 1985

Stuttgart, Staatstheater
7./8. 5. 1985

Bergen, Bergen-Festival
29./30. 5. 1985

GAST-COMPAGNIEN IN HAMBURG

Proust ou les
Intermittences du Cœur
Gastspiel des Ballet National
de Marseille Roland Petit
11./12. 7. 1985

BESONDERE EREIGNISSE

Tanz- und Musikbilder
von Helga Valerie Hartmann,
Ausstellung im Parkett-Foyer der
Hamburgischen Staatsoper
16. 6. 1985

Elfte Hamburger Ballett-Tage
6.–14. 7. 1985

Nijinsky-Gala XI
»Literatur und Tanz«
14. 7. 1985

Marianne Kruuse
beendet ihre tänzerische Laufbahn

AUSZEICHNUNGEN

Bettina Beckmann,
Gigi Hyatt, Jeffrey Kirk
Oberdörffer-Preis

Stefanie Eckhoff, Xavier Ferla
Prix de Lausanne

John Neumeier
Bundesverdienstkreuz Erster Klasse

13 BALLETT AUF TOURNEE

Das Hamburg Ballett als Botschafter einer Stadt und eines Tanzstils, von Zeit zu Zeit gerne gezwungen, »auszuwandern«, sich in der ganzen Welt zu präsentieren.

Unter den vielen verschiedenen Ländern und Orten – von Israel bis Südamerika, von Toronto bis Amsterdam, von Helsinki bis Palermo – drei entscheidende Ziele, drei Zentren des internationalen Ballettlebens, in denen die Arbeit des Hamburg Balletts ganz unterschiedlich gesehen wird: Frankreich, Amerika, Rußland.

Ein Ziel führte 1986 und 1989 in ein besonders fernes Land, in das man über »min-on« schreitet, über eine völkerverbindende Brücke zwischen Ländern und Kulturen: Japan.

ASPEKTE

Clive Barnes

JOHN NEUMEIER AND THE HAMBURG BALLET IN AMERICA
Auszüge aus Ballettkritiken

1977 – JOHN NEUMEIER – EUROPE'S WHIZ KID

Neumeier is college-educated and bright. He comes from Milwaukee (his father was a captain on the Great Lakes) and he first started studying dance with Sheila Reilly from Chicago. Later he went to Chicago himself, to study at the Stone/Camryn School twice a week. Soon after, he met the first great dance influence in his life, the legendary Sybil Shearer. Working with her, he was naturally drawn toward modern-dance, but he soon afterward got a scholarship to study at the Royal Ballet School in London and the die for classicism was cast. Yet the memory of Shearer, and her gift for dance image and metaphor, has always remained a green inspiration. He did well at the Royal Ballet School but, of course, as an American, he knew from the beginning that he could not enter the British company. Ninette de Valois, director of the school, personally interceded with George Balanchine to arrange for Neumeier to join New York City Ballet. This was actually fixed but, before de Valois could inform her American protégé, he had been seen in class by Marcia Haydée (also a former Royal Ballet School alumnus) and Ray Barra, then John Cranko's assistant in Stuttgart. As a result, before the news of Balanchine reached him, Neumeier had a contract to join the Stuttgart Ballet.

First as dancer and later, also as an apprentice choreographer, he remained in Stuttgart from 1963 to 1969. The following season he joined the Frankfurt Ballet as ballet director, an appointment that lasted three seasons; since 1973 he has been director of the Hamburg Ballet. He is now Germany's leading choreographer and one of the most important ballet directors in Europe, or, indeed, the world. One wonders what would have happened to him if he had joined either the Royal Ballet or New York City Ballet back in 1963. It is a fascinating speculation. His work in Frankfurt was outstanding – he raised the company to one of real importance in German dance – and, now in Hamburg, he has built up a company of outstanding quality. When he went to Hamburg, he brought with him the nucleus of the company he had built up in Frankfurt; as a result, quite a few of his dancers have been with him for close to 10 years now. The company seems an ideal instrument for his work.

The first ballet of his to be seen in the United States, *Stages and Reflexions,* was an early work at the beginning of 1969 for the Harkness Ballet. It was promising but literary – it was concerned with the onstage image and offstage life of a performer – and this literary reputation has continued to pursue Neumeier. Certainly he was a thinking-man's choreographer, indeed, a Canadian critic around that time wrote that "John Neumeier *talks* a good ballet", and the gibe, which had some justification, stuck. Yet all the three programs I saw in Hamburg served to throw a fresh light on Neumeier, stressing the creative aspects of his choreography and also his sheer dance invention. I have a feeling that the time will soon come when American critical acclaim is added to his European plaudits; Neumeier is too important an American choreographer to be kept continuously so far from home. Yet, meanwhile, any American choreographer would have to envy him his working conditions in Hamburg and also enjoy the lively company he has to work on.

The New York Times, July 31, 1977

1983 – ST. MATTHEW PASSION

John Neumeier's season with his Hamburg Ballet has proved a particular triumph for the American choreographer and the German company he has built. The full impact of that triumph – a triumph that confirms his position as one of the two or three major classic choreographers to emerge since World War II – could not be seen until the company's final epic performance on Sunday at the Brooklyn Academy of Music. This was nothing less than Bach's *St. Matthew Passion.* Neumeier's four-hour hymn to Christ and Man. In choreography, architectural shape and general sensibility, it is a work of cathedral-like ambitions and achievement, draining emotionally on dancers and audience alike, but a unique dance, and even life, experience.

He sees Christ as a solitary figure walking to Calvary with the quietness of certainty surrounded by the mael-strom of human existence. The still point of belief in a changing world of doubt. His images are wonderful and constantly re-iterated. It is like walking round an art gallery full of paintings of the Passion. Here is an image of Crucifixion, here the Pietà, the Descent from the Cross, while the punched-fists and strangulated runs of Juda's betrayal are re-iterated time and time again by the ensemble. Every man is a Judas. Here even Christ. For with some incredible leap of the imagination – perhaps sacriligious but I think at heart pious – Neumeier actually has Christ kiss judas in that terrible moment in Gethsemene.

Dramatically Neumeier never makes a mistake. He plays on our religious memories – those images and icons; built into the Western imagination – such as having suddenly the resurrected Christ appear, almost by magic, once more in the ensemble, walking through the world again with the fresh simplicity of the new-born. More than any company I can recall – more than Balanchine's, more than Cranko's, more than Robbins', more even than Béjart's or Kylián's – Neumeier's troupe is totally his. They believe in him. He himself played Christ. He normally alternates the role with Max Midinet, who along with Kevin Haigen, and Lynne Charles. Beatrice Cordua and Marianne Kruuse, are the archetypal Neumeier dancers. Walking like Christ – as Christ – calmly through the family of his troupe; well, it could have seemed dangerously arrogant. Last Sunday it seemed to have a certain touch of symbolism; it was not irreverent, but in its secular way, re-enforced a religious experience. At the end – smiling with quiet happiness at the center of his dancers – he must have experienced, in his home country, a joy in creation that can come to few choreographers, but must make the whole impossible job occasionally worthwhile.

New York Post, March 29, 1983

Das Hamburg Ballett in einem Probenraum in der Brooklyn Academy of Music, New York 1983   HB

1985 – JOHN NEUMEIER HAS COME BACK

John Neumeier's Hamburg Ballet has come back to the Brooklyn Academy of Music for a two-week stint, and as one of Europe's top handful of dance companies it is, as ever, particularly welcome. We see rather less of European dance in this country than we once did, and, regrettably, much of what we see makes us want to see rather more of less and rather less of more. Some of the European dance scene could only kindly be called mediocre, but there are shining exceptions, and the 12-year-old Hamburg Ballet, founded by the Wisconsin-born Neumeier in 1973, glistens even in that company.

New York Post, March 14, 1985

1985 – SIXTH SYMPHONY OF GUSTAV MAHLER

John Neumeier's Hamburg Ballet, one of Europe's finest, ended its second New York engagement at the Brooklyn Academy of Music over the weekend with two programs redolent of war, peace and salvation. The first was the American premiere of Neumeier's *Sixth Symphony of Gustav Mahler,* and the second his choreographic staging of Bach's *St. Matthew Passion,* seen here once before on the company's previous visit two years ago. Both show the scope of John Neumeier's ambition. They are lofty attempts to come to terms with great music, and to use that music as a platform for dance. And both are remarkably successful. Neumeier's fascination with the music of Mahler and, even more, his affinity for it, enables him to give it a new dimension, which while neither adding nor subtracting from the musical substance of the original, uses that substance to create a fresh work with a life of its own.

This Mahler symphony is sometimes known as the "Tragic", and whatever we make of that, like all of Mahler's music, as the composer himself acknowledged, it has what he called "an inner program." Neumeier has conceived this "inner program" as deeply pessimistic, and clearly sees the great contrapuntal final movement as representing something of the nihilism and anarchy of chaos. Yet Mahler is a profoundly sentimental, subjective composer, and nostalgia runs through his music like the voice of his soul it is both the strength and limitation of his music. And Neumeier, a Mahlerian to his fingerprints, understands this. As a result he conceives his *Sixth Symphony of Gustav Mahler* not simply as an admonition on war (the ballet is dedicated to the Peace Movement – and some of it looks as though it has been influenced by Jooss's celebrated anti-war work, *The Green Table*) but also on the nostalgia of war. Each movement of the ballet has its program-motif. The second movement is a strange marionette dance of death. While in the third movement, the ballet leads us into an old movie house where they are showing the Burning of Atlanta from *Gone With the Wind.* For all this the images are not specific, but general. The choreography, stormily in accord with Mahler's apocalyptic vision of past pleasure and future despair, is striking and inventive. It uses this wonderful, intensely individualistic and dramatic company to deep-etched effect.

New York Post, March 26, 1985

Ravinia Festival, Chicago 1984   *HB*

Clive Barnes

JOHN NEUMEIER UND DAS HAMBURG BALLETT IN AMERIKA

1977 – JOHN NEUMEIER – EUROPAS JUNGES BALLETTGENIE

Neumeier verfügt über eine fundierte Ausbildung am College. Er stammt aus Milwaukee (sein Vater hat als Kapitän die Meere befahren), und er begann seine Ausbildung als Tänzer bei Sheila Reilly in Chicago. Später zog er dann selbst nach Chicago, um zweimal die Woche die Stone/Camryn-Schule zu besuchen. Kurz darauf begegnete er seinem ersten großen Vorbild im Tanz, der legendären Sybil Shearer. Durch die Ausbildung bei ihr fühlte er sich begreiflicherweise zum modernen Tanz hingezogen, aber da er bald darauf ein Stipendium für die Royal Ballet School in London erhielt, waren die Würfel für seine spätere klassische Ausrichtung gefallen. Der Eindruck, den Sybil Shearer und ihre Begabung bei ihm für die Gestaltung von Bildern und bildlichem Ausdruck durch tänzerische Mittel hinterließ, übte auch weiterhin einen großen Einfluß auf ihn aus und inspirierte ihn nachhaltig. In der Royal Ballet School war er erfolgreich, wußte jedoch von Anfang an, daß er als Amerikaner nicht Mitglied des Royal Ballet werden konnte. Die Leiterin der Schule, Ninette de Valois, verwandte sich persönlich für ihn bei George Balanchine, um Neumeier einen Platz im Ensemble des New York City Ballet zu verschaffen. George Balanchine willigte auch ein, aber bevor de Valois ihren amerikanischen Protegé davon in Kenntnis setzen konnte, waren Marcia Haydée (auch eine ehemalige Schülerin der Royal Ballet School) und Ray Barra, zu der Zeit Assistent von John Cranko in Stuttgart, bereits auf ihn aufmerksam geworden. Und so kam es, daß Neumeier, bevor er von Balanchines Zusage erfuhr, bereits für das Stuttgarter Ballett verpflichtet worden war.

Er blieb in Stuttgart von 1963 bis 1969, zunächst als Tänzer und danach auch als Assistent. In der darauffolgenden Saison wurde er als Leiter des Frankfurter Balletts verpflichtet, und er blieb dort für drei Spielzeiten; seit 1973 ist er Direktor des Hamburg Balletts. Derzeit ist er Deutschlands führender Choreograph und einer der bedeutendsten Ballettdirektoren Europas, ja, der ganzen Welt. Was wäre wohl aus ihm geworden, wenn er damals, 1963, Mitglied des Royal Ballet oder des New York City Ballet geworden wäre? Welch faszinierender Gedanke. Er hat in Frankfurt hervorragende Arbeit geleistet – das dortige Ballett machte er zu einem der bedeutendsten in Deutschland – und jetzt, in Hamburg, hat er eine Compagnie von außergewöhnlicher Qualität geschaffen. Als er nach Hamburg ging, nahm er die Kerntruppe des von ihm in Frankfurt aufgebauten Balletts mit; so kommt es, daß viele seiner Tänzer bereits seit fast zehn Jahren mit ihm arbeiten. Und so hat er ein Ballettensemble geschaffen, das allem Anschein nach ideal auf ihn und seine Arbeit abgestimmt ist.

Sein erstes Ballett, das in den Vereinigten Staaten aufgeführt wurde – *Stages and Reflexions* – war eine frühe Choreographie von ihm, die er Anfang 1969 für das Harkness Ballet schuf. Es war vielversprechend, aber noch sehr an Literatur gebunden. Thema war die Darstellung eines Künstlers auf der Bühne und sein Leben außerhalb des Theaters. Dieser literarische Ruf haftet Neumeier seitdem an. Unbestritten ist, daß er zunächst als Choreograph für Intellektuelle galt; damals schrieb ein kanadischer Kritiker über ihn, daß »John Neumeier ein gutes Ballett *erzählt*«, und diese nicht ganz unbegründete Kritik blieb seitdem mit seinem Namen verbunden. Alle drei Ballettaufführungen, die ich in Hamburg besuchte, ließen jedoch Neumeier in einem neuen Licht erscheinen. Die kreativen Aspekte seiner Choreographien und auch seine unglaubliche tänzerische Erfindungsgabe traten stärker in den Vordergrund. Ich kann mich des Gefühls nicht erwehren, daß es nur noch eine Frage der Zeit ist, bis er auch in Amerika und nicht nur in Europa von den Kritikern gefeiert wird. Neumeier ist ein zu bedeutender amerikanischer Choreograph, um auf längere Dauer von seiner Heimat ferngehalten werden zu können. Inzwischen hat er jedoch Arbeitsbedingungen in Hamburg, von denen amerikanische Choreographen nur träumen können, und eine lebendige Compagnie, mit der auch jeder andere gerne arbeiten würde.

The New York Times, 31. Juli 1977

1983 – MATTHÄUS-PASSION

John Neumeiers Gastspiel mit seinem Hamburg Ballett wurde zu einem besonderen Triumph für den amerikanischen Choreographen und die von ihm geschaffene deutsche Compagnie. Das ganze Ausmaß dieses Triumphs – ein Triumph, der bewies, daß er zu Recht zu den zwei oder drei größten klassischen Choreographen seit dem Zweiten Weltkrieg zählt – wurde vollends erst mit der letzten, ungewöhnlich epischen Aufführung des Ballettensembles am Sonntag in der Brooklyn Academy of Music offenkundig. Bei dem Stück handelte es sich um nichts Geringeres als um Bachs *Matthäus-Passion*, Neumeiers vierstündige Hymne auf Christus und den Menschen. In seiner Choreographie, seiner architektonischen Gestalt und umfassenden Sensibilität ist es ein Werk – vergleichbar dem Bau einer Kathedrale – von ungewöhnlicher Ambition und Größe, ein Werk, das Tänzern und Zuschauern emotional alles abverlangt und gerade dadurch ein einmaliges Erlebnis darstellt, nicht nur als Ballett, sondern weit darüber hinaus.

Neumeier sieht Christus als einsame Gestalt, die inmitten der Wirren menschlicher Existenz ruhig und unbeirrt auf Golgatha zuschreitet. Der eine feste Punkt des Glaubens in einer sich verändernden Welt des Zweifels. Seine Bilder sind unbeschreiblich schön und kehren ständig wieder. Es ist, als wandere man in einer Galerie voller Bilder, die die Passion darstellen. Hier ein Bild der Kreuzigung, dort die Pietà, dann die Kreuzesabnahme, währenddessen die geballten Fäuste und das erregte Umherrennen von Judas, dem Verräter, immer wieder und wieder vom ganzen Ensemble wiederholt werden. Jeder von uns ist ein Judas. In dieser Aufführung sogar Christus selbst. Von dieser Vorstellung ausgehend – die manchem frevlerisch erscheinen mag, meiner Meinung nach aber den Kern von Neumeiers Glauben berührt – läßt Neumeier, zeitbezogen, Christus Judas küssen, in jenem schrecklichen Augenblick in Gethsemane.

Neumeiers dramatische Darstellungskunst ist einmalig. Er spielt mit unseren religiösen Vorstellungen – jenen Bildern und Ikonen, die fest in unserer westlichen Gedankenwelt verankert sind –, zum Beispiel, wenn der wiedererstandene Christus plötzlich, wie durch Magie, im Ensemble erscheint und in der Welt umhergeht, mit der Reinheit, der unverdorbenen Klarheit und Einfachheit eines Neugeborenen. Stärker als jedes andere Ballettensemble, stärker als Balanchines, als Crankos, als Robbins', sogar stärker als Béjarts oder Kyliáns, ist Neumeiers Compagnie vollkommen die seine. Die Tänzer glauben an ihn. Er selbst spielte den Christus. Normalerweise wechselt er sich in dieser Rolle mit Max Midinet ab, der zusammen mit Kevin Haigen und Lynne Charles, Beatrice Cordua und Marianne Kruuse den idealen Typus eines »Neumeier-Tänzers« verkörpert. Wie Christus – als Christ – ruhig durch die »Familie« seiner Tänzer schreitet: ein gewagtes Unterfangen, das sehr leicht arrogant wirken könnte. Am letzten Sonntag bewahrte es sich jedoch einen gewissen Symbolcharakter und wirkte keineswegs respektlos, sondern verstärkte in seiner säkularisierten Form immens religiöse Erfahrung. Am Ende der Aufführung – mit einem stillen glücklichen Lächeln inmitten seiner Tänzer – hat wohl John Neumeier in seiner Heimat eine schöpferische Freude erfahren, wie sie nur wenigen Choreographen vergönnt ist, die jedoch Ballettarbeit, wie unmöglich sie manchmal auch erscheinen mag, überhaupt erst lohnenswert macht.

New York Post, 29. März 1983

1985 – JOHN NEUMEIER IST ZURÜCKGEKEHRT

John Neumeiers Hamburg Ballett gastiert wieder für zwei Wochen in der Brooklyn Academy of Music, und als eines der wenigen wirklich großen Ballettensembles Europas ist es uns stets besonders willkommen. In unserem Land sehen wir heutzutage eher weniger europäisches Ballett als früher, und bedauerlicherweise weckt vieles, was wir sehen, in uns den Wunsch, eher mehr von wenig und weniger von mehr zu sehen. Einige der europäischen Compagnien können nur mit viel gutem Willen als mittelmäßig bezeichnet werden; es gibt jedoch einige wenige leuchtende Ausnahmen, und das zwölf Jahre alte Hamburg Ballett, das 1973 von dem aus Wisconsin stammenden Neumeier ins Leben gerufen wurde, ragt zweifellos unter diesen heraus.

New York Post, 14. März 1985

1985 – SECHSTE SINFONIE VON GUSTAV MAHLER

John Neumeiers Hamburg Ballett, eines der hervorragendsten in Europa, hat letztes Wochenende sein zweites Gastspiel in der Brooklyn Academy of Music mit zwei Aufführungen beendet, deren thematischer Schwerpunkt Krieg, Frieden und Erlösung ist. Bei der ersten handelte es sich um die amerikanische Uraufführung von Neumeiers Interpretation von *Sechste Sinfonie von Gustav Mahler* und bei der zweiten um seine choreographische Gestaltung von Bachs *Matthäus-Passion*, die wir bereits vor zwei Jahren anläßlich des ersten Gastspiels der Compagnie sehen konnten. Beide legten Zeugnis von Neumeiers großem Talent und Ambitionen ab. Sie sind bewußt »hoch« angesetzte Versuche, große musikalische Werke zu begreifen und in das Medium Tanz zu übertragen. Bei beiden ist ihm dies in hervorragender Weise gelungen. Neumeiers Liebe und Faszination für Mahlers Musik, mehr noch sein intuitives Verständnis für sie, ermöglichten es ihm, ihr eine neue Dimension zu eröffnen, die dem musikalischen Gehalt des Originals nichts hinzufügt oder wegnimmt, sondern diesen nützt, um ein neues Werk mit eigenem Leben zu schaffen.

Diese Mahler-Sinfonie ist als die »Tragische« bekannt, und wie wir sie auch immer empfinden, sie hat, wie alle musikalischen Werke Mahlers – der Komponist selbst bekennt dies – ein »inneres Programm«, wie er es nannte. In Neumeiers Interpretation ist dieses »innere Programm« abgrundtiefer Pessimismus. Er sieht den großen kontrapunktischen Schlußsatz als Ausdruck für den Nihilismus und die Anarchie des Chaos. Dennoch ist Mahler ein von Grund auf gefühlvoller, subjektiver Komponist, und seine Musik ist stets vom Geist seiner Sehnsucht durchtränkt, was sowohl ihre Stärke als auch ihre Grenzen ausmacht. Und Neumeier, ein Mahlerianer durch und durch, versteht dies. Daher interpretiert er die *Sechste Sinfonie von Gustav Mahler* nicht nur als ein bloßes Mahnmal gegen den Krieg (das Ballett ist der Friedensbewegung gewidmet – und es sind einige Anklänge an Jooss' berühmtes Antikriegs-Werk *Der grüne Tisch* zu erkennen) sondern auch gegen die wehmütige Glorifizierung des Krieges. Jedem Satz des Balletts liegt ein programmatisches Motiv zugrunde. Der zweite Satz ist ein befremdender marionettenartiger Todestanz, wohingegen uns das Ballett im dritten Satz in ein altes Filmtheater entführt, in dem die Szene des brennenden Atlanta aus *Vom Winde verweht* gezeigt wird. Trotzdem sind die Bildwelten nicht spezifisch, sondern allgemeingültig. Die Choreographie, in stürmischem Einklang mit Mahlers apokalyptischer Vision vergangener Freuden und künftiger Verzweiflung, ist eindrucksvoll und von großem Einfallsreichtum. In ihr kommt diese großartige, ausgeprägt individualistische und dramatische Compagnie zu voller Wirkung.

New York Post, 26. März 1985

New York 1983, Schlußapplaus nach »Matthäus-Passion«   *HB*

René Servin

JOHN NEUMEIER ET LA FRANCE
Originalbeitrag in Französisch

C'est le 15 juin 1976 que les Français découvrirent John Neumeier et le Ballet de l'Opéra de Hambourg au Théâtre de la Ville. Le chorégraphe s'imposa immédiatement par la force de son inspiration. Le premier programme comprenait *Dämmern* et *Rondo* qui prouvèrent la profonde musicalité du chorégraphe et son originalité, son sens du fantastique et de la composition des groupes. La soirée s'achevait par un chef d'œuvre: *Le Sacre.* Une chorégraphie magnifique et dantesque, dont on ne peut oublier l'image finale de Béatrice Cordua pathétique dans sa nudité et sa solitude, tournoyant dans la pénombre, vision terrifiante de la femme éternelle, épouse et mère.

Six jours plus tard le Ballet de Hambourg proposait au Théâtre de la Ville la *3me Symphonie de Mahler,* chorégraphie d'un lyrisme puissant où John Neumeier posait le problème de l'homme en quête d'idéal et d'éternité, un thème qui reviendra souvent dans son œuvre. *Le Sacre* et la *3me Symphonie:* deux ballets dont Maurice Béjart, alors l'idole des Français, avait donné des versions que l'on croyait définitives. Il fallut réviser notre jugement et compter désormais avec John Neumeier, qui dès sa première apparition en France s'était placé dans le peloton de tête des grands chorégraphes de sa génération.

Le Ballet de Hambourg revint trois ans plus tard au Théâtre de la Ville avec une autre pièce maitresse, *Le Songe d'une nuit d'été,* qui devait entrer en 1982 au répertoire de l'Opéra de Paris pour ne plus le quitter (la dernière reprise date de mai-juin 1991). *Le Songe* avait tout pour émerveiller: une splendide décoration de Jürgen Rose, trois actions superposées avec chacune un style chorégraphique approprié – classique, moderne ou bouffon – qui correspondait aussi aux musiques (Mendelssohn, Ligeti et des pièces pour orgue de barbarie). La scène du sommeil de Titania protégée par ses »anges gardiens« constitue sans aucun doute un morceau d'anthologie. Enfin les interprétations de François Klaus, noble Obéron, Kevin Haigen, Puck délicieux et Max Midinet, Bottom inéuarable, sont encore dans toutes les mémoires. A l'Opéra de Paris, Jean-Yves Lormeau, Patrick Dupond et Fabrice Bourgeois devaient s'illustrer dans ces mêmes rôles, qui comptèrent parmi les plus marquants de leurs carrières.

En 1979 Jean Robin parvint à réaliser un de ses grands rêves: présenter au Théâtre des Champs Elysées, dans le cadre du Festival International de Danse, *La Dame aux camélias,* incarnée par l'immense artiste dramatique Marcia Haydée entourée de son Ballet de Stuttgart. Un spectacle d'une profonde émotion qui nous rappela le cheminement artistique de John Neumeier: danseur classique américain formé à l'école britannique il fut découvert en 1963 par Marcia Haydée et engagé au Ballet de Stuttgart par John Cranko.

Jean Robin devait encore révéler aux parisiens d'autres facettes insoupçonnées du talent de John Neumeier, en 1981, avec un *Casse-Noisette* ingénieusement transposé au royaume des chaussons roses et du ballet classique, puis une *Légende de Josef* débordante de sensualité et un *Don Quichotte* de choc pour joueurs de football américain aux costumes bigarés! Nous n'énumérerons pas toutes les œuvres de John Neumeier présentées à Paris depuis près de vingt ans. Et pourtant chaque tournée en France du Ballet de Hambourg a fait figure d'évènement par la nouveauté des sujets proposés comme par la perfection des productions: faut-il rappeler la fervente et mystique *Passion selon Saint Mathieu* en 1983 au Théâtre de la Ville avec Max Midinet et John Neumeier lui même; *Othello* en 1986 avec l'exceptionnel couple Gigi Hyatt–Gamal Gouda; *Mozart comme il vous plaira* délicieux badinage shakespearien, ou la grande épopée médiévale d'*Artus-Sage?*

En 1987 le Palais Garnier devint le nouveau foyer des activités parisiennes de John Neumeier. En octobre le Ballet de l'Opéra de Paris y reprit son *Magnificat,* crée quatre mois plus tôt au festival d'Avignon; le Ballet de Hambourg y présenta en 1990 *Peer Gynt,* un chef d'œuvre poétique d'une rare force émotionnelle et d'une haute spiritualité, avec Ivan Liška et Anna Grabka, captivants tous les deux, sur une partition du visionnaire Alfred Schnittke. Enfin en 1992 une troisième grande troupe internationale, le Ballet de Stuttgart révélait aux parisiens les magistrales compositions dramatiques de Marcia Haydée et de Richard Cragun dans le puissant *Tramway nommé désir* présenté quelques années plus tôt par Jean-Luc Barsotti au festival de Cannes. Festival qui accueillit en 1989 une très harmonieuse création de John Neumeier pour le Ballet de Tokyo: *Seven Haiku of the Moon,* d'après des poèmes japonaise. Car la présence de John Neumeier en France ne s'est pas limité à la capitale. Cannes, Marseille et Chateauvallon (avec le *Requiem* de Mozart en juillet 1992) ont pu applaudir ses créations, tandis que Nancy inscrivait *Petrouchka-Variations* et *Vaslaw* au répertoire de son Ballet-Théâtre Français.

Rudolf Nurejew, John Neumeier und das Ballett der Pariser Oper vor den Proben zu »Magnificat« in Avignon, 1987   *ME*

Grâce aux «Géants de la Danse» les parisiens ont pu découvrir une autre facette du talent de Neumeier en décembre 1991 au Théâtre des Champs-Elysées: John interprète de Béjart, dans *Les Chaises* d'après Ionesco, aux côtés de Marcia Haydée. Fabuleux couple de comédiens-danseurs, pitoyable, cocasse, dérisoire. La tendresse contenue dans la voix et le regard si bleu de l'artiste nous bouleverse encore . . .

A de très rares exceptions près *(Daphnis et Cloé, La Dame aux camélias, Artus-Sage . . .)* ni la musique ni la littérature françaises n'ont été sources d'inspiration pour le chorégraphe, mais les affinités entre John Neumeier et notre pays sont évidentes, et au sein même du Ballet de Hambourg où les danseurs français ont toujours figuré en bonne place. Ainsi parmi ses solistes les plus fidèles se distinguent aujourd'hui Chantal Lefèvre, Jean Laban, Eric Miot et Emmanuelle Broncin. Jean-

Christophe Maillot, Jean-Yves Esquerre et Jennifer Goubé sont, eux, restés marqués par leurs passages dans le Ballet de Hambourg longtemps après être revenus en France et à Monte-Carlo.

Deux danseurs étoiles de l'Opéra de Paris ont inspiré le chorégraphe qui a conçu *Vaslaw* pour Patrick Dupond (il existe un film passionnant de Dominique Delouche concernant le travail de John Neumeier et de Patrick Dupond la réalisation de *Petruschka,* qui éclaire la genèse d'un ballet la complexité des rapports entre chorégraphe et interprète) et *Spring and Fall* pour Manuel Legris qui a aussi créé à Hambourg le rôle du Prince dans *A Cinderella Story,* toujours au répertoire de la troupe.

Les rapports entre John Neumeier et la France sont excellents, même si le chorégraphe n'a pas toujours trouvé à l'Opéra de Paris des conditions idéales de travail! Mais l'angoisse et l'insatisfaction sont le lot permanent de tout créateur, et, en perfectionniste, John Neumeier a toujours craint d'être mal aimé des danseurs ou mal compris du public. Il n'en est rien et l'homme comme le chorégraphe a su nous conquérir. Tous ceux qui l'ont approché gardent une image particulièrement attachante de ce créateur sensible, sincère, courtois et fidèle en amitié.

Le Ballet de Hambourg fête ses vingt ans de collaboration avec John Neumeier. C'est à Hambourg et grâce à cette ville que le chorégraphe a pu s'exprimer en toute liberté. C'est Hambourg qui l'a choisi et c'est à Hambourg que cet Américain du Wisconsin s'est délibérément fixé. On n'imagine plus l'un sans l'autre. De leur union sont nées, par une alchimie secrète, 80 glorieuses créations qui ne relèvent ni de la post modern dance américaine, ni du néo expressionnisme allemand. Tout à la fois classique et contemporain, John Neumeier est hors du temps et des modes, comme Jérôme Robbins ou Jiři Kylián (autre émule de John Cranko) avec qui il partage une sensibilité musicale exceptionelle. John Neumeier peut aussi bien raconter une histoire que créer des ballets abstraits et il a abordé avec le même bonheur tous les genres: dramatique, humoristique, lyrique, poétique ou mystique. Ses ballets ne se démoderont jamais car ils sont d'une absolue sincérité, totalement affranchis des vogues et des complaisances.

Nous avons encore beaucoup de chefs d'œuvre signés Neumeier à découvrir en France (en tout premier lieu et impérativement *Illusions – le lac des Cygnes)* et becoup d'autres à espérer dans l'avenir. Bon anniversaire et longue vie à John Neumeier et au Ballet de Hambourg!

»Ein Sommernachtstraum« – Ballett der Pariser Oper 1982 mit Noëlla Pontois (Hippolyta), Patrick Dupond (Philostrat), Jean-Yves Lormeau (Theseus)   *HB*

René Servin

JOHN NEUMEIER UND FRANKREICH

Es war der 15. Juni 1976, als die Franzosen im Théâtre de la Ville von Paris John Neumeier und das Ballett der Hamburger Oper entdeckten. Auf Anhieb setzte sich dieser Choreograph durch die Kraft seiner Inspiration durch. Die ersten Ballette, die gezeigt wurden, waren *Dämmern* und *Rondo,* und sie lieferten den Beweis für die immense Musikalität des Choreographen, seine Ursprünglichkeit, sein Gespür für das Phantastische und für die Creation von Ensembles. Der Abend endete mit einem Meisterwerk: *Le Sacre.* Eine großartige, undurchdringlich düstere Choreographie, bei der man die Schlußszene nicht vergessen wird, getanzt von Beatrice Cordua, wie sie leidenschaftlich in ihrer Nacktheit und Einsamkeit durch das Halbdunkel wirbelt, eine schreckenerregende Vision der ewigen Frau, Ehefrau und Mutter.

Sechs Tage später stellte das Hamburg Ballett im Théâtre de la Ville die *Dritte Sinfonie von Gustav Mahler* vor, deren Choreographie von einer starken dichterischen Imagination geprägt ist, durch die John Neumeier das Problem des Menschen auf der Suche nach dem Ideal und der Ewigkeit in den Vordergrund rückt, ein Thema, das immer wieder in seinem Werk auftaucht. *Le Sacre* und die *Dritte Sinfonie:* zwei Ballette, die Maurice Béjart – zu jenem Zeitpunkt Idol der Franzosen – in Visionen gezeigt hatte, von denen man glaubte, sie seien endgültig. Man mußte sein Urteil jetzt revidieren und von nun an mit John Neumeier rechnen, der seit seinem ersten Auftreten in Frankreich in die erste Reihe der großen Choreographen seiner Generation getreten war.

Drei Jahre später kam das Hamburg Ballett mit einer seiner großen Creationen in das Théâtre de la Ville zurück, mit dem *Sommernachtstraum,* der vom Jahr 1982 an zum Repertoire der Pariser Oper gehörte und bis heute daraus nicht mehr wegzudenken ist (die letzte Wiederaufnahme fand im Mai und Juni 1991 statt). Dieser *Traum* beinhaltete alles, um Bewunderung zu erregen: ein prächtiges Bühnenbild von Jürgen Rose, drei ineinander verwobene Handlungen, jede in einem bestimmten Bewegungsstil – klassisch, modern oder komödiantisch, jeweils der Musik entsprechend (Mendelssohn, Ligeti und Stücke für Drehorgel). Die Traumszene der Titania, die von ihrem sie schützenden Gefolge umgeben ist, verkörpert zweifellos ein Stück von berückender Poesie. Und letztlich bleiben einem die Darstellungen von François Klaus, dem würdigen Oberon, Kevin Haigen, dem köstlichen Puck, und Max Midinet, dem urkomischen Bottom, lebhaft in Erinnerung. In der Pariser Oper eroberten Jean-Yves Lormeau, Patrick Dupond und Fabrice Bourgeois sich diese Rollen, die zu den bedeutendsten ihrer Karriere zählten.

Manuel Legris, Erster Solist des Balletts der Pariser Oper, mit Gigi Hyatt in »Spring and Fall« HB

Wilfried Romoli, Kader Belarbi in »Magnificat« an der Pariser Oper   *RT*

Im Jahr 1979 gelang es Jean Robin, einen seiner größten Träume zu verwirklichen, nämlich im Rahmen des Internationalen Tanzfestivals im Théâtre des Champs Elysées *Die Kameliendame* zu präsentieren, verkörpert von der großen dramatischen Künstlerin Marcia Haydée, umgeben von ihrem Stuttgarter Ballett. Es war ein Ereignis von großer Gefühlsintensität, das einen an den künstlerischen Werdegang John Neumeiers erinnerte: ein amerikanischer Tänzer des klassischen Stils, ausgebildet in England, 1963 entdeckt von Marcia Haydée, ans Stuttgarter Ballett engagiert von John Cranko.

Jean Robin glückte es, den Parisern weitere, ihnen bisher unbekannte Facetten der Begabung John Neumeiers zu offenbaren; im Jahr 1981 mit einem *Nußknacker,* der äußerst geschickt in das Reich der seidenen Ballettschuhe und des klassischen Balletts versetzt worden war, mit einer *Josephs Legende,* die überschäumte vor Sinnlichkeit und mit einem *Don Quixote,* der schockierte, traten doch darin amerikanische Footballspieler in bizarren Kostümen auf. Es lassen sich nicht sämtliche Werke John Neumeiers aufzählen, die seit fast zwanzig Jahren in Paris aufgeführt wurden, obwohl jede Tournee des Hamburg Balletts in Frankreich aufgrund der neu vorgestellten Themen und wegen der ungewöhnlichen Perfektion der Aufführungen zu einem Ereignis wurde: Muß man da noch an die leidenschaftliche und mystisch wirkende *Matthäus-Passion* erinnern, die 1983 mit Max Midinet und John Neumeier persönlich (in der Rolle der Hauptfigur) gezeigt wurde, an *Othello* im Jahr 1986, getanzt von dem außergewöhnlichen Paar Gigi Hyatt und Gamal Gouda, an *Mozart und Themen aus »Wie es Euch gefällt«,* diese köstliche Narretei Shakespeares, oder an das große mittelalterliche Epos *Artus-Sage?*

1987 wurde das Palais Garnier zur neuen Heimat der Pariser Aktivitäten John Neumeiers. Im Oktober zeigte das Ballett der Pariser Oper dort sein Ballett *Magnificat,* das vier Monate zuvor für das Festival in Avignon geschaffen worden war, und im Palais Garnier präsentierte das Hamburg Ballett 1990 *Peer Gynt,* ein poetisches Meisterwerk von ungewöhnlicher Ausdruckskraft, beseelt von großer Spiritualität, mit Ivan Liška und Anna Grabka – beide von großem Zauber – und nach einer Partitur des Visionärs Alfred Schnittke. Schließlich ließ 1992 eine dritte große internationale Compagnie, das Stuttgarter Ballett, die Pariser die meisterhaft magischen Darstellungsweisen von Marcia Haydée und Richard Cragun in dem äußerst dramatischen Ballett *Endstation Sehnsucht* entdecken, das einige Jahre zuvor von Jean-Luc Barsotti beim Festival in Cannes gezeigt worden war. Dieses Festival überraschte 1989 mit einer ungewöhnlich harmonischen Creation von John Neumeier für das Tokyo Ballet: *Seven Haiku of the Moon* nach alten japanischen »Haiku«. John Neumeiers Wirken in Frankreich beschränkte sich nicht allein auf die Hauptstadt Paris. Cannes, Marseille und Chateauvallon (mit einer Aufführung des *Requiems* nach Mozart im Juli 1992) konnten seinen Choreographien applaudieren, und Nancy nahm die Ballette *Petruschka-Variationen* und *Vaslaw* ins Repertoire eines französischen Ballett-Theaters auf.

Dank der »Giganten des Tanzes« wurde es den Parisern ermöglicht, im Dezember 1991 eine ganz andere Seite von John Neumeiers Talent zu entdecken: John gesehen aus dem Blickwinkel von Maurice Béjart, im Ballett *Die Stühle* nach Ionesco, mit Marcia Haydée an seiner Seite, zwei fabelhafte Schauspieler wie Tänzer, die Erbärmliches, Groteskes und Lächerliches ausdrückten. Die Zärtlichkeit in der Stimme und im »blauen Blick« dieser Künstler verwirrt uns noch immer ...

Von einigen wenigen Beispielen abgesehen *(Daphnis und Chloë, Die Kameliendame, Artus-Sage)* hat sich der Choreograph John Neumeier weder von der französischen Musik noch von der Literatur beeinflussen lassen. Dennoch ist die Wesensverwandtschaft von John Neumeier und unserem Land offensichtlich. Nicht zuletzt haben französische Tänzer im Kreis des Hamburg Balletts immer einen guten Platz eingenommen. Von den bis heute treu gebliebenen Solisten sind besonders Chantal Lefèvre, Jean Laban, Eric Miot und Emmanuelle Broncin hervorzuheben. Jean-Christophe Maillot, Jean-Yves Esquerre und Jennifer Goubé blieben auch nach ihrer Rückkehr nach Frankreich durch ihre Zeit beim Hamburg Ballett geprägt.

Zwei erste Solisten der Pariser Oper haben John Neumeier zu Choreographien inspiriert: Patrick Dupond zu *Vaslaw* und Manuel Legris zu *Spring and Fall*, der in Hamburg als erster Tänzer die Rolle des Prinzen in *A Cinderella Story* verkörperte, in einem Stück, das noch zum Repertoire der Compagnie gehört. Über John Neumeiers Arbeit mit Patrick Dupond bei der Choreographie zu *Pe-*

Gastspiel des Hamburg Balletts in Paris 1987   HB

truschka (die in dieser Form nicht realisiert werden konnte) gibt es einen passionierten Film von Dominique Delouche, der die Entstehung eines Balletts und die Unterschiede in den Beziehungen von Choreograph und Tänzer realitätsnah beleuchtet.

Die Beziehungen John Neumeiers zu Frankreich sind exzellent, selbst wenn der Choreograph an der Pariser Oper nicht immer ideale Arbeitsbedingungen vorgefunden hat! Doch sind Angst und Unzufriedenheit das ständige Schicksal eines jeden kreativen Künstlers, und als Perfektionist hat John Neumeier stets befürchtet, von den Tänzern nicht gemocht und vom Publikum nicht verstanden zu werden. Aber dies trifft nicht zu, denn der Mensch und der Choreograph John Neumeier haben verstanden, uns Franzosen zu erobern. Alle, die näheren Kontakt zu ihm hatten, behalten ein nachdrückliches Bild von diesem empfindsamen, aufrichtigen, höflichen und freundschaftlich gesinnten Künstler.

Das Hamburg Ballett feiert das Jubiläum seiner zwanzigjährigen Zusammenarbeit mit John Neumeier. In Hamburg und mit Unterstützung dieser Stadt konnte John Neumeier sich frei entfalten. Hamburg hat ihn erwählt, und es ist die Stadt Hamburg, an die sich der Amerikaner aus Wisconsin gebunden hat. Beide benötigen einander. Aus dieser Gemeinsamkeit heraus, beeinflußt durch eine geheimnisvolle Alchimie, sind rund achtzig Neuschöpfungen entstanden, die weder den der Postmoderne verhafteten amerikanischen Tanz noch einen dem Neo-Expressionismus verpflichteten deutschen Stil in den Vordergrund stellen. In ihnen sind Klassik und Zeitgeist einander bedingende Elemente. John Neumeier ist zeitlos und unabhängig von Modeströmungen, darin vergleichbar Jerome Robbins oder Jiří Kylián (einem anderen Choreographen, der in Stuttgart bei John Cranko seine Karriere begonnen hat), mit denen er eine außergewöhnliche musikalische Einfühlungskraft teilt. John Neumeier vermag ebenso gut eine bestimmte Geschichte zu erzählen wie abstrakte Ballette zu schaffen, und er prägte jedes Genre stets mit der gleichen glücklichen Hand, ob das dramatische, komödiantische, poetische oder mystische. Seine Ballette kommen niemals aus der Mode, da sie durch absolute Wahrheitsliebe gekennzeichnet sind, vollkommen frei von der Bindung an Zeiterscheinungen und von Selbstgefälligkeiten.

Es gibt für uns in Frankreich noch viele von John Neumeier kreierte Meisterwerke zu entdecken (zu allererst und als absolutes Muß *Illusionen – wie Schwanensee*), aber hoffentlich auch noch viele andere. John Neumeier und dem Hamburger Ballett die besten Glückwünsche und ein langes Leben!

Alexej Parin

VERONA: FRAGMENTE DER EINDRÜCKE
JOHN NEUMEIER UND DAS PHANTOM DES BALLETTS

In einem Theaterstück der russischen Postmoderne unter dem Titel *Verona* (Alexej Schipenko, 1989) beredet ein nicht mehr junges Ehepaar ziemlich brutal, mit Wort und Tat, seine sexuellen und psychologischen Probleme im Bett; später erscheint eine Amme auf der Bühne, die eine Veroneserin namens Julia wecken will; und nachher soll man, nach der Bemerkung des Verfassers, die ganze Shakespeare-Tragödie vom Anfang bis zum Ende spielen. Das Neue und die Tradition sind zeitlich und räumlich grotesk getrennt. In einer westeuropäischen Inszenierung von Bellinis Oper *I Capuleti e i Montecchi* (Pier Luigi Pizzi, 1984) erscheinen die legendären Bauten von Verona in einem phantomartigen Zustand: das Klassische ist hohl und unbewohnt, die verblüffend schönen virtuosen Passagen klingen »im Samt der Leere des Weltalls«, wie im Gedicht von Osip Mandel'štam. Liegt nun die ganze europäische Kultur zersplittert vor dem postmodernen Denken, repräsentiert sie nur noch »Fragmente einer Landschaft«? Sind alle Wege »ins Offene«, d. h. in die Harmonie eines hoffnungsvollen Ganzen, in diesem geschlossenen Daedalus-Bau versperrt?

John Neumeier, Galina Ulanowa   HB

Es gibt nicht nur den Faden der Kreterin Ariadne, der einen Künstler durch das Labyrinth der Kultur führen kann, es gibt auch den Lauf der verliebten Veroneserin Julia, das Tuch der sterbenden Polin Maria, die die Seelenlandschaften eines durch Zeit und Raum wandernden Choreographen mit einem ständigen Schimmern erfüllen. Die Generation, die der Tanzwelt den facettenreichen John Neumeier geschenkt hat, war in Rußland und in Deutschland in ihrer Kindheit in puncto Tanz total verloren. Schon als wir Russen noch sehr jung waren, atmete der Körper des unter Stalin notgedrungen blühenden russischen *Drambalets* nicht mehr. Sein guter Geist, sein besseres Ich erschien uns am Bildschirm in Gestalt der fast unsichtbaren Galina Ulanowa. Ihr gisselleskes Wesen war unbegreiflich, aber unübertrefflich schön. Aber auch unübertrefflich lebendig, was das Paradoxon der großen Kunst ausmacht. Und wenn die Gestalten Neumeiers, Marguerite Gautier und Desdemona, heute am Bildschirm vorüberfliegen, wenn die gespannten Linien der *Fratres* auf der Bühne an der Grenze zwischen Jetzt und Immer balancieren, fühle ich die Anwesenheit der unsichtbaren, transparenten Ulanowa ...

Neumeiers Ruhm erreichte Rußland eher als er selbst. »Ach, Neumeier,« flüsterte heimlich jeder Ballettfan in beiden russischen Hauptstädten. »Neumeier«, wiederholten vorahnend Tanzkritiker und Kenner, die schon den nur allzuverständlichen Rausch von Balanchine und Béjart überwunden hatten. Und plötzlich erschienen *Ein Sommernachtstraum* und sein Schöpfer Anfang der achtziger Jahre leibhaftig in der Stadt Leningrad, die schon nicht mehr, aber auch noch nicht wieder Sankt Petersburg war. Der lockere Puck becirchte das Publikum während der Aufführung, und der einfallsreiche Neumeier faszinierte Kenner bei seinen Bühnengesprächen. Das Wichtigste an der Leistung Neumeiers war aber die harmonische Mischung des phantomartigen weißen Balletts und des pseudostanislawskischen Drambalets. Die rein postmoderne Mischform von Wahrem und Falschem, von Hochmütig-Metaphysischem und Niedrig-Charakteristischem war so ausdrucksvoll im Tanz verdeutlicht, so geschickt durcheinandergeraten, daß man die Ekstase einer echten Entdeckung erlebte. Leningrader Kritiker haben viele führende Choreographen der Welt gesehen – aber Neumeier haben sie trotzdem sofort einstimmig zum »ballet-maker number one« erklärt. Die sprichwörtliche »russische Seele« hat die Sentimentalität der mendelssohnschen Liebschaften und die Gemütlichkeit der Genre-Szenen genossen, die sprichwörtliche »russische Geistigkeit« hat sich die kristallenen Ligeti-Balanchinaden mit Entzücken angeeignet. Letztendlich waren diese beiden Welten gar nicht so weit voneinander entfernt, wie die Menschen und Schwanenmädchen im *Schwanensee,* wie die Männer und Wilis in *Giselle,* wie das leiblich-pulsierende Moskau und das magisch-schimmernde Sankt Petersburg im geistigen Horizont Rußlands. Die Sehnsucht des reflektierenden Petersburg nach einer Harmonie zwischen Leiblichkeit und Geist war immer stärker als im sinnlichen Moskau. Und die Spuren der Begeisterung für diesen *Sommernachtstraum* sind nicht nur in den Köpfen der Fans zu suchen, sondern auch auf den Brettern: der Versuch, ein harmonisches Durcheinander zu schaffen, beherrscht auch *Macbeth* von Nikolaj Bojartschikow (Leningrader Malyj-Theater), obwohl die postmoderne Ironie und der freie Geist eines rahmenbrechenden Antihistorismus dem russischen Musiktheater bis jetzt noch fremd blieben. *Ein Sommernachtstraum,* Neumeiers Meisterwerk, das immer wieder auf den Bühnen der Welt getanzt wird und das heute seine Wiederaufnahme in Wien erlebt, wurde fünfzehn Jahre später in Moskau im legendären Bolschoi-Theater präsentiert. Getanzt aber wurde nicht vom Hamburg Ballett, wo Oberon und Puck kreiert wurden, sondern vom Ensemble der Opéra de Paris kurz nach dem Machtantritt von Patrick Dupond. Getanzt wurde mit erloschener Energie, detaillierter Künstlichkeit und inhaltsleerer Souveränität. Das Moskauer Publikum goutierte die Musik von Mendelssohn und vor allem die Klangwunder von Ligeti.

Die Choreographie von Neumeier aber wurde nur kühl beobachtet, als Ganzes aber mit völliger Gleichgültigkeit rezipiert. Waren möglicherweise auch die Wände des Bolschoi-Theaters an diesem Wirkungsschwund schuld? Behauptet man doch, diese Bühne verlange das Pompöse, Aggressive, Gigantische. Ist das aber eine angeborene Eigenschaft dieses Hauses oder nur eine Folge der langen totalitaristischen Regierung eines Ex-Großmeisters des Ballett-Ordens namens Juri Grigorowitsch? Lassen wir jetzt diese Frage für einige Zeit ohne Antwort, und verlassen wir die Theaterräume, um die bescheidenen Wohnungen der russischen Intelligenz aufzusuchen. Nach dem Auftritt der Videorecorder auf der Kunstszene verschob sich nämlich der Schwerpunkt des geistigen Lebens allmählich von der Küche, wo bei einer Tasse Tee über den Mischmasch von Kunst und Leben diskutiert wurde, ins Wohnzimmer, wo die Gestalten aus der freundlich-bekannten, aber vom eisernen Vorhang versperrten Welt auf dem Bildschirm neue Entdeckungen boten. Neumeiers *Othello* ist in beide russische Hauptstädte wie ein Bote des neuen Europa gekommen. *Othello* hat in Rußland durchaus Tradition. Glieder dieser langen Kette sind die alten Legenden über die großen russischen Othello-Darsteller, die leidenschaftlichen Tragöden Ostuschew und Mordwinow. Ein Juwel von einem Tänzer war Wachtang Tschabukiani, der Ende der fünfziger Jahre seinen Mohr zeitgebunden konzipiert und zeitüberwindend dargestellt hatte. Das Ballett *The Moor's Pavane* von José Limón erlebten Russen in verschiedenen Interpretationen und erkannten in seiner Plastik eine echt puschkinsche Gestalt. Psychologisch überzeugend waren die Sänger in den Inszenierungen von Walter Felsenstein und Boris Pokrowski. Das alles erwies sich aber nur als eine Vorahnung der neuen Leiblichkeit: Im Nu ist uns taufrische Wirklichkeit mit dem Tuch von Othello und Desdemona in Neu-

Gastspiel im Kirow-Theater, Leningrad 1990   *HB*

meiers Freske aufgeblüht. Dieses Tuch hat nicht nur äußerliche Leben und Körper des Mohren und seiner Geliebten, sondern auch viele andere Fäden miteinander verbunden: das in magischer Unklarheit schimmernde Sujet und die nicht voraussehbare, gespenstische Metaphysik des Leibes, die betäubenden freudschen Komplexe und mythologisierenden jungschen Archetypen, überstrahlt von den präzisen Linien der Musik und den fließenden Konturen der Bewegungen. Die kindlich-zerbrechliche Primavera von Botticelli und der tierisch-impulsive »wilde Krieger« Maurizius vergaßen ihre archetypischen Aufgaben, als die Desdemona von Gigi Hyatt und der Othello von Gamal Gouda einander ihre seelisch-körperlichen Geheimnisse enthüllten. Die Musik von Arvo Pärt und Alfred Schnittke, zweier Gedankenherrscher der Moskauer Intelligenz in der Stagnationszeit, forderte uns zu begreifen, daß die Quellen der »russischen Geistigkeit« für die plastische Kunst längst noch nicht erschöpft waren. Und das verhängnisvolle Tuch, das Desdemona das Leben kostete, erinnerte uns an den durchsichtigen Schleier der todessehnsüchtigen Maria aus *Die Fontäne von Bachtschissaraj,* dem die unbegreifliche Galina Ulanowa ohne jegliche Unterstützung der Choreographie die Vielschichtigkeit eines echten Symbols verliehen hatte.

Bolschoi-Theater, Moskau 1990　　　　　　　　　HB

Moskau hat John Neumeier heimlich aus der Ferne »vergöttert«. Da kam er selbst »live« nach Moskau mit seinem berühmten Ensemble und zeigte auf den Brettern des Bolschoi-Theaters seinen *Peer Gynt.* Zwei Nebenaspekte haben Kennern den reinen Kunstgenuß leider verdorben. Erstens, die Musik von Alfred Schnittke, dem idealgesinnten Liebling der Moskowiter, konnte diesmal die überdimensionalen Hoffnungen nicht rechtfertigen. Zweitens, die »amerikanischen« Szenen wirkten ungünstigerweise als komplimentierende Paraphrasen der sattsam bekannten, grandios-hohlen Fresken von Grigorowitschs *Angara* oder *Das Goldene Zeitalter.* Die vom Totalitarismus verseuchte Bühne, das geistlose Ambiente der mumifizierten Traditionen zeigten ihre ganze Aggressivität, als sie Parodie in ihren Gegensatz zu verwandeln schufen. Der Lauf der Julia hat diese Bretter für gewisse Zeit verlassen. Trotzdem, das in völliger Stille getanzte Präludium, bzw. die Bilder der pränatalen Entwicklung des Körpers sowie der Sinne und Charakterzüge Peers, und vor allem das langsam sich entfaltende Postludium, bzw. die Landschaften einer furchtlosen Wanderung durch das weite Land der Psyche, versetzten das Publikum zu Recht in Ekstase. Neumeiers behutsame Behandlung des metaphysischen Sujets erfüllte die erschöpften Seelen der Moskowiter genau mit dem, was sie so vergeblich in der letzten Zeit von russischen Choreographen erwartet haben: die Konventionen des klassischen Balletts und kühne, von freiem Geist erfüllte Phantasie mischten sich, um den Riß zwischen Körper und Seele metatheatralisch auszuleuchten. Mit Entzücken reihte man die Gestalten von Neumeier und seinen Tänzern in die schon lange bestehende Perspektive russischer *Peer-Gynt*-Rezeption ein; im genetischen Gedächtnis Moskaus werden fürderhin Gigi Hyatt und Ivan Liška als Solveig und Peer gespeichert sein, und zwar neben der großen einheimischen Tragödin Alice Koonen, die im vor-

Aufbau zu »Peer Gynt« – Bolschoi-Theater Moskau

HB

revolutionären Künstler-Theater als Anitra und später als Aase glänzte. Wie fast bei keinem anderen Tanzkünstler des Auslands fühlt man bei John Neumeier, daß seine großen Handlungsballette im russischen Kontext wie »eingebaut« scheinen. So hat auch sein jüngstes Werk, *A Cinderella Story* nach der Musik von Sergej Prokofjew, im ideellen Raum eine Lücke ausgefüllt, die in der heutigen russischen Ballettkunst so unübersehbar gähnt. Nach den rein illustrativen Märchen-Fassungen von Rostislaw Sacharow und Konstantin Sergejew gab es endlich einmal auch in Rußland etwas geistvoll Freies und Lockeres: der strahlende Prinz von Nikita Dolguschin in der Inszenierung von Oleg Winogradow im Nowosibirsker Ballett in jener Zeit, als die beiden russischen Tanzprinzipale noch jung und schablonenfeindlich waren. Das blieb aber nur eine kurze erquickende Episode. Wenn die Russen heute, in den neunziger Jahren, diese poesieerfüllte Story behandeln, erleiden sie immer wieder Schiffbruch. Wladimir Wassiljew mischt Züge einer Haute-Couture-Revue (Kostüme aus dem Hause Nina Ricci) mit Disney-Schneewittchen-Kitsch; weder das Komische der Transvestiten-Stiefmutter noch das Lyrische in der Gestalt des hilflosen Aschenbrödel können sich in einer solchen Melange entfalten (Ballett des Kreml-Palastes). Bei Natalja Kassatkina und Wladimir Wassiljow (Staatliches Ballett-Theater) gelten das Deskriptive und Quasiluxuriöse als Hauptprinzipien, wofür sie die Ästhetik des Kindertheaters der fünfziger Jahre ohne jegliche Spur von Ironie verwenden.

Neumeiers *Soljuschka* mit ihrer »verblüffend-neuartigen Märchen-Ästhetik«, »mit den Kostümen als Farbtupfern und der Beleuchtung als Stimmungs- und Poesiezulieferer« (Horst Koegler), strahlt, wenn auch bisher weder in Moskau noch in Petersburg präsentiert, aus der Ferne wie eine ideale Verwirklichung aller Träume der russischen Ballettfreunde, die sich in ihren plumpen Plüsch-Inszenierungen nicht mehr zu Hause fühlen … Die unbegreifbare Ulanowa hatte zuerst in Petersburg, dann in Moskau getanzt. Und Petersburger Kenner flüstern sich zu, daß die große Ballerina ihre Blütezeit in der Stadt an der Newa zu einer Zeit erlebt hatte, als das berüchtigte *Drambalet* noch nicht von ihr forderte, ihre Leiden tanzend zu Markte zu tragen. Mag das nun stimmen oder nicht, es spielt keine so wesentliche Rolle. Diese unvergleichliche Lyrikerin des russischen Tanztheaters hat im Tuch von Maria und im Lauf der Julia den Alptraum des dostojewskischen Petersburg mit der Hoffnung des tolstojschen Moskau untrennbar verbunden.

Ob nun die Stärke des europäisch-versierten Tanzkünstlers John Neumeier in seinen großen Handlungsballetten oder in den plastischen Fassungen der symphonischen und kammermusikalischen Werke liegt, spielt keine so wesentliche Rolle: In unserer Zeit, in der für viele die ganze europäische Kultur in Ruinen liegt und nur »Fragmente einer Landschaft« repräsentiert, wagt John Neumeier, der Tanzkünstler par excellence, das Phantom des Balletts wiederzubeleben und den Riß zwischen dem Traditionellen und dem Neuen, dem Alptraum und der Apotheose, dem Körper und der Seele zu heilen. John Neumeier weiß, wo man die unübertreffbare Lebendigkeit dieses Phantoms aufsuchen muß.

Ivan Liška, Gigi Hyatt, John Neumeier, Chantal Lefèvre, Eri Klas nach der Moskauer Premiere von »Peer Gynt«   *HB*

THEMEN

JAPAN TOURNEE 1986

Tokio / Sendai / Yokohama / Urawa / Nagoya / Osaka / Kobe / Kyoto / Hiroshima / Kita-Kyushu / Fukuoka
Ein Sommernachtstraum / Dritte Sinfonie von Gustav Mahler / Vierte Sinfonie von Gustav Mahler / Matthäus-Passion / Bach Suite-3 / Mozart 338

ÜBER DIE TOURNEEN DES HAMBURG BALLETTS IN JAPAN

Das Ballett der Hamburgischen Staatsoper ist am Mittwoch in der ausverkauften Bunka Kaikan-Halle in Tokio begeistert gefeiert worden, als es zum Auftakt einer 18tägigen Japan-Tournee den *Sommernachtstraum* in der Choreographie von John Neumeier tanzte. Die Compagnie erhielt immer wieder Szenenapplaus und erlebte am Ende laute Bravo-Rufe und zahllose Vorhänge, was in Japan durchaus nicht selbstverständlich ist.

Deutsche Presseagentur, 23. 1. 1986

Mit unseren Tourneen verfolgen wir mehrere Ziele: Wir möchten unser Ensemble und unser Repertoire in fremden Städten und Ländern erfolgreich präsentieren. Wir hoffen, mit unseren Vorstellungen den Zuschauern Vergnügen zu bereiten und sie zum Nachdenken anzuregen. Wir begreifen uns aber vor allem als »Botschafter«, indem wir unsere Kultur in die Fremde tragen und die Eindrücke von dort mit nach Hause nehmen.

Unsere Ballette handeln von Menschen, von ihrem Umgang miteinander, von Liebe und Haß, Krieg und Frieden, Zärtlichkeit und Gewalt. Ihre Botschaft ist nicht politisch, sondern menschlich. Die Freude und Spannung vor einer Tournee steigert sich, wenn die Reise in ein fernes Land geht mit einer sehr alten Kultur und einer sehr wich-

Pressekonferenz in Tokio   AJN

107

Christoph Albrecht, John Neumeier und Mitglieder des Hamburg Balletts im Friedenspark von Hiroshima   *AJN*

tigen Theatertradition mit sehr verschiedenen Sehgewohnheiten und Zeitdimensionen.

    MIN-ON baut durch Musik eine Brücke zwischen den Kulturen und Ländern. Über diese Brücke schreiten wir Tänzer vom Hamburg Ballett und danken für die ehrenvolle Einladung, der wir von ganzem Herzen gern folgen.

John Neumeier, Grußwort zur Tournee 1986

Enthusiastischer Applaus, blendende Kritiken und eine neue Einladung ins Land der aufgehenden Sonne: Das sind die erfreulichsten Ergebnisse der ersten großen Japan-Tournee, von der John Neumeier und das Ballett der Staatsoper gestern morgen nach einem 30-Stunden-Flug wieder nach Hamburg zurückgekehrt sind. Nicht nur künstlerisch sei das Vier-Wochen-Gastspiel mit neunzehn Aufführungen in elf Städten sehr erfolgreich gewesen, es habe auch außerordentlich inspirierende menschliche Begegnungen gegeben, erklärte Neumeier kurz nach der Ankunft in Fuhlsbüttel.

Die Welt, 22. 2. 1986

Friedensdenkmal in Hiroshima   *AJN*

JAPAN TOURNEE 1989

Tokio / Osaka / Yokohama / Urawa / Kobe / Kyoto / Fukuoka / Nagoya
Der Nußknacker / Mozart und Themen aus »Wie es Euch gefällt« / Artus-Sage / Ballett-Werkstatt »Shakespeare vertanzt« / Ballett-Werkstatt »Pas de deux – Wortloser Dialog«

1986 schrieb ich in meinem Grußwort für das Programmheft der ersten Japan-Tournee des Hamburg Balletts unter anderem: »*MIN-ON* baut durch Musik eine Brücke zwischen den Kulturen und Ländern. Über diese Brücke schreiten wir Tänzer vom Hamburg Ballett und danken für die ehrenvolle Einladung, der wir von ganzem Herzen folgen.«

»Mozart und Themen aus ›Wie es Euch gefällt‹« im Bunka Kaikan in Tokio AJN

Bei diesem Besuch vor drei Jahren gab es unter den vielen herzlichen Begegnungen ein Ereignis, das mich in ganz besonderem Maße berührte. Wir waren in einem der Festsäle unseres Hotels zu einer Begrüßungsparty eingeladen. Als ich den Saal betrat, erblickte ich als erstes – an der Wand gegenüber der Tür – die japanische und die deutsche Flagge. Es war fast wie ein Schock, denn diese Flaggen waren während meiner Kindheit die Symbole der Feinde meines Landes. Und jetzt, rund vierzig Jahre später, kam ich, der Amerikaner, als Direktor einer deutschen Ballettcompagnie nach Japan . . .

»Wie glücklich dürfen wir sein«, dachte ich mir, »daß wir, die Jüngeren, als gute Freunde einander besuchen und vertrauensvoll miteinander arbeiten, während noch unsere Väter leider erbittert miteinander gekämpft haben.«

Die durch die Freunde von *MIN-ON* gebaute Brücke beschreiten wir nun zum zweiten Mal. Mögen die Geschichten, die unsere Ballette erzählen und die Musik von Mozart, Sibelius, Tschaikowsky und anderen Vergnügen bereiten und die Herzen unserer japanischen Zuschauer erreichen.

John Neumeier, Grußwort zur Tournee 1989

Die Compagnie sollte immer mehr an internationalem Ansehen gewinnen. Weil wir eine sprachlose Kunst ausüben, müssen wir sehr viele Tourneen machen. Ich persönlich habe nicht das Gefühl, daß ich irgendwo angelangt bin. Die Compagnie lebt von der Creation, und Creation bedeutet, immer am Nullpunkt zu beginnen.

John Neumeier, »Dimensionen der Ballettarbeit«, 1991

VARIATIONEN

GASTSPIELE UND TOURNEEN DES HAMBURG BALLETTS 1974–1993

1974
GRANADA
»XXIII. Festival Internacional
de Musica y Danza«
28.–30. 6. 1974
28. 6. *Allegro brillante / Désir / Rondo /
Jeu de cartes* – 29. 6. *Dämmern /
Drei Pas de deux aus »Romeo und
Julia« / Divertimento Nr. 15* – 30. 6.
*Kinderszenen / Zwei Pas de deux aus
»Schwanensee« / Trauma / Rondo*

ISRAEL-TOURNEE
21.–27. 8. 1974
21. 8. Jerusalem, Israel Festival
*Dämmern / Kinderszenen / Trauma /
Rondo* – 23./24. 8. Tel Aviv, *Romeo
und Julia* – 27. 8. Caesarea, *Romeo
und Julia*

BREMERHAVEN, Stadttheater
*Dämmern / Kinderszenen / Trauma /
Rondo*
19. 11. 1974

1975
VENEDIG, Danza '75
24.–27. 6. 1975
24./25. 6. Piazza San Marco *Dritte
Sinfonie von Gustav Mahler* – 26. 6.
Teatro la Fenice *Dämmern / Rondo /
Le Sacre* – 27. 6. Campo del Ghetto
Kinderszenen / Désir / Die Stille

STUTTGART
Württembergische Staatstheater
Dritte Sinfonie von Gustav Mahler
18./19. 11. 1975

LUDWIGSHAFEN
Theater im Pfalzbau
Dämmern / Rondo / Le Sacre
20. 11. 1975

FRANKFURT
Jahrhunderthalle Hoechst
Dritte Sinfonie von Gustav Mahler
22. 11. 1975

LUXEMBURG
Nouveau Théâtre Municipal
Dritte Sinfonie von Gustav Mahler
29./30. 11. 1975

1976
SCHWETZINGEN
Rokoko-Theater,
Schwetzinger Festspiele
*Dämmern / Petruschka-Variationen /
Don Juan*
14.–16. 5. 1976

PARIS, Théâtre de la Ville
15.–27. 6. 1976
15.–19. 6. *Dämmern / Rondo /
Le Sacre* – 21.–27. 6. *Dritte Sinfonie
von Gustav Mahler* – 22.–26. 6. *Désir /
Rondo / Die Stille*

ISRAEL-TOURNEE
18. 9.–2. 10. 1976
Haifa, Auditorium 21. 9. *Kinder-
szenen / Trauma / Petruschka-
Variationen / Le Sacre* – 27. 9. (2 Auf-
führungen) *Kinderszenen / Désir /
Petruschka-Variationen / Le Sacre* –
Tel Aviv, F. Mann-Auditorium 22./23./
30. 9. *Dritte Sinfonie von Gustav
Mahler* – 28./29. 9. *Kinderszenen /
Trauma / Petruschka-Variationen /
Le Sacre* – 29. 9. (nachm.) *Kinder-
szenen / Désir / Petruschka-
Variationen* – 26. 9. Jerusalem,
Binyenei Ha'ooma *Dritte Sinfonie von
Gustav Mahler*

1977
GDAŃSK (DANZIG)
Wybrzeze Teatr, Hamburger Tage
Dritte Sinfonie von Gustav Mahler
19./20. 5. 1977

WIEN, Theater an der Wien,
Wiener Festwochen
Dritte Sinfonie von Gustav Mahler
27./29. 5. 1977

FLORENZ, Teatro Comunale
Maggio Musicale Fiorentino
*Petruschka-Variationen / Epilog /
Die Stille / Le Sacre*
1.–5. 6. 1977

BERLIN
Deutsche Oper, Berliner Festwochen
Dritte Sinfonie von Gustav Mahler
13./14. 9. 1977

BRÜSSEL
Théâtre de la Monnaie, Europalia
Dritte Sinfonie von Gustav Mahler
30. 9.–4. 10. 1977

1978
STUTTGART
Württembergische Staatstheater
Ein Sommernachtstraum
14./15. 3. 1978

FRANKFURT
Jahrhunderthalle Hoechst
Ein Sommernachtstraum
17. 3. 1978

LUXEMBURG
Nouveau Théâtre Municipal
*Wendungen: Streichquintett C-Dur
von Franz Schubert / Vierte Sinfonie
von Gustav Mahler*
19./20. 3. 1978

Salzburger Festspiele 1984/1985, »Matthäus-Passion« – Lynne Charles, Jeffrey Kirk, Ballettensemble　　　　　　*PW*

Israel-Tournee 1974, Caesarea　　*GB*

John Neumeier bei der Probe in Israel HB

Israel-Tournee 1974, Jerusalem　　　　　　*HB*

Wien 1977, Theater an der Wien　　*GB*

ESCH-SUR-ALZETTE (Lux.)
Kinderszenen / Désir / Die Stille / Petruschka-Variationen
21. 3. 1978

SAARBRÜCKEN
Saarländisches Staatstheater
Wendungen: Streichquintett C-Dur von Franz Schubert / Vierte Sinfonie von Gustav Mahler
23. 3. 1978

MÜNCHEN, Nationaltheater
4.–6. 4. 1978
4./5. 4. *Illusionen – wie Schwanensee* – 6. 4. Ein Sommernachtstraum

LEVERKUSEN, Forum
Ein Sommernachtstraum
8. 4. 1978

HELSINKI, Finlandia-Halle,
Hamburger Wirtschaftstage
Dritte Sinfonie von Gustav Mahler
2./3. 10. 1978

1979
WARSCHAU
Teatr Wielki, »Theater- und Filmtage der Bundesrepublik Deutschland«
Ein Sommernachtstraum
19./20. 1. 1979

PARIS
Théâtre de la Ville
20. 5.–6. 6. 1979
21.–26. 5. *Ein Sommernachtstraum*
28. 5.–3. 6. *Wendungen: Streichquintett C-Dur von Franz Schubert / Vierte Sinfonie von Gustav Mahler*
29. 5.–2. 6. (nachm.) *Petruschka-Variationen / Le Sacre*

LEVERKUSEN, Forum
Dritte Sinfonie von Gustav Mahler
28. 10. 1979

KÖLN, Oper der Stadt Köln
Ein Sommernachtstraum
31. 10./1. 11. 1979

1980
LUXEMBURG
Nouveau Théâtre Municipal
Ein Sommernachtstraum
19./20. 2. 1980

STUTTGART
Württembergische Staatstheater
Songfest / The Age of Anxiety
22./23. 2. 1980

MANNHEIM, Nationaltheater
Ein Sommernachtstraum
26./27. 2. 1980

BREMERHAVEN, Stadttheater
Dritte Sinfonie von Gustav Mahler
19. 3. 1980

LUDWIGSHAFEN
Theater im Pfalzbau
Dritte Sinfonie von Gustav Mahler
27. 3. 1980

FRANKFURT
Jahrhunderthalle Hoechst
Songfest / Vaslaw / Le Sacre
29. 3. 1980

BUKAREST
Operei Romåne, Kulturtage der Bundesrepublik Deutschland
Ein Sommernachtstraum
14./15. 4. 1980

LAUSANNE, Théâtre de Beaulieu
Ein Sommernachtstraum
17./18. 5. 1980

BREGENZ
Festspiel- und Kongreßhaus,
Bregenzer Festspiele
Ein Sommernachtstraum
21./22. 5. 1980

WIESBADEN
Hessisches Staatstheater,
Internationale Maifestspiele
Ein Sommernachtstraum
29./30. 5. 1980

GENT, Koninklijke Opera,
Festival van Vlaanderen
Don Quixote / Vaslaw / Le Sacre
8. 9. 1980

ANTWERPEN
Koninklijke Vlaamse Opera
Don Quixote / Vaslaw / Le Sacre
10. 9. 1980

BRÜSSEL
Théâtre de la Monnaie
Ein Sommernachtstraum
12./13. 9. 1980

KÖLN, Oper der Stadt Köln
West Side Story
26. 10.–2. 11. 1980

1981
MANNHEIM, Nationaltheater
Songfest / The Age of Anxiety
10./11. 4. 1981

DRESDEN, Staatstheater,
Dresdner Musikfestspiele
26.–28. 5. 1981
26./27. 5. *Dritte Sinfonie von Gustav Mahler* – 28. 5. *Ein Sommernachtstraum*

MÜNCHEN, Bayerische Staatsoper,
Ballett-Festwochen
2.–4. 6. 1981
2./3. 6. *Die Kameliendame*
4. 6. *Dritte Sinfonie von Gustav Mahler*

SÜDAMERIKA-TOURNEE
2.–25. 7. 1981
São Paulo, Teatro Municipal
2.–11. 7. 1981
2.–5. 7. *Ein Sommernachtstraum* – 4. 7. Ballett-Werkstatt *Shakespeare vertanzt* – 7./8. 7. *Bach Suite-2 / Don Quixote / Le Sacre* – 9.–11. 7. *Dritte Sinfonie von Gustav Mahler*

Rio de Janairo, Teatro Municipal

14. 7.–19. 7. 1981

14.–16. 7. *Ein Sommernachtstraum –*
17./18. 7. *Dritte Sinfonie von Gustav*
Mahler – 19. 7. *Bach Suite-2 / Don*
Quixote / Le Sacre

Buenos Aires, Teatro Colón

23. 7.–25. 7. 1981

23./24. 7. *Ein Sommernachtstraum –*
25. 7. *Dritte Sinfonie von Gustav*
Mahler

PARIS
Théâtre des Champs-Elysées,
XIXème Festival International
de la Danse de Paris

6.–18. 10. 1981

6.–11. 10. *Der Nußknacker*
12.–18. 10. *Träumer: Don Quixote /*
Josephs Legende

LENINGRAD
Mali Theater, Hamburger Tage

27.–29. 10. 1981

27. 10. Ballett-Werkstatt
Shakespeare vertanzt
28./29. 10. *Ein Sommernachtstraum*

1982
LUDWIGSHAFEN, Theater im
Pfalzbau
Träumer: Don Quixote / Josephs
Legende

7. 2. 1982

LUXEMBURG
Nouveau Théâtre Municipal
Skizzen zur Matthäus-Passion

8./9. 3. 1982

LAUSANNE, Théâtre de Beaulieu

7./8. 5. 1982

7. 5. *Skizzen zur Matthäus-Passion*
8. 5. *Bach Suite-2 / Vaslaw /*
Petruschka-Variationen / Le Sacre

BERLIN
Internationales Congress Centrum
Matthäus-Passion

20./21. 11. 1982

1983
FRANKFURT
Jahrhunderthalle Hoechst
Bach Suite-2 / Vaslaw /
Josephs Legende

13. 1. 1983

LEVERKUSEN, Forum

26./27. 1. 1983

26. 1. *Vorläufer / Strawinsky-*
Montage / Petruschka-Variationen –
27. 1. *Bach Suite-2 / Vaslaw /*
Petruschka-Variationen / Le Sacre

NEW YORK
Brooklyn Academy of Music,
Ballet International

15.–27. 3. 1983

15./19./20./22. 3. *Ein Sommer-*
nachtstraum – 16./17./26. 3. *Bach*
Suite-2 / Vaslaw / Josephs Legende –
18./23./24./25. 3. *Dritte Sinfonie*
von Gustav Mahler – 27. 3. *Matthäus-*
Passion

KÖLN, Oper der Stadt Köln
Bach Suite-2 / Don Quixote / Le Sacre

19./20. 4. 1983

MANNHEIM, Nationaltheater
Skizzen zur Matthäus-Passion

26./27. 4. 1983

PARIS, Théâtre de la Ville

10.–22. 5. 1983

10.–12., 20.–22. 5. *Matthäus-*
Passion – 13.–19. 5. *Vorläufer /*
Petruschka / Le Sacre –
17.–19. 5. (nachm.) Ballett-Werkstatt
Strawinsky und der Tanz

VENEDIG

5.–9. 7. 1983

5./6. 7. Chiesa dei SS. Giovanni e
Paolo *Matthäus-Passion*
7.–9. 7. Teatro la Fenice
Ein Sommernachtstraum

DORTMUND, Städtische Bühnen
Ein Sommernachtstraum

25./26. 11. 1983

1984
LAUSANNE, Théâtre de Beaulieu

23. 3. 1984

Gala-Vorstellung *Unsere Schule /*
Vierte Sinfonie von Gustav Mahler,
2. Satz / Mozart 338 / Der Nuß-
knacker, 2. Bild

TORONTO, Ryerson-Theatre,
Toronto International Festival

6.–10. 6. 1984

6./9. 6. *Ein Sommernachtstraum –*
7./8. 6. *Dritte Sinfonie von Gustav*
Mahler – 8. 6. Ballett-Werkstatt
Shakespeare vertanzt
10. 6. *Matthäus-Passion*

OTTAWA, National Arts Centre
Ein Sommernachtstraum

12./13. 6. 1984

MONTREAL
Place des Arts/Salle Wilfrid-Pelletier

15.–17. 6. 1984

15./16. 6. *Dritte Sinfonie von Gustav*
Mahler – 17. 6. *Matthäus-Passion*

CHICAGO, Ravinia Festival

19.–24. 6. 1984

19./20. 6. Pavilion *Ein Sommer-*
nachtstraum – 21. 6. Murray-Theatre
Kinderszenen / Désir / Vaslaw /
Mozart 338 – 22./23. 6. Pavilion
Dritte Sinfonie von Gustav Mahler –
23. 6. Murray-Theatre Ballett-Werkstatt *Shakespeare vertanzt –*
24. 6. Pavilion *Matthäus-Passion*

Salzburger Festspiele 1985, »Matthäus-Passion«
William Parton, Ballettensemble PW

Salzburger Festspiele 1988, »Othello« – Probe in der Felsenreitschule HB

Salzburger Festspiele 1991, »Requiem« – John Neumeier, Michael Tilson Thomas, Gesangssolisten, Ballettensemble HB

SALZBURG
Domplatz (bei Schlechtwetter:
Großes Festspielhaus),
Salzburger Festspiele
Matthäus-Passion
                    18./21./24. 8. 1984

FRANKFURT, Alte Oper
Matthäus-Passion
                        1./2. 9. 1984

LEVERKUSEN, Forum
Matthäus-Passion
                    10./11. 11. 1984

NEUSS, Stadthalle,
Internationale Tanzwochen
Matthäus-Passion
                        12. 11. 1984

1985
NEW YORK
Brooklyn Academy of Music
                    12.–23. 3. 1985
12./17. 3. *Dritte Sinfonie von Gustav
Mahler* – 13./14./16. 3. *Bach Suite-3
/ Tristan / Die Stühle* – 15./19./20. 3.
*Kinderszenen / Mozart 338 / Vierte
Sinfonie von Gustav Mahler*
21./24. 3. *Matthäus-Passion*
22./23. 3. *Sechste Sinfonie von
Gustav Mahler*

PARIS, Théâtre de la Ville
                    23. 4.–5. 5. 1985
23.–26. 4. *Sechste Sinfonie von
Gustav Mahler* – 27./28. 4. / 3.–5. 5.
Matthäus-Passion – 30. 4./2. 5.
Mozart 338 / Tristan / Bach Suite-3

STUTTGART
Württembergische Staatstheater
Matthäus-Passion
                        7./8. 5. 1985

BERGEN, Bergen Festival
Matthäus-Passion
                    29./30. 5. 1985

SALZBURG
Domplatz (bei Schlechtwetter:
Großes Festspielhaus), Salzburger
Festspiele
Matthäus-Passion
                    20./23./26. 8. 1985

HELSINKI
Finlandia Halle, Helsinki Festival
Matthäus-Passion
                        7./8. 9. 1985

1986
JAPAN-TOURNEE
                    22. 1.–19. 2. 1986
Tokio, 2.–24. 1. Bunka Kaikan *Ein
Sommernachtstraum* – 24. 1. *Bach
Suite-3 / Mozart 338 / Vierte Sinfonie
von Gustav Mahler* – 26. 1. Sendai,
Miyagi Kenmin Kaikan *Ein Sommer-
nachtstraum* – Yokohama, Kanagawa
Kenmin Hall 29. 1. *Bach Suite-3 /
Mozart 338 / Vierte Sinfonie von
Gustav Mahler* – 30. 1. *Ein Sommer-
nachtstraum* – Tokio, NHK Hall 1. 2.
Matthäus-Passion – 2. 2. *Dritte
Sinfonie von Gustav Mahler* – 4. 2.
Urawa, Urawa-shi Bunka Center *Bach
Suite-3 / Mozart 338 / Vierte Sinfonie
von Gustav Mahler* – Nagoya, Shimin
Kaikan 6. 2. *Ein Sommernachts-
traum* – 7. 2. *Dritte Sinfonie von
Gustav Mahler* – Osaka, Festival Hall
9. 2. *Ein Sommernachtstraum* –
10. 2. *Dritte Sinfonie von Gustav
Mahler* – 13. 2. Kobe, Kokusai
Kaikan *Bach Suite-3 / Mozart 338 /
Vierte Sinfonie von Gustav Mahler* –
14. 2. Kyoto, Kyoto Kaikan *Dritte
Sinfonie von Gustav Mahler* – 16. 2.
Hiroshima, Yubin Chokin Hall
Matthäus-Passion – 18. 2. Kita-
Kyushu, Kyushu Kosei Nenkin Kaikan
Ein Sommernachtstraum – 19. 2.
Fukuoka, Sun Palace *Dritte Sinfonie
von Gustav Mahler*

WIESBADEN
Internationale Maifestspiele
Die Kameliendame
                    21.–23. 5. 1986

BUDAPEST, Staatsoper
anläßlich des Staatsbesuches von
Bundespräsident
Richard von Weizsäcker
Dritte Sinfonie von Gustav Mahler
                        14. 10. 1986

1987
BRÜSSEL, Cirque Royal
                        3.–7. 1. 1987
3./4. 1. *Matthäus-Passion*
6./7. 1. *Othello*

LUXEMBURG
Nouveau Théâtre Municipal
*Mozart und Themen
aus »Wie es Euch gefällt«*
                        9./10. 1. 1987

FRANKFURT
Jahrhunderthalle Hoechst
*Mozart und Themen
aus »Wie es Euch gefällt«*
                    13./14. 1. 1987

KOPENHAGEN
Königliches Theater
                    15.–17. 5. 1987
15./16. 5. *Die Kameliendame*
17. 5. *Matthäus-Passion*

LAUSANNE
Théâtre de Beaulieu
Dritte Sinfonie von Gustav Mahler
                    26./27. 5. 1987

MARSEILLE, Opéra de Marseille
Dritte Sinfonie von Gustav Mahler
                    29./30. 5. 1987

PARIS, Théâtre de la Ville
                        2.–21. 6. 1987
2./7. 6. *Othello* – 9.–14. 6. *Mozart
und Themen aus »Wie es Euch
gefällt«* – 16./18. 6. *Artus-Sage* –

Budapest 1986, Staatsoper   *BB*

Brüssel 1987, Cirque Royal   *HB*

Berlin 1987, Staatsoper Unter den Linden   *HB*

Amsterdam 1988, Het Muziek Theater   *HB*

Pompeji 1987   *HB*

Pompeji 1987, Teatro Grande, Probe zu »Daphnis und Chloë« – Ballettensemble   HB

Pompeji 1987, John Neumeier, Lorin Maazel (Musikalische Leitung)   HB

20./21.6. *Dritte Sinfonie von Gustav Mahler* – 10./12./13./17./18.6. (nachm.) *Shakespeares Liebespaare*

POMPEJI, Teatro Grande, Festival delle Panatenee Pompeiane *Daphnis und Chloë / Der Feuervogel*
11./12.9.1987

DDR-TOURNEE
13.–18.10.1987
Berlin, Deutsche Staatsoper Unter den Linden (750 Jahre Stadt Berlin) 13./14.10. *Die Kameliendame* – 16./17.10. *Dritte Sinfonie von Gustav Mahler* – 18.10. *Matthäus-Passion* – 20./21.10. Leipzig, Opernhaus *Dritte Sinfonie von Gustav Mahler* 24./25.10. Karl-Marx-Stadt (Chemnitz), Opernhaus *Mozart und Themen aus »Wie es Euch gefällt«*

1988
AMSTERDAM, Het Muziek Theater
7.–10.1.1988
7./10.1. *Mozart und Themen aus »Wie es Euch gefällt«*
8./9.1. *Matthäus-Passion*

ESSEN, Opernhaus, Verleihung des Deutschen Tanzpreises an John Neumeier
Shakespeares Liebespaare / Die Stühle
5.3.1988

MILWAUKEE
24.6.–3.7.1988
24.–26.6. Factory *Othello* – Performing Arts Center – 29.6. *Bach Suite-3 / Shakespeares Liebespaare* – 30.6. *Dritte Sinfonie von Gustav Mahler* – 1./2.7. *Endstation Sehnsucht* – 3.7. *Matthäus-Passion*

SALZBURG
Großes Festspielhaus / Felsenreitschule, Salzburger Festspiele
13.–22.8.1988

13./17./20.8. *Mozart und Themen aus »Wie es Euch gefällt«*
16./18./22.8. *Othello*

BARCELONA, Gran Teatro del Liceu
1.–16.10.1988
1.–4.10. *Der Nußknacker*
7.–10.10. *Artus-Sage* – 13.–16.10. *Dritte Sinfonie von Gustav Mahler*

BONN, Theater der Stadt
»Das Hamburg Ballett und seine Schule«
Etüden (Ballettschule) / *Shakespeares Liebespaare / Mozart 338*
25.10.1988

1989
LEVERKUSEN, Forum
22./23.2. 1989
22.2. *Endstation Sehnsucht*
23.2. *Gala Programm: Bach – Mozart – Shakespeare*

FRANKFURT
Jahrhunderthalle Hoechst
Gala-Programm:
Bach – Mozart – Shakespeare
25./26.2.1989

LUXEMBURG
Nouveau Théâtre Municipal
Gala-Programm:
Bach – Mozart – Shakespeare
1./2.3.1989

NEUSS, Stadthalle
Gala-Programm:
Bach – Mozart – Shakespeare
4.3.1989

GÜTERSLOH, Stadthalle
Gala-Programm:
Bach – Mozart – Shakespeare
6./7.3.1989

JAPAN-TOURNEE
16.3.–13.4.1989
Tokio, NHK Hall 24./25.3. *Der Nuß-*

knacker – 26.3. *Artus-Sage* – Yubin Chocin Hall 3.4. Ballett-Werkstatt *Shakespeare vertanzt* – 4.4. Ballett-Werkstatt *Pas de deux – Wortloser Dialog* – Bunka Kaikan 12./13.4. *Mozart und Themen aus »Wie es Euch gefällt«* – 28./29.3. Osaka, Festival Hall, *Der Nußknacker* – 16./17.3. Yokohama, Kanagawa Kenmin Hall *Artus-Sage* – 19.3. Urawa, Urawa-Shi Bunka Center *Mozart und Themen aus »Wie es Euch gefällt«* – 21.3. Kyoto, Kyoto Kaikan Hall *Artus-Sage* – 31.3. Kobe, Kokusai Kaikan *Mozart und Themen aus »Wie es Euch gefällt«* – Fukuoka, Sun Palace 6.4. *Mozart und Themen aus »Wie es Euch gefällt«* – 7.4. *Artus-Sage* – 9.4. Nagoya, Shimin Kaikan *Mozart und Themen aus »Wie es Euch gefällt«*

ATHEN, Herodes Atticus Theater, Athen Festival
9.–13.7.1989
9./10.7. *Daphnis und Chloë / Der Feuervogel* – 12./13.7. *Dritte Sinfonie von Gustav Mahler*

1990
PARIS
Théâtre National de l'Opéra de Paris, Palais Garnier
Peer Gynt
13.–18.2.1990

LUDWIGSHAFEN
Theater im Pfalzbau
Ein Sommernachtstraum
22.–24.4.1990

FRANKFURT
Jahrhunderthalle Hoechst, Gastspiel der *Ballettschule* der Hamburgischen Staatsoper
24.5.1990

KOPENHAGEN, Østre-Gaswerk
Othello
26./27. 5. 1990

MOSKAU/LENINGRAD
Festival »Musikkultur heute«
6.–17. 6. 1990
6./7. 6. Moskau, Bolschoi-Theater
Peer Gynt – 9./10. 6. Stanislawski-
Theater *Tristan / Fünfte Sinfonie von
Gustav Mahler* – 13./14. 6. Lenin-
grad, Kirow-Theater *Peer Gynt* –
16./17. 6. *Tristan / Fünfte Sinfonie von
Gustav Mahler*

STUTTGART, Staatstheater
27.–30. 6. 1990
27./28. 6. *Romeo und Julia*
29./30. 6. *Ein Sommernachtstraum*

TAORMINA
Teatro Antico, Taormina Arte
11.–15. 7. 1990
11./12. 7. *Ein Sommernachtstraum*
14./15. 7. *Des Knaben Wunderhorn /
Fünfte Sinfonie von Gustav Mahler*

TORONTO, Elgin Theatre
anläßlich des Staatsbesuches von
Bundespräsident
Richard von Weizsäcker
19./20. 9. 1990
19. 9. *Kinderszenen / Shakespeares
Liebespaare / Mozart 338* – 20. 9.
*Bach Suite-3 / Kinderszenen /
Shakespeares Liebespaare /
Mozart 338*

GÜTERSLOH, Stadthalle
Matthäus-Passion
29./30. 9. 1990

SCHWERIN
Mecklenburgisches Staatstheater
Ein Sommernachtstraum
7. 10. 1990

STUTTGART, Staatstheater
Magnificat
26./27. 10. 1990

1991
BREGENZ
Festspielhaus, Bregenzer Frühling
3.–5. 5. 1991
3. 5. *Fenster zu MOZART* – 5. 5. *Des
Knaben Wunderhorn / Fünfte Sinfonie
von Gustav Mahler*

FRANKFURT
Jahrhunderthalle Hoechst
*Des Knaben Wunderhorn / Fünfte
Sinfonie von Gustav Mahler*
8./9. 5. 1991

DRESDEN
Semperoper, Musikfestspiele
Fenster zu MOZART
30. 5./1. 6. 1991

BONN
Theater der Stadt, Einladung der
Hamburg-Vertretung beim Bund
Fünfte Sinfonie von Gustav Mahler
6. 6. 1991

SALZBURG
Felsenreitschule,
Salzburger Festspiele
Requiem
26. 7. (UA)/29. 7./1./4./8. 8. 1991

BELFAST, Grand Opera
Ein Sommernachtstraum
6.–9. 11. 1991

1992
LEVERKUSEN, Forum
4./5. 2. 1992
4. 2. *Des Knaben Wunderhorn /
Fünfte Sinfonie von Gustav Mahler* –
5. 2. *Junge Choreographen*

FRANKFURT
Jahrhunderthalle Hoechst
Requiem
8./9. 2. 1992

DRESDEN, Semperoper
11.–14. 2. 1992
11. 2. *Des Knaben Wunderhorn /
Fünfte Sinfonie von Gustav Mahler* –

13./14. 2. *Matthäus-Passion*

LUDWIGSHAFEN, Theater im
Pfalzbau
18.–20. 2. 1992
18./19. 2. *Requiem* – 20. 2. *Des
Knaben Wunderhorn / Fünfte Sinfonie
von Gustav Mahler*

TURIN, Parco Rignon
Torino Danza
Requiem
23./24. 6. 1992

PALERMO, Teatro di Verdura
di Villa Castelnuovo
*Fünfte Sinfonie von Gustav Mahler /
Jupiter-Sinfonie*
30. 6.–3. 7. 1992

CHATEAUVALLON
7.–11. 7. 1992
7./10./11. 7. Amphithéâtre *Requiem* –
Théâtre Couvert 8./9. 7. *Des Knaben
Wunderhorn / Spring and Fall /
Mozart 338*

1993
FRANKFURT
Jahrhunderthalle Hoechst
Ein Sommernachtstraum
23./24. 3. 1993

NEUMÜNSTER, Holstenhalle
Schleswig-Holstein Musik Festival
1993, »Lenny Bernstein
Geburtstags-Party«
Bernstein-Serenade
21. 8. 1993

BONN
Kunst- und Ausstellungshalle der
Bundesrepublik Deutschland,
Einladung der Hamburg-Vertretung
beim Bund
Kinderszenen / Bernstein-Serenade
28. 9. 1993

Athen 1989, Herodes Atticus Theater HB

Taormina 1990, Teatro Antico, »Des Knaben Wunderhorn«
François Klaus, Ivan Liška HB

Dresden 1992, Semperoper, »Mat-
thäus-Passion« – Ballettensemble
HB

Taormina 1990, Teatro Antico, Applaus zu »Des Knaben Wunderhorn« / »Fünfte Sinfonie von Gustav Mahler«
John Neumeier, Ballettensemble HB

DIE SPIELZEIT

PREMIEREN UND WIEDERAUFNAHMEN

Daphnis und Chloë
Der Feuervogel
20. 12. 1985

Artus-Sage
Neufassung, Kampnagelfabrik
4. 4. 1986

Jakobson-Miniaturen /
Niemandsland /
The Moor's Pavane /
Verklärte Nacht
8. 5. 1986

Amleth
Königlich Dänisches Ballett
Kopenhagen, Uraufführung in der
Choreographie von John Neumeier
2. 11. 1985

Einhorn
Ballett der Deutschen Oper Berlin,
Uraufführung in der Choreographie
von John Neumeier
3. 5. 1986

BALLETT-WERKSTÄTTEN

Mozart und Shakespeare
21. 9. 1985

Daphnis und Chloë
Der Feuervogel
8. 12. 1985

Artus-Sage
16. 3. 1986

Erste Schritte
27./28. 4. 86

BALLETT-GASTSPIELE

Salzburger Festspiele, Domplatz
(bei Schlechtwetter:
Großes Festspielhaus)
20./23./26. 8. 1985

Helsinki
Finlandia-Halle, Helsinki-Festival
7./8. 9. 1985

Japan-Tournee
22. 1.–19. 2. 1986
Tokio
Bunka Kaikan / NHK Hall

Sendai
Miyagi Kenmin Kaikan

Yokohama
Kanagawa Kenmin Hall

Urawa
Urawa-shi Bunka Center

Nagoya
Shimin Kaikan

Osaka
Festival Hall

Kobe
Kokusai Kaikan

Kyoto
Kyoto Kaikan

Hiroshima
Yubin Chokin Hall

Kita-Kyushu
Kyushu Kosei Nenkin Kaikan

Fukuoka
Sun Palace

Wiesbaden
Opernhaus – Internationale
Maifestspiele   21.–23. 5. 1986

BESONDERE EREIGNISSE

Shakespeares Liebespaare
Geschlossene Vorstellung für den
Intermedia Congress
29. 11. 1985

Beatrice Cordua
beendet ihre tänzerische Laufbahn

Zwölfte Hamburger Ballett-Tage
8.–18. 5. 1986

Nijinsky-Gala XII
»Ballett und seine Musik«
18. 5. 1986

14 AMERIKANISCHE WURZELN

Zurück zu den Ursprüngen der Biographie, zu den »amerikanischen Wurzeln«, zu den Anfängen einer Ausbildung.

Zwei amerikanische Themen in einer Spielzeit: Shall we dance?, *eine Ballettrevue, geprägt von der Vielfalt der Musik George Gershwins, neben der im Tanz verdichteten menschlichen Ausweglosigkeit aus dem Südstaaten-Drama* Endstation Sehnsucht.

1991: On the Town, *Liebeserklärung an die Musical Comedy.*

Dadurch schließt sich der Kreis zu den »frühen Jahren« in Hamburg, zur Inszenierung der West Side Story *und zu den Choreographien nach Instrumentalwerken von Leonard Bernstein.*

ASPEKTE

Sybil Shearer

JOHN NEUMEIER IN AMERICA

Originalbeitrag in Englisch

At dusk memories sharpen as objects start to fade. So it is that I draw John Neumeier out of the past as I see him rising on half-point after a brush in second in preparation for assemble. The instep of his arched foot was so strong und supple that the series of brushes and rises from one foot to the other without leaving the floor made a ritualistic performance as his eyes pierced space. It seems in my mind like a dedication to the life ahead of him, a life of inspired thoroughness. This life started in Milwaukee, Wisconsin, U. S. A. where he also went through college.

There is nothing like the romance of the theater when one is in school reading about theories of acting, playing parts that great actors have played, practicing the challenge of dance techniques, and experiencing the influence of a talented, enthusiastic teacher-director. Father John Walsh was that person in John Neumeier's undergraduate life at Marquette University. Father Walsh constructed the stage space out of an abandoned chemistry lab. He confiscated the seats from a defunct movie house. He directed the designing of the drapes and curtains, the costumes and stage decor, chose the plays and pageants rewriting and re-choreographing parts to suit the available talent, and produced out of all this a magic that permeated the performers and audience alike. These were never-to-be-forgotten days which influenced all the students, but took fool particularly in John Neumeier who has carried this idealism and vision from his school days with Father Walsh into the world.

After the premier of my first ballet *Within this Thicket* to the music of Bartók, Father Walsh called me and said, »I would like four hours of your time.« I did not know him, but had heard good things about his work. He came, and we talked for eight hours. He liked my ballet and my dancing, and he had an idea. The idea was that he had a pupil at Marquette who was particularly talented, and he wanted him to work with me. When John Neumeier was first introduced, and danced for me in Northbrook, Illinois, I saw a talented, sensitive young man. His body was unusually limber, and as I look back this flexibility was the harbinger of what was inside him, his wide-ranging thinking and imagination, and a quite selfless giving of himself to dance. I took to him immediately, and he performed with my company and received his first mention in the press from Claudia Cassidy of the »Chicago Tribune« – ». . . a slender dark boy named John Neumeier made you watch him, without trying. I am very much afraid he is a dancer . . .«

For some time previous to John's joining the *Sybil Shearer Company* I had not been teaching, since I found it incompatible with choreography. I auditioned dancers most of whom did their classroom work in Chicago studios. John was studying with Bently Stone and Walter Camryn, and would travel back and forth from Milwaukee for classes in Chicago and rehearsals in Northbrook. So although I have been given credit for being his teacher, actually he learned from being in my choreography, and watching me demonstrate, and dance my own roles. He was already a good dancer. Probably the most potent lesson he learned from me was during the last rehearsal before the premier of my ballet *Fables and Proverbs.* He was the central figure in *Time longs for Eternity* in which straight lines, parallel to the horizon, where featured – arms and legs in particular. John had also a very limber spine so that his straight leg in the back in arabesque parallel to the floor could with ease be parallel to his arms which were stretched from fingers to fingers front and back – a straight line through his shoulder. The gaze in profile looked into infinity. To my surprise in this last rehearsal John raised his front arm in a lyrical gesture, and looked up to his hand. I was horrified, and shouted from the back of the theater, »What kind of balletic nonsense is that?« I saw that he did not understand what the dance was all about – he was getting ready for his »performance«. John had been so perfect in rehearsal I had not realized that he was in the dark as to the meaning of that gesture. Of course, he was crushed. I had never before raised my voice. I let him go home without saying another word. But the next evening I went to his dressing room, and explained to him what I wanted to say through these movements, and he saw –. I pride myself that just as Nijinsky learned from Fokine through

Petrushka so John Neumeier learned from me that there is more to choreography than can be expressed through the classroom.

Then later after he said he would like to choreograph. I told him my company was too small, and could support only one choreographer, and that since he did not need to learn more about the classroom, he should go far, far away, dance, and experience movement everywhere, then a place to choreograph would present itself when he was ready. And it did. Since ballet became an art separate from the spoken drama, there has been a tradition of romanticism through the centuries which bred a line of great expressionist choreographers – Noverre, Viganò, Dauberval, Coralli and Perrot – creators of the ballet *Giselle* – Fokine, and Tudor. John Neumeier continues this line. On the opposite side Petipa and others used stories mainly as a framework for displaying dance techniques. In this tradition which dominated the middle years of the twentieth century Balanchine excelled in making abstract ballets, which mainly featured design ideas rather than human ideas.

So when after a stretch of years in Europe John Neumeier brought his company to America, to the New York area, the Brooklyn Academy of Music, his work was a wind-shift in style not completely understood. But I remember the comment of Genevieve Oswald, so many years a watcher of dance, and a collector of memorabilia at the New York Public Library. She said, »There is Balanchine dying in a New York hospital, and in Brooklyn a new voice is rising.« After this remark I must say I was a little shocked that a critic for whom I had so much respect (Arlene Croce) was blind to the fact that John Neumeier could not be lumped with other American choreographers in Europe.

It seemed to me that with the very first ballet shown here when he came back to the Chicago area and performed at Ravinia Festival, he was unique, a genuine artist not like anyone else choreographing today. Quoting from my report at the time in »Ballet Review« 1981. »Most choreographers make it easy for the audience to follow one dancer around the stage by making solos and duos with background bodies or unison bodies for simplified power. But John Neumeier knows that movement comes from the inside out, and if genuine the dancer can give himself to it with total dedication. He feels as I do that each movement is a celebration of the emergency of living, and that there are innumerable ways of making such movements.«

Sybil Shearer in »Without Wings the Way is Steep«
aus »Fables and Proverbs«   HBM

In *A Midsummer Night's Dream* the contrast of bloodless fairy world with the warmth of humans brings me to the high point of the first performance, right after intermission, when the two pairs of lovers awake from their drugged sleep. As they danced, there spread over the stage and over the audience a kind of peace, a feeling that »everything is going to be all right.« The actual weather, which had been quite chilly in the vast outdoor arena, gradually warmed, and we were carried into the »happily – ever – after« weddings and all's well in Fairyland. I was recounting this to a friend who went the second night, and he said the same thing happened then too, that a warming in the atmosphere cast a mysterious spell at the same point in the ballet. I never discount these messages as accidents. . . . Later John said to me, »You saw yourself in my work,« and I said, »Yes.« and he said, »I did not try to copy you, but the way you thought and constructed choreography became a part of me, and I found that as I began to work you were there with me.« Because he is highly intellectual and a thinking man he could see this, and because he is a highly intuitive artist he could feel this, and because he is highly moral he could acknowledge this. And I feel fulfilled to have progeny who understand me and what I have always wanted for dance.

Sybil Shearer in »Wherever the Web and the Tendril«   HBM

My works were generally short and a distillation of the idea, concept, feeling, observation, a penetration into the moment. But John has been able to take this concept of essence and make it work on a large, not to say huge scale like the Japanese Noh theater, and he is not bound by idiosyncrasies. He can give himself to the story or idea or piece of music and plunge headlong into it, giving himself and his audience and his dancers the full value of his talent without worrying if it will offend or please or shock or set a trend or follow a trend ... As one man said going up the aisle, »This is what we've been waiting for, isn't it? To be moved?« Glenna Syse of the »Chicago Sun Times« said, »I found the work uncommonly moving, sometimes almost terrifying, sometimes beautifully compassionate, and always consistently absorbing, because the architecture of the choreography is a mesmerizing blueprint ...« So John Neumeier came home and we welcomed him because as John Martin said of my audience, »This is the most cultivated audience in the world,« and we said, »How can you say that? What about New York?« And he said, »New York is not cultivated. It is sophisticated and that is quite another matter.«

Then a few years later John came back to the Midwest for a weeks festival in Milwaukee where he was honored and inducted into the Hall of Fame in the City, and the State of Wisconsin. All my views were confirmed again. He presented four complete works including *Othello,* the searing *A Streetcar Named Desire,* and *Saint Matthew Passion* each entirely different from the other. I quote from my review at that time, 1987, »In his ballet *A Streetcar Named Desire* John Neumeier used all his talents. Since drama is Neumeier's special gift, he naturally looks for dramatic material and with his movement language creates poetic and prose images, sometimes from the standard vocabulary but more often from his own imagination. This makes kinetic demands on his audience many of whom probably need or want recognizable steps now that we have seen so much ballet. But for anyone who reads movement both in life and on the stage, his talent is quite remarkable and revealing.« These dancers are superb – Colleen Scott who gave herself completely to this demanding role of a woman going insane, Ivan Liška as Stanley, Bettina Beckmann as Stella, Johannes Kritzinger as Allan Gray, Stephen Pier as Mitch, and the entire rest of the cast. They not only dance with their whole beings, they act and take direction in a way that makes it possible for the director to speak through them. But why did we have to endure all this with them? Why was Stanley such a monster, and why was Blanche such a weakling? It seems to me, both for the same reason – they relied only on the world of the senses, one to conquer, the other to escape. Other worlds were unknown to them, art, philosophy, spiritual belief, and real love. However, I cannot imagine what John saw in this piece to make him spend so much of everybody's lifeblood on it – unless he had an ulterior motive. Was it to plunge us into the depths before reaching the heights in *Saint Matthew Passion?* Or was it made for all those people whose prejudices and preconceived ideas, religiously or musically, kept them from viewing the Bach masterpiece? Was this his scourge in the temple? ...

Curt Sachs, the musicologist, said, »Great art can only come from a depiction of great souls and great thoughts.« *Saint Matthew Passion* rose to heights of inner lyricism in all forty performers who filled and never left the stage except to encircle the audience, and especially in the dancing of John Neumeier himself as he portrayed the Christ, and Ivan Liška, the one who questioned and wondered, both in action and in stillness ... I felt the mystery of this seeping through the performance as the choreography evoked all of life, from the folk through the hierarchies. It seemed to stretch into infinity. »It will be hard for John Neumeier ever to go beyond this marvelous work. Five years ago when he asked me to come to New York to see it he said, ›This is what I have been working up to all of my life.‹ There is always a beyond though, and if it can be accomplished in this life,

John Neumeier will have the strength for it.«

In 1992 I decided I had to see the Hamburg Ballet in its own setting and I found that John had surpassed or at least equaled in the Mozart *Requiem* and *A Cinderella Story* all that I had seen before. It is a privilege to witness history, the continuation of a cultural heritage, and a vision of the future. I quote from my 1991 review, »John Neumeier is one of those few people who sees into human relationships instinctively, and can consciously use this talent to express through choreography, almost any situation in human experience from the most tragic to the highest inspiration, and the subtlest insight. He has taken gesture and spread it through the whole body depicting character, personality, emotions, feelings, and concepts, and because almost every time this rings true, he has created a series of masterpieces . . .«

Yes, the phenomenon of John Neumeier is unique in the world of ballet. He is avant-garde in an entirely different way from anyone else. He is not rebelling, he is not straining for recognition, he is not taking up a cause, or joining a school, or throwing out the past. He is simply, through his own integrity and insight, pointing a way to the future.

Sybil Shearer in »Inigra« *aus* »Once Upon a Time«

HBM

Sybil Shearer bei einer Probe *HBM*

HBM

John Neumeier (oben 3. v. l., unten l.) mit der Sybil Shearer Company
bei der Probe zu »Time Longs for Eternity«   *HBM*

Sybil Shearer

JOHN NEUMEIER IN AMERIKA

In der Dämmerung verdichten sich unsere Erinnerungen, während die Gegenstände ihre Konturen verlieren. So tritt John Neumeier für mich aus der Vergangenheit, und ich sehe ihn vor mir bei einem Relevé auf halbe Spitze nach einem Schleifschritt in der zweiten Position in Vorbereitung zum Assemblé. Wenn er mit seinem starken und elastischen Spann eine Reihe von Schleifschritten und Relevés ausführte, ohne dabei den Boden zu verlassen, den Blick starr in die Ferne gerichtet, so hatte das einen durchaus rituellen Charakter. Dies erscheint mir heute wie ein Versprechen an seine eigene Zukunft, an ein Leben von Inspiration und Gründlichkeit. Dieses Leben begann in Milwaukee, Wisconsin, U. S. A., wo John Neumeier auch das College besuchte.

Nichts läßt sich mit dem Zauber des Theaters vergleichen, wenn man als Student die verschiedenen Schauspieltheorien liest, die Rollen der großen Schauspieler nachspielt, sich den technischen Herausforderungen des Tanzes stellt und den Einfluß eines enthusiastischen Lehrers und Mentors erfährt. Dieser Mentor war für John Neumeier während seiner Studienzeit an der Marquette University Pater John Walsh. Aus einem ehemaligen Chemielabor schuf er einen Bühnenraum; die Bestuhlung stammte aus einem stillgelegten Kino. Unter seiner Anleitung entstanden Bühnenvorhänge, Kostüme und Dekorationen. Er wählte die Stücke und Szenen aus, die er, den vorhandenen Begabungen entsprechend, umschrieb oder neu choreographierte. So entstand eine Magie, die Ausführende und Publikum gleichermaßen in ihren Bann schlug. Diese unvergeßliche Zeit, die keinen der damaligen Studenten unbeeinflußt ließ, hat in besonderem Maße John Neumeier geformt, der den visionären Idealismus von Pater Walsh in die Welt hinaustrug.

Pater John Walsh, SJ,
Lehrer von John Neumeier,
in einer Fernsehsendung   AJN

Nach der Premiere meines Balletts *Within this Thicket* zur Musik von Bartók rief Pater Walsh mich an und sagte: »Ich möchte Sie um vier Stunden Ihrer Zeit bitten.« Ich kannte ihn nicht, hatte aber Gutes über seine Arbeit gehört. Er kam, und wir unterhielten uns acht Stunden lang. Ihm gefiel mein Ballett und mein Tanz, und er machte mir einen Vorschlag. Er wollte, daß einer seiner Studenten aus der Marquette University, den er für besonders begabt hielt, mit mir arbeitete. Als John Neumeier mir vorgestellt wurde und in Northbrook, Illinois, zum ersten Mal für mich tanzte, hatte ich den Eindruck eines begabten sensiblen jungen Mannes. Sein Körper war außerordentlich geschmeidig, und rückblickend scheint mir diese Beweglichkeit sein inneres Wesen widerzuspiegeln, seine Offenheit, seine grenzenlose Phantasie und seine ganz selbstlose Hingabe an den Tanz. Er war mir auf Anhieb sympathisch, und als er mit meiner Truppe auftrat, wurde er von Claudia Cassidy von der »Chicago Tribune« zum ersten Mal in der Presse erwähnt. »Ein schlanker, dunkler Junge, John Neumeier, zog unwillkürlich die Aufmerksamkeit auf sich. Ich fürchte, dies ist ein echter Tänzer.«

Schon einige Zeit bevor John Neumeier zur *Sybil Shearer Company* stieß, hatte ich nicht mehr unterrichtet, da ich es mit meiner choreographischen Arbeit schwer vereinbaren konnte. Die meisten Tänzer, mit denen ich probierte, trainierten in Studios in Chicago. John studierte bei Bently Stone und Walter Camryn und fuhr von Milwaukee aus zum Unterricht nach Chicago und zu den Proben nach Northbrook. Obwohl ich gelegentlich als seine Lehrerin bezeichnet worden bin, hat er bei mir nur durch meine Choreographien etwas gelernt und dadurch, daß er mich meine eigenen Rollen hat demonstrieren und vortanzen sehen. Schließlich war er damals schon ein guter Tänzer. Von mir erhielt er seine wichtigste Lektion vermutlich während der letzten Probe zu meinem Ballett *Fables and Proverbs*. Er war die Hauptfigur in *Time longs for Eternity*. Ein wichtiges Stilelement waren hier gerade Linien parallel zum Horizont, insbesondere der Arme und Beine. Johns Rückgrat war außerordentlich elastisch, so daß er sein in der Arabeske nach hinten parallel zum Boden gestrecktes Bein mühelos in eine Position parallel zu den Armen bringen konnte, die in gerader Linie bis in die Fingerspitzen hinein eine Verlängerung der Schultern nach vorne und hinten bildeten. Sein Blick im Profil war in die Unendlichkeit gerichtet. Zu meiner Verblüffung hob John in dieser letzten Probe seinen nach vorne gestreckten Arm in einer lyrischen Geste und blickte zu seiner Hand auf. Ich war entsetzt und wetterte aus dem dunklen Zuschauerraum: »Was ist das für ein Ballett-Unsinn?« Ich merkte daran, daß er die Choreographie überhaupt nicht verstanden hatte – er war im Begriff, eine »Vorstellung« zu geben. In den Proben war er so perfekt gewesen, und mir war nicht aufgefallen, daß ihm der Sinn dieser Geste vollkommen unklar war. Natürlich war er tief getroffen. Ich hatte niemals vorher auch nur meine Stimme erhoben. Ich ließ ihn nach Hause gehen, ohne die Sache nochmals zu erwähnen. Aber am nächsten Abend kam ich zu ihm in die Garderobe und erklärte ihm, was ich durch diese Bewegungen ausdrücken wollte, und er begriff. Ich bin stolz darauf, Neumeier gezeigt zu haben, daß in der Choreographie mehr steckt, als man in der Theorie erklären kann, so wie Nijinsky durch *Petruschka* von Fokine gelernt hat.

Später dann sagte er, er wolle Choreograph werden. Ich entgegnete, meine Truppe sei zu klein für mehr als einen Choreographen und riet ihm, ganz woanders hinzugehen und mehr über Tanz und Bewegung zu erfahren, wo immer sich die Gelegenheit dazu böte, denn er habe theoretisch nichts mehr dazuzulernen. Es werde sich, wenn er reif dafür sei, ganz von selbst ein Platz als Choreograph für ihn finden. Und so geschah es auch. Seit das Ballett zu einer eigenständigen Kunstform neben dem Sprechtheater geworden war, entwickelte sich im Lauf der Jahrhunderte eine romantische Tradition, die eine Vielzahl großer, ausdrucksstarker Choreographen hervorbrachte: Noverre, Viganò, Dauberval, Coralli und Perrot – die Schöpfer von *Giselle* –, Fokine und Tudor. John Neumeier setzt diese Reihe fort. Im Gegensatz dazu bildeten für Petipa und andere die Handlungen nur den Rahmen für tänzerische Vir-

John Neumeier 1958 HBM

tuosität. Von dieser Tradition, die in der Mitte des 20. Jahrhunderts vorherrschte, hob sich Balanchine durch seine abstrakten Ballette ab, in denen das konstruktive Element wichtiger war als das humane.

Als John Neumeier nach einigen Jahren in Europa mit seiner Compagnie nach Amerika kam, das heißt nach New York in die Brooklyn Academy of Music, wurde daher sein Werk, das eine völlig neue stilistische Richtung ankündigte, zunächst nicht richtig verstanden. Aber ich erinnere mich einer Bemerkung von Genevieve Oswald, dieser aufmerksamen Beobachterin der Tanzszene über viele Jahre und Sammlerin tänzerischer Erinnerungsstücke, in der New York Public Library: »Balanchine stirbt in einem New Yorker Krankenhaus, und in Brooklyn erhebt sich eine neue Stimme.« Angesichts dieser Bemerkung war ich zugegebenermaßen ziemlich schockiert, als eine andere Kritikerin (Arlene Croce), die ich sehr respektierte, nicht erkannte, daß sich John Neumeier nicht mit den anderen in Europa arbeitenden amerikanischen Choreographen in einen Topf werfen ließ. Meiner Meinung nach legitimierte er sich mit dem ersten Ballett – nach seiner Rückkehr nach Chicago – beim Ravinia Festival als einzigartig, ein genuiner Künstler und nicht vergleichbar mit anderen Choreographen der Gegenwart. Ich zitiere aus meiner Besprechung in der »Ballet Review« im Jahr 1984: »Die meisten Choreographen machen es dem Zuschauer leicht, einem Tänzer auf der Bühne zu folgen, indem sie ihm Soli geben oder um der Eindeutigkeit der Aussage willen Duos mit sekundären Figuren oder Unisono-Figuren. Aber John Neumeier weiß, daß Bewegung sich von innen her entwickeln muß und daß der Tänzer sich ihr – wenn sie echt ist – vollkommen hingeben kann. Wir zelebrieren unsere existentielle Bedrängnis mit jeder unserer Bewegungen, von denen es eine unendliche Vielfalt gibt; das empfindet er genauso wie ich.«

John Neumeier in seiner eigenen Choreographie »Ludus Coventriae«, Marquette University, Milwaukee, 1961   *FA*

Im *Sommernachtstraum* geriet der Kontrast zwischen der blutleeren Feenwelt und der Empfindungskraft der Menschen in der ersten Aufführung, gleich nach der Pause, zu einem Höhepunkt. Die beiden Paare erwachten aus ihrem einer Ohnmacht gleichenden Schlaf, und bei ihrem Tanz breitete sich über Bühne und Zuschauerraum eine Art Frieden aus, ein Gefühl, daß alles gut ausgehen werde. Sogar das kühle Wetter in dem weitläufigen Freilichttheater (Anm.: in Chicago während des Ravinia-Festivals 1984) schien freundlicher zu werden, und bei den Hochzeiten ließ man sich dann mitreißen von der Stimmung eines »wenn sie nicht gestorben sind, dann leben sie noch heute«. Als ich das einem Freund erzählte, der die Aufführung am zweiten Abend besucht hatte, beschrieb er, wie sich auch dort an derselben Stelle die Atmosphäre wie durch einen geheimnisvollen Zauber erwärmt habe. Solche Botschaften haben für mich nichts Zufälliges. Später meinte John zu mir: »In meiner Arbeit hast du dich selbst gesehen«; als ich das bejahte, antwortete er: »Ich habe dich nicht bewußt kopiert, aber deine Art, Choreographien zu entwerfen und zu konstruieren, ist zu einem Teil von mir geworden. Als ich anfing zu arbeiten, merkte ich, daß du stets gegenwärtig warst.« Als intellektueller, als denkender Mensch konnte er das erkennen; als intuitiver Künstler konnte er es fühlen, und da er redlich ist, konnte er es auch zugeben. Und mich erfüllt die Gewißheit, Nachkommen zu haben, die mich verstehen und das begreifen, was ich immer für den Tanz gewollt habe.

Meine Arbeiten waren in der Regel kurz und das Kondensat einer Idee, eines Konzepts, eines Gefühls, einer Einsicht, ein Eindringen in den Augenblick. Aber John ist es gelungen, dieses Konzept des Essentiellen auch auf große, um nicht zu sagen riesige Formen, vergleichbar dem japanischen No-Theater, zu übertragen. Dabei ist er völlig frei von Manierismen. Er kann sich einer Geschichte, einer Idee oder einem Musikstück vollkommen öffnen, sich sozusagen kopfüber hineinstürzen und dabei sich selbst, die Zuschauer und die Tänzer ganz seinem Talent unterwerfen, ohne einen Gedanken daran zu verschwenden, ob er Anstoß erregt oder Beifall findet oder einen Trend kreiert, beziehungsweise einem folgt. Ein Mann sagte einmal nach einer Vorstellung: »Haben wir darauf nicht alle gewartet – bewegt zu sein?« Glenna Syse schreibt in der »Chicago Sun Times«: »Ich fand das Werk außerordentlich bewegend, manchmal erschreckend, manchmal voller Mitgefühl, stets jedoch fesselnd aufgrund eines absolut zwingenden choreographischen Aufbaus.« John Neumeier kehrte also heim, und wir haben ihn willkommen geheißen. John Martin behauptete einmal von meinem Publikum in Chicago, es sei das kultivierteste der Welt. Und als wir protestierten: »Wie kann man das sagen, was ist mit New York?«, meinte er: »New York ist nicht kultiviert, New York ist ›sophisticated‹, und das ist etwas ganz anderes.«

Ein paar Jahre später kehrte John dann zu einem einwöchigen Festival in den mittleren Westen nach Milwaukee zurück. Dort wurde er geehrt und in die Ruhmeshalle der Stadt und des Staates Wisconsin eingeführt. Wieder fand ich alle meine Ansichten bestätigt. Er hatte vier abgeschlossene, vollkommen unterschiedliche Werke mitgebracht, darunter *Othello*, eine leidenschaftliche Version von *Endstation Sehnsucht* und die *Matthäus-Passion*. Ich zitiere aus meiner damaligen Kritik (1987): »In seinem Ballett *Endstation Sehnsucht* wirft John Neumeier sein ganzes Talent in die Waagschale. Da er eine besondere Begabung für das Drama hat, wählt er naturgemäß dramatische Stoffe und läßt durch seine Bewegungssprache poetische und prosaische Bilder entstehen, manchmal dem Standardvokabular entlehnt, öfter aber der eigenen Vorstellungswelt entsprungen. Das stellt Anforderungen an die Flexibilität der Zuschauer, die aus einer gewissen Erwartungshaltung heraus vertraute Schrittfolgen sehen wollen. Für jeden aber, der gewohnt ist, Bewegungen zu ›lesen‹, im Leben wie auf der Bühne, ist Neumeiers Talent außerordentlich und erleuchtend.« Die Tänzer sind hervorragend – Colleen Scott ging vollkommen auf in dem anspruchsvollen Part der dem Wahnsinn verfallenen Frau, Ivan Liška als Stanley, Bettina Beckmann als Stella, Johannes Kritzinger als Allan Gray, Stephen Pier als Mitch und das ganze restliche Ensemble. Sie tanzen nicht nur mit völliger Hingabe, sie spielen auch und werden so zum Instrument und Sprachrohr ihres Meisters. Man fragt sich nur, warum wir all das mit ihnen durchstehen müssen. Warum ist Stanley so ein Ungeheuer und Blanche so labil? Beide, wie mir scheint, aus demselben Grund: sie verlassen sich nur auf das sinnlich Wahrnehmbare, er erobernd, sie fliehend. Andere Bereiche bleiben ihnen verschlossen – Kunst, Philosophie, spirituelle Werte und wahre Liebe. Trotzdem kann ich nicht erkennen, was John in diesem Stück dazu bewog, dieses totale Engagement zu fordern – es sei denn, sein Motiv war ein ganz bewußtes. Vielleicht mußten wir alle in solche Tiefen gestoßen werden, bevor wir die Höhen der *Matthäus-Passion* erreichen durften? Oder zielte es auf all jene, deren religiöse und musikalische Vorurteile sie davon abhielten, sich Bachs Meisterwerk anzusehen? War es seine »Vertreibung aus dem Tempel«?

Der Musikwissenschaftler Curt Sachs sagt: »Große Kunst kann nur aus der Darstellung großer Seelen und großer Gedanken entstehen.« Die *Matthäus-Passion* verdichtete sich bei allen vierzig Tänzern zu einem verinnerlichten Lyrismus. Sie verließen die Bühne nur einmal, um einen Kreis um das Publikum zu beschreiben. Hervorzuheben sind die Darstellung des Christus durch John Neumeier und die Charakterisierung Ivan Liškas, der stets fragende und sinnende Begleiter in der Bewegung und im Innehalten. Die ganze Aufführung stand im Zeichen des Mysteriums der Passion, wobei die Choreographie die ganze Fülle des Lebens heraufbeschwor, vom Einfachsten bis zum Höchsten. Und dies Gefühl schien sich unendlich fortzusetzen. Es wird sicherlich schwer für John Neumeier werden, dieses grandiose Werk noch zu überbieten. Vor fünf Jahren, als er mich bat, nach New York zu kommen, um es zu sehen, sagte er: »Darauf habe ich mein ganzes Leben lang hingearbeitet.« Dennoch gibt es immer einen nächsten Schritt, und falls er in diesem Leben getan werden kann, dann wird es John Neumeier sein, der die Kraft dazu hat.

1992 beschloß ich, mir das Hamburg Ballett in seinem eigenen Haus anzusehen und fand, daß John in Mozarts *Requiem* und in *A Cinderella Story* alles, was ich vorher von ihm gesehen hatte, übertroffen oder zumindest Gleichwertiges erreicht hatte. Ich betrachte es als Privileg, Zeuge der Geschichte zu sein, der Fortführung des kulturellen Erbes und zugleich einer Vision der Zukunft. Ich zitiere aus meiner Kritik von 1991: »John Neumeier ist einer der wenigen Menschen, die menschliche Beziehungen instinktiv erfassen. Zugleich kann er bewußt sein Talent dazu einsetzen, mit Hilfe der Choreographie beinahe jede menschliche Situation darzustellen, vom Moment tiefster Tragik bis zu höchster Inspiration und subtilster Einsicht. Es ist ihm gelungen, den ganzen Körper zum gestischen Instrument zu machen, um so Charakter, Persönlichkeit, Empfindungen, Gefühle und Ideen darzustellen. Und weil er beinahe immer die Wahrheit trifft, hat er eine Reihe von Meisterwerken geschaffen.«

Ja, das Phänomen John Neumeier ist einzigartig in der Welt des Balletts. Er ist avantgardistisch in einem ganz anderen Sinn als alle anderen. Er ist kein Rebell, er kämpft nicht um Anerkennung, er verfolgt weder irgendeine Idee noch schließt er sich einer Richtung an oder bricht mit der Vergangenheit. Kraft seiner Integrität und Einsicht weist er einen Weg in die Zukunft.

SYBIL SHEARER

Sybil Shearer ist eine herausragende Einzelgestalt unter den führenden Vertretern des Modern Dance. Sie wurde in Toronto geboren und studierte bei Doris Humphrey. Als Solistin trat sie in der Humphrey-Weidman-Company auf. 1938 gründete sie mit mehreren anderen Tänzern die Dance Theatre Company, für die sie choreographierte und mit der sie in New York und an verschiedenen Universitäten im amerikanischen Osten auftrat. 1941 entschied sie, sich ausschließlich auf Solo-Choreographien zu konzentrieren. Berühmt wurden ihre als »Concerts« bezeichneten Soloauftritte, unter anderem in der Carnegie Hall. Seit ihren frühesten Jahren arbeitete sie eng mit der Designerin und Photographin Helen B. Morrison zusammen. 1959 versammelte sie die Sybil Shearer Company um sich und zog sich in ein Tanzstudio in die Nähe von Chicago zurück. David Vaughan nennt sie »eine Visionärin. Sie ist tatsächlich eine Sybille, die konsequent die Wirklichkeit durchdringt und hinter die Erscheinung realer Dinge blickt, um uns eine Botschaft zu übermitteln, die zugleich geheimnisvoll und aufrührend ist.«

JOHN NEUMEIER ÜBER SYBIL SHEARER

Sybil Shearer war vermutlich die Choreographin, die – ohne, daß ich es merkte – großen Einfluß auf mich hatte und mir den stärksten Anstoß für meine eigene choreographische Arbeit gab, obwohl mir das damals nicht bewußt war. Sie ist eine meiner frühesten Lehrerinnen, und in ihrer Company hatte ich meine ersten Auftritte als Tänzer. Damals ging ich von ihr weg, wollte mehr lernen, ein klassischer Tänzer werden; das Ballett faszinierte mich noch stärker als der reine Modern Dance. Interessanterweise aber sieht heute Anna Kisselgoff, die Tanzkritikerin der »New York Times«, eine – unbewußte – Verwandtschaft zwischen meiner *Matthäus-Passion* und dem *Tristan* und Choreographien von Doris Humphrey aus den 30er Jahren: »Auch wenn Mr. Neumeier offensichtlich niemals das Werk der Modern-Dance-Pionierin Doris Humphrey gesehen hat, so ist er doch unterbewußt nah an einigen ihrer Ideen und Inszenierungen. Dies wurde 1983 klar, als seine Compagnie sein bestes Werk, Bachs *Matthäus-Passion*, hier zeigte. Im *Tristan* jetzt spielt das Frauenensemble eine wesentliche Rolle; es wird als ›See‹ bezeichnet. Wer jemals Miss Humphreys berühmte *Water Study* gesehen hat, wird sich sofort daran erinnert fühlen, wenn er diese ›See‹ sieht, die in unaufhörlicher Bewegung von Welle zu Welle dahinfließt. Mr. Neumeier hat einige bemerkenswerte Variationen zu diesem Thema gefunden.«

THEMEN

3. SEPTEMBER 1986

SHALL WE DANCE?

Ballettrevue von John Neumeier
Musik von George Gershwin
Choreographie, Inszenierung, Bühnenbild und Kostüme von John Neumeier
Musik vom Tonband – Am Flügel: Richard Hoynes
Uraufführung, Kampnagelfabrik – Hamburg Ballett

Ensemble Finale, »I got Rhythm«   *HB*

Für *Shall we dance?* habe ich bewußt einen »background«, eine Musik gesucht, von der ich sicher sein konnte, daß nahezu alle sie lieben werden und daß sie gerne zu dieser Musik tanzen würden, wodurch dramaturgisch festgelegt ist, daß das Ensemble und diejenigen Tänzer im Vordergrund stehen, die aus kreatürlicher Lebensfreude heraus arbeiten. Dazu kam dann der Zusammenhang mit meiner eigenen Jugend und ein Ausflug im Stil einer Abenteuerreise, zurück in jene Epoche, in der die unterschiedlichsten Tanzstile und Tanzrichtungen gleichberechtigt nebeneinander standen und sich wie magisch beeinflußten. Wahrscheinlich muß man gerade diese meiner Arbeiten mehrmals sehen, um solche Zusammenhänge entdecken zu können.

John Neumeier, »Standortbestimmungen«,
Ein Gespräch, 1988

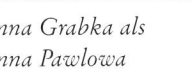

Anna Grabka als
Anna Pawlowa   *HB*

Follies / Gershwin am Klavier / Tin Pan Alley / Rialto Ripples / Jazz Dance / Fred Astaire / Lady, be good! / Swanee / Al Jolson / Chorus Girls / Anna Pawlowa / Marilyn Miller / The Man I love / Rhapsody in blue / Serge Diaghilew / Oskar Schlemmer / Wolkenkratzer / Ruby Ginner / Isadora Duncan und die Isadorables / Lullaby / Has Anyone seen Joe? / Modern Dance / Summertime / Gershwin-Ballette / Ethel Merman

Stichworte zu »Shall we dance?«

135

William Parton, »Swanee«   HB

Als Gershwin 1923 zum ersten Mal
nach London kam, fragte ihn der
Beamte, der seinen Paß abstem-
pelte: »Sind Sie der Gershwin, der
Swanee geschrieben hat?«
Gershwin schrieb darauf an Ira:
»Einen schöneren Empfang hätte
ich mir beim besten Willen nicht
vorstellen können.«

Programmheft zu
»Shall we dance?«, 1986

William Parton, »I got Rhythm«   HB

ENDSTATION SEHNSUCHT

Ballett in zwei Teilen nach dem Schauspiel von Tennessee Williams
Musik von Sergej Prokofjew und Alfred Schnittke
Choreographie, Inszenierung, Bühnenbild, Kostüme und Lichtregie von John Neumeier
Musik vom Tonband – Am Flügel: Richard Hoynes
Hamburger Erstaufführung, Hamburgische Staatsoper – Hamburg Ballett
Uraufführung am 3. Dezember 1983, Württembergische Staatstheater Stuttgart – Stuttgarter Ballett

Colleen Scott (Blanche DuBois)   HB

Dieses Stück ist eine poetische Tragödie. Uns wird die endgültige Auflösung einer wertvollen Person vorgeführt, die früher große Fähigkeiten besaß und die auch noch in ihrem Untergang einen höheren Wert hat als die »gesunden«, gewöhnlichen Figuren, die sie umbringen. Blanche ist ein gesellschaftlicher Typus, ein Symbol für eine sterbende Zivilisation, die ihren letzten verschnörkelten und romantischen Abgang hat. All ihre Verhaltensmuster entsprechen denen der sterbenden Zivilisation, die sie darstellt. Das heißt, ihr Verhalten ist gesellschaftlich. Deshalb gesellschaftliche Formen finden!
Dies ist der Ursprung der Stilisierung des Stücks sowie des Stils und der Atmosphäre der Inszenierung. Gleichermaßen ist Stanleys Verhalten gesellschaftlich. Es ist der grundlegende animalische Zynismus von heute. »Nimm dir, was Du kriegst! Verschwende keinen Tag! Iß, trink, nimm, was Dir gehört!« Dies ist die Basis seiner Stilisierung, der Wahl seiner Requisiten.

Elia Kazan, Notizbuch zu
»Endstation Sehnsucht«

Für mich ist *Endstation Sehnsucht* eines der größten Stücke der amerikanischen Theater-Literatur. Es ist ein Stück, das mich durch das besondere Ambiente und die Problematik der alten Südstaaten sehr fasziniert und sehr interessiert. *Endstation* ist ein Stoff, war ein Film, den ich von Jugend an kannte und der etwas sehr Wichtiges in meiner literarischen Theatererziehung war. Viele Figuren von Tennessee Williams sind für mich sehr geläufig, ich kenne sie sehr gut. Sie interessieren und beschäftigen mich.

Es war sogar einmal meine Idee, ein Stück zu machen, das nicht nur auf *Endstation Sehnsucht* basiert, sondern auf verschiedenen Stücken von Tennessee Williams; eine Art »Tennessee-Williams-Projekt« als Ballett (das ich dann nur »Endstation« genannt hätte), in dem die ganzen Figuren seiner Stücke vorkommen und Beziehungen zueinander haben sollten. Einige europäische Freunde aber haben gesagt, daß diese Figuren in Europa nicht genügend bekannt seien. Ich bin dann von dieser Idee abgekommen. Sicher hat das Stück einen Inhalt, eine Aussage, eine Innenwelt, die allgemein menschlich zu verstehen ist, die größer ist als seine amerikanische Außenwelt. Aber gerade diese

»Blanche ist verzweifelt.« – »Dies ist die Endstation Sehnsucht.« – Grundhaltung: Schutz finden; die Tradition des Südens von früher besagt, daß dieser Schutz von einer anderen Person kommen muß. Ihr Problem hat mit ihrer Herkunft zu tun. Mit ihren Ansichten, was eine Frau sein sollte. Sie klebt an diesem »Ideal«. Das ist sie. Das ist ihr Ich. Sie kann nur leben, wenn sie danach lebt; tatsächlich war ihr ganzes Leben umsonst. (...) Blanche ist ein Schmetterling im Dschungel, der nur ein bißchen vorübergehenden Schutz sucht und vom Schicksal für einen plötzlichen frühen und gewaltsamen Tod bestimmt ist. Je mehr ich nebenbei an Blanche arbeite, um so weniger verrückt erscheint sie. Sie ist in einem fatalen inneren Widerspruch gefangen, aber in einer anderen Gesellschaft hätte sie Erfolg. In Stanleys Gesellschaft niemals! Dies ist wie in einer klassischen Tragödie. Blanche ist Medea oder jemand, der von den Harpyien verfolgt wird, wobei die Harpyien ihre eigene Natur sind. Ihre innere Krankheit verfolgt sie wie Schicksal und macht es ihr unmöglich, das eine, das einzige zu bekommen, das sie braucht: einen sicheren Hafen.

Elia Kazan, Notizbuch zu
»Endstation Sehnsucht«

Gigi Hyatt (Blanche DuBois), Gamal Gouda (Stanley Kowalski)   *HB*

Ich, ich, ich habe die Schläge mitten ins Gesicht bekommen. Ich habe sie mit meinem Körper aufgefangen, alle diese Schicksalsschläge! Ein Todesfall nach dem anderen! Diese lange Prozession zum Friedhof –: Vater, Mutter! Margarete, auf diese furchtbare Weise! – Du bist gerade nur zu den Begräbnissen nach Hause gekommen, Stella, und Begräbnisse sind hübsch, verglichen mit dem Sterben. Begräbnisse sind ruhig, aber das Sterben, das Sterben – ist nicht immer ruhig! Manchmal keucht der Atem der Sterbenden heiser, und manchmal rasselt er, und manchmal schreien sie dir sogar ins Gesicht: »Laß mich nicht gehen!« Sogar die Alten betteln manchmal: »Laß mich nicht gehen!« Als ob man imstande wäre, sie zurückzuhalten! Als ob es in unserer Macht läge! Aber Begräbnisse sind ruhig, es gibt hübsche Blumen dabei!

Tennessee Williams,
»Endstation Sehnsucht« –
Blanche über Belle Reve

»Außenwelt« ist unverwechselbar amerikanisch, und darum konnte ich mir zum Beispiel keinen Bühnenbildner oder Kostümbildner für dieses Stück vorstellen, der nicht Amerikaner wäre. Interessanterweise sind die zwei ausgewählten Komponisten Russen – aber die Musik entspricht der Innenwelt des Stückes. (...)

Sofort, nachdem die Idee zu einem *Endstation Sehnsucht*-Ballett geboren war, wollte ich nach New Orleans reisen und Studien machen. William Como, der Herausgeber des »Dance Magazine«, hat mich – wofür ich ihm sehr dankbar bin – an einen Restaurantbesitzer im französischen Viertel von New Orleans verwiesen. Er war ein sehr guter Bekannter von Tennessee Williams. Sein Name ist Marty Shambra. Er hat mich als seinen Gast aufgenommen und mir all die interessanten und ungewöhnlichen Teile von New Orleans gezeigt: Diese typischen »Lousiana«-Elemente in New Orleans, die Farben, das Licht, die Raumaufteilung... Für mich war es sehr wichtig, an den Straßenbahnschienen jenes *Streetcar Named Desire* gestanden zu haben, die auf der Bühne für Blanche DuBois zur Endstation wurden. (...)

Meine Inspiration, meine Quelle ist Tennessee Williams' Schauspiel. Meine Mittel als Choreograph jedoch sind ganz andere als seine. »Vergangenheit« zum Beispiel kann man nicht tanzen. Über Blanche aber sagt Elia Kazan

Er benimmt sich wie ein Tier, er hat die Gewohnheiten eines Tieres! Ißt wie ein Tier, er bewegt sich wie ein Tier, er spricht wie eines! Er hat sogar etwas Untermenschliches, etwas, das das menschliche Niveau noch nicht erreicht hat! Ja – etwas Affenartiges, wie auf den Abbildungen in anthropologischen Büchern! Tausende und Tausende von Jahren der Entwicklung sind an ihm vorübergegangen, wirkungslos – und da ist er nun, Stanley Kowalski, ein Überlebender aus der Steinzeit! Der das rohe Fleisch der Beute nach Hause bringt, die er im Dschungel erlegt hat! Und du, du sitzt hier – und wartest auf ihn! Vielleicht wird er dich schlagen, oder vielleicht wird er freundlich grunzen und dich küssen. Das heißt, wenn das Küssen schon entdeckt ist!

Tennessee Williams, »Endstation Sehnsucht« – Blanche über Stanley

in den Regienotizen zu seinem Film (und ich stimme da völlig mit ihm überein): »Wir können ihr Verhalten erst verstehen, wenn wir die Auswirkungen ihrer Vergangenheit auf ihr gegenwärtiges Verhalten erkennen.« Um diese Vergangenheit optisch darzustellen, mußte ich Tennessee Williams' dramaturgischen Aufbau völlig ändern. Vergangenheit muß im Ballett sichtbare Gegenwart werden. Ich beginne da, wo das Schauspiel endet, wo Blanche in Wahnvorstellungen und Erinnerungen noch einmal den Weg zu ihrer Endstation durchmacht.

John Neumeier, Programmheft
zu »Endstation Sehnsucht«, 1983

15. DEZEMBER 1991

ON THE TOWN

Musical Comedy in zwei Akten
Libretto von Betty Comden und Adolph Green nach einer Idee von Jerome Robbins, ergänzendes Libretto von Leonard Bernstein
Neue deutsche Übersetzung von Claus H. Henneberg und John Neumeier
Musik von Leonard Bernstein
Inszenierung und Choreographie von John Neumeier
Bühnenbild und Kostüme von Zack Brown
Musikalische Leitung: William Vendice
Neuinszenierung, Hamburgische Staatsoper – Solisten und Hamburg Ballett

Oben: Randy Diamond (Ozzie), Gloria Parker (Claire de Loone)
Unten: Mikael Melbye (Gabey) HB

Wenn man in Europa »Musical« sagt, denkt jeder nur an einen Typus, an eine bestimmte Sorte von Entertainment. Aber ist Ballett nur *Schwanensee,* und ist *Dornröschen* das gleiche wie *Le Sacre* oder die *Matthäus-Passion* dasselbe wie *Der Nußknacker?* Genauso ist Musical nicht gleich Musical, es gibt sehr verschiedene Arten. (...)

On the Town war, glaube ich, fast das erste Musical, das ich in meinem Leben gesehen habe, zumindest eines der ersten professionellen. Das allererste war *Gentlemen Prefer Blonds,* für das ich, um die Matinee sehen zu können, meine Zeichenstunde schwänzen mußte. Ich war vielleicht zwölf oder dreizehn, als *On the Town* bei uns in einem Sommertheater gegeben wurde. Diese Vorstellung wurde für mich zum ganz großen Erlebnis, weil ich spürte, daß dieses Musical ganz menschlich war, etwas, was schon damals für mich im Tanz sehr wichtig war. Ich empfand es

als eine Form von Tanz, die einerseits nicht nur unterhaltend, also reines »Entertainment«, andererseits auch nicht »klassisch« war, sondern irgendwie zwischen beidem lag – eigentlich ähnlich wie das, was Gene Kelly (der zu der Zeit mein großes Vorbild war) in seinen Filmen und Rollen versuchte, nämlich virtuos zu sein, Dinge zu tun, die eindeutig eine gute klassische Technik voraussetzen, und gleichzeitig natürlich zu wirken, realistische Menschen darzustellen, in denen man sich wiederfinden kann und mit denen man sich identifizieren konnte.

Ich glaube, *On the Town* ist wirklich sehr wichtig

Leonard Bernstein zeigte in seinem Schaffen als Komponist über ein halbes Jahrhundert lang, daß er aus der Fülle musikalischer Ideen, Stilrichtungen und Charakteristika so viel wie niemand sonst erfühlte, hörte und aufnahm. Er verband dies mit seinen eigenen Vorstellungen, die sowohl innerhalb wie außerhalb der Musik lagen, um für den Konzertsaal und die Bühne ein lebenskräftiges Œuvre zu schaffen, das etwas sehr Genaues darüber sagt, was ein Musiker und ein Amerikaner in der zweiten Hälfte des 20. Jahrhunderts ist. Selbst diejenigen, die Bernsteins Musik nicht mögen, geben zu, daß sie den Komponisten ganz und gar widerspiegelt. Das ist das Beste, was man von einem Künstler sagen kann, und niemand würde bestreiten, daß Leonard Bernstein die Courage hatte, »sich selbst niederzuschreiben«.

Steven Ledbetter, »Bernsteins Konzertmusik und der Tanz«

Urban Malmberg (Chip), Gillian Scalici (Hildy)   *HB*

für die Entwicklung des amerikanischen Musicals. In Europa ist es manchmal schwer, über Musical zu sprechen, weil man, kaum daß man das Wort hört, schon lächelt und sofort an etwas wie *42nd Street* denkt: viele glitzernde Kostüme, tolle Musik, phantastischer Steptanz und ein eher unwichtiges Thema, das nur ein Anlaß ist, um lustig, um witzig und spritzig zu sein. Aber interessanterweise ist das Entscheidende am amerikanischen Musical seine unterschwellige Seriosität! Eigentlich ist es »Oper für jedermann« und damit nicht auf bestimmte, für Unterhaltung und Amüsement geeignete Themenkreise begrenzt. Manchmal versucht das Musical ganz ernste Themen anzugehen. *Showboat* war 1927 wohl der erste Durchbruch in diese Richtung. Es basiert auf einem in seiner Zeit sehr wichtigen Roman von Edna Ferber, behandelt durchaus kritisch den Schwarz-Weiß-Konflikt und schildert das Schicksal einer Mulattin, die ausgestoßen wird. Das Musical war nicht nur da, um ein »Land des Vergessens« zu schaffen, sondern durchaus um dem Publikum in Musik, Gesang, Tanz und Handlung ein ernstes Thema nahezu-

John Neumeier ist ein so außergewöhnlicher Künstler, der auf bessere Weise beschrieben wurde, als ich es jetzt tun könnte. Zeitlosigkeit, die von übelwollenden Seelen fehlinterpretiert werden kann als Eklektizismus, als altmodisch, als Mangel an Originalität, als Mangel an Zeitbezug, ist eine harte Plackerei, und es ist eine Plackerei, die ich vorzüglich kenne. Deshalb habe ich immer eine besondere Sympathie für das, was er tat. Ich habe mich stets über die Tatsache geärgert, daß John ein amerikanischer Künstler ist, der in seinem eigenen Land tatsächlich nicht sehr gut bekannt ist. In der Tat kenne ich seine Kunst lediglich durch meine Besuche in Hamburg, wo ich Außergewöhnliches geschehen sah zu meiner Musik, aber auch zu anderer Musik, auf eine Weise, daß ich wußte, der Moment muß kommen, in dem ihm Gerechtigkeit widerfahren würde in seinem eigenen Land. Dieser Moment ist mit dem Besuch des Hamburg Balletts gekommen!

Leonard Bernstein anläßlich der Verleihung des »Dance Magazine Award« an John Neumeier, während der ersten Amerika-Tournee des Hamburg Balletts, 1983

Ensemble, Times Square Ballett   *HB*

Mikael Melbye (Gabey), Gigi Hyatt
(Ivy Smith)   *HB*

bringen. Das Musical hat immer sehr viel zu tun mit der Zeit, in dem es entstanden ist. *On the Town* ist, soweit ich weiß, das erste Musical, das zur Zeit seiner Entstehung, also 1944, spielt und direkt mit den damaligen Geschehnissen zu tun hat. (...) Es spiegelt genau die Zeit, in der es uraufgeführt wurde. Es spielt 1944 zur Zeit des Zweiten Weltkrieges und wurde von Menschen gesehen, die diesen Krieg miterlebten – als Soldaten, denen der Marschbefehl bevorstand, als junger Mann, dem die Einberufung drohte, als betroffene Eltern, Frauen und Freundinnen. (...)

On the Town hat ein gutes Buch, anrührende Charaktere und wundervolle Musik, die viel zu wenig bekannt ist. Sie ist früher entstanden, vielleicht auch weniger ausgereift als die spätere *West Side Story,* aber sie hat Substanz! Ich habe das Projekt, das Musical in Hamburg herauszubringen, noch mit Leonard Bernstein, dem ich sehr verbunden war, persönlich absprechen können. Er hat die Vorbereitungsarbeiten bis zu seiner Erkrankung voll Interesse verfolgt und wäre sicher zur Premiere hiergewesen.

John Neumeier, Programmheft zu »On the Town«, 1991

Daran kann nichts rütteln: *On the Town* ist das munterste und überzeugendste Musical, das seit den goldenen Tagen von *Oklahoma* daherkommt. Alles daran ist richtig. Es geht geschwind und lustig zu, es nimmt weder sich selbst noch die Welt zu ernst, es hat Witz. Seine Tänze sind gut gemacht. Es ist ein Vergnügen, die Darsteller zu sehen, und seine Musik und der Hintergrund des Ganzen ist auf der Höhe und exzellent. *On the Town* hat sogar ein gut geschriebenes Libretto, bei dem die Handlung nie auf einen toten Punkt kommt, sondern fröhlich in Gang gehalten wird. Das Adelphi Theater auf der West 54. Straße ist das neue Utopia.

Lewis Nichols,
Kritik der Uraufführung, 1944

VARIATIONEN

»AMERIKA« IN CHOREOGRAPHIEN UND INSZENIERUNGEN VON JOHN NEUMEIER

WEST SIDE STORY

Musik von Leonard Bernstein
Solisten, Hamburg Ballett
10. 12. 1978

DON QUIXOTE

Musik von Richard Strauss,
Hamburg Ballett
18. 7. 1979

SONGFEST

Musik von Leonard Bernstein
Uraufführung, Hamburg Ballett
22. 12. 1979

THE AGE OF ANXIETY

Musik von Leonard Bernstein
Uraufführung, Hamburg Ballett
22. 12. 1979
Ballet West, Salt Lake City
4. 9. 1991

ENDSTATION SEHNSUCHT

Musik von Sergej Prokofjew und
Alfred Schnittke
Uraufführung, Stuttgarter Ballett
3. 12. 1983
Hamburg Ballett
30. 4. 1987

SHALL WE DANCE?

Musik von George Gershwin
Uraufführung, Hamburg Ballett
3. 9. 1986

PEER GYNT

Musik von Alfred Schnittke
Uraufführung, Hamburg Ballett
22. 1. 1989
Königlich Schwedisches Ballett
Stockholm
3. 11. 1992

BIRTHDAY DANCES

Musik von Leonard Bernstein
Uraufführung, Königlich Dänisches
Ballett Kopenhagen
20. 4. 1990
Hamburg Ballett
24. 5. 1992

ON THE TOWN

Musik von Leonard Bernstein
Solisten, Hamburg Ballett
15. 12. 1991

BERNSTEIN-SERENADE

Musik von Leonard Bernstein
Uraufführung
Hamburg Ballett
Nijinsky-Gala XIX
27. 6. 1993

»West Side Story« – Michael Licata (Bernardo), Terry Eno (Riff), Ensemble　　　*JT*

»Don Quixote« – Ballettensemble

JF

»Songfest« – Roy Wierzbicki, Ivan Liška

FK

»The Age of Anxiety« – Max Midinet (Malin), Lynne Charles   *HB*

»The Age of Anxiety« – Lynne Charles (Rosetta), Kevin Haigen (Abel)   *HB*

»Bernstein-Serenade« – Janusz Mazoń, Gigi Hyatt, Heather Jurgensen, Marco Antonio de Almeida (Klavier), Ivan Liška, Anders Nordström, Bettina Beckmann   *HB*

»Birthday Dances« – Heide Ryom, Nicolai Hübbe   *DA*

DIE SPIELZEIT

PREMIEREN UND WIEDERAUFNAHMEN

Shall we dance?
Uraufführung, Kampnagelfabrik
3. 9. 1986

Endstation Sehnsucht
Hamburger Erstaufführung
30. 4. 1987

Fratres
Uraufführung in der Choreographie
von John Neumeier
Stuttgart, Stuttgarter Ballett
30. 12. 1986

Magnificat
Uraufführung in der Choreographie
von John Neumeier
Festival d'Avignon, Ballett der
Pariser Oper
27. 7. 1987

BALLETT-WERKSTÄTTEN

Debüt
19. 11. 1986

*Wiederaufnahme eines Balletts –
Kopie oder Kreation?*
15. 2. 1987

BALLETT-GASTSPIELE

Budapest, anläßlich des
Staatsbesuches von
Bundespräsident
Richard von Weizsäcker
14. 10. 1986

Brüssel, Cirque Royale
3.–7. 1. 1987

Luxemburg,
Nouveau Théâtre Municipal
9./10. 1. 1987

Frankfurt, Jahrhunderthalle Hoechst
13./14. 1. 1987

Kopenhagen, Königliches Theater
15.–17. 5. 1987

Lausanne, Théâtre de Beaulieu
26./27. 5. 1987

Marseille, Opéra de Marseille
29./30. 5. 1987

Paris, Théâtre de la Ville
2.–21. 6. 1987

GAST-COMPAGNIEN IN HAMBURG

Light / Dionysos-Suite
Gastspiel des »Ballet du XXe Siècle«
unter Leitung von Maurice Béjart
8./9. 5. 1987

BESONDERE EREIGNISSE

Dritte Sinfonie von Gustav Mahler
auf dem Hamburger Rathausmarkt
15.–17. 8. 1986

Philharmonisches Sonderkonzert
mit dem *Epilog* aus *Peer Gynt*
von Alfred Schnittke
23. 5. 1987

Bilder von Siegfried Assmann,
Ausstellung im Parkett-Foyer der
Hamburgischen Staatsoper
27. 4.–10. 5. 1987
Dreizehnte Hamburger Ballett-Tage
27. 4.–10. 5. 1987
Nijinsky-Gala XIII
»Leading Men – Der Mann tanzt«
10. 5. 1987

AUSZEICHNUNGEN

Emmanuelle Broncin
Finalist Prix de Lausanne

John Neumeier
Ehrendoktor der Marquette
University Milwaukee
Professor der Freien und Hansestadt
Hamburg

15 CREATION IN HAMBURG: DER ANDERE

Creation in Hamburg: einen »anderen« einladen, mit dem »eigenen« Ensemble zu arbeiten, die Compagnie für »andere« Ideen zu öffnen.

Themen einer neuen Creation: Liebe und Leid eines Tänzers, der zugleich Choreograph und Leiter einer Compagnie ist.

Unter vielen anderen, die nach Hamburg eingeladen wurden – von Jerome Robbins, Murray Louis *und* Gigi-Gheorghe Caciuleanu *bis zu* Rudi van Dantzig, Jiři Kylián, Lar Lubovitch *und* Mats Ek *– ragt ein »anderer« heraus, den eine besondere Wesensverwandtschaft an John Neumeier bindet:* Maurice Béjart.

ASPEKTE

Maurice Béjart

POUR JOHN NEUMEIER

Maurice Béjart und John Neumeier auf der Probe zu »Hamburger Impromptu«   *HB*

MAURICE BEJART

John,

J'admire, de Balanchine à Mats Ek, de nombreux chorégraphes, et j'éprouve une amitié sincère pour certains d'entre eux, ma rencontre avec vous John se situe sur un niveau différent. Au sein de cette <u>Nuit</u> que Novalis a si bien chanté je vous découvre comme un miroir où un frère venu d'une autre planète me tend une main qui est musique et espace et chaleur, énigme et compréhension profonde — Un autre et qui n'est pas un autre et dont le regard est connaissance et amitié.

Nous nous sommes promenés ensemble sur le merveilleux

MAURICE BEJART

boulevard "Mahler" où nos interprétations des mêmes partitions se donnaient
la main dans un labyrinthe où
nos recherches mutuelles se rencontraient,
se perdaient, se redécouvraient.
J'ai appris de vos gestes, de vos
silences, de vos élans, de vos
souffrances au point de parfois
mélanger ma mémoire et la vôtre.

Mais, vous m'avez donné surtout
une expérience unique en étant par-
dant plus l'interprète de mes chorégraphies avec "les chaises" et
"l'Impromptu de Hambourg" – il
n'est pas fréquent (il y a-t-il
d'autres exemples?) de voir un
grand chorégraphe devenir simplement
interprète dans l'œuvre d'un autre
chorégraphe, et en ayant vécu

MAURICE BEJART

cela avec vous j'ai compris plus
de choses qu'en faisant dit
ballets _ faisant vivre en vous de
façon simultanée la disponibilité
totale du danseur, de l'acteur et
la profondeur muette du créateur
notre collaboration reste un des
grands moments de ma recherche et
un des grands bonheurs de ma vie .
   " Le rire est le propre de l'homme ,,
dit le philosophe , et quand je
regarde les photos de cette période
de répétitions à Hambourg nous
sommes presque toujours en train
de rire ... aurions-nous acquis
un peu plus d'humanité ?
   Mais sous votre rire je vois
aussi la simplicité de l'enfance

Adresse: BEJART BALLET LAUSANNE - Palais de Beaulieu - C.P. 89 - 1000 Lausanne 22 - Suisse

MAURICE BEJART

et l'angoisse perpétuelle de l'artiste,
la joie de la plénitude et la
solitude du clown qui a terminé
son spectacle et s'en va comme
Charlot vers de nouvelles aventures.

Non, Vous ne venez pas d'Amérique,
d'un allemand vous êtes le fils d'un
météore tombé quelque part entre
Wahnsee et Swannensee ; dans
votre regard la fierté de Kleist
et le tragique de Ludwig II ,
dans vos gestes cet arc en ciel
qui relie Heidelberg, Weimar et
Berlin où notre cher Hoffmann
écrit des ballets pour vous !

Laissons la nuit danser nos
formes et cachons soigneusement

Adresse: BEJART BALLET LAUSANNE - Palais de Beaulieu - C.P. 89 - 1000 Lausanne 22 - Suisse

MAURICE BEJART

nos blessures afin que nul ne les salisse, nul ne les découvre, laissons la musique dire tout ce que les mots, tout ce que mes mots ne savent pas dire et tâchons vite de nous retrouver face à face au coin d'un studio ciselant ensemble un poème japonais fait de gestes, de connivences, de souvenirs, et d'avenir.

Merci d'être un grand chorégraphe et un être humain.

Maurice

Maurice Béjart

FÜR JOHN NEUMEIER

JOHN,

von Balanchine bis Mats Ek bewundere ich zahlreiche Choreographen und empfinde für einige unter ihnen eine aufrichtige Freundschaft. Meine Begegnung mit Ihnen verlief stets auf einer anderen Ebene. Im Herzen dieser *Nacht*, die Novalis so treffend besungen hat, entdecke ich Sie als einen Bruder, der von einem anderen Planeten kam, um mir die Hand zu reichen – eine Hand, die Musik ist, die Raum und Wärme, Rätsel und tiefes Verständnis bedeutet. Ein anderer, der doch kein anderer ist und dessen Blick Kenntnis und Freundschaft bedeutet. Zusammen gingen wir auf der herrlichen Mahler-Allee spazieren, wo unsere Auslegungen der gleichen Partituren sich in einem Labyrinth die Hand reichten, wo wir uns bei unserer Suche begegneten, einander verloren und einander wiederentdeckten. Aus Ihren Gesten und Ihrem Schweigen, von Ihrem Schwung und Ihrem Leiden habe ich gelernt, so sehr gelernt, daß ich manchmal mein eigenes Gedächtnis mit dem Ihren verwechselte. Vor allem aber verdanke ich Ihnen, dem Interpreten meiner Choreographien *Die Stühle* und *Hamburger Impromptu*, eine einmalige Erfahrung. Es kommt nicht oft vor – gibt es überhaupt andere Beispiele dafür? –, daß ein großer Choreograph zum einfachen Interpreten des Werkes eines anderen Choreographen wird. Und weil ich dies mit Ihnen erleben durfte, begriff ich mehr, als hätte ich zehn Ballette geschaffen. Dadurch, daß in Ihnen die vollkommene Verfügbarkeit des Tänzers, des Schauspielers und die stumme Tiefe des Schöpfers gleichzeitig auflebten, bleibt unsere Zusammenarbeit einer der großen Augenblicke meiner Suche und einer der glücklichsten Momente meines Lebens. »Das Lachen ist eine Eigenschaft des Menschen«, sagte ein Philosoph, und wenn ich die Photos dieser Probenzeit in Hamburg betrachte, sehe ich, daß wir fast immer lachen ... Hat uns das ein wenig menschlicher gemacht? Doch auch ohne Ihr Lachen sehe ich die Einfachheit der Kindheit und die immerwährende Angst des Schöpfers, die Freude der Erfüllung und die Einsamkeit des Clowns, der seine Darbietung beendet hat und – wie Charlie – sich entfernt und neuen Abenteuern zuwendet. Nein, Sie kommen nicht aus Amerika; sie sind ein echter Deutscher, Sohn eines Meteoriten, der irgendwo zwischen dem Wannsee und dem Schwanensee vom Himmel fiel; in Ihrem Blick sehe ich den Stolz Kleists und die Tragik Ludwig II., in Ihren Gesten einen Regenbogen, der Heidelberg mit Weimar und Berlin verbindet, wo der

Maurice Béjart und John Neumeier

uns teure Hoffmann Ballette für Sie schreibt! Lassen wir die Nacht unsere Formen tanzen, und verbergen wir sorgfältig unsere Wunden, damit keiner sie beschmutze, keiner sie entdecke; lassen wir die Musik all dies aussprechen, was die Worte, was meine Worte zu sagen unfähig sind, und lassen Sie uns schnell wieder einander begegnen, um von Angesicht zu Angesicht – in der Ecke eines Studios – aus Bewegungen, Einverständnis, Erinnerungen und Zukunft ein japanisches Gedicht zu gestalten.

MAURICE

HB

THEMA

29. APRIL 1988

»ÜBER IONESCO«: HAMBURGER IMPROMPTU / DIE STÜHLE

Ballett von Maurice Béjart nach Eugène Ionesco
Musik von Hugues Le Bars und Richard Wagner – Musik vom Tonband
Choreographie von Maurice Béjart
Bühnenbild von Roger Bernard, Kostüme von Joëlle Roustan
Uraufführung, Hamburgische Staatsoper – Hamburg Ballett
Die Stühle – 5. Januar 1985 Erstaufführung, Hamburgische Staatsoper – Hamburg Ballett

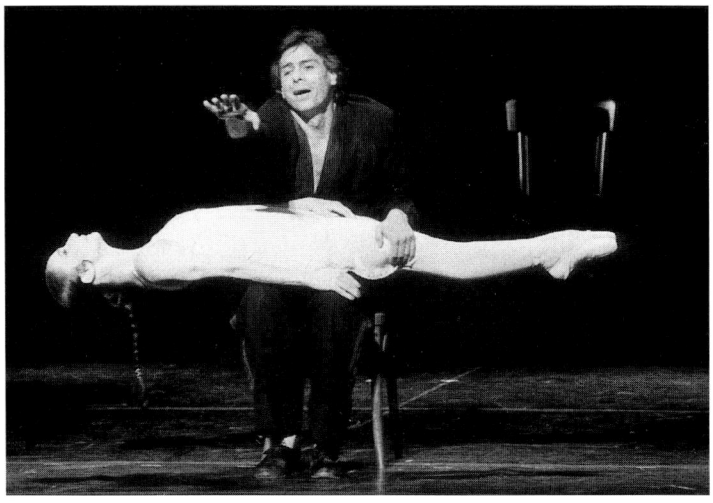

»*Die Stühle*« – *Marcia Haydée, John Neumeier*   *HB*

GEDANKEN VON MAURICE BÉJART

Das *Hamburger Impromptu* handelt von der Begegnung eines Choreographen mit seiner Compagnie und den daraus entstehenden Liebes- und Leidensbeziehungen. Zwischen Träumen und Ermüdungsmomenten schwankend, verkörpert die Hauptfigur dieses »ich BIN«: Béjart, Ionesco, Neumeier ...

Die Stühle: Ein altes Ehepaar, verloren auf einer Insel lebend, empfängt imaginäre Gäste, um ihnen eine Botschaft zu verkünden.
Nur der Tod erwartet dieses gealterte Liebespaar – diesen Tristan und diese Isolde –, die als jugendliche Greise mit ihren Träumen lächerlich wirken.

Am Anfang meiner Arbeit über Ionesco wählte ich Themen aus verschiedenen Werken aus, da ich in John zugleich Ionesco, John und auch mich selbst sah. Ionesco, weil er die Grundlage für das Werk bildet, und John und mich, weil wir das gleiche Schicksal haben. Beide sind wir

HB   *HB*

155

»Hamburger Impromptu« – John Neumeier, Ballettensemble   *HB*

Das Alter, oder vielmehr das Altern, und besonders das, was es bei einem kreativen Künstler auslösen kann – nämlich die Ermüdung – ist Thema dieses zweiten Balletts über Ionesco. Aber Béjart interessiert es nicht, im Sinne Molières oder Ionescos die Kritik zu kritisieren. Das *Hamburger Impromptu* ist ein Ballett über einen Ballettdirektor/Choreographen in der Begegnung mit seiner Compagnie. Der erste Arbeitstitel bezeichnete deutlich den Spiegeleffekt, mit dem Béjart spielt: BIN, Béjart – Ionesco – Neumeier, oder die Verschmelzung dreier Künstler in der Konjugation Erste Person Singular, einfachster Ausdruck des Seins. Das *Hamburger Impromptu* ist zudem ein Ballett über das Ballett, und das in bezug auf die konfliktträchtigen und gleichzeitig intimen Beziehungen eines Choreographen zu seinen Tänzern: eine Auseinandersetzung, die den Zuschauer in die Situation eines Voyeurs hineinversetzt. Eine Situation, die Béjart immer wieder auflöst und durchbricht, um die ganze Kraft seiner Bilder zu bewahren, und sie weder der Anekdote noch einer strengen erzählerischen Linie zu opfern.

Emmanuel Gérard, Programmheft zu »Über Ionesco: Hamburger Impromptu / Die Stühle«, 1988

Keine Gesellschaft hat die Trauer des Menschen aufheben können, kein politisches System kann uns von dem Leiden an der Existenz befreien, von der Furcht vor dem Sterben, von unserem Durst nach dem Absoluten. Das Sein des Menschen bestimmt das Sein der Gesellschaft, nicht umgekehrt.

Eugène Ionesco

Choreographen und Leiter einer Compagnie. Wenn ich ein Ballett über John mache, liegt es auf der Hand, daß ich damit ebenso eines über mich mache. Ich entdeckte beim Wiederlesen des *Impromptus,* das im selben Band wie *Die Stühle* steht, daß Ionesco dort in der ersten Person über das Stück und dessen Verhältnis zu den Kritikern spricht, wobei er sich an Molières *Impromptu von Versailles* orientiert. Das erweckte sofort mein Interesse, denn ich selbst hatte ein Ballett nach Molières *Impromptu von Versailles* geschrieben. Es hieß *Der eingebildete Molière.* Ich spielte darin die Hauptrolle und thematisierte dort die Beziehung, die ich als Leiter zu meiner Truppe habe. Über John und sein Verhältnis zu seiner Truppe entwickelte sich hier eine faszinierende Figur, in der zugleich ich, er und der andere vereint sind. Und das ist sehr interessant. (...)

Mehrere Male war ich nahe daran, aufzuhören, alles fallenzulassen, wegzufahren, so daß man mich vergißt. Wenn ich weitergemacht habe, so höchstwahrscheinlich, weil ich ein unstillbares Verlangen nach Kommunikation habe; ich brauche die Verbindung mit Menschen, möchte sie beeinflussen, sie berühren, geistig und physisch, möchte sie fröhlich und traurig, wütend und nachdenklich machen. Diese Mutlosigkeit, die mich alle drei, vier Jahre überfällt, muß etwas mit dem inneren Haushalt zu tun haben, aber das begreife ich nicht. Immer intensiver wurde mein Wunsch, aus den Tänzern mehr als nur Tänzer zu

John Neumeier, Ivan Liška   HB

machen. Ich kann keine »reinen Tänzer« vertragen, sie sind
wie Chemieexperimente, künstlich. So etwas gibt es nur in
Reagenzgläsern. Ich habe immer Persönlichkeiten um mich
gehabt. Ich will, daß man die Gesichter meiner Tänzer
nicht vergißt, ihre Augen, ihr Lächeln, ihre Traurigkeit. Ich
lehne das »Familiäre« in einer Truppe nicht ab, aber manchmal ersticke ich in dieser Familienatmosphäre. Man meint,
ich sei der Vater, weil ich die Verantwortung trage. Ich bin
aber auch der Sohn. Oft revoltiere ich gegen meine Truppe.
Bei bestimmten Gelegenheiten lehne ich sie rundweg ab.
Aber was wäre ich ohne sie? (...)

Ich bin in Hamburg. Ich tanze. Ich arbeite. Tanz
ist mein Schicksal. Ich glaube, daß ich glücklich bin. Ja, ich
glaube es. / Je suis à Hambourg. Je danse. Je travaille. La
danse est mon destin. Je crois que je suis heureux. Oui, je le
crois. / Io sono in Amburgo. Io ballo. Io lavoro. La danza
è il mio destino. Io credo di essere felice. Sì, Io credo. /
I am in Hamburg. I dance. I work. Dance is my destiny.
I believe I'm happy. Yes, I think so. / Jeg er i Hamburg. Jeg
danser. Jeg arbejder. Dansen er min okaebne. Jeg tror jeg er
lykkelig. Ja, det tror jeg. / Jestem w Hamburger. Tańcze.
Pracuje. Taniec jest moim przeznaczeniem. Wierzne, ze
jestem szcześliva. Tah, wierze.

*Maurice Béjart, Programmheft zu »Über Ionesco:
Hamburger Impromptu / Die Stühle«, 1987/88*

John Neumeier   HB

VARIATIONEN

BALLETTE »ANDERER« CHOREOGRAPHEN IM REPERTOIRE DES HAMBURG BALLETTS 1973–1993

GEORGE BALANCHINE

Divertimento Nr. 15
9. 9. 1973

Allegro brillante
9. 9. 1973

Agon
12. 9. 1976

Hommage à George Balanchine
Die vier Temperamente /
Tschaikowsky Pas de deux /
Serenade
8. 1. 1984

JOHN CRANKO

Jeu de cartes
9. 9. 1973

Der Widerspenstigen Zähmung
11. 3. 1979

Onegin
4. 11. 1984

SERGEJ HANDZIC

Das Echo
Uraufführung
8. 2. 1975

FRED HOWALD

Der Schrei
Uraufführung
8. 2. 1975

Orpheus
Uraufführung
12. 9. 1976

OSCAR ARAIZ

Mahler-Lieder /
Gesten Uraufführung /
Familienszenen
8. 5. 1976

JEROME ROBBINS

Les Noces
12. 9. 1976

GIGI-GHEORGHE CACIULEANU

Fußgänger
Uraufführung
6. 6. 1982

MURRAY LOUIS

Eine Strawinsky-Montage
Uraufführung
6. 6. 1982

MAURICE BÉJART

Die Stühle
5. 1. 1985

Über Ionesco
Hamburger Impromptu
Uraufführung /
Die Stühle
29. 4. 1988

LEONID JAKOBSON

Jakobson-Miniaturen
8. 5. 1986

RUDI VAN DANTZIG

Niemandsland
8. 5. 1986

JOSÉ LIMÓN

The Moor's Pavane
8. 5. 1986

Hommage à José Limón
The Unsung / The Exiles /
The Moor's Pavane /
There is a Time
20. 6. 1989

JIŘI KYLIÁN

Verklärte Nacht
8. 5. 1986

ANTONY TUDOR

The Leaves are Fading
28. 4. 1991

LAR LUBOVITCH

Sinfonia Concertante /
Fandango
20. 12. 1992

MATS EK

Gras /
Meinungslose Weiden
Uraufführung
20. 12. 1992

Fred Howald bei der Probe in Hamburg *HB*

Oscar Araiz bei der Probe zu »Mahler-Lieder« *MF*

Gigi-Gheorghe Caciuleanu (Mitte) bei der Probe zu »Fußgänger« *HB*

Unter den Balletten, die ich bis heute choreographiert habe, sind diejenigen in der Minderzahl, die sich auf vorgegebene Musik stützen. Dies ist kein Zufall: Im allgemeinen gehe ich – im Gegensatz zu vielen meiner Kollegen – zunächst von einer rein tänzerischen Konzeption aus und beauftrage dann einen lebenden Komponisten, die dafür geeignete Musik zu schreiben; diese ist dann ganz auf die Erfordernisse der Choreographie zugeschnitten.

Murray Louis (2. v. l.) bei der Probe zu »Eine Strawinsky-Montage« *HB*

Murray Louis

159

Ich mache Ballette, und ich werde sie weitermachen. Ich habe meine Entwicklung als Choreograph miterlebt. Jedes Werk ist ein Bahnhof, wo der Zug, in den ich mich gesetzt habe, hält. Von Zeit zu Zeit kommt ein Kontrolleur vorbei, den ich frage, wann der Zug ankommt. Er hat keine Ahnung. Die Reise ist sehr lang. Im Abteil wechseln meine Reisegefährten. Ich stehe lange im Gang, meine Stirn gegen die Scheibe gepreßt. Ich nehme die Landschaft, die Bäume und Menschen in mir auf. Manchmal habe ich auch umsteigen müssen. Es gab längere Aufenthalte. Rotes Licht. Alles. Das ist das Leben.

Maurice Béjart

Maurice Béjart bei der Probe zu »Über Ionesco«　　　　*HB*

Lar Lubovitch bei der Probe zu »Sinfonia Concertante«
Kim David McCarthy, Sarah Duley　　　　*HB*

Ich komme nicht ausschließlich vom Modern Dance. Ich habe immer beides gemacht. Modern, Klassisch und Jazz, und meine Choreographie war niemals genau das eine oder das andere. Es spielt auch für mich keine Rolle, ob die Tänzer, die das tanzen, modern oder klassisch trainiert sind, solange es ausgezeichnete Tänzer sind und sie sich zu bewegen wissen. Dann können sie ganz unterschiedlich trainiert sein.

Lar Lubovitch

Mats Ek bei der Probe zu »Gras« – Bettina Beckmann, Gamal Gouda HB

Tänzern Aufgaben zu stellen, das hat für mich bisher nicht funktioniert. Ich habe es versucht, aber Choreographie muß, finde ich, eine persönliche Sprache sprechen, auch wenn es der Tänzer ist, der sie dann im Augenblick der Vorstellung neu kreiert. Die Sprache muß ein gewisses Temperament spiegeln und einen gewissen Punkt definieren, von dem aus man die Musik und die Situation erlebt. Wie ein Gedicht oder ein Musikstück muß auch die Choreographie einen eigenen Ton oder eine eigene Stimme finden, die nicht privat, aber persönlich ist! Ich glaube nicht an ein Mischen von bewußter und unbewußter, gewählter und entstandener Körpersprache. Und ich werde deswegen wohl auch nie auf der Bühne während der Aufführung improvisieren lassen, in der Probe vielleicht, aber auch das selten. Nur durch scharfe Begrenzungen wird künstlerische Freiheit erreicht.

Mats Ek

John Cranko, »Jeu de cartes« – Max Midinet, Ballettensemble   GB

John Cranko, »Der Widerspenstigen Zähmung« – Colleen Scott, Ivan Liška   LM

Fred Howald, »Orpheus« – Dieter Ammann, Roy Wierzbicki, François Klaus, Marco Carrabba   GB

Oscar Araiz, »Familienszenen« John Neumeier, Beatrice Cordua

Jerome Robbins, »Les Noces« – Ballettensemble   GB

Gigi-Gheorghe Caciuleanu, »Fußgänger« – Ilka Doubek, Marianne Kruuse, Ivan Liška   HB

Leonid Jakobson, »Jakobson-Minia-turen« – Irina Jakobson bei der Probe mit Chantal Lefèvre und Gamal Gouda   MF

Murray Louis, »Eine Strawinsky-Montage« – Ballettensemble   HB

Rudi van Dantzig, »Niemandsland« – Probenfoto mit Bettina Beckmann, Jeffrey Kirk, Ballettensemble   MF

José Limón, »The Moor's Pavane« – Max Midinet (Jago), Ivan Liška (Othello), Anne Brossier (Emilia), Colleen Scott (Desdemona)   HB

José Limón, »The Exiles« – Carla Maxwell, Ivan Liška   HB

Jiři Kylián, »Verklärte Nacht« – Gabriel Manferdini, Colleen Scott, Ivan Liška, Gabrielle Günthard   HB

Antony Tudor, »The Leaves are Fading« – Ballettensemble HB

Lar Lubovitch, »Sinfonia Concertante« – Ballettensemble HB

Mats Ek, »Gras« – Bettina Beckmann, Gamal Gouda HB

Mats Ek, »Gras« – Eric Miot　　　　　　　　　　　　　　　　　　　　*HB*

Mats Ek, »Meinungslose Weiden« – Anders Hellström, Anna Polikarpova　　　*HB*

DIE SPIELZEIT

PREMIEREN UND WIEDERAUFNAHMEN

Hamburger Tschaikowsky-Zyklus

Der Nußknacker
3. 10. 1987

Dornröschen
5. 12. 1987

Illusionen – wie Schwanensee
19. 3. 1988

»Über Ionesco«
Hamburger Impromptu
Uraufführung /
Die Stühle
29. 4. 1988

Eine Reise durch die Jahreszeiten
Uraufführung
Ballettschule der
Hamburgischen Staatsoper
24. 4. 1988

BALLETT-WERKSTÄTTEN

Endstation Sehnsucht
9. 11. 1987

Der Tschaikowsky-»Ring«
22. 11. 1987

Debüt
13. 12. 1987

Getanzte Gewalt
(In Zusammenarbeit mit
amnesty international)
31. 1. 1988

Erste Schritte
(Zum zehnjährigen Bestehen der
Hamburger Ballettschule)
24./25. 4. 1988

BALLETT-GASTSPIELE

Pompeji, Teatro Grande
11./12. 9. 1987

DDR-Tournee:
Berlin, Deutsche Staatsoper
Unter den Linden
Leipzig, Opernhaus
Karl-Marx-Stadt, Opernhaus
13.–18. 10. 1987

Amsterdam, Het Muziek Theater
7.–10. 1. 1988

Essen, Opernhaus
(anläßlich der Verleihung des
Deutschen Tanzpreises an
John Neumeier)
5. 3. 1988

Milwaukee, Wisconsin/USA,
Factory / Performing Arts Center
24. 6.–3. 7. 1988

GAST-COMPAGNIEN IN HAMBURG

Kabuki – Die Geschichte
der 47 Samurai
Choreographie von Maurice Béjart
Gastspiel des Tokyo Ballet
29./30. 3. 1988

Schwanensee / Viva Classica (Gala)
Gastspiel des Kirow-Balletts
Leningrad
3.–5. 5. 1988

BESONDERE EREIGNISSE

Welturaufführung des
Kino- und Fernsehfilms
Die Kameliendame
26. 9. 1987

Shakespeares Liebespaare /
Summertime (aus *Shall we dance?*)
anläßlich der Konferenz der
Außenminister in Hamburg
29. 2. 1988

Benefiz-Gala für den
Schumacher-Ballett-Bau
(Ballettzentrum Hamburg)
9. 5. 1988

Max Midinet
beendet seine tänzerische Laufbahn

Vierzehnte Hamburger Ballett-Tage
29. 4.–12. 5. 1988

Nijinsky-Gala XIV
»Leading Lady – Die Frau tanzt«
12. 5. 1988

AUSZEICHNUNGEN

Marie-Soizic Cabié
Prix de Lausanne

John Neumeier
Deutscher Tanzpreis 1988 in Essen
Laudatio von Maurice Béjart
Berufung in die Wisconsin Perfor-
ming Arts Hall of Fame Milwaukee

16

AUFTRAGSWERK

Handlung, Musik und Bewegung: die drei immer »neu« notwendigen Koordinaten einer Choreographie. Die Zusammenarbeit mit einem zeitgenössischen Komponisten als lebendigem Partner der Auseinandersetzung: Leonard Bernstein, Alfred Schnittke, Arvo Pärt, Michael Tippett *und* Hans Werner Henze.

Alfred Schnittke hatte die Wahl, als Auftragswerk für das Hamburg Ballett entweder die Musik zu Drei Schwestern *oder zu* Peer Gynt *zu schreiben. Er entschied sich für Henrik Ibsens Schauspiel. Seine Musik ließ aus einem poetischen Drama eine mythisch-sakrale Vorlage für ein Tanzepos werden.*

ASPEKTE

Alfred Schnittke

ERINNERUNGEN AN DIE ZUSAMMENARBEIT MIT JOHN NEUMEIER ZU »PEER GYNT«

John Neumeier und Alfred Schnittke   HB

NACH DER URAUFFÜHRUNG

Lieber John, ich danke Dir für alles und vor allem für die wunderbare Choreographie zu *Peer Gynt*. Es ist etwas ganz Neuartiges, in all seiner Vielschichtigkeit noch nicht Dagewesenes und darum noch in vollem Maße nicht Verstandenes. Aber das bedeutet ein jahrelanges Eintreten von Sinn und Klarheit in diese ungewöhnliche Situation und den ganzen Irrsinn der schematischen Einschätzungen (denn die Kritik begeht immer denselben Fehler – wenn etwas wirklich Neues entsteht, spürt sie es, aber gleichzeitig wird sie durch ihre eigene Unvollkommenheit gereizt zu falsch-kompetenten Aussagen). Wir reisen morgen ab und hoffen, das durch Dich entstandene Wunder noch irgendwann zu erleben. Erlaube mir, die Partitur von *Peer Gynt* Dir zu widmen – wenn sie irgendwie dem Sinn des von Dir gemachten entspricht. Ich hoffe, wir bleiben in Kontakt und danke Dir für alles Gute, das durch Dich entstand – auch für mich. – Beste Grüße von Irina und Alfred Schnittke

DIE MUSIK

1971 habe ich schon einmal ein Ballett geschrieben, *Labyrinth* – mein erstes und bis zu *Peer Gynt* einziges. Es hat fünf Sätze, von denen nur der erste choreographiert wurde. Und bis auf diesen ersten und einen kleinen Teil des letzten Satzes klingt es wenig nach Ballettmusik. Es hat nicht viel von »Ballettdenken«. Gerade da liegt, glaube ich, heute die Chance. Die Entwicklung geht im Tanz weg von der ballettmäßigen, hin zur nicht ballettmäßigen Musik. Choreographen wählen heute für ihre Inszenierungen oft Musik, die nie etwas Plastisches, Visuelles im Sinn hatte. *Peer Gynt* ist nun als Ballett komponiert: Um so mehr mußte ich mich vor jedem Ballettdenken hüten und es ablehnen, wo immer es aufkommen wollte. Das allmähliche, stufenweise Ablegen jeden ballettmäßigen Denkens wurde ein wichtiges musikalisches Gestaltungsmittel. Es spiegelt die verschiedenen Phasen, die das Stück durchläuft. In John Neumeiers Fassung hat *Peer Gynt* drei reale Ebenen und eine vierte, imaginäre. (...)

Die Musik klingt im ersten Akt eigentlich noch wie Ballettmusik, auch wenn sie alle stereotypen Formulierungen zu meiden sucht. Aber ich blieb noch dieser mitgezogenen Realität verhaftet. Der zweite Akt, mit seiner Folge von Scheinwelten verlangte geradezu nach Klischees und falscher Regelmäßigkeit, um diese Multi-Media-Welt zu charakterisieren. Das ist ihr Prinzip, und es ist überall dasselbe, auch bei uns in Rußland: Man will einen schönen Betrug schaffen. Die dritte Darstellungsebene kehrt, szenisch wie musikalisch, auf die reale Ebene des ersten Akts zurück, aber alles wirkt ein bißchen befremdlich. Eine sonderbare Welt, in der heimliche Gefahren lauern. Die Wahrnehmung ist schläfrig geworden. Scheinbar ist musikalisch alles dasselbe geblieben, aber es hat sich doch geändert. Die permanente Wiederkehr von Themen und das ständige Hinzukommen von neuem musikalischen Material war eines der Leitprinzipien für die gesamte Komposition. Auch im vierten Teil, im Epilog, klingen viele Themen des Stücks noch einmal kurz auf, jetzt aber so eng ineinander verwoben, daß man die einzelnen nur wenig heraushört. Die Musik wirkt sehr still und transzendiert. Die gesamte Musik des Balletts ist wie eine Vorstufe zu diesem letzten Kreis.

Ich kam auf den Gedanken, einen Chor zum Orchester dazuzunehmen und probierte es aus. Der Chor sang wunderschön, aber was ich mir erhofft hatte, kam nicht zustande: daß alles auf einmal wegfällt! Es ist nichts weggefallen. Und da habe ich etwas anderes versucht – was dann auch zu gelingen schien. Der Chor sang ganz leise verschiedene Anklänge an bekannte Chorwerke, wie die *Missa Solemnis* von Beethoven und vor allem an altrussische Kirchenmusik, die immer a cappella ist. Es kam zu Schattenklängen. Diese Schatten haben die Klangdimension erweitert, man nahm die zweite Wand hinter der ersten wahr, ahnte die dritte, vierte, fünfte... Es tat sich ein neuer, irrealer Klangraum auf. Schattenklang: Man hört ihn nicht, nein, man hört ihn,

Probenfoto, »Peers Aspekte«
Jeffrey Kirk (Fliegen), Jean Laban (Erotik), Eric Miot (Draufgänger), Stephen Pier (Zweifel), Anna Grabka (Aase),
Patrick Becker (Kindheit), Gamal Gouda (Aggression), Gigi Hyatt (Anima)   *HB*

aber sehr leise. Wir nehmen ihn nicht bewußt wahr, wir hören ihn unbewußt mit. Die meisten Menschen meinen, die Musik zu verstehen, aber sie wissen gar nicht, wie dieser Eindruck entsteht. *Was* für ein Klang es ist, kann niemand sagen! Es sind die Schattenklänge, die ihn ausmachen.

ENTSTEHUNG

Ich muß etwas Grundsätzliches über die Zusammenarbeit mit John Neumeier – oder auch mit anderen Künstlern – sagen: Es kommt nicht darauf an, ob man sich ähnlich ist oder nicht, ob man als Mensch oder Künstler übereinstimmt, das ist nicht entscheidend. Wichtig ist etwas, das man mit Worten kaum fassen kann. Wir haben nämlich nicht viel gesprochen; aber es war uns immer sogleich verständlich, was der andere meinte. So haben wir das Libretto kurz besprochen, Differenzen geklärt, und dann begann die Arbeit. Als das Particell fertig war, kam ich nach Hamburg und spielte im Sikorski Verlag in einer dreistündigen Sitzung das ganze Ballett auf dem Klavier vor. John war dabei; das Ganze wurde auf Tonband aufgenommen, und er konnte beginnen, choreographische Ideen zu entwickeln. Nach der Orchestration wurde das Ballett vom Philharmonischen Staatsorchester Hamburg auf Band gespielt; auf dieser Basis entstand die Choreographie.

Die Figur des Peer Gynt entzieht sich einer endgültigen Deutung, und das macht sie für mich besonders anziehend. Es ist genau wie im Leben: Immer gerät man irgendwie daneben, wenn man einen Menschen zu fassen sucht. Immer bleibt etwas Ungelöstes, Unlösbares. Ich umkreise die Gestalt des Peer in verschiedenen Schichten und Niveaus, in denen seine gesamte

Lebensproblematik immer und immer wieder dargestellt wird – drei reale Existenzschichten und eine imaginäre, die aber auch Wirklichkeit werden könnte.

Und ich habe verstanden, daß der Weg, den John Neumeier mit diesem Stück beschreitet, eigentlich ein weiterer Schritt in seiner eigenen Entwicklung ist. Zunächst sieht es so aus, als käme er zu etwas zurück, das schon lange dagewesen ist. Aber er kommt überhaupt nicht zurück, sondern er geht weit über das Bisherige hinaus und kommt auf einer neuen Ebene zu diesem zwar sehr ähnlichen, aber völlig anders gearteten Neu-Alten.

Beim Epilog endlich kommt es zu einer völligen Entrücktheit in eine ideelle Sphäre. Er beginnt an einem Punkt, wo der Mensch aus seinem irdischen Leben steigt und in eine andere, illusorische Wesensform eintritt. Diesen Vorgang kann man auch als ein Vorzeichen einer gewandelten Lebenseinstellung einschätzen. Hier kommt es zu einer stärkeren Verbindung von Visuellem und Akustischem, was nichts zu tun hat mit der ursprünglichen Beziehung zwischen den beiden Welten der Musik und des Tanzes, wie es etwa im ersten Akt geschah. Hier ist es, als wenn diese Elemente auf einer höheren Stufe zusammenschmelzen. Scheinbar das Gleiche, doch völlig anders.

16. FEBRUAR 1993

Ungefähr vor zehn Jahren habe ich den Namen John Neumeier kennengelernt – zuerst als Choreographen, dann als Mensch (er hat uns alle sehr beeinflußt). Ich danke und wünsche ihm (und auch uns allen!) – der Kontakt mit John Neumeier soll möglichst lange weitergehen!

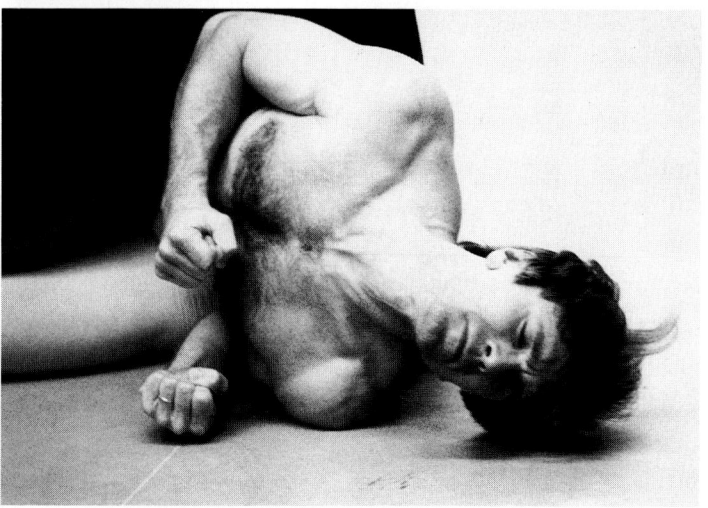

Probenfotos – Ivan Liška (Peer Gynt)   *HB*

172

Probenfoto – Ivan Liška (Peer Gynt), Gigi Hyatt (Solveig)   HB

THEMEN

22. JANUAR 1989

PEER GYNT

Ballett von John Neumeier frei nach Henrik Ibsen
Musik von Alfred Schnittke
Choreographie und Inszenierung von John Neumeier
Bühnenbild und Kostüme von Jürgen Rose
Musikalische Leitung: Eri Klas
Auftragswerk – Uraufführung, Hamburgische Staatsoper – Hamburg Ballett
3. November 1992, Stockholm, Königliche Oper – Königlich Schwedisches Ballett

---

AUS JOHN NEUMEIERS NOTIZEN ZU »PEER GYNT«

Das Ballett soll aus zwei Teilen bestehen – der erste Teil dauert etwa 1 Stunde, der zweite Teil 50 Minuten bis 1 Stunde.

BÜHNENBILD

Das Bühnenbild wird sehr einfach sein, alle Verwandlungen offen. – Das Konzept ist ungefähr folgendes: Die Berge, die so wichtig sind in diesem ersten »norwegischen« Teil, werden dargestellt durch eine riesige Schleier-Steppdecke, die über 4 oder 5 Querstangen drapiert werden soll. Diese Querstangen können in verschiedene Höhen gezogen werden, um so unterschiedliche Höhen eines Bergs oder bestimmte Teile dieser Patchwork-Decke zeigen zu können. Man müßte ziemlich naive optische Tricks versuchen – wenn z. B. eine Szene im Tal spielt, sollen die Stangen (Berge) sehr hoch sein, wenn man auf einen Berg »steigt«, können diese Stangen (= Berge) langsam herunterfahren.

Ivan Liška (Peer Gynt),
Anna Grabka (Aase)   *HB*

MUSIK

Die Form der Musik soll eher »sinfonisch« sein, das heißt nicht in klar aufgeteilten Szenen oder Bildern komponiert werden.   *Hamburg 1984*

In unserer Arbeit zwischen dem 5. und 8. April wurde beschlossen, daß das Stück nicht in zwei Teilen, sondern in 3 Teilen aufgeführt werden soll: 1.) Norwegen / 2.) Unterwegs: Das Leben als Theater / 3.) Rückkehr

PROLOG

Ein Tänzer in fleischfarbenem Trikot steht auf der Bühne – vor einem Gebilde von weiteren 10 oder 12 Tänzern – Fragmente seines eigenen Ichs – Doppelgänger. Diese Tänzer bilden eine Art »Zwiebel«, eine Parallelsituation zu Peers Zwiebelmonolog im letzten Akt. Der Tänzer Peer sucht in dieser Zwiebel nach sich selbst – die Doppelgänger sind wie Peer in fleischfarbene Trikots gekleidet. Mitten in diesem Gebilde findet Peer sich selbst als Junge – bäuerlich gekleidet.

PEER UND SOLVEIG

Solveig kommt zu Peer: die ehrlichen Klänge Solveigs – Pas de deux (6 Min.) beginnt stotternd, stolpernd: Stops ... Anfänge ... Stops ... wieder Anfänge ... / als ob sie so wichtige Dinge zu sagen hat, daß sie in keinem einzigen Wort lügen möchte, nichts Unwichtiges, nichts Unehrliches, Überflüssiges formulieren will / keine »Artikulation« für sich, nur die pure, die reine Nachricht ihrer Liebe, ihrer Hingabe / Sie ist ein starkes Mädchen / ein langsames Zusammenkommen Solveigs und Peers, seiner Musik, ihrer Klänge zu einer Harmonie. (...)

Glaube nicht, daß ich ein blinder eitler Narr bin! Du kannst mir glauben, ich wühle in meinen stillen Stunden ganz hübsch in meinen eigenen Eingeweiden herum und sondiere und anatomiere, und zwar an Stellen, wo es am wehesten tut. Mein Buch ist Poesie; und ist es das nicht, so soll es das werden. Der Begriff Poesie wird sich in unserem Land, in Norwegen, nach diesem Buch richten. Nichts ist beständig in der Welt der Begriffe. Die Skandinavier unseres Jahrhunderts sind keine Griechen. Ist denn nicht Peer Gynt eine Persönlichkeit, in sich abgeschlossen und individuell? Ich weiß, daß sie es ist. Und die Mutter etwa? Warum kann man das Buch nicht lesen wie ein Gedicht? Denn als ein solches habe ich es doch geschrieben.

Henrik Ibsen, 1867/68

Peer Gynt ist fast immer allein, das ganze Drama spielt in seiner Seele, es kann also eigentlich nur aus verschieden gestuften Monologen bestehen.

Julius Bab, 1922

Gigi Hyatt (Anima), Jean Laban (Erotik), Gamal Gouda (Aggression), Anna Grabka (Aase), Eric Miot (Draufgänger), Patrick Becker (Kindheit), Stephen Pier (Zweifel), Jeffrey Kirk (Fliegen)　　　*HB*

Gigi Hyatt (Solveig), Ivan Liška (Peer Gynt)　　　*HB*

ÜBERGANG

Wahrscheinlich muß man eine Zusammenfassung von Fragmenten des ersten »norwegischen« Teils benutzen, das heißt, die Intoleranz seiner bürgerlichen Welt, die seine Träumereien, sein Fliegen durch die Luft nicht verstehen kann/will – Ingrid, die er verführen könnte und nicht will – die Schande, die seine Mutter erlebt – und die Trollwelt, die ihn süß verführen möchte, aber auf Kosten seines eigenen Ichs, auf Kosten der Reise, die sein Leben bedeutet! / Alle diese Elemente, evtl. durcheinander, dazu seine Doppelgänger, evtl. kostümiert wie er, damit sie die zitierten Szenen seiner früheren Rolle übernehmen.

Anna Grabka (Aase), Ivan Liška (Peer Gynt), Gigi Hyatt (Solveig)   HB

Die Frage nach dem wahren Ich eines Menschen ist in Ibsens Drama *Peer Gynt* die Räselfrage von Anfang an. Peer Gynt, »wie ihn Gott gemeint und verstanden hat«, kommt in dem Stück kaum je zum Vorschein, er lebt nur im Herzen der Mutter und im Herzen der unschuldigen Solveig, deren Liebe sich in der lebenslangen Wartezeit in eine fast überirdische Mutterliebe verwandelt und um deretwillen Gott ihm vergibt. In den Augen der Welt ist Peer lügenhaft und eitel, ruhmsüchtig und hart. Seine Lebensgeschichte ist eine Kette von Irrtümern und Mißverständnissen, von Wünschen, deren Erfüllung nicht befriedigt, und Abenteuern, die nichts zurücklassen als Reue und Scham.

Marie-Luise Kaschnitz, 1971

AASES STERBESZENE

Während der Stille treten die Bauersfrauen (wahrscheinlich die gleichen wie im Hochzeitsbild) auf und beginnen, die Schleier-Hänger, die im ganzen ersten Teil »Norwegen« bedeutet haben, von den Querstangen abzunehmen – als ob es Wäsche wäre. Sie falten die Patchwork-Teile und packen sie in den Korb, tragen sie fort, so daß bis Ende dieses Akts die

Bühne leer ist – außer den trostlosen Eisenstangen und Aases armseligem Kinderbett. Norwegen wird »eingepackt«. Der Pas de deux zwischen Peer und seiner Mutter beginnt sehr ruhig – nur ab und zu einmal starke Akzente, die an die »Liebe«-Schlägerei ihrer ersten Szene erinnern. Langsam aber steigert sich die Szene, wenn Peer seine Mutter wie in einem Schlitten in den Himmel fährt – eine Musik, die an Peers Luftfahrt erinnert. Am Ende einige Sekunden Peers Herz, als er seiner nun toten Mutter dankt, bevor er von der Bühne rast und durch den Zuschauerraum – die Tür hinter sich zuknallend – aus dem Theater läuft – das ist das Ende des ersten Teils.

Peer Gynt – wer es nicht sieht, sieht es eben nicht, aber deshalb bleibt es doch wahr – ist wo wie wir Menschen alle sind, nur daß leider so viele sich vorzumachen suchen, daß sie anders seien, er ist wirklich er selbst, braucht es nicht erst zu werden. Er träumt, aber er weiß ganz genau, daß er träumt und phantasiert. Die Menschen – seine eigne Mutter voran, das erste Wort, das auf der Bühne gesprochen wird, kommt aus ihrem Munde, sie ruft ihm zu: »Du lügst!« –, die Menschen schelten ihn Lügner, Lügenprinz; wie dumm das doch ist ihm gegenüber, der so wahrhaftig ist.

Georg Groddeck, 1927

Natürlich ist diese Musik Ballettmusik, denn dafür wurde sie geschrieben! *Peer Gynt* ist ein durchkomponiertes Stück. Schnittke arbeitet weniger mit Collagentechnik als früher. Die Musik hat klare, schöne, große Linien. Ich finde sie sehr »romantisch« und würde sie jederzeit auch als Konzert aufführen.

Eri Klas, 1989

Anna Grabka (Aase), Patrick Becker (Kindheit), Ivan Liška (Peer Gynt), Ballettensemble   *YS*

KAISER DER WELT

Peer Gynt als Kaiser der ganzen Welt – es wird vor einer Pappmaché-Sphinx gefilmt – Peer Gynt als großer römischer Imperator tanzt mit der Peitsche und schlägt Christen, Männer und Frauen, etwas stilisiert im Sinne des alten C. B. de Mille biblischen Spektakels – auf einmal, während seiner sadistischen Ekstasen schaut Peer zur Sphinx …

Solveig und ihre Musik leuchten durch – Peer versucht, es nicht zu sehen/hören – aber es bleibt – Solveig tanzt ruhig – geduldig – Peer versucht immer heftiger, diese Vision aus seinem Kopf zu bekommen, konzentriert sich auf seine sadistischen Aktivitäten, die jetzt wirklich brutaler, heftiger werden . . .

SOLVEIG NACH DER RÜCKKEHR

Solveig hat sich nicht geändert – nur sie ist jetzt etwa so gekleidet wie Peers Mutter im ersten Teil – sie ist jung wie bei ihrer ersten Begegnung – er fällt ihr in den Schoß . . . – »Fallen«-Musik muß deutlich eine Erinnerung sein an seinen ersten »Fall« – das heißt, an seinen Ritt durch die Luft mit seiner Mutter – auch durch die Körperhaltung, der Relation der Bewegung, muß eine Parallele zu der Mutter Aase-Peer-Beziehung suggeriert werden . . .
Endloses Adagio

Moskau 1985

Peer ist für mich ein Phantast und ein Pragmatiker, nett gesagt. Ein Pragmatiker in der Politik wird heute entschuldigt, aber ich glaube, dieser Begriff bezeichnet ursprünglich jemanden, der leicht seine Meinung ändert, und damit geschickt über die Hürden und durch das Leben kommt, immer oben drauf bleibt.

Ivan Liška über Peer Gynt, 1989

Ballettensemble, Gigi Hyatt (Solveig)

HB

Ivan Liška (Peer Gynt), Gigi Hyatt (Solveig) YS

MOTIVATION UND KONZEPT

Das Stück arbeitet schon lange in meinem Unterbewußtsein. Als ich das erste Jahr auf die Universität ging und außer Tanz auch Kostümentwurf studierte, habe ich mich vermutlich zum ersten Mal mit ihm beschäftigt. Ich habe sogar neulich einige Entwürfe, die damals entstanden sein müssen, wiedergefunden. 1981 kam mir, glaube ich, das Stück wieder ins Bewußtsein und nahm auch erste konkrete Formen an. Ich konzipierte eine Outline für das Ballett und machte mir eine Reihe Notizen. Trotzdem entschied ich mich dann, vor die Wahl gestellt, *Artus* oder *Peer Gynt* zu choreographieren, für das erste Thema, das ich auch lange mit mir herumgetragen hatte. Merkwürdigerweise dachte ich bei beiden Stücken an den gleichen Komponisten, an Sibelius, und hatte bereits für verschiedene Szenen in *Peer Gynt* Musikstücke zusammengestellt. Dann traf ich Alfred Schnittke. Es entstand die Idee, gemeinsam ein Stück zu machen, und *Peer Gynt* war eines der Themen, die ich ihm vorschlug. Warum mich das Stück fasziniert und über so lange Zeit im Unterbewußtsein beschäftigt hat, kann ich noch nicht sagen. Ich muß es machen, um zu erfahren, was es mir bedeutet, und zu wissen, was mich an ihm bewegt. Es kommt mir vor, als wirke der Moment einer Creation wie ein Magnet. Er zieht Dinge an, die scheinbar nichts mit der Arbeit zu tun haben, verknüpft Unzusammenhängendes und stellt neue, merkwürdige Beziehungen her, die mich überraschen und faszinieren. Nachdem zum Beispiel die Idee der Aspekte geboren war, ergab sich die Notwendigkeit, sie szenisch einzuführen und optisch zu zeigen, daß sie ein Teil von Peers Persönlichkeit sind. Es hat mich zu einer Art Geburtsszene gebracht, zu der es bei Ibsen kein Pendant gibt. Geburt, Leben, Lebensweg oder -kreislauf ... da taucht logischerweise die Idee auf, das Stück zyklisch anzulegen, und der Gedanke an den Tod rückt nahe. Durch private Erfahrungen habe ich in den letzten Jahren viel über den Tod nachgedacht. Und dann ist da auch die Musik. Sicher spielt das persönliche Erleben des Komponisten Alfred Schnittke, der, während er an *Peer Gynt* arbeitete, sehr schwer erkrankte und fast gestorben wäre, eine entscheidende Rolle, wie diese Interpretation aussieht. Die Komposition endet, auf meinen eigenen Wunsch hin, mit einem Epilog, der anders klänge, hätte Schnittke nicht diese Todesnähe durchlebt – und den es nun für mich zu bewältigen gilt! (...) Ich glaube, daß man das Stück als einen Leben-Tod-Zyklus sehen kann. Es hat diese poetische Dimension und ist ohne Zweifel zyklisch angelegt. Am

Anfang steht eine Szene zwischen Peer und seiner Mutter Aase, am Schluß wird Solveig zu einer zweiten Mutterfigur. (...)

Die Idee zu einem abschließenden »endlosen Adagio« kam mir wohl während der Arbeit an *Othello,* wo ich zum ersten Mal mit einem langen Pas de deux aufgehört habe. Da man Zeit hatte zu schauen, sich auf zwei Menschen zu konzentrieren und einzulassen, entstand ein fast hypnotischer Sog. Das hat mich fasziniert, und ich versuche in *Peer Gynt* etwas Ähnliches, allerdings noch extremer: eine – fast möchte ich sagen – rituelle Beziehung jenseits alles Realen.

John Neumeier, Programmheft zu »Peer Gynt«, 1989

2. JUNI 1989

MAGNIFICAT

Ballett von John Neumeier

Musik von Johann Sebastian Bach

Choreographie, Bühnenbild und Kostüme von John Neumeier

Musikalische Leitung: Günter Jena

Deutsche Erstaufführung, Hauptkirche St. Michaelis – Hamburg Ballett – Koproduktion mit dem St. Michaelis-Chor

27. Juli 1987 Uraufführung Festival d'Avignon – Ballett der Pariser Oper

19. Oktober 1989 Hamburgische Staatsoper – Hamburg Ballett

»Magnificat« – Gigi Hyatt　　　　　　　　　HB

Bachs *Magnificat* geht auf einen der schönsten biblischen Texte zurück. Es ist ein Zwiegespräch – ganz in Gedanken – mit dem Unsichtbaren und spiegelt überraschend rein jene Dualität zwischen der ersten Eva und der ewigen Jungfräulichkeit, in der sich das Wort erfüllt . . . Rund um das *Magnificat* gebaut, will mein Ballett dennoch keine theologische Studie sein. Es ist eine Folge reiner Tänze, die eine Folge einfacher und klarer Gefühle widerspiegeln.

John Neumeier, Programmheft
zu »Magnificat«, 1989

»Verkündigung« – Gigi Hyatt, Jean Laban

HB

»Das verlorene Paradies« – *Stephen Pier, Mette Bødtcher, Ballettensemble*

HB

VARIATIONEN

WERKE ZEITGENÖSSISCHER KOMPONISTEN IN CHOREOGRAPHIEN VON JOHN NEUMEIER

LEONARD BERNSTEIN

West Side Story
10. 12. 1978

Songfest
Zyklus amerikanischer Gedichte
für sechs Sänger und Orchester
22. 12. 1979

The Age of Anxiety
Zweite Sinfonie für Klavier und
Orchester
22. 12. 1979

Birthday Dances
Divertimento für Orchester
20. 4. 1990

On the Town
15. 12. 1991

Bernstein-Serenade
»Serenade after Plato's
›Symposium‹« für Solovioline,
Streichorchester, Harfe und
Schlagzeug
»Five Anniversaries« für Klavier
27. 6. 1993

ARTHUR BLISS

Frontier
Quintett für Oboe
und Streicher
26. 11. 1969

HARALD GENZMER

Trauma
Kantate für Sopran und
elektronische Klänge
10. 5. 1973

GÜNTER BIALAS

Meyerbeer—Schumann
Meyerbeer-Paraphrasen
12. 5. 1974

WILHELM KILLMAYER

Meyerbeer—Schumann
Schumann in Endenich /
Nachtgedanken / Fin al punto
12. 5. 1974

GEORGE CRUMB

Die Stille
Makrokosmos, Volume I
8. 2. 1975

AARON COPLAND

Hamlet Connotations
Connotations für Orchester /
aus »Piano Fantasy«
6. 1. 1976

STEPHAN MICUS

Artus-Sage
Amarchaj
12. 12. 1982

NANA VASCONCELOS

Othello
Vozes
27. 1. 1985

ALFRED SCHNITTKE

Endstation Sehnsucht
Erste Sinfonie
3. 12. 1983

Othello
Concerto grosso Nr. 1
27. 1. 1985

Peer Gynt
Auftragswerk
22. 1. 1989

Medea
Konzert für Orchester und Violoncello
21. 1. 1990

Fenster zu MOZART
Moz-Art à la Haydn /
Moz-Art für sechs Instrumente
19. 4. 1991

ARVO PÄRT

Othello
Tabula rasa
27. 1. 1985

Fratres
Fratres für Violine und Klavier /
Fratres für Streichorchester /
Cantus in memory of
Benjamin Britten
30. 12. 1986

Seven Haiku of the Moon
Arbos / Perpetuum mobile /
Collage über B-a-c-h /
Dreiklangskonzert für Violine,
Violoncello und Kammerorchester /
Cantus in memory of
Benjamin Britten
21. 7. 1989

HANS WERNER HENZE

Tristan
Préludes für Klavier, Tonbänder
und Orchester
                          12. 12. 1982

Einhorn
Fantasia für Streicher
                            3. 5. 1986

Undine
                 geplant für 5. 6. 1994

MICHAEL TIPPETT

Amleth
Vierte Sinfonie /
Tripelkonzert / Zweite Sinfonie /
Divertimento / »Sellingers Round«
                            2. 11. 1985

WOLFGANG VON SCHWEINITZ

Fenster zu MOZART
Variationen über ein Thema
von Mozart
                            19. 4. 1991

Tabula rasa ist gewissermaßen ein
Auftrag von Gidon Kremer. Ich
habe immer Angst vor neuen Ideen.
Ich sagte zu Gidon: »Darf es
vielleicht eine langsame Musik
sein?« »Ja, ja«, sagte Gidon. – Das
Werk war ziemlich schnell fertig.
Die Besetzung lehnt sich an ein
Werk von Alfred Schnittke an, das
zur gleichen Zeit in Tallin
aufgeführt werden sollte: für zwei
Geigen, präpariertes Klavier und
Streicher. Als die Musiker die
Noten sahen, riefen sie aus: »Wo ist
die Musik?« Aber dann haben sie
sehr gut gespielt. Es war schön, es
war still und schön.

Arvo Pärt über »Tabula rasa«

Arvo Pärt   *GK*

Lose Blätter einer beinahe
verschollenen Partitur des
Hofcompositeurs zu Wien, Joannes
Chrysostomus Wolfgangus
Theophilus Mozart. So anno 1783
im Februar des selbigen Jahres vom
Meister höchsteigenhändigst
componieret, dennoch sofort
dernach verloren und nach beinahe
zweihundertjähriger Vergessenheit
auf wunderbare Art von seinem
treuesten Schüler und ergebensten
Verehrer, Alfredus Henricus
Germanus Hebraeus Rusticus
(= Schnitter/Schnittke) zu moscau
anno 1976 in der Nacht vom 23. auf
den 24. Februar im Traume erhöret
und aus dem Gehör mit höchster
Präzision in Notenschrift
festgehalten sowie durch kleine,
dem Geschmack der gegenwärtigen
Zeitmode entsprechenden
Vervollständigungen verzieret.

Alfred Schnittke
über »Moz-Art à la Haydn«

Man könnte sagen, die Arbeit am *Tristan* besteht aus einem vehementen Kraftakt gegen das Chaos, das von allen Richtungen hereinzubrechen droht. Der Schaffensprozeß, angefangen bei den ersten Londoner Skizzen und endend bei jeder neuen Aufführung im Konzert, ist also einer, durch den in zunehmendem Maße dem Chaos entgegengewirkt wird.

Hans Werner Henze

Musik ... ist so wenig abstrakt wie eine Sprache, ein Tod, eine Liebe. Allein daß sie immer wieder erfunden wird, der Materie abgerungen, allein daß durch die vorüberrauschende Zeit etwas weggenommen wird, daß etwas einbehalten wird, daß in der Dinglichmachung von Zeit sich Sehnsucht ausdrückt und erfüllt, läßt die Anwendung des Wortes »abstrakt« nicht zu.

Hans Werner Henze

Hans Werner Henze   RK   *Michael Tippett*   TN

Ich bin ganz fasziniert von der Verbindung von Musik und Tanz. Die *Mozart-Variationen* sind ja quasi ein Jugendwerk von mir, ich war 23, als ich sie schrieb. Ich habe damals nie und nimmer an die Möglichkeit gedacht, sie einmal auf der Bühne getanzt zu sehen. Aber ich empfinde es in keiner Weise als Vergewaltigung oder Ablenkung von der Musik. Wie John Neumeier meine *Mozart-Variationen* innerhalb seines Balletts verwendet, das schafft geradezu einen neuen Zugang zu dem Stück.

Wolfgang von Schweinitz und John Neumeier bei einer Probe für »Fenster zu MOZART«   HB   *Wolfgang von Schweinitz*

DIE SPIELZEIT

PREMIEREN UND WIEDERAUFNAHMEN

Peer Gynt
Auftragswerk, Uraufführung
22. 1. 1989

Magnificat
Hauptkirche St. Michaelis
2. 6. 1989

Hommage à José Limón
The Unsung / The Exiles /
The Moor's Pavane / There is a Time
20. 6. 1989

Seven Haiku of the Moon
Tokio, Tokyo Ballet, Uraufführung
in der Choreographie von
John Neumeier
21. 7. 1989

BALLETT-WERKSTÄTTEN

Artus kehrt zurück
11. 9. 1988

Pas de deux
23. 10. 1988

Le Sacre du Printemps
mit Millicent Hodson und
Kenneth Archer
25. 6. 1989

BALLETT-GASTSPIELE

Salzburger Festspiele,
Festspielhaus / Felsenreitschule
13.–22. 8. 1988

Barcelona, Gran Teatre del Liceu
1.–16. 10. 1988

Leverkusen, Forum
22/23. 2. 1989

Frankfurt, Jahrhunderthalle Hoechst
25./26. 2. 1989

Luxemburg, Théâtre Municipal
1./2. 3. 1989

Neuss, Stadthalle
4. 3. 1989

Gütersloh, Stadthalle
6./7. 3. 1989

Japan-Tournee
16. 3.–13. 4. 1989

Tokio
NHK Hall, Bunka Kaikan,
Yubin Chocin Hall

Yokohama
Kanagawa Kenmin Hall

Urawa
Urawa-Shi Bunka Center

Kyoto
Kyoto Kaikan

Osaka
Festival Hall

Kobe
Kokusai Kaikan

Fukuoka
Sun Palace

Nagoya
Shimin Kaikan

Athen, Herodes Atticus Theater
9.–13. 7. 1989

GAST-COMPAGNIEN IN HAMBURG

Der Meister und Margarita
Die Hochzeit des Figaro
Gastspiel des Leningrader
Ballett-Theaters
5./6. 6. 1989

Schwanensee
Gastspiel des Cullberg-Balletts
Stockholm
8./9. 6. 1989

Das Triadische Ballett
von Oskar Schlemmer, Produktion
der Akademie der Künste Berlin
(Deutsches Schauspielhaus
Hamburg)
13./14. 6. 1989

Alice/La Ronde (Der Reigen)
Gastspiel des National Ballet
of Canada
15./16. 6. 1989

Arden Court / Light Rain / Love Songs
Gastspiel des Joffrey Ballet New York/
Los Angeles
22./23. 6. 1989

BESONDERE EREIGNISSE

Flugkraft in goldene Ferne –
Bühnentanz in Hamburg seit 1900
Ausstellung im Museum für Kunst
und Gewerbe Hamburg
24. 5.–30. 6. 1989

Fünfzehnte Hamburger Ballett-Tage
2. 6.–25. 6. 1989

Nijinsky-Gala XV
»Vaslaw Nijinsky zum
100. Geburtstag«
25. 6. 1989

AUSZEICHNUNGEN

John Neumeier
Min-On Arts Award
Prix Diaghilev der
Université de la Danse Paris

17 DAS BALLETTZENTRUM

Kern des Ballettzentrums *ist die Choreographie.*

Das Ballettzentrum *wäre eine museale Einrichtung, würde sie nicht ständig durch Phantasie, neue Ideen und neue Creationen belebt.*

Keine Choreographie ohne Tänzer, keine Tänzer ohne Nachwuchs und kein Nachwuchs ohne Ballettschule: die Wurzel des Ballettzentrums.

ASPEKT

Christoph Albrecht

DAS BALLETTZENTRUM HAMBURG JOHN NEUMEIER – EINE CHRONIK

Am Anfang war ein Vertrag. Falsch! Am Anfang war der Erfolg! Und dieser »Anfang« dauerte von 1973 bis 1983. In diesen zehn Jahren wurde aus dem Ballettensemble der Hamburgischen Staatsoper das *Hamburg Ballett*, ein Markenzeichen hamburgischer Kultur und ein Wirtschaftsfaktor. Die mit den Ballett-Vorstellungen in Hamburg erzielten Einnahmen waren beträchtlich. Die von John Neumeier 1978 gegründete Ballettschule hatte bereits 1981 den ersten Absolventen in die Compagnie entlassen. Hamburg war eine Ballettstadt geworden. Tourneen führten das Ballett in alle Welt. Als Helga Schuchardt 1983 ihr Amt als Präses der Kulturbehörde übernahm, war John Neumeier noch bis 1986 vertraglich an die Staatsoper gebunden. Dieser 1979 ausgehandelte und ab August 1981 wirksame Vertrag enthielt unter anderem zwei entscheidende Punkte:

– Dem Hamburg Ballett waren zusätzlich zu den 70 Ballettvorstellungen in der Staatsoper weitere 40 Vorstellungen im Operettenhaus garantiert.

– Die Ballettschule – bisher provisorisch untergebracht – sollte bis zum Jahr 1983 in geeignete Räume umgezogen sein.

Diese beiden Vertragspunkte konnten seitens der Hansestadt nicht eingehalten werden. Das im September 1981 nach zweijähriger Renovierungs- und Umbauphase mit einer Ballett-Gala wiedereröffnete Operettenhaus diente für drei Jahre dem Deutschen Schauspielhaus Hamburg als Ausweichspielstätte. Das *Hamburg Ballett* tanzte pro Spielzeit vierzig Vorstellungen und wurde dabei von der Technik des Schauspielhauses betreut. Nach der Rückkehr des Schauspielensembles in seine Heimatstätte an der Kirchenallee gab es keinen Betreiber mehr für das Operettenhaus und keine Technik. Die Ballettschule war nach wie vor provisorisch im ehemaligen Bierpalast an der Dammtorstraße untergebracht und mußte außerdem die beiden Ballettsäle in der Staatsoper nutzen, was die Compagnie stark behinderte.

Als John Neumeier die Erfüllung seines Vertrages einforderte, zuckte man in der Kulturbehörde mit den Schultern und verwies auf die Geschäftsführer der Staatsoper. Diese wuschen ihre Hände in Unschuld. Es sei schließlich die Stadt gewesen, die den Bau des so dringend gewünschten Betriebsgebäudes Ecke Büschstraße/Große Theaterstraße auf die sehr lange Bank, also wahrscheinlich ins nächste Jahrtausend, geschoben habe. Dort waren ja ursprünglich die Ballettsäle für die Schule vorgesehen. John Neumeier aber war nicht bereit, bis ins nächste Jahrtausend zu warten, und er wollte auch nicht auf die zusätzlichen vierzig Vorstellungen verzichten. Denn die Compagnie war in den frühen achtziger Jahren nicht zuletzt deshalb so gut geworden, weil sie viele Vorstellungen hatte und im Operettenhaus in Serie tanzen konnte. Also beauftragte er seinen Betriebsdirektor Christoph Albrecht, einen Brief an die neue Senatorin zu schreiben, verbindlich im Ton, eindeutig in der Sache.

Entgegen früheren Gepflogenheiten in der Kulturbehörde wurde dieser Brief umgehend und freundlich beantwortet, verbunden mit der Einladung zu einem Gespräch. Kultursenatorin Helga Schuchardt war nicht nur aufgeschlossen, verständnisvoll und sympathisch, sondern hatte auch sehr überlegenswerte und, wie sich herausstellte, praktikable Vorschläge bereit. Mit dem Operettenhaus, so die Senatorin, sei leider wirklich nicht mehr zu rechnen. Die Stadt könne auf unabsehbare Zeit kein zusätzliches Theater betreiben. Hingegen sei ihr sehr daran gelegen, das Kampnagel-Gelände intensiver zu nutzen. Das *Hamburg Ballett* könne wahrscheinlich dazu beitragen, die Akzeptanz dieser alternativen Spielstätte beim Hamburger Publikum zu stärken. John Neumeier griff diesen Vorschlag sofort auf und formulierte aus dem Stand die Grundzüge eines veränderten Konzepts:

– Die populären (und damit kassenträchtigen) Handlungsballette werden vom Operettenhaus in die Staatsoper zurückverlegt, sofern die Compagnie auch dort Vorstellungsserien tanzen kann (en suite mußte nicht unbedingt sein), und Choreographien mit möglicherweise eher experimentellem Charakter würden dann in der Kampnagelfabrik ausprobiert.

Helga Schuchardt war von Neumeiers Kooperationsbereitschaft begeistert und meinte, man habe sie wohl falsch informiert. Er sei ja gar nicht schwierig ... Doch was soll mit der Schule geschehen? Hier sei, meinte die Senatorin, offenbar ein Ver-

säumnis der Vertragspartner Neumeiers zu beklagen und ließ dabei diplomatisch offen, ob sie damit die Geschäftsführer der Staatsoper oder ihren Vorgänger meinte. Die Suche nach geeigneten Räumen müsse umgehend erfolgen. Sie erwarte dies von ihrer eigenen Behörde wie auch von der Ballettdirektion. Ferner habe sie gehört, daß man über ein Internat nachdenke und rechne damit, daß dies bei den Verhandlungen zum nächsten Vertrag mit John Neumeier, also ab 1986, zur Sprache käme. Es sei doch am besten, Neumeier entwickele einen aktualisierten Raumbedarfsplan und schreibe bei der Gelegenheit gleich auf, wie er sich seinen neuen Vertrag vorstelle. Für sie gäbe es keine Frage, daß Neumeier in Hamburg weiter wirken müsse. Damit hatte Senatorin Schuchardt das Thema erst einmal vom Tisch und Neumeier die Gelegenheit, über eine »große Lösung« nachzudenken. Große Lösung, das hieß: für sechs Ausbildungsklassen, zwei Berufsfachschulklassen und die drei Vorschulklassen geeignete Unterrichtsräume in einem Gebäude zusammenzufassen und dazu ein Internat für vierzig Kinder und Jugendliche zu planen.

Aber auch die Compagnie hatte Probleme. Die Garderobenverhältnisse in der Staatsoper waren katastrophal. Vor allem aber fehlte ein dritter Ballettsaal, möglichst so groß wie die Hauptbühne der Staatsoper. Die Hamburgische Staatsoper hatte sich seit ihrer Wiedereröffnung 1956 langsam, aber unaufhaltsam in angrenzenden Gebäuden ausgebreitet. Aber ein Saal mit ca. 460 m^2 und einer Raumhöhe von mindestens 5,50 m bei unmittelbarer Anbindung an die übrigen Säle war in keinem dieser Gebäude zu finden. So fiel der begehrliche Blick abermals auf das Grundstück Ecke Büschstraße/Große Theaterstraße. Hier könne man doch, so Christoph Albrecht zur Kulturbehörde, den Ballettsaal bauen. Eventuell den ebenfalls überfälligen Chorsaal gleich dazu. Wenn dann irgendwann einmal das Betriebsgebäude III – dafür war das Grundstück schließlich reserviert – wieder spruchreif werde, müsse man das Provisorium eben wieder abreißen. Empörte Ablehnung dieses hintersinnigen Vorschlages durch die Intendanz der Staatsoper und die Kulturbehörde in seltenem Gleichklang. Nichts sei dauerhafter als ein Provisorium. Wenn erst einmal ein Gebäude steht für, rasch errechnet, ca. eine Million, werde das nicht wieder abgerissen. Damit sei dann der Traum vom neuen Betriebsgebäude endgültig ausgeträumt.

So ergab sich zwangsläufig die »ganz große Lösung«. Da ein dritter Saal im direkten Umfeld der Staatsoper nicht verfügbar sei, so Christoph Albrecht bedauernd zu Intendanz und Kulturbehörde, müsse man eben das Ballett mit seinem Probenbetrieb aus der Oper herauslösen und mit der Schule und dem Internat kombinieren. Ein Ballettzentrum also. Die Compagnie würde nur noch für Bühnenproben und Vorstellungen in die Oper kommen. Und genau das war es, was er von Anfang an im Sinn hatte. Seit dem ersten Gespräch bei der Senatorin war inzwischen ein Jahr vergangen. John Neumeier ließ sich die Idee von diesem Ballettzentrum erläutern, blickte seinen Betriebsdirektor milde an, sagte: »Nun mach mal!« und eilte in einen seiner beiden zu kleinen Ballettsäle, um Gustav Mahlers *Sechste Sinfonie* zu choreographieren.

Der neue Raumbedarfsplan war schnell erarbeitet und versetzte die Sachbearbeiter in der Kulturbehörde in Entsetzen. Die Stadt besäße weder ein entsprechendes Gebäude noch ein Grundstück von den erforderlichen Ausmaßen. »Was geschieht denn«, fragte Christoph Albrecht scheinheilig, »mit den angeblich nicht mehr benötigten Schulgebäuden, von denen so viel zu lesen ist?« Das war's offenbar. Nach einer kurzen Weile wurde Christoph Albrecht in die Schulbehörde bestellt. Dort stellte man ihm gleich vier Projekte vor. Zwei waren zu klein, eins war zwar groß genug, aber an der Peripherie der Stadt gelegen, zu weit entfernt von der Staatsoper. Das vierte Projekt war die Caspar-Voght-Schule in Hamburg-Hamm. Bei genauerem Studium der Grundrisse entdeckte Christoph Albrecht voll Begeisterung, daß die Turnhalle die gleichen Maße hat wie die Hauptbühne der Staatsoper. Die Herren der Schulbehörde waren außerordentlich erfreut bei dem Gedanken, daß die von Fritz Schumacher Ende der zwanziger Jahre gebaute Schule auch weiterhin einem pädagogischen Zweck dienen könnte.

Aber noch war Vorsicht geboten. Die von der Behörde beabsichtigte Schließung dieser Schule war noch nicht von der Bürgerschaft bestätigt worden. Man rechnete vielmehr mit einer Bürgerinitiative zum Erhalt der Schule. Deshalb mußten die Herbstferien abgewartet werden, bis John Neumeier, Christoph Albrecht, Truman Finney als Direktor der Ballettschule und die Architekten der Hochbau-Abteilung des Bezirksamtes Hamburg-Mitte gewissermaßen heimlich zu einem Lokaltermin in die Caspar-Voght-Schule gehen durften. Alle sind von Fritz Schumachers großzügiger Architektur begeistert. Das Architektenteam breitet im Lehrerzimmer erste Umbaupläne aus. Das Gebäude scheint ideal für den neuen Zweck zu sein. Während man in der Kulturbehörde hofft, mit nur 1,5 Millionen DM Umbaukosten auszukommen, setzen die Fachleute in der Hochbau-Abteilung des Bezirksamts die Ausgaben auf acht bis neun Millionen – und behalten damit weitgehend recht. Ein derartiges Projekt muß den Senatsausschuß passieren und von Senat und Parlament bewilligt werden. Bürgermeister Dr. Klaus von Dohnanyi und Kultursenatorin Helga Schuchardt befürworten die Pläne und glauben, daß sich im Senat und in der Bürgerschaft eine

Mehrheit dafür finden wird. Sie erwarten allerdings auch, daß sich John Neumeier angesichts der für eine Stadt wie Hamburg erheblichen Investition langfristig an Hamburg bindet.

Die Einrichtung dieses Ballettzentrums, das seinesgleichen in der Welt sucht, bedeutet für John Neumeier, daß Hamburg endgültig die künstlerische Heimat für ihn und sein Werk ist. So akzeptiert er gerne einen Zehn-Jahres-Vertrag. Wenn dieser Vertrag im Jahre 1996 erfüllt sein wird, hat er dreiundzwanzig Jahre in Hamburg gewirkt. Im Dezember 1984 werden die Vertragsvorverhandlungen zwischen Kulturbehörde, Intendanz der Staatsoper und John Neumeier abgeschlossen. Im Februar 1985 wird dieser Vertrag durch Rolf Liebermann, soeben zum zweiten Mal Intendant der Staatsoper geworden, und John Neumeier paraphiert. Die »Senatsdrucksache«, eine schriftliche Fixierung des Projekts, ist fertiggestellt und wird von Kultursenatorin Helga Schuchardt in den Senat eingebracht.

Ballettzentrum beim Umbau   HB   *Ballettzentrum – Fokine-Studio*   HB

Doch am 1. März wird das Projekt vom Senat abgelehnt, am 2. Mai ein weiteres Mal. Man verlangt eine weniger aufwendige Lösung und spielt wieder mit dem Gedanken, die Räume der Schule von denen der Compagnie zu trennen. Dies würde die Umbaukosten drastisch senken, denn die Anhebung und Neukonstruktion des Dachgeschosses, wodurch vier große Ballettsäle gewonnen werden, könnte wegfallen. Für die Ballettschule allein wären in dem Gebäude genügend Trainingssäle vorhanden. Das Projekt liegt »auf Eis«. John Neumeier macht sich große Sorgen. Was wird aus der künstlerischen Entwicklung der Compagnie, wenn sich die Arbeitsbedingungen nicht grundlegend verbessern lassen? Sein derzeit noch gültiger Vertrag läuft mit dem Ende der kommenden Spielzeit aus. Soll er dennoch in Hamburg bleiben, wenn statt eines Ballettzentrums lediglich eine Schule mit Internat zur Verfügung gestellt wird? Trotz der gewachsenen Bindung an Hamburg würde John Neumeier nicht zögern, in eine andere Metropole zu wechseln, wenn seine künstlerischen und pädagogischen Vorstellungen dort besser verwirklicht werden können. Denn er fühlt sich zunächst der Compagnie verpflichtet und will für sein Team und seine fünfzig bis sechzig Tänzer die Möglichkeit schaffen, mitzugehen und weiter gemeinsam zu arbeiten – ein Exodus, wie ihn Jahre später die Stadt Brüssel erleben muß, als Maurice Béjart und sein Ballett des 20. Jahrhunderts nach Lausanne überwechseln. Dies wäre jedoch eine Notlösung, an der John Neumeier selbst nichts liegt. Nach wie vor möchte er vorzugsweise in Hamburg bleiben. Es gibt allerdings nur einen Menschen, der unbeirrt an den guten Ausgang glaubt: Senatorin Helga Schuchardt. Zu Recht, wie sich später herausstellen sollte.

Zunächst aber bleibt nichts anderes übrig, als das Ergebnis einer dritten – und damit sicherlich letzten – Beratung im hamburgischen Senat abzuwarten. Ratschläge von Freunden, John Neumeier solle nunmehr an die Öffentlichkeit gehen, will er nicht befolgen. Er vertraut Helga Schuchardt und dem Ersten Bürgermeister Klaus von Dohnanyi. Wenn die es nicht schaffen, die erforderliche Mehrheit im Senat und später in der Bürgerschaft zu erreichen, hat es sowieso keinen Sinn. Eine Kampagne in den Medien würde, so vermutet Neumeier, nur störend wirken. Im übrigen bereitet er die 11. Hamburger Ballett-Tage vor, mit denen die Hamburgische Staatsoper die Spielzeit 1984/85 beendet. Das diesjährige Motto lautet *Literatur und Tanz*. Als erster Höhepunkt ist die Uraufführung eines neuen Shakespeare-Balletts von John Neumeier geplant: *Mozart und Themen aus »Wie es Euch gefällt«*. Darauf will sich Neumeier konzentrieren, und er will bis zur Premiere von den Querelen um seinen Vertrag nichts mehr hören.

Aus der Kulturbehörde wird mitgeteilt, daß der Senat in seiner letzten Sitzung vor der Sommerpause, am 11. Juli 1985, noch einmal über das Ballettzentrum und John Neumeiers Vertrag beraten wird. Dieser Termin ist auch für Neumeier der letztmögliche. Die Spielzeit endet am 14. Juli, und er müßte gegebenenfalls bis zum 31. Juli seine Nichtverlängerungsmitteilung mit Wirkung zum 31. Juli 1986 der Geschäftsführung der Hamburgischen Staatsoper übergeben. Er beauftragt Christoph Albrecht,

Gigi Hyatt bei der Präsentation des im Bau befindlichen Ballettzentrums vor dem noch verdeckten Gemälde von Anita Rée im Fokine-Studio HB

diese Mitteilung vorsorglich zu formulieren und verschließt sie in seinem Schreibtisch. Christoph Albrecht seinerseits verabredet sich mit Claus Helmut Drese, dem Direktor der Wiener Staatsoper. Dieser ist darauf vorbereitet, unmittelbar nach dem eventuellen Scheitern der Hamburger Verhandlungen seinerseits in Wien eine Ballett-Compagnie unter Neumeiers Leitung ins Leben zu rufen, die sich aus den besten Tänzern des Wiener Staatsopernballetts und jenen des Hamburg Balletts zusammensetzen soll, die John Neumeier von der Elbe an die Donau folgen würden.

Rolf Liebermann befindet sich zur Zeit am Bodensee zur Kur und wird anschließend mit Elisabeth Schwarzkopf im Rahmen der Salzburger Festspiele einen Kurs für begabte Nachwuchssänger leiten. Christoph Albrecht wird daher beim zweiten Geschäftsführer der Hamburgischen Staatsoper, Rolf Mares, vorstellig, um ihn über John Neumeiers Absicht zu informieren, bei einer erneuten negativen Entscheidung des Senats Hamburg ein Jahr später zu verlassen. Rolf Mares ist sich über die künstlerische und ökonomische Brisanz dieser Mitteilung bewußt. Denn ohne John Neumeier und die wichtigsten seiner Tänzer wäre das sogenannte »Neumeier-Repertoire« in Hamburg nicht mehr aufführbar.

Die durchschnittliche Abendeinnahme bei Ballettvorstellungen liegt um 3,5 Prozent höher als bei Opernvorstellungen. Der Wegfall von neunzig garantiert weitgehend ausverkauften Vorstellungen müßte die Hamburgische Staatsoper über Jahre in größte Schwierigkeiten bringen. Dies trägt Rolf Mares dem Aufsichtsrat und der Kulturbehörde nachdrücklich vor. Die Hamburger Ballett-Tage werden mit einer Aufführung von *Othello* in der Kampnagelfabrik eröffnet. Am nächsten Tag soll die Uraufführung des neuen Shakespeare-Balletts stattfinden. Während des *Othello* verletzt sich Max Midinet (Jago) schwer, Roy Wierzbicki tanzt die Vorstellung zu Ende. Die Premiere von *Mozart und Themen aus »Wie es Euch gefällt«* muß jedoch verschoben werden, da die Zweitbesetzung für Max Midinet noch nicht vollständig einstudiert ist. Zum ersten Mal in John Neumeiers Laufbahn eine Premieren-Verschiebung. Ein schlechtes Omen? Die Premiere, zwei Tage später mit Gabriele Manferdini für den erkrankten Max Midinet, wird jedoch ein Triumph. Wiederum zwei Tage später endlich die entscheidende Senatssitzung. In der Hamburgischen Staatsoper gastiert das Ballet National de Marseille Roland Petit. Vor der Vorstellung läßt Helga Schuchardt mitteilen, die Senatssitzung dauere noch an, sie könne erst gegen Ende der Vorstellung in der Oper sein, um die Ballett-Compagnie von Hamburgs Partnerstadt Marseille zu begrüßen. In der Pause kommt der erlösende Anruf aus dem

Rathaus: Der Senat hat diesmal zugestimmt. Christoph Albrecht besorgt noch während des zweiten Teils der Vorstellung einen Blumenstrauß für Helga Schuchardt. Ivan Liška überreicht ihn der Senatorin im Namen des Ensembles und der Schule während des anschließenden Empfanges für die Gäste aus Marseille, und Christoph Albrecht sagt noch am selben Abend seine Reise zu Claus Helmut Drese ab.

Und doch wird es noch gut vier Jahre dauern bis zur Eröffnung des Ballettzentrums. Mit der ersehnten und herzlich begrüßten Senatsentscheidung sind jedoch weder die politischen noch die ökonomischen Schwierigkeiten aus dem Weg geräumt. Der Senat hat Mittel für das Haushaltsjahr 1987 eingeplant. Die Schule in der Caspar-Voght-Straße sollte im Sommer 1986 mit Ende des Schuljahres geschlossen werden. Da der Baubeginn auf den 2. Januar 1987 festgelegt werden mußte, gehen wertvolle vier Monate verloren. Bis zum Baubeginn jedoch finden in Hamburg Bürgerschaftswahlen statt, bei denen die SPD ihre absolute Mehrheit verliert. Der SPD-regierte Senat ist nur bedingt handlungsfähig, die Opposition kann wichtige Entscheidungen blockieren, um Neuwahlen und damit klare Mehrheiten zu erreichen. So beginnt für das Ballett die Zitterpartie von neuem. Erst in letzter Minute findet sich eine Mehrheit aus CDU und SPD, die das vom Senat vorgeschlagene Ballett-

Kurt A. Körber bei seiner Rede zur Eröffnung des Ballettzentrums am 23. September 1989   *HB*

Projekt nun auch im Parlament verabschiedet. Damit ist der für Januar 1987 vorgesehene Baubeginn gerettet.

Nach den Ergebnissen der ersten Ausschreibungen stellt sich heraus, daß die Kosten für den Umbau die bewilligten Mittel überschreiten werden. Die ursprüngliche Schätzung der Baubehörde stellt sich als weit realistischer heraus als die vom Senat bewilligte Summe. Jetzt beginnt die Suche nach Mäzenen. Die »Freunde der Ballettschule der Hamburgischen Staatsoper« e.V., die sich später in »Freunde des Ballettzentrums« e.V. umbenennen, stellen zunächst DM 100 000 aus ihrem Vereinskapital zur Verfügung und arrangieren gemeinsam mit dem Ballett im Rohbau eine Party, auf der Spenden gesammelt werden sollen. Ergebnis: DM 40 000. Die Bürgerschaft bewilligt einen Nachtragshaushalt mit weiteren DM 900 000.

Mit dieser Summe kann der Bau fertiggestellt, jedoch nicht optimal ausgestattet werden. John Neumeier führt intensive Gespräche mit dem Hamburger Mäzen Dr. Körber, der seinerseits Kontakte zu anderen Förderern herstellen will. Jetzt hat John Neumeier den rettenden Einfall. Er will Freunde bitten, zusammen mit dem Hamburg Ballett eine Benefiz-Gala zugunsten des Ballettzentrums zu veranstalten. Als Termin wird der 9. Mai 1988 gefunden.

Viele Künstler aus den Bereichen Oper, Konzert, Schauspiel und Ballett erklären sich spontan bereit, an dieser Gala mitzuwirken: Agnes Baltsa, Helen Donath, René Kollo, Bernd Weikl, Gerd Albrecht, John V. Baer, Tzimon Barto, Klaus Donath, Christoph Eschenbach, Günter Jena, Peter Ernst Lassen, Michael Heltau, Will Quadflieg, OTTO, Gillian Scalici, die

Tänzerinnen und Tänzer Lynne Charles, Carla Fracci, Susan Hogard, Elisabeth Maurin, Marie-Claude Pietragalla, Heidi Ryom, Kevin Haigen, Nikolai Hübbe, Peter Schaufuss und die Solisten des Hamburg Balletts, außerdem das Philharmonische Staatsorchester sowie der St. Michaelis-Chor. Viele Menschen haben Karten gekauft. 400000 DM sind im Vorverkauf eingenommen worden, doch leider noch immer nicht genug. 1,5 Millionen DM werden eigentlich gebraucht. Kurz vor Beginn der Gala tagt das Kuratorium der »Stiftung zur Förderung der Hamburgischen Staatsoper« im Gästezimmer der Oper. Kuratoriumsmitglied Generalkonsul Hermann Schnabel überrascht die Versammelten mit der Nachricht, er werde die gesamte fehlende Summe, unabhängig von den Einnahmen aus der gleich beginnenden Benefiz-Gala, für das Ballettzentrum stiften – allerdings knüpft er zwei Bedingungen an die Spende.

Das Zentrum soll den Namen John Neumeiers tragen und nicht, wie von Neumeier gedacht, »Schumacher-Ballett-Bau« heißen; außerdem will er selbst ungenannt bleiben. (Und es gelingt wirklich bis zur Eröffnung des Ballettzentrums im Herbst 1989, seine Anonymität zu wahren.) In der Pause der Benefiz-Gala verkündet Dr. Körber dem Publikum diese schier unglaubliche Tatsache. Nun kann das Ballettzentrum so ausgestattet werden, wie es heute zu besichtigen ist.

Die Bauleitung hatte in den Monaten bis zur Benefiz-Gala die Arbeiten zwar nicht gestoppt, aber jedoch wesentlich langsamer durchführen lassen. Nun wurde weitere Zeit benötigt, um die notwendigen Umplanungen vorzunehmen für Baumaßnahmen, die vor dem Geldsegen nicht vorgesehen waren. Nachdem der erste, selbst gesetzte Eröffnungstermin, Sommer 1988, längst verstrichen war, wird nun November 1988 anvisiert.

Es wäre dem Haus angemessen, es mit den Proben zu *Peer Gynt,* einer choreographischen wie musikalischen Uraufführung, einzuweihen. Aber auch dieser Terminwunsch entspringt mehr der Euphorie als der Realität. Der Mietvertrag für die Ballett-Räume der Schule am Dammtor-Bahnhof kann um einige Monate verlängert werden. Im Februar 1988 beschließt Christoph Albrecht, die Flucht nach vorn anzutreten: Zu den 15. Hamburger Ballett-Tagen, so erklärt er der Bauleitung, muß das Gebäude zumindest in soweit fertiggestellt sein, daß man darin proben kann. Anläßlich des 800. Hafengeburtstages findet ein Internationales Ballett-Festival statt.

Fünf große Gast-Compagnien sind zu diesem Festival eingeladen. Ohne zusätzliche Probenräume, ohne die neuen Ballettsäle im Ballettzentrum, so droht er, muß das Festival abgesagt werden. Die Verantwortung dafür will keiner übernehmen. Die Hochbauabteilung beschließt, zunächst die beiden oberen Etagen mit den Ballettsälen für die Schule freizugeben. Die Compagnie bezieht provisorisch diese Räume und nutzt die Zimmer der künftigen Internatsbewohner als Garderoben. In den übrigen Stockwerken wird weiter gearbeitet.

In einer ruhigen Minute erkennt Christoph Albrecht, daß sein Wunsch, das Ballettzentrum an einem wichtigen Datum, zum Beispiel der Uraufführung von *Peer Gynt* oder jetzt, aktuell, am 25. Juni, dem Tag der Nijinsky-Gala, offiziell einzuweihen, alle mit der Organisation Betrauten an den Rand der Erschöpfung bringen, um nicht zu sagen, in die völlige Verzweiflung treiben würde. Letzte Verschiebung der Eröffnung nun zum 24. September. Zurück aus Japan, wo er *Seven Haiku of the Moon* für das Tokyo Ballet choreographiert hat, besichtigt John Neumeier das fast fertige Haus und ist von der Schönheit und Klarheit der Räume begeistert.

Er beschließt, sie mit einer neuen Creation im Herbst einzuweihen und sagt die geplante Übernahme seines in Kopenhagen uraufgeführten *Amleths* ab. Er wird ein neues, tänzerisches Stück in diesen Räumen für seine Compagnie choreographieren. Am 29. Mai werden auch die unteren Stockwerke und der Seitentrakt übergeben. Die verschiedenen Ballettsäle erhalten je nach Größe, Stimmung und Flair den Namen eines für die Ballettgeschichte wichtigen Choreographen, sie erinnern an Petipa, Tudor, Nijinsky, Noverre, Fokine, Cranko, Balanchine, Wigman und Bournonville.

Am Abend vor der offiziellen Einweihung, dem 22. September, hängen der Photograph und der Hausmeister zusammen die letzten Bilder im Treppenhaus auf. Nach einem gezielten Schlag mit dem Hammer, um einen Bilderhaken zu befestigen, stehen beide im Dunkeln – sie trafen nicht nur den Nagel auf den Kopf, sondern auch die Stromleitung. Es ist Freitagabend! Hektische, fast hysterische Suche nach einem Helfer, die schließlich Erfolg hat. Der für die Stromversorgung zuständige Ingenieur Thomas Schröder kommt höchstpersönlich. Am Abend des 23. September wird das Ballettzentrum offiziell eingeweiht. Bevor die anderen geladenen Gäste kommen, führt John Neumeier Else und Hermann Schnabel durch das Gebäude und bleibt ausgerechnet mit den beiden – Macht des Augenblicks? – im Aufzug stecken, wenn auch nur für wenige Minuten! Beim Festakt im Petipa-Studio wird eine kleine Aufführung der Ballettschule und der Compagnie gezeigt, es gibt verschiedene Ansprachen und Grußadressen. Dr. Körber gibt den Namen des Spenders bekannt.

Anläßlich der Eröffnung werden fünf Schülerstipendien gestiftet: das »Erika-Milée-Stipendium« vom »Kreis Hamburger Ballettfreunde« e.V., das »Petipa-Stipendium« von den »Freunden des Ballettzentrums« e.V., das »Charlotte-Uhse-Stipendium« von der gleichnamigen Stiftung, das »Sammy-Ofer-Stipendium« und das »Hapag-Lloyd-Stipendium«. Als bei der Polonaise die Schüler und Mitglieder des Hamburg Balletts, die vielen kindlichen, jugendlichen und erwachsenen Tänzer, vorbeidefilieren – die Menschen, für die der Bau geschaffen wurde und die ihm Leben geben –, sind alle Beteiligten gerührt. Anschließend stärkt man sich bei Essen und Trinken zum lockeren Ausklang des Abends.

Am 24. September: Ballettmatinee zur Eröffnung des Ballettzentrums auf der Bühne der Staatsoper. Kinder und junge Tänzer vom Akademisch-Choreographischen Institut A. Waganowa aus Leningrad, der Heinz-Bosl-Stiftung aus München, der Königlich Dänischen Ballettschule aus Kopenhagen, der Staatlichen Ballettschule aus Ost-Berlin, der Royal Ballet School aus London, der School of American Ballet aus New York und der Ecole du Ballet de l'Opéra de Paris treten zusammen mit den Schülern der Ballettschule der Hamburgischen Staatsoper auf. Danach: Offene Tür in der Caspar-Voght-Straße 54.

Probe zur Eröffnungsfeier des Ballettzentrums im Petipa-Studio   *HB*

Umbauphase im Cranko-Studio HB

Marianne Kruuse beim Training im Cranko-Studio HB

Umbauphase im Petipa-Studio *HB*

Training im Petipa-Studio *HB*

THEMA

DIE BALLETTSCHULE

Die Ballettschule der Hamburgischen Staatsoper wurde 1978 gegründet. Ziel der Schule ist es, Jugendliche aus aller Welt im Alter von zehn bis achtzehn Jahren für den Bühnentanz auszubilden. Schwerpunkt der Ausbildung ist der Klassisch-Akademische Tanz, daneben wird aber auch großer Wert auf eine gute Ausbildung in Moderner Tanztechnik und Folklore gelegt.

Die Ballettschule wurde nach dem Modell der anderen großen Ballettschulen der Welt konzipiert, spiegelt aber auch meine eigenen, spezifisch praktischen Erfahrungen und Erwartungen an einen Tänzer. Gut acht Jahre nach dem folgerichtigen Schritt vom Tänzer und freischaffenden Choreographen zum Ballettdirektor und Chefchoreographen einer Compagnie, unternahm ich den nächsten folgerichtigen, noch verantwortungsvolleren Schritt, den zum Direktor einer professionellen Ballettschule. Die Tradition, die ich zu begründen hoffte, ist zu meiner großen Freude inzwischen noch weiter gefestigt worden, da ehemalige Tänzer meiner Compagnie Lehrer an meiner Schule geworden sind. Was wir in der Compagnie im Laufe der Jahre erarbeitet haben, um dieses Ziel zu erreichen, findet nun Eingang in den Lehrplan unserer Schule. Über diese Kontinuität bin ich sehr froh. Sie äußert sich nicht zuletzt darin, daß wir viele Absolventen unserer Schule in die Compagnie aufnehmen konnten. Es wurde eine Schule mit und ohne Stil: »mit Stil«, weil sie eine rein klassische Ausbildung bietet, außerdem Unterricht in moderner Tanztechnik und Folklore.

John Neumeier
zur Ballettschule, 1991

Schülerinnen und Schüler der Vorschulklasse   *HB*

John Neumeier mit Schülerinnen und Schülern der Ballettschule   *HB*

VORSCHULKLASSEN

In die Vorschulklassen A, B und C werden Kinder im Alter von sieben bis neun Jahren bei entsprechender körperlicher Eignung und erkennbarer Musikalität aufgenommen.

Der Schwerpunkt des Unterrichts liegt auf einer behutsamen körperlichen Entwicklung, unabhängig von einer späteren Ausbildung als Tänzer.

Musik, Rhythmus, grundlegende Tanzbewegungen und Improvisation werden spielerisch erlernt. Gegen Ende der Vorschule werden Grundlagen der Ballett-Elemente erarbeitet als Vorbereitung für das Studium des Klassisch-Akademischen Tanzes.

Unterricht ist in Klasse C einmal pro Woche, in den Klassen A und B zweimal.

AUSBILDUNGSKLASSEN

Die achtjährige Ausbildung zum professionellen Tänzer beginnt für die Schüler und Schülerinnen mit dem ersten der insgesamt sechs Ausbildungsjahre.

Die jungen Tänzer erhalten intensiven Unterricht im klassischen Ballett, wobei ein besonderer Schwerpunkt auf die tänzerische Entwicklung gelegt wird. Folgende

Die Schule ist wie ein kleiner Sproß der großen Pflanze Compagnie. Die Compagnie muß nachwachsen. Beim Vortanzen ist mir aufgefallen, daß vor allem die deutschen Tänzer nicht zu den besten zählen. Also wollte ich etwas schaffen, um Nachwuchs auszubilden, weil ich glaube, daß es nötig ist. Für mich ist wichtig, daß ich Tänzer so trainiere, wie sie heute gebraucht werden, nicht wie sie in Rußland Mitte des 19. Jahrhunderts eingesetzt und trainiert wurden. Zum Beispiel haben wir eine moderne Tanz-Abteilung, die Meisterklassen machen auch Komposition. Unsere Schule hat sicher vom russischen und amerikanischen System gelernt.

John Neumeier, »Dimensionen der Ballettarbeit«, 1991

Komposition als Teil der Abschlußprüfung in der Theaterklasse 1993 – Franziska Beckmann, Merlin Ries   HB

Fächer kommen im Laufe der Jahre hinzu: Folklore-Tanz, Spanischer Tanz mit Kastagnetten-Technik, Moderner Tanz, Variation und Pas de deux. Der Unterricht findet täglich statt. Kleine Klassen ermöglichen das sorgfältige Eingehen der Lehrer auf die individuellen Probleme eines jeden Schülers.

Die Fortschritte werden während des ganzen Schuljahres regelmäßig vom gesamten Lehrerkollegium überprüft. In die Ausbildungsklassen werden begabte Jungen und Mädchen ab zehn Jahre aufgenommen.

Auf eine gute Schulbildung, parallel zur Ballett-Ausbildung, wird großer Wert gelegt. Abitur-Wünsche werden berücksichtigt. Die Ballettschule pflegt engen Kontakt zu nahegelegenen öffentlichen Schulen.

THEATERKLASSEN

Die Theaterklassen mit ganztägigem Unterricht bilden die staatlich anerkannte Berufsfachschule für Ballett. In zwei Jahren werden die Studierenden bis zur Bühnenreife ausgebildet.

Das Studium wird mit einer Abschlußprüfung beendet. Der Schwerpunkt liegt in der Entwicklung zum Tän-

»Eine Reise durch die Jahreszeiten« – Choreographie von John Neumeier für die Compagnie und die Mitglieder der Ballettschule　　　　　　　　*HB*

zer einer zeitgenössischen Ballett-Compagnie mit ihren vielfältigen Ansprüchen.

Das traditionelle Repertoire (Ensemble-Choreographie, Solo-Variationen und Pas de deux aus klassischen Balletten) wie das spezielle Repertoire des Hamburg Balletts werden gleichermaßen gelehrt. Häufig nehmen die Studenten der Theaterklassen an den Proben des Ballett-Ensembles teil und wirken in den Vorstellungen des Hamburg Balletts mit.

Das Unterrichtsangebot wird vervollständigt durch Komposition, Kunst- und Kulturgeschichte, Tanzgeschichte, Musiktheorie und Anatomie.

Aufgenommen werden in die Theaterklassen Jugendliche im Alter von sechzehn bis achtzehn Jahren mit entsprechender Vorbildung.

Das Wichtigste: Durch die Schule wird das Ensemble als Träger des alltäglichen Aufführungsbetriebes erst ermöglicht. Ähnlich meinem Selbstverständnis als Tänzer und Ballettdirektor hat auch dieser Gedanke zentral mit meinen ureigensten persönlichen Erfahrungen zu tun. Choreograph bin ich in erster Linie geworden, weil ich mich schon als Tänzer frei gefühlt habe, mir, bewußt oder unbewußt, über meine eigene Kreativität im klaren war – und die wiederum hat zu tun mit meiner Überzeugung, einzig im engen Kontakt mit anderen Menschen solche Fähigkeiten entfalten zu können. Nur wäre es zu zeitaufwendig, zu nervenaufreibend, zu uneffektiv, mit allen Menschen, die einem in der Arbeit begegnen, gleich intensiv zu kooperieren. Um sich auf die Solisten verlassen zu können, diese aber nicht als Stars außerhalb einer Truppe zu etablieren, ist es absolut notwendig, das Ensemble in engem Kontakt zum eigenen Arbeitsstil zu entwickeln. Ich wollte keine neue Art eines Nationalballetts schaffen, wie es z. B. in London oder Kopenhagen praktiziert wird, sondern meine Compagnie sollte kosmopolitisch ausgerichtet sein, zwar ein Fundament, aber mit genügend »Schlupflöchern« für Einzelgänger und mit der grundsätzlichen Chance zur Fluktuation.

John Neumeier, »Standortbestimmungen«, Ein Gespräch, 1988

DIE SPIELZEIT

PREMIEREN UND WIEDERAUFNAHMEN

Eröffnung des Ballettzentrums Hamburg John Neumeier
Festakt, Besichtigung der neuen Räume und Festbankett
23. 9. 1989

Ballettmatinee
(Ballett-Werkstatt I)
Zur Eröffnung des Ballettzentrums mit Kindern und jungen Tänzern von Ballettschulen und Instituten aus Leningrad, Kopenhagen, London, New York, Paris, Ost-Berlin, München und Hamburg — Tag der offenen Tür
24. 9. 1989

Des Knaben Wunderhorn / Fünfte Sinfonie von Gustav Mahler
Uraufführung
10. 12. 1989

Träumer
Einhorn / Tristan /
Don Quixote
Neueinstudierung
12. 5. 1990

Medea
Stuttgart, Stuttgarter Ballett, Uraufführung in der Choreographie von John Neumeier
21. 1. 1990

Birthday Dances
Kopenhagen, Königlich Dänisches Ballett, Uraufführung in der Choreographie von John Neumeier
20. 4. 1990

BALLETT-WERKSTÄTTEN

Ballettmatinee zur Eröffnung des Ballettzentrums Hamburg John Neumeier
24. 9. 1989

Des Knaben Wunderhorn / Fünfte Sinfonie von Gustav Mahler
22. 11. 1989

Junge Choreographen
18. 3. 1990

BALLETT-GASTSPIELE

Paris, Théâtre National de l'Opéra de Paris, Palais Garnier
13.–18. 2. 1990

Ludwigshafen, Theater im Pfalzbau
22.–24. 4. 1990

Frankfurt, Jahrhunderthalle Hoechst
24. 5. 1990

Moskau, Stanislawski-Theater/ Bolschoi-Theater
Leningrad, Kirow-Theater
6.–17. 6. 1990

Stuttgart, Staatstheater
27.–30. 6. 1990

Taormina, Teatro Antico
11.–15. 7. 1990

GAST-COMPAGNIEN IN HAMBURG

Brahms-Schönberg Quartett / Vergangenes / Erzengel schlachten den Himmel rot
Gastspiel des Het National Ballet Amsterdam
15./16. 5. 1990

BESONDERE EREIGNISSE

Festveranstaltung zum 80. Geburtstag von Dr. Kurt A. Körber
(mit Gigi Hyatt, Gamal Gouda)
8. 10. 1989

Tod von *Anne Brossier*

Tod von *Ronald Darden*

Sechzehnte Hamburger Ballett-Tage
12.–20. 5. 1990

Nijinsky-Gala XVI
»Moderne Klassik — Klassische Moderne«
20. 5. 1990

AUSZEICHNUNGEN

Stefanie Arndt, Anders Hellström
Oberdörffer-Preis

Yuko Arai
Prix de Lausanne

John Neumeier
Ritterkreuz des Danebrog-Ordens

18 MOZART

Wege zu Mozart, begonnen in Ariel *und* Mozart 338, *fortgeführt in* Mozart und Themen aus »Wie es Euch gefällt« *und* Fenster zu MOZART, *vorläufig beendet in* Requiem.
Beschreibung eines Weges, der die Nähe zur historischen Person bewußt auflöst, Mozart und sein Werk vergegenwärtigt, bis am Ende einer fiktiven Biographie die Musik selbst – die Jupiter-Sinfonie *– steht.*
Requiem – *Musik im Zwang, sich mit dem Tod auseinanderzusetzen, Verbindung zu sakralen Themen in Choreographien John Neumeiers.*

ASPEKTE

Michael Tilson Thomas

»REQUIEM« — SALZBURG 1991
Originalbeitrag in Englisch

I first met John Neumeier in the Salzburg Festspielhaus in summer of 1990. At last I was able to connect a face, a voice and an identity with the name John Neumeier that I had heard so often from Leonard Bernstein. Lenny told me how expressive and structural John's choreography was. I also knew that John had a unique way of personally illuminating large musical forms. So, it was really no surprise when he asked me in his gentle and disarming way if I would be interested in collaborating on a dance production of the Mozart *Requiem.*

That first meeting marked the beginning of a long and interesting path of discovery for both of us. From my part, the first thing to search for would be the music. It was clear that this would be an evening long work and that the Requiem by itself was not long enough. After discussing many ideas I suggested that we do a complete performance of the Requiem service and, for a while, tossed around the working title, "Mozart's *Requiem:* A Performance in the Shape of the Liturgy." The first thing that we had to do was to find the music for the sections of the Requiem that Mozart had not set. This »missing« music – the Tract Gradual Offertory, etc. would have, in Mozart's time, been provided by plain chant or by an instrumental piece such as a Sonata da Chiesa. I searched through countless books on chant and works of Mozart to reconstruct an appropriately shaped musical evening. Using Mozart's organ works, movements from his Divertimenti and early symphonies, I came up with several different torsos for the completed work. Over many weeks John and I listened to these different versions and compared our reactions. We liked the shape of the emerging work and the contrasts which it provided.

But the spell of the Gregorian chant was having a profound affect on John. More and more he was listening to the chant versions of the texts Mozart had set, like *Requiem in Aeternum* and *Kyrie Eleison.* The beauty of the ancient melodies touched him, and also me, each time we listened to them. We kept saying "This melody is so beautiful it is a pity to leave it out." Instead of the shape of the reconstructed liturgy, a new shape began to form in John's mind. This was a shape in which the ancient settings of Gregorian chant would be contrasted with Mozart's setting of the same words. Once again, we made mock-up tapes of the whole evening and compared our reactions. There was no question that there was great expressive and theatrical power to this new shape. The ancient melodies sounded so serene and Mozart's music sounded so modern, turbulent, almost Wagnerian by comparison. It made one realize what a prophetic work Mozart's composition really was. Most importantly, John really began to see the piece as he listened to this musical structure. So, believing completely in his vision for this kind of work that he had so brilliantly realized in the *St. Matthew Passion,* I said yes. There followed some meetings in London and Hamburg talking about tempo and phrasing of Mozart and the selection and positioning of the chant. John was fantastically alert and responsive to musical ideas and took many notes. The shapes of base lines, the long resolutions of dissonances, the changes of texture – all of these things intrigued him and added to the large complex of ideas from which he envisioned the piece.

I first saw the work scarcely an hour after having arrived in Salzburg from Japan. I was overwhelmed by what I saw. The scope of the work in the Felsenreitschule was enormous. I had to sit further and further back to perceive the design in John's vast Michelangelo fresco. Over the next days of rehearsal, I became more and more impressed as I discovered all the many intimate and personal moments of dance expression of which this composition was made. Somehow, in spite of the complexity of the work, there was a simplicity and sincerity so akin to Mozart's in those wonderful moments when he writes just one or two perfect vocal lines over a lilting base. During the next rain-drenched weeks of rehearsals and performances, the work became ever more expressive and clear. I am so proud to have been a part of the creation of this work. I am not surprised it has turned out as wonderfully as it has. For, somehow through the whole process of development, production and rehearsal we have come back to the simplicity and sincerity that I heard in John's voice when he first said to me, "I want to do Mozart's *Requiem.*"

Michael Tilson Thomas bei einer Orchesterprobe zu »Requiem« in der Salzburger Felsenreitschule HB

Beginn des »Requiem« in der Salzburger Felsenreitschule HB

Michael Tilson Thomas

»REQUIEM« – SALZBURG 1991

Ich habe John Neumeier erstmals im Salzburger Festspielhaus im Sommer 1990 getroffen. Endlich konnte ich ein Gesicht, eine Stimme und eine Identität mit dem Namen John Neumeier verbinden, den ich so oft von Leonard Bernstein gehört hatte. Lenny erzählte mir, wie ausdrucksvoll und strukturiert Johns choreographischer Stil ist. Ich wußte auch, daß John eine einzigartige Art und Weise besaß, große musikalische Formen zum Leuchten zu bringen. Daher war ich nicht weiter überrascht, als er mich in seiner freundlichen und entwaffnenden Art fragte, ob ich nicht daran interessiert wäre, an einer Tanzproduktion des *Requiems* von Mozart mit ihm zusammenzuarbeiten.

Dieses erste Treffen markierte den Beginn eines langen und interessanten Pfades der Entdeckungen für uns. Das erste, was ich von meiner Seite aus suchen wollte, würde die Musik sein. Es war klar, daß dieses Werk einen ganzen Abend füllen mußte und daß das Requiem selbst nicht lang genug war. Nach der Erörterung und Diskussion vieler Ideen schlug ich vor, daß wir eine vollständige Aufführung der Requiemsmesse veranstalten könnten, und eine Zeitlang diskutierten wir hin und her über den Arbeitstitel »Mozarts *Requiem:* Eine Vorführung im Gewand der Liturgie«. Als erstes mußten wir die Musik für die Abschnitte finden, die Mozart nicht vertont hatte. Diese »fehlende« Musik – das Traktat Graduale Offertorium etc. wäre zu Mozarts Zeiten durch reinen Gesang oder durch ein Instrumentalstück im Stil einer Sonata da Chiesa dargeboten worden. Ich durchsuchte zahllose Bücher über Gesänge und Werke von Mozart, um einen angemessen gestalteten musikalischen Abend wiederherzustellen. Unter Zuhilfenahme von Mozarts Orgelwerken, Sätzen aus seinen Divertimenti und seinen frühen Symphonien gelang es mir, mehrere Torsi für das vollendete Werk zu entwickeln. Viele Wochen lang hörten John und ich uns immer wieder diese verschiedenen Versionen an und verglichen unsere Reaktionen. Wir mochten durchaus die Form, die das entstehende Werk annahm und die Kontraste darin.

Und dennoch hinterließ der Zauber des gregorianischen Gesangs einen tiefen Eindruck bei John. Immer wieder hörte er sich die Gesänge an, die auch Mozart vertont hatte, wie das *Requiem in aeternum* und das *Kyrie eleison.* John und ich waren jedesmal, wenn wir sie hörten, tief gerührt von der Schönheit der alten Melodien. Immer wieder sagten wir: »Die Melodie ist so schön, daß es schade wäre, sie wegzulassen.« So begann bei John in Gedanken eine neue Form Gestalt anzunehmen, anstatt derjenigen einer rekonstruierten Liturgie. Seine Idee war, daß die alten Vertonungen des gregorianischen Gesangs in Kontrast gesetzt werden sollten zu Mozarts Vertonungen der gleichen Worte. Erneut machten wir Probeaufnahmen von dem ganzen Abend und verglichen unsere Reaktionen. Es bestand kein Zweifel, daß diese neue Form große ausdrucksvolle und theatralische Kraft in sich barg. Die alten Melodien klangen so heiter, und Mozarts Musik klang im Vergleich dazu so modern, so turbulent, fast wagnerisch. Auf diese Weise wurde einem erst klar, was für ein prophetisches Werk Mozarts Komposition in Wirklichkeit war. Und was am wichtigsten war: John begann das Stück als Vision zu sehen, während er diesem musikalischen Aufbau lauschte. Da ich vollständig an seine Vision für diese Art von Werk glaubte, die er so brillant in der *Matthäus-Passion* verwirklicht hatte, sagte ich ja. Es folgten mehrere Treffen in London und Hamburg, in denen über das Tempo und die Phrasierung bei Mozart und über die Auswahl und Positionierung des Gesangs gesprochen wurde. John war fantastisch aufgeschlossen, er ging auf alle musikalischen Ideen begeistert ein und machte sich viele Notizen. Die Formen der Grundlinien, die langen Auflösungen von Dissonanzen, der Wechsel in der musikalischen Struktur – all diese Dinge faszinierten ihn und trugen zur Vermehrung des großen Ideenkomplexes bei, aus dem heraus er das Stück als Vision sah.

Ich sah das Werk zum ersten Mal eine knappe Stunde, nachdem ich aus Japan in Salzburg angekommen war. Ich war überwältigt von dem, was ich erblickte. Der Umfang der Arbeit in der Felsenreitschule war enorm. Ich mußte mich weiter und weiter in meinem Sitz zurücklehnen, um den Raum von Johns riesigem Michelangelo-Fresko in mich aufzunehmen. Während der folgenden Probetage wurde ich mehr und mehr beeindruckt, als ich all die vielen intimen und persönlichen Momente im expressiven Tanz entdeckte, aus denen diese Komposition zusammengesetzt war. Irgendwie lag darin trotz der Komplexität eine Einfachheit und Aufrichtigkeit, die der Mozarts so ähnlich war in diesen wundervollen Momenten, in denen er nur eine oder zwei perfekte Gesangszeilen über eine beschwingte Grundmelodie schrieb. Während der kommenden völlig verregneten Wochen der Proben und Aufführungen wurde das Werk noch ausdrucksvoller und noch klarer. Ich bin sehr stolz darauf, daß ich an der Schaffung dieses Werkes teilhaben durfte, und ich bin nicht überrascht, daß es so wundervoll geworden ist. Denn irgendwie sind wir über den ganzen Prozeß der Entwicklung, Produktion und Proben hinweg zu der Einfachheit und Aufrichtigkeit zurückgekehrt, die ich in Johns Stimme hörte, als er mir zum ersten Mal sagte, »Ich möchte Mozarts *Requiem* inszenieren.«

Wolfgang Willaschek

ZUR CHOREOGRAPHIE VON »REQUIEM«

Man hört Glockengeläut. Aus einer Ecke des Raumes taucht eine Gruppe von Männern auf. Einer geht hinter dem anderen. Die Männer beugen und strecken die Knie. Es ist ein eingeübtes Ritual. Der einzelne erscheint aufgehoben in der Gruppe. Die Bewegung der Gruppe läßt die Bewegung des einzelnen vergessen, und doch wäre die Bewegung dieser Gruppe nicht denkbar, beruhte sie nicht auf der Disziplin und Konzentration jedes einzelnen. Unmerklich ist inzwischen Musik erklungen. Gregorianische Choralmusik: Nicht die Musik erzeugt die Geste, sondern die Gesten und Bewegungen lösen die Musik aus. Die Töne, die man hört, die Bewegungen, die man sieht, scheinen von vollkommener Harmonie, Bilder aus archaischer Zeit. Man beobachtet Bewegungen einer Gruppe, deren Intimität erstaunen macht und den Betrachter zugleich befremdet: Sind es einzelne Menschen, die sich hier bewegen oder nicht vielmehr Teile eines Ganzen, deren Konturen mehr und mehr zu verschwimmen scheinen? Löst sich ein Mensch als Glied dieser Kette aus der Verankerung der verschiedenen Körper, so entflieht er nicht, sondern die Gruppe, aus der er sich für wenige Augenblicke entfernt hat, formt sich zu einem neuen Bild, in das sich auch er nach kurzer Zeit wieder eingliedert.

Während sich in dieser Menschengruppe, die sich zum gregorianischen Choral formiert hat, immer neue Gebilde ergeben, Gesten zärtlichen Zueinandergehörens entstehen, Momente traumwandlerisch sicheren Erkennens und Kennens zu beobachten sind, sich die Körper der Tänzer nach und nach zu Menschenpyramiden häufen, in denen jeder seinen Standpunkt genau kennt, ohne mehr sein zu wollen als ein Teil in einem Ornament, während also im absoluten Gleichklang zum Choralgesang Menschen in der Lage sind, ihre Individualität zugunsten einer anderen, für sie »höheren« Ordnung aufzugeben, tauchen vor dieser Gruppe einzelne Menschen auf. Wir wissen nicht, wer sie sind und woher sie kommen. Noch bevor man ihre Bewegungen beobachtet, glaubt man zu spüren, daß sie einsam sind. Sie selbst scheinen sich ihrer Isolation nicht bewußt zu sein. Traurig und verzweifelt mutet allein ihre Trennung von der anderen Menschengruppe an, die sich zum Choral bewegt. Die Neuankömmlinge nehmen die Tänzer des gregorianischen Chorals nicht wahr, so wie noch keine Spannung von den ganz im Ritual versunkenen Tänzern auf die Gruppe der in den Raum kommenden Alltagsmenschen übergeht. Allein der Zuschauer vermag – gebunden an den monotonen Choralgesang – beide Welten zu hören und zu sehen. Jeder dieser Einzelmenschen trägt das »Kainszeichen« seiner Individualität: jeder ein anderes Kostüm, ein anderes Requisit. Jeder hat eine andere, individuelle Art zu gehen, den Raum zu betreten. Das Ziel dieser Einzelgänger ist scheinbar unbestimmt und doch festgelegt: Sie gehen alle auf eine Bankreihe zu, die sie zum Hinsetzen und Verweilen zwingt. Alle nehmen so Platz auf der Bank, als gehöre sie allein ihnen. Sie sind unfähig, den Menschen, der neben ihnen sitzt oder steht, wahrzunehmen. Erst jetzt bemerkt man, daß auf dieser endlos langen Bankreihe bereits die ganze Zeit über ein Mensch lag, ein Unbekannter, Verlassener, von dem man nicht weiß, ob er schläft oder bereits tot ist. Menschen auf der Bank: Bilder der Einsamkeit, die in ihrer Normalität etwas Beruhigendes, Bekanntes und im Kontrast zu den Tänzern des Chorals zugleich etwas zutiefst Befremdendes haben.

Die einzelnen Menschen, die soeben mit ihrem Koffer, ihrer einzigen Habe in einen Raum getreten sind, um auf einer Bank Platz zu nehmen, auf der sie wie eine Gruppe Aussätziger erscheinen, wissen nicht, was ihnen bevorsteht. Noch ahnen sie nicht, daß sie mit Leid, Sterben und Tod konfrontiert werden. Am Ende des ersten Choralgesangs haben sich beide Gruppen – die Tänzer des Chorals und die schwarzgekleideten Einzelgänger, die noch keinerlei Kontakt zueinander haben – zu bestimmten Ordnungen formiert. Die Tänzer des Chorals bilden eine in sich geschlossene Gruppe – mit Ausnahme eines einzigen Menschen, der – seinen Körper hin- und herwiegend – vor den anderen steht und nicht mehr aufhören kann, sich zu der Musik, die ihm eine zweite Haut geworden zu sein scheint, zu bewegen. Ekstase und Hingebung an die Musik und den Tanz werden zum Sinnbild für das höchste Ziel der Meditation und der Mystifikation. Hier ist ein zweites, sich aus der Musik und der von ihr beeinflußten Bewegung herauskristallisierendes Thema der Choreographie gefunden: die Besessenheit des tanzenden Menschen. Solche Ekstase erfährt hier, am Ende des ersten Choralteils, ein Mensch, der zuvor vollkommen eingebunden schien in das Ritual seiner Gruppe. Noch nehmen ihn die schwarzgekleideten Menschen auf der Bank nicht wahr. In späteren Phasen der Choreographie hat man den Eindruck, er sei so etwas wie ein Vortänzer gewesen für die schwarzgekleideten Menschen.

   Das Adagio des *Requiems* von Mozart beginnt. Die Menschen auf der Bühne bleiben unbeweglich. Die Musik wird von ihnen zunächst nicht gehört. So zaghaft, so abgebrochen, aus völliger Ungewißheit kommend, eher den leisen Laut des Leidenden als den Aufschrei des vom Tode Gequälten meinend, könnte Mozart sich diese Melodie gedacht haben. Es mutet fremdartig an, daß gerade der Komponist, der wie kein zweiter seiner Zeit die vielfältigsten Ausdrucksmittel beherrschte, zunächst wie gelähmt vor dem Text gestanden haben muß: »Requiem aeternam dona eis. . .« Die Musik des Chorals war für die Tänzer der Choral-Gruppe Symbol für Geborgenheit und Anbetung gewesen. Für die einzelnen, die sich auf die Bank wie auf einen kurzzeitigen Ruhepunkt geflüchtet haben, mußte solche Musik fremd bleiben. Sie »müssen« – und darin liegt die tiefere Ursache für den Beginn der *Requiem*-Musik Mozarts – Zuflucht suchen bei einer abgehackten und gebrochenen Musik, in der sich ihre eigene Zerrissenheit spiegelt.

Probenfoto »Offertorium« – Jan de Schynkel　　　　　　　　　　　　　　　　　*HB*

   Mit dem Beginn des Chorgesangs im *Requiem* löst sich eine Frau aus der Gruppe der wie erstarrt auf der Bank Ausharrenden. Sie läuft nach vorne. Plötzlich durchzuckt sie eine Bewegung. Ihr Körper beginnt zu reagieren: auf die Musik, auf die Situation, sicherlich auch auf ihren bisherigen Zustand völliger Lethargie. Es ist eine stark »zerrissene« Bewegung, scheinbar im Gegensatz zum regelmäßigen kanonartigen Verlauf der Musik. Die Bewegung demonstriert die Unbeholfenheit, aber auch den Zwang des Sich-bewegen-

Müssens: Eine Frau hat es gewagt, einen Anfang zu machen, sich zu »ihrer« Geschichte zu bekennen. Verzweifelt versucht sie, sich ihrem Körper zu überlassen. Im Verlauf der gesamten *Requiem*-Choreographie wird diese Bewegung immer wieder auftauchen, eher versteckt und unmerklich, aber so, daß noch im kompliziertesten Bewegungsablauf nachzuvollziehen bleibt, wie aus dem Passiven heraus Leben, Regung und Bewegung entstanden sind. Der Kreatur Mensch ist dieser Zwang zur Bewegung auferlegt. Mozarts *Requiem* ist eine musikalische Antwort auf den fragwürdigen existentiellen Zustand des Menschen und gerade in diesem Eingeständnis der menschlichen Haltlosigkeit von faszinierender, atemberaubender Aktualität. In Mozarts Musik wird keine Totenmesse für einen liturgischen Zweck entwickelt, sondern der traditionell überlieferte Text zur Schilderung menschlichen Aufbäumens genutzt. John Neumeier verlängert diesen Prozeß einer Bewußtwerdung des Todes quasi ins Bildhafte: Ein Mensch begreift die Musik als seine Gegenwart und spiegelt darin seine Bewegungen. Er erwacht »als Tänzer«. In ihrer Hilflosigkeit schafft die Frau die Verbindung zwischen der anonymen Menschenmasse im »Wartesaal« und den in Bewegungsmeditationen versunkenen Choraltänzern. Darin läßt sich die Gratwanderung festmachen, die John Neumeier wagt:

Nicht aus choreographischem Kalkül heraus muß die Improvisation in einem bisherige Erfahrungen übersteigenden Maß zum Mittelpunkt dieses Tanzabends werden. Vielmehr zwingen die Unaussprechlichkeit des Themas, die Musik als Spiegel menschlicher Zerrissenheit und die gegeneinander gestellten Gruppen von Choraltänzern und verirrten Menschen John Neumeier dazu, die Improvisation zum entscheidenden Stilmittel seiner Arbeit zu machen. Denn auf den Spannungsraum, in den die Musik den Tänzer stellt, kann der einzelne nur individuell »antworten«. Es muß dem Empfinden und der Intensität des einzelnen überlassen bleiben, wie weit er im eher abstrakten Verlauf der Musik »seine« Geschichte findet und/oder das Risiko eingeht, diese Geschichte wieder zu verlieren, die Intensität der Bewegung nicht festhalten zu können.

An der Stelle, an der die Musik Mozarts in tröstliche Gewißheit übergeht (»et lux perpetua«) und der Moll-Charakter der Musik sich plötzlich nach Dur wandelt, geht ein Ruck durch die Menschenmenge auf der Bank. Von einem Augenblick zum anderen geraten diese Menschen in den Bannkreis der Musik und Bewegung. Sie sind empfänglich geworden für diese Musik, die Ausdruck ihrer eigenen Geschichte sein wird. Zum ersten Mal »bewegen« sie sich, gehen erste körperliche Annäherungen ein, die sofort wieder auseinanderbrechen, die keine Stabilität haben. Einige rasen, von Angst und Verzweiflung gepackt, verwirrt durch den Raum. Die Erfahrung des Schmerzes und des Todes, die sich in den Bewegungen der ihrem Alltag entrissenen Menschen widerspiegelt, erzeugt anziehende und abstoßende Kräfte. Es dauert lange, bis aus dem Knäuel der vielen Anfangsbewegungen erste Ordnungen, erste intensive Kontakte und Berührungen entstehen. Die Musik wirkt wie ein zu starkes Kraftfeld auf die Tänzer. Sie sinken entkräftet zu Boden. Es ertönt wieder Choralgesang. Nicht im Wechsel der Musikstile, der stets auch ein Wechsel der historischen Dimension – von der Archaik der Vorzeit in das Chaos der Jetzt-Zeit – ist, liegt der augenfällige Bezugspunkt der Choreographie, sondern in dem daraus hervorgehenden Wechselspiel der beiden Gruppen und ihrer Vertreter. Die Choreographie setzt so gesehen das Zusammenfügen einer unendlichen Vielzahl von Einzelbeobachtungen voraus: Ein Mann, alleingelassen auf der Bank, reckt hilfesuchend seine Hände zu ei-

Probenfoto »Graduale« – Ballettensemble   *HB*

ner weit entfernt von ihm stehenden Gruppe. Ein anderer, hinter ihm sitzender Mann versucht ihn fieberhaft davon abzuhalten.

Mit dem Beginn des »Kyrie« dividieren sich Männer und Frauen erstmals deutlich auseinander. Die Fuge – Mozarts musikalisches Bekenntnis zu einem Ordnungsprinzip – zwingt die Tänzer zu ersten kontrollierten Bewegungen. Noch bleiben die Bewegungen eher ungeordnet, sind sie unmittelbarer Ausdruck eines Gefühls und einer Erfahrung und nicht wie bei den Choraltänzern Wiedergabe einer perfekten Übereinstimmung von Denken, Fühlen und Handeln, jener Einheit, deren Erreichen zu allen Zeiten das Ziel der Mystiker gewesen ist. Wenn sich alle Tänzer erstmals zu einer riesigen Gemeinschaft formieren, dann tun sie dies mit zitternd erhobenen Armen. Sie kommen verzweifelt nach vorne. Sie flehen um Hilfe. Die Leiderfahrung – auch dies ein der suggestiven Musik Mozarts entnommenes Sinn- und Leitbild – führt zwangsläufig zur Erkenntnis der eigenen Bedeutungslosigkeit, jener Grunderfahrung, die in den Bewegungen der Choraltänzer überwunden scheint, die die Aufgabe der Individualität um den Preis kollektiver Geborgenheit akzeptieren.

Ohne daß es beabsichtigt wäre, gehorcht die Entwicklung der Choreographie einem geheimen Plan, der nicht von ungefähr an die Zelebration einer Meßfeier erinnert; keiner Messe im liturgischen Sinn, keiner Versinnbildlichung religiöser Inhalte durch die Musik, die in der Choreographie bloß »nachgetanzt« würden. Bei dem Versuch, durch Bewegung zur Erfahrung der eigenen Existenz zu finden, stellen sich parallel zum musikalischen Bauplan unterschiedliche Phasen ein, zum Beispiel jene, die der Sequenz im *Requiem* entsprechen würde: Wortgottesdienst, umgemünzt in Bewegungsexperimente. Beim »Tuba mirum« gelingt es einem Menschen unter äußerster Kraftanstrengung, sich von der Bank, seinem bisherigen Status quo, zu lösen, nach vorne zu kriechen, sich aufzurichten und nach einem Partner zu suchen. Aus solchen Versuchen heraus entstehen erste zaghafte Gruppenbildungen: Menschen, die wie an einer Klagemauer zu verharren scheinen und sich Augenblicke später zu einer Trauergemeinde formieren, die sich schützend um einen verlorenen, totgeglaubten oder vernichteten einzelnen scharen und ihre Bewegung auf ihn übertragen. In der Sequenz wird der Wortgottesdienst und der Klagegesang in Bilder von Schrecken, Furcht und Verzweiflung übersetzt, Bilder, bei denen sich parallel zu den von Mozart komponierten leisen Momenten völliger Selbstaufgabe (»Salva me« etc. . . .) Prozesse vorsichtiger Annäherung einstellen: Erstmals nimmt man einen anderen Menschen in den Arm, nimmt dessen Körper wahr, erfährt seine Nähe als Schutzschild.

Unterbrochen scheint diese Erzählweise im Choral, der das Offertorium einleitet. So sieht man die schwarzgekleideten Menschen zu Beginn des Opfergottesdienstes, der einer Erfahrbarmachung der Passion gleichkommt, wieder an ihren Ausgangspunkten bei den Bänken. Dies entspricht der musikalischen Disposition Mozarts: Die Eröffnungsfuge findet ihre Entsprechung in der Fuge des »Quam olim Abrahae« im Offertorium. Erneut brechen die Tänzer auf, um einander zu begegnen. Jetzt wirken die Auseinandersetzungen intensiver, gedrängter, scheinen die Berührungsängste des Anfangs überwunden. Es stellen sich – parallel zum Höreindruck – Bilder alttestamentlicher Archaik her: Männer türmen sich aufeinander, verschränken ihre Körper ineinander, bilden Gruppen und lösen sich wieder aus diesen. Wenn auch noch ungeordnet, so erinnern diese Bewegungen schon sinnfällig an die Formationen der Choraltänzer und an deren Art und Weise, die »Darbietung der Gaben« zu zelebrieren. Einer aus der Choral-Gruppe, derjenige, der sich zu Anfang als einziger aus der Gruppe lösen konnte, begleitet den Weg eines jungen, weißgekleideten Mädchens, das ein Opferkleid mit zeremonieller Geste vor sich herträgt. Erstmals verschränken sich – ohne daß sie sich direkt berühren – die Tänzer der Choralgruppe mit jenen ihnen so entfernt stehenden Menschen. Zuvor erlebte man die Annäherung der Tänzer als flüchtige Episoden. In der Erinnerung bleiben nur Fragmente übrig: eine Frau, die sich lebensmüde in eine Gruppe von Tänzern geworfen hatte, andere Frauen, die einem vor Schmerz Aufschreienden zu Hilfe eilen, wieder andere, die knien, die beten oder selbstvergessen im Raum stehen. Mehr und mehr nimmt man jetzt einzelne Tänzer wahr, die zusammengehören. Die Liebe und das Gefühl, nah beieinander sein zu wollen, werden zu einer Kraft gegen Verzweiflung und Tod.

Von hier aus ist der Weg der Choreographie vorgezeichnet: Das Ritual der Communio vereint auf einzigartige Weise die Menschen der Choralgruppe, denen das Geheimnis Kultus geworden ist, mit jenen Menschen, die aus ihrem Lebensalltag gerissen werden, um sich urplötzlich der Erfahrung bewußt zu werden, dem Tod ausgesetzt zu sein, ein Weg, der von der Selbstaufgabe und Verweigerung bis hin zur Einweihung und schließlich zur Akzeptanz des Lebensendes führt. Im Sanctus, Benedictus und Agnus Dei des *Requiems* ist dies thematisiert. Hier enden die bis zum Juni 1991 – vor der Abfahrt zu den Endproben nach Salzburg – choreographierten Szenen. Es könnte sein, daß sich die beiden Menschengruppen im Erlebnis des »Agnus Dei« begegnen werden und daß diese beiden Gruppen am Ende des Mozart-*Requiems* – wo mit Ausnahme von achtzehn Takten die Musik des Beginns zu einem neuen Text identisch aufgenommen wird – wieder auseinanderdriften, ganz beklommen und heimlich berührt von dem Austausch an Bewegungen und damit von Körper- und Geisteshaltungen. Mozarts Musik meint am Ende keine andere Hoffnung als jene, daß der einzelne Mensch selbst dafür verantwortlich ist, wie er auf den Tod reagiert. Er kann dies, indem er seine Zuflucht in Askese und Kontemplation sucht. Aber wie oft bleibt ihm nichts anderes übrig, als seine Angst und Verzweiflung laut aus sich herauszuschreien. Der Zwang zur Auseinandersetzung vereint so die Choralmusik mit Mozarts *Requiem* und gibt den Tänzern beider Gruppen eine unverwechselbare Identität.

Aufzeichnungen nach einem Probenbesuch, Juni 1991

THEMEN

FENSTER ZU MOZART

Ballett von John Neumeier
Musik von Wolfgang Amadeus Mozart, Alfred Schnittke, Max Reger,
Ludwig van Beethoven und Wolfgang von Schweinitz
Choreographie und Inszenierung von John Neumeier
Bühnenbild und Kostüme von Klaus Hellenstein
Musikalische Leitung: Marc Albrecht
Uraufführung, Hamburgische Staatsoper – Hamburg Ballett

EIN BLATT FÜR MOZART

Zieh deine schönsten Kleider an; dein Sonntagskleid oder
dein Totenhemd. Der Rasen ist frisch gemäht – nicht nur im
Mirabell. Wenn du den Sonntag feierst oder dich zum Ster-

Es ist mir schon oft eingefallen
unsere Tonkünstler mit den Werken
der Schöpfungstage zu vergleichen.
Das Chaos – Beethoven. Es werde
Licht! – Cherubini! Es entstehen
Berge! (große aber sehr unbeholfne
Massen) – Josef Haydn. Singvögel
aller Art – die italienische Schule.
Bären – Albrechtsberger.
Kriechendes Gewürm – Girowetz.
Der Mensch – *Mozart!*

Franz Grillparzer, 1809 | *Probenfoto*   HB

ben niederlegst, laß die Streicher kommen, das Blech, das Holz und die Pauken. Du brauchst ihnen die Blätter nicht umzuwenden. Der Wind, den die Tiefebene eingelassen hat, wendet sie um. Du spürst, welcher Wind. Das große Spiel, das schon einmal gewonnen worden ist, beginnt wieder, wo die Hügel sich um den großen braunen Fluß mit seiner unverständlichen Sprache von Schöpfungstagen her lagern. Du ahnst, um welchen.

Du magst nur die Geschichten nicht mehr hören, in denen die Rede davon geht, daß schon einmal ein Engel auf die Erde gefallen ist. Denn die Harfen sind ihm nie lieb gewesen. (Aber fragst du dich noch einmal, verriet er nicht mit seiner Abneigung seine Herkunft?) Welchen Sinn hätten dann diese Geschichten noch? »In seinem Taufschein wurde als letzter Vorname ›Theophilus‹ eingetragen.«

So denke ich über Mozart: Sein kurzes Leben und seine Fruchtbarkeit erhöhen seine Vollendung zum Range des Phänomens. Seine nie getrübte Schönheit irritiert. Sein Formensinn ist fast außermenschlich. (...) Er gibt einem mit dem Rätsel die Lösung. Seine Maße sind erstaunlich richtig, aber sie lassen sich messen und nachrechnen. Er verfügt über Licht und Schatten; aber sein Licht schmerzt nicht und

Probenfoto – John Neumeier, Gigi Hyatt, Patrick Becker   HB

Gigi Hyatt (das Bäsle), Patrick Becker (Wolfgangerl)   HB

»Als Knabe wurde er ohnmächtig, wenn er Trompeten hörte.« »Er schrieb, daß es keine rosigen Träume gebe.« »Erinnere mich daran, sagte er, sich an die Schwester wendend, daß ich für das Horn etwas besonders Gutes schreibe.« »Es war an einem naßkalten Dezembertag. Er konnte der Kaiserin nicht mehr um den Hals fliegen und sie küssen. Er sagte: Bleib heute nacht bei mir, und sieh mich sterben. Ich schmecke den Tod auf der Zunge.« »Er konnte die Musik nicht vollenden und starb über dem Lacrimosa.« Es sind aber die gefallenen Engel und die Menschen voll von dem gleichen Begehren, und die Musik ist von dieser Welt. Die reinste, bitterlichste und süßeste Musik ist nur die vollkommene Variation über das von der Welt begrenzte, uns überlassene Thema. Du hörst, über welches.

Ingeborg Bachmann, 1964

seine Dunkelheit zeigt noch klare Umrisse. Er hat in der tragischsten Situation noch einen Witz bereit – er vermag in der heitersten eine gelehrte Falte zu ziehen. Er ist universell durch seine Behendigkeit. Er kann aus jedem Glase noch schöpfen, weil er eins nie bis zum Grunde ausgetrunken. Er steht so hoch, daß er weiter sieht als alle, und darum alles etwas verkleinert. Sein Palast ist unermeßlich groß, aber er tritt niemals aus seinen Mauern. Durch dessen Fenster sieht er die Natur; der Fensterrahmen ist auch ihr Rahmen.

Ferruccio Busoni, 1906

Keine absolute Vision des Genies und Menschen Mozart, keine Geschichte, keine Geschichten, chronologisch erzählt – sondern Bilder! Phasen aus seinem Leben, Stationen, Zustände inneren und äußeren Seins, Augenblicke – *Fenster zu MOZART.*

Ein Blick aus dem *Fenster:* ein zeitlicher Ausschnitt, ein räumlicher Ausschnitt – kein Anfang, kein Ende, eine Momentaufnahme.

Fünfmal Mozart – immer verkörpert durch einen anderen Darsteller und immer definiert durch weitere Personen, die sich diesem Mozart zugesellen und denen er sich zuordnet: die Schwester Nannerl und das Bäsle, die geliebte Aloisia, Constanze, die Ehefrau und der mysteriöse Bote des Requiems, der Todesbote – Todesnähe? Todeserfahrung im Tod des Vaters? Todesahnung? Der

Ivan Liška (W. A. Mozart), Anna Grabka, Gamal Gouda (Die Musik) HB

Vater Leopold Mozart – eine Konstante in Mozarts Leben.

Es sind die Briefe, die für mich zählen. Die Bücher und ihre unterschiedlichen, zum Teil widersprüchlichen Interpretationen: ein Gedankenfundus, aus dem ich intuitiv schöpfe. Lesen und wieder weglegen, sich freimachen – es soll mehr als 13600 Veröffentlichungen zum Thema Mozart geben, wie viele werden 1991 noch dazukommen?

Das Genie durch seine *Musik* kennenlernen. Leben und Werk in der Bewegung miteinander verbinden. Fünf Lebensphasen – oder sind es fünf Zuständlichkeiten – des Menschen Mozart, der nicht von seiner Musik zu trennen ist: gespiegelt in der Musik anderer Komponisten, die sich mit Themen von ihm auseinandersetzen, in Kompositionen von Schnittke, Reger, Beethoven, von Schweinitz –

und in Mozarts eigenem Jugendwerk, in dem er sich seinerseits mit anderen Komponisten beschäftigt!

Zur Balance: die Jupiter-Sinfonie – ohne jeden
Handlungsfaden, eine abstrakte, tänzerische Vision, unsere
heutige Reaktion auf Mozarts Musik, in der ja etwas Ewi-
ges liegt, sein *wirkliches Leben*.

Man kann nicht »Mozart tanzen«, man kann ein
Ballett über einen Menschen wie Mozart machen – und dabei muß der TANZ wichtiger als der Mensch Mozart sein,
sonst kommt man dem Phänomen MOZART nicht nahe.

John Neumeier, Programmheft zu
»Fenster zu MOZART«, 1991

Wenn Mozart heute lebte, wäre er
Rock'n'Roll-Musiker und kein
Klassiker. Schon damals war er ein
Unterhalter und seiner Zeit weit
voraus.

Falco, 1985

»Jupiter-Sinfonie« – Janusz Mazoń, Gilma Bustillo

HB

REQUIEM

Ballett von John Neumeier
Musik von Wolfgang Amadeus Mozart, Gesänge im gregorianischen Choral
Choreographie, Inszenierung, Bühnenbild und Kostüme von John Neumeier
Musikalische Leitung: Michael Tilson Thomas
Uraufführung, Salzburger Festspiele – Hamburg Ballett
12. Januar 1992 Hamburger Erstaufführung, Hamburgische Staatsoper – Hamburg Ballett

Gregorianischer Choral ist Ausdruck einer tiefen Innerlichkeit, er ist Gebet. Deshalb ist ihm jedes Streben nach äußerem Effekt völlig fremd. Das gregorianische Melos lebt von tiefer Ehrfurcht vor Gott, auch in jenen Gesängen, die erfüllt sind von einem Jubel, der das Wort nahezu sprengt durch seine langen Tonketten. Immer bleibt eine gewisse scheue Zurückhaltung spürbar: Der gläubige Christ weiß, daß jeder Versuch, das Göttliche aussprechen zu wollen, scheitern muß.

Pater Dr. Hubert Dopf, SJ

Ich kann den Sinn der Choreographie *Requiem* für mich in einem Satz zusammenfassen: Es sind choreographische Meditationen. »Unterwegs zwischen Leben und Tod« wäre ein möglicher Titel dafür. Ich will Mozarts Partitur nicht visualisieren. Ich will auch kein Ballett über Mozarts Tod machen. Natürlich ist es interessant, die Entstehungsumstände des Mozart-*Requiems* zu kennen, aber eine direkte Verbindung zwischen Anlaß und Entstehung der musikalischen Vorlagen und den daraus von mir entwickelten Choreographien gibt es nicht. Es wäre auch falsch, den Sinn meiner Choreographie in irgendeinem »vordergründigen« Bezug zur Liturgie oder zur Tradition der Totenmesse zu sehen.

Meine Choreographie beginnt mit einer Situation, die in einem Wartesaal spielen könnte. Die Tänzer kommen einzeln in den Raum, teilweise mit Gepäck, mit Requisiten, mit Kleidungsstücken, mit Dingen, die sie sich selbst ausgewählt haben, als ich sie bat, irgend etwas zur ersten Probe mitzubringen. Ein solcher Beginn hat viel mit dem Alltag der Tänzer zu tun. Wir sehen eine Situation, in der wir uns alle wiedererkennen können: Menschen, die für sich sind, vereinzelt, isoliert. Das ist meine Ausgangssituation. Die Methode, die ich für die folgenden Phasen dieses Meditations-Weges wähle, erarbeite ich aus improvisierten Situationen.

Ich muß weiter ausholen: Mich beschäftigt der Plan, Mozarts *Requiem* zu choreographieren, seit fast zwanzig Jahren. Für meine erste Arbeit in Hamburg hatte ich vor, einen Abend zu gestalten mit Mozarts *Requiem* und Olivier Messiaens *Trois petites liturgies*. Das war für mich zunächst eine Auseinandersetzung mit dem Thema »Liebe und Tod«, basierend auf den Texten des Stückes von Messiaen, die dem *Hohen Lied Salomonis* entnommen sind. Diese Idee mußte ich verwerfen, weil Messiaen es nicht erlaubte, sein Stück zu choreographieren, da es, wie er mir schrieb, ein sakrales Werk sei, eine Argumentation,

Am Abend deines Lebens wird man dich an deiner Liebe prüfen.

Johannes vom Kreuz

Zwei Wege führen zu *Requiem*, eine allmählich sich intensivierende Beschäftigung mit Mozarts Musik und eine weitaus früher initiierte choreographische Auseinandersetzung mit geistigen und geistlichen Themenstellungen. *Requiem* ist, abgesehen von dem kurzen, spielerischen *Mozart 338*, John Neumeiers drittes abendfüllendes Mozartballett und gleichzeitig auch die dritte explizite tänzerische Annäherung an ein musikalisches Werk, das für den kirchlichen Gebrauch geschrieben wurde. Der »weltliche« Weg: 1985 kam *Mozart und Themen aus »Wie es Euch gefällt«* heraus, eine Collage aus sechs verschiedenen von Mozart für den Konzertgebrauch komponierten Werken und eine Paraphrase der Shakespeareschen Komödie »in zehn Themen«.

Angela Dauber, Programmbuch der XIX. Hamburger Ballett-Tage, 1993

217

die mich sehr erstaunte. Dann blieb die *Requiem*-Idee lange liegen, bis Gerhard Wimberger aus dem Direktorium der Festspiele den Einfall hatte, es in Salzburg zu machen.

Mir war zunächst wichtig, das Mozart-*Requiem* in seiner ursprünglichen Proportion zu verstehen. Mozart hat es sich bestimmt nicht als eine durchkomponierte Musik von etwas mehr als fünfzig Minuten gedacht, quasi als ein Konzert von acht oder neun aneinandergereihten Nummern. Es ging ihm, glaube ich, um die Verwirklichung einer Messe, wie er sie als ein seit jungen Jahren mit dieser Ausdrucksform intim vertrauter Künstler kannte. Es ist für

»*Introitus*« – *Ballettensemble (Gregorianischer Choral)*   *HB*

Sie weinten zu der himmlischen Musik und glaubten immer noch, es sei von Mozart, nicht von dem Mörser, nicht von dem und jenem, von beiden nicht, weil das unmöglich sei, weil nur der Teufel diese List erfand, den Himmel mit der Hölle anzuschwärzen, weil Mozart schweigt, sobald ein Mörser singt, kein Mörser schweigt, wenn Mozart wird gesungen, und weinten zu dem Requiem Europas, und glaubten immer noch, es sei von Mozart.

Karl Kraus

mich faszinierend zu beobachten, welchen entscheidenden Anteil Kirchenwerke am Leben und Werk Mozarts haben, gerade weil er eine sehr ambivalente und zwiespältige Einstellung dazu hatte. Ich entdeckte da Parallelen zu meiner eigenen Lebenserfahrung in religiösen Fragen.

Für meine Choreographie hatte ich von Anfang an eine sehr komprimierte, geschlossene Form im Kopf, ohne genau zu wissen, wie sie aussehen würde. Auf alle Fälle war mir klar, daß allein Mozarts *Requiem* als Vorlage zu einem Ballett mit diesem Titel nicht ausreichen würde. Ich beschäftigte mich intensiv mit verschiedenen Texten über den Tod, die ich an Stellen einfügen wollte, an denen wichtige Meßgebete oder Lesungen gesprochen werden oder »stilles Gebet« vorgesehen ist. Zu einem neuen Ansatz kam es, als feststand, daß Michael Tilson Thomas mein Partner in Salzburg sein würde. Er schlug mir für den ersten Teil des Abends eine Zusammenstellung von Klavierstücken vor, die aus Kompositionen Mozarts bestehen sollte, eine Art »Kurz-Biographie«.

In einem solchen Rahmen hätte für mich zwangsläufig die Auseinandersetzung mit dem *Requiem* als Mozarts bedeutendster Komposition über das Thema »Tod« im Vordergrund gestanden. Aber gerade meine Idee des *Requiems* als ein »Werk des Ganzen« wäre dann nicht mehr zu realisieren gewesen. Es war Michael Tilson Tho-

John Neumeier gliedert den Abend klar: Das alltägliche Ausgeliefertsein, die menschliche Hilflosigkeit ordnet er Mozarts Musik zu. Kleine choreographische Meditationen über Verzweiflung, Trotz, Angst, Liebe, Resignation und Wut. Und gerade in jenen Szenen, die den menschlichen Affekt pur darstellen, erweist sich Neumeier als einer der bedeutenden Choreographen. Neumeier, dessen Genie in der nonchalanten Mischung von natürlicher Alltagsbewegung mit dem Kanon klassischen Balletts und amerikanischem Jazztanz liegt, ist in seinen besten Momenten in der Lage, Bilder zu skizzieren, die schwierigste Zusammenhänge blitzartig aufscheinen lassen: So stellt er im *Lacrimosa* einen Pas de trois, der mit verzweifelter Wut die Aids-Problematik vermittelt, ohne auch nur im geringsten peinlich oder sentimental zu werden. Wenn das Paar schließlich in einem leblosen Pas de deux willenlos in die dem *Lacrimosa* folgenden Stille weitertanzt, ist das schlicht ein Moment, den man nicht so leicht mehr vergißt.

Thomas Wördehoff über »Requiem«, 1991

»Agnus Dei« – Gamal Gouda   HB

»Offertorium« – William Parton, Michele Politi, Karin Brennan, Gildas Diquéro (Gregorianischer Choral)   HB

mas, der die Idee mit gregorianischer Musik erneut aufgriff. Die Verbindung solcher Musik mit Mozarts *Requiem* ist keineswegs eine Seltenheit. Bei der Totenmesse für John F. Kennedy verknüpfte Erich Leinsdorf Mozarts *Requiem* mit gregorianischen Chorälen. (...)

Ich bin sehr spontan an diese Arbeit herangegangen. Ich befürchtete anfangs, mich beim *Requiem* nicht von Bezügen zu Mozart freimachen zu können, nachdem ich mich während der Entstehung von *Fenster zu MOZART* lange und intensiv mit Mozarts Leben und Werk beschäftigt und in seine künstlerische wie menschliche Persönlichkeit einzutauchen versucht hatte.

Von dem Augenblick an aber, da ich tatsächlich am *Requiem* gearbeitet habe, ergab sich dessen Struktur wie von selbst. Ich würde die Arbeit für mich eine »instinktive Choreographie« nennen. Mit dem Beginn der Arbeit

»Benedictus« – Anders Hellström, Stefanie Arndt, Solisten des Ballettensembles *HB*

fiel der ganze Ballast vieler Überlegungen und Gedanken von mir ab.

Nach einigen Proben stellte ich fest, daß das, was ich vorher mir überlegt und wie gewohnt in meine Partitur geschrieben hatte, überhaupt nicht übereinstimmte mit dem, was ich choreographierte. Ich habe dann aufgehört, mir etwas Konkretes ausdenken zu wollen, um frei zu sein für das, was mir die Tänzer an einem bestimmten Tag in einer bestimmten Probe anbieten.

Die Konfrontation mit dem Thema »Tod« ist unausweichlich. Ich habe mit den Tänzern über meine Empfindungen am Beginn des Balletts gesprochen. Wenn sie den Raum betreten, sind sie für mich Verlassene. Jeder von ihnen denkt etwas anderes, einer vielleicht an sein Leben, ein

Tanz – als Sprache und nicht als Ornament aufgefaßt – ist eine Kunst, die in lebenden Bildern spricht. Seine Sprache ist nicht das Wort, sondern die Bewegung des Körpers. Er kann weder Namen noch allgemeine Begriffe aussprechen, sondern nur konkrete sinnliche Gestalten zeigen, die über ihre Individualität hinaus zugleich Chiffren für das Allgemeine werden. Insofern ähnelt die Sprache des Tanzes der des Mythos, ja sie setzt ihn gleichsam fort: Die sprachlich gefaßten, imaginierten Bilder des Mythos werden im Tanz zu realen, sichtbaren Bildern. Der Mythos spricht Bilder aus: der Tanz zeigt sie. Andererseits wird der Tanz als Bewegungssprache zum Ausdrucksmittel menschlicher Empfindungen von hoher Differenzierbarkeit – gleichsam eine darstellende Psychologie. Gerade weil ihm die Worte fehlen, kann er durch Bewegung seelische Vorgänge sichtbar und sinnfällig machen. Tanz und Mythos gleichen sich in ihrem Doppelcharakter als archetypische Bildersprache und als Sprache der Psyche.

Angelus Seipt, 1983

anderer an den Tod oder an das Erlebnis des Todes, wieder ein anderer an Gott. In dem Augenblick, als Mozarts *Requiem* ertönt, denken für mich alle schlagartig dasselbe: Das ist der Tod, »sein Tod«, »mein Tod«.

John Neumeier, Programmheft zu »Requiem«,
Salzburger Festspiele 1991

Requiem wurde zunächst für einen gänzlich unkonventionellen, beeindruckenden Raum geschaffen, die Salzburger Felsenreitschule mit ihren dreistöckig in den Berg gehauenen steinernen Arkaden und ihrem extrem breiten Bühnenschnitt. Choreographisch war es in manchem ein Pendant zu der zehn Jahre zuvor vollendeten *Matthäus-Passion:* ihr Gegensatz und ihr Gegenstück – statt weiß schwarz – statt des gemeinsamen und von allen geteilten Prozesses und Erlebens ein ständiges Kommen und Gehen – zerrissen, unfertig und voller Brüche, statt der Geschlossenheit der Passion – statt einer Gruppe von Menschen, die mal handeln, mal zuschauen, nun eine zweifache musikalische und choreographische Meditation, zwei von einander getrennte Menschengruppen und entsprechend auch eine Dopplung der musikalischen Reflektion. In Mozarts unvollendete Requiem-Komposition wurden thematisch verwandte, aber Jahrhunderte früher entstandene Gesänge im gregorianischen Choral interpoliert: zwei Annäherungen an das Thema, »unterwegs zwischen Leben und Tod«.

Angela Dauber, Programmbuch der
XIX. Hamburger Ballett-Tage, 1993

»Lux perpetua« – Ballettensemble in der Felsenreitschule, Salzburger Festspiele   *HB*

VARIATIONEN

SAKRALE THEMEN IN CHOREOGRAPHIEN VON JOHN NEUMEIER

DIE STILLE

Uraufführung, Hamburg Ballett,
Opera stabile

8. 2. 1975

Königlich Schwedisches
Ballett Stockholm

25. 2. 1984

JOSEPHS LEGENDE

Uraufführung, Ballett der
Wiener Staatsoper

11. 2. 1977

Fernseh-Produktion Unitel

23. 12. 1977

Hamburg Ballett

18. 7. 1979

Ballett der Bayerischen
Staatsoper München

18. 5. 1980

SKIZZEN ZUR MATTHÄUS-PASSION

Uraufführung, Hamburg Ballett
Hauptkirche St. Michaelis

13. 11. 1980

MATTHÄUS-PASSION

Uraufführung, Hamburg Ballett

25. 6. 1981

MAGNIFICAT

Uraufführung
Ballett der Pariser Oper,
Festival d'Avignon

27. 7. 1987

Hamburg Ballett,
Hauptkirche St. Michaelis

2. 6. 1989

Hamburg Ballett,
Hamburgische Staatsoper

19. 10. 1989

REQUIEM

Uraufführung
Salzburg, Salzburger
Festspiele, Felsenreitschule
Hamburg Ballett

26. 7. 1991

Hamburg Ballett,
Hamburgische Staatsoper

12. 1. 1992

»Die Stille« – Tomislav Vukovic,
Helga Völker, Max Midinet   GB

»Josephs Legende« – Kevin Haigen (Joseph), Judith Jamison (Potiphars Weib) – Unitel-Fernsehproduktion   FP

»Skizzen zur Matthäus-Passion« – Solisten und Ballettensemble HB

Ivan Liška HB *»Matthäus-Passion« – Solisten und Ballettensemble* HB

Die Verkündigung, »Magnificat« – Gigi Hyatt, Mette Bødtcher, Ballettensemble   HB

Die Verkündigung, »Magnificat« – Jean Laban, Gigi Hyatt   HB

DIE SPIELZEIT

PREMIEREN UND WIEDERAUFNAHMEN

Fenster zu MOZART
Uraufführung
19. 4. 1991

Spring and Fall
Uraufführung, Nijinsky-Gala XVII
28. 4. 1991

The Leaves are Fading
Nijinsky-Gala XVII
28. 4. 1991

Requiem
Uraufführung, Salzburger Festspiele
26. 7. 1991

BALLETT-WERKSTÄTTEN

100. Ballett-Werkstatt
»Erste Schritte« – Die Arbeit der
Schule / Junge Choreographen /
Creation während einer Ballett-
Werkstatt / Debüt / Einführung zu
öffentliche Arbeit an einem neuen
Werk / Pas de deux – zwei Menschen
in ihrer Beziehung / 1. Ballett-
Werkstatt – 100. Ballett-Werkstatt
14. 10. 1990

Fenster zu Mozart
30. 12. 1990

José de Udaeta:
Spanischer Tanz – warum?
3. 2. 1991

Getanzte Lieder
10. 3. 1991

BALLETT-GASTSPIELE

Toronto, Elgin Theatre,
anläßlich des Staatsbesuches von
Bundespräsident
Richard von Weizsäcker
19./20. 9. 1990

Gütersloh, Stadthalle
29./30. 9. 1990

Schwerin,
Mecklenburgisches Staatstheater
7. 10. 1990

Stuttgart, Staatstheater
26./27. 10. 90

Bregenz, Festspielhaus
3.–5. 5. 1991

Frankfurt, Jahrhunderthalle Hoechst
8./9. 5. 1991

Dresden, Semperoper
30.5./1.6.1991

Bonn, Theater der Stadt,
Einladung der Hamburg-Vertretung
6. 6. 1991

Salzburger Festspiele,
Felsenreitschule
26. 7.–8. 8. 1991

GAST-COMPAGNIEN IN HAMBURG

Die steinerne Blume
Romeo und Julia
Gastspiel des Bolschoi-Balletts
Moskau
23./24. 4. 1991

BESONDERE EREIGNISSE

Gala für die Freunde des
Ballettzentrums Hamburg,
Komödie Winterhuder Fährhaus
4. 2. 1991

Tod von *Roy Wierzbicki*

Junge Choreographen
Spielarten 1, Kampnagelfabrik
23./24.5.1991

Junge Choreographen
Spielarten 2, Kampnagelfabrik
25./26.5.1991

Colleen Scott
beendet ihre tänzerische Laufbahn

Siebzehnte Hamburger Ballett-Tage
19.–28.4.1991

Nijinsky-Gala XVII
»Natürlich MOZART gewidmet –
aber auch Dvořák«
28. 4. 1991

AUSZEICHNUNGEN

Denis Caro, Stéphane Ferrand,
Tomoko Furuya, Sarah Locher
Prix de Lausanne

Gamal Gouda
Silberne Maske der
Hamburger Volksbühne

John Neumeier
Chevalier de l'Ordre des Arts
et des Lettres

19 | DER RAUM

Gemeinsame Arbeit am Raum: *der andersdenkende und die künstlerische Phantasie steigernde und anregende Bühnen- und Kostümbildner als unverzichtbarer Partner.*

Der Raum *als Teil der gesamten Konzeption: Laute werden konkret in der Musik, Körperliches wird konkret in der Bewegung, Optisches wird konkret im* Raum.

Ton, Bild und Bewegung gehören in einem Ballett untrennbar zusammen – was den Choreographen zuweilen zwingt, sich »seinen« Raum selbst zu erfinden.

ASPEKTE

Jürgen Rose

RÄUME FÜR TÄNZER – MEINE ZUSAMMENARBEIT MIT JOHN NEUMEIER VON 1972–1992

Jürgen Rose, John Neumeier, Sascha Groß (Bühnenbildassistent) HB

Mich interessiert als Bühnen- und Kostümbildner immer in erster Linie der Darsteller in seiner Aktion auf der Szene (Bühne). Erst er gibt dem entworfenen und geschaffenen Raum die Proportion, die Aussage, die Vision. In seiner Wirkung auf sich allein angewiesen – allein angeschaut, hält selbst der phantastischst erfundene Raum dem Theaterbetrachter nicht lange stand, er gliedert sich schnell auf in Maße, Material, Ornament, Detail, Behauptung ... Aber ein Darsteller, oder viele, – nackt oder in genau definiertem Kostüm, stumm oder laut, in Ruhe oder in

Aktion – machen diesen theatralisch behaupteten Raum lebendig, stellen zu ihm eine Spannung her, füllen ihn – behaupten ihn wirklich! Deshalb sind Raum, Licht, Kostüm und Requisit für mich als Szenenbauer, Szenenmaler, Szenengestalter, Szenenliebhaber absolut untrennbar. Sie sind gleichberechtigt, und ich bediene mich ihrer, – immer in direktem Bezug zu den Akteuren und ihren lebendigen Aktionen, um meine freigelegten Phantasien umsetzen zu können, um Szenen, Bilder, räumliche Konzepte und Visionen, Träume und Alpträume entstehen zu lassen, um Geschichten zu erzählen – und um letztendlich andere (die Theaterbetrachter) zu sensibilisieren – und zu erreichen ... Keiner erreicht aber den Betrachter mehr als der Darsteller – egal ob Sänger, Schauspieler oder Tänzer –, der das ganz bestimmte Kostüm trägt, der den ganz bestimmten Raum durchquert, der mit dem ganz bestimmten Requisit hantiert, der von dem ganz bestimmten Licht getroffen wird. – Er ist letztendlich allein der Überbringer, der Visionär. Ihm muß ich mit meinen Augen und anderen Sinnen, mit meinen theatralischen Begabungen *dienen*. Eine wunderbare Aufgabe, dieses *Dienen*.

  John Neumeier zeigt bis ins kleinste Detail immer ein äußerst starkes Interesse an allem Optischen, Visuellen. Durch seine genauen Kenntnisse historischer, bildnerischer, stilistischer und musikalischer Zusammenhänge, – durch die Fähigkeit, diese vielschichtigen, sich ergänzenden oder widersprechenden Fakten in sein jeweiliges Tanzkonzept zu integrieren, sich aber gleichzeitig auch unbefangen und neugierig etwas Unbekanntem zu öffnen, schließlich durch seine übergenaue, analytische, intellektuelle und dramaturgische Kopfarbeit – entstanden zwischen uns beiden immer wieder faszinierende, sich gegenseitig inspirierende, fruchtbare Arbeitskämpfe, »Konzept-Findungsprozesse«. Wir: so unterschiedliche Temperamente – John abgehoben, in komplizierten Gedankengängen phantasierend, zur intellektuellen Überinterpretierung neigend ..., ich mehr sinnlich-bodenständig, spontan, skeptisch ... Ein guter Kontrast zu einer idealen Symbiose. So entstanden viele unserer Ballette,

228

bekamen Leben, – ausgehend von konkreten, klaren, überschaubaren, realen Szenen – kontrastiert von Rückblenden, Erinnerungen, Träumen, Visionen . . .

Der klassische Ballettraum mit seiner »Gassen«-Bühne (Seitenhänger und Soffitten) war eigentlich immer die Basis unserer stückbezogenen konzeptionellen Raumerfindungen. Erst bei *A Cinderella Story* habe ich John diese durchlässige, praktikable Gassenbühne verweigert, – aber bis dahin sind wir einen langen gemeinsamen Weg gegangen, haben einige interessante Varianten dieser geordneten, funktionellen Bühne gefunden, die eben für den schnellen Ablauf eines großen Balletts, für Verwandlungen mit Prospekten, für Auftritte und Abgänge der Tänzer ideal, – eben klassisch ist. Das Seitenlicht aus den Gassen und das Gegenlicht von oben zwischen den Soffitten in all seinen Farbvariationen gibt differenzierte Möglichkeiten, die ruhenden oder bewegten Körper plastisch zu konturieren und sichtbar zu machen.

Bei den früheren John Cranko-Balletten habe ich die »Gassenbühne« natürlich auch benutzt, aber sie noch immer dem gesamten Bildkonzept, dem Bühnenbildentwurf, untergeordnet, – d. h. jedes Gassenteil und jede Soffitte waren der konturierte Bestandteil des gesamten Bildentwurfes. (z. B. bei *Onegin* ergaben Birkenhänger, Baumkronen, Kirschblütenprospekt, Hausapplikation – eben alle bemalten Einzelteile gemeinsam betrachtet das Gesamtbild – die Stimmung!) Bei John Neumeiers Balletten haben wir von unserer ersten gemeinsamen Arbeit an die Funktionalität der Gassenbühne ihrer Illusionierung vorgezogen. (Als Ausnahme kann man noch den ersten und dritten Akt des *Nußknackers* ansehen . . .) Wir haben immer wieder in den Balletten Gassen und Soffitten als solche behauptet, sachlich gezeigt, – sie nur immer wieder in den Materialien und in den Strukturen geändert (z. B. weiße Moltongassen in *Kuß der Fee / Daphnis und Chloë*, blaue Samtgassen- und Soffitten in *Sommernachtstraum,* dunkelgrüner Samt in *Dornröschen,* schwarzbemalter Samt in *Feuervogel,* grau bemalter Tüll in *Kameliendame* und *Peer Gynt* usw.)

DER KUSS DER FEE/DAPHNIS UND CHLOË – FRANKFURT 1972

Diese beiden Ballette an einem Abend waren die erste gemeinsame Arbeit mit John Neumeier. John Neumeier und ich kannten uns seit Jahren aus Stuttgart. Seit 1962 (seit *Romeo und Julia)* hatte ich mit John Cranko zusammengearbeitet und fast alle seine abendfüllenden Ballette ausgestattet. In ihnen tanzte auch John Neumeier in den verschiedensten Rollen. Für beide Ballette fanden wir einen gemeinsamen Grundbau (naturweißer Gassen- und Soffittenaushang, tonbrauner Tanzboden). Malerische Wände, Prospekte, bemalte Tülls, Podeste mit gemalten Blenden, plastische Figuren, reale Möbel u. a. waren die Elemente, mit denen die unterschiedlichen Orte angedeutet und behauptet wurden. Ein Nebeneinander verschiedenster historischer Zitate zwang zu Assoziationen: Bei *Kuß der Fee* signalisierten die frei gemalte Ornamentik der Wände und Vorhänge, die genau beschriebenen Möbel und die folkloristisch zitierten, in der engen Farbskala weiß, rot und schwarz gehaltenen Kostüme den ländlichen Ausgangspunkt einer reichen Bauernhochzeit. Aus dieser Basis heraus konnte sich dann der Traum entwickeln. Hinter den konkreten Wänden und Vorhängen entstanden andere, transparente Schichten; Welten, deren agierende Figuren dementsprechend abstraktere Konturen annahmen.

Die behauptete griechische Inselwelt mit antiken Ausgrabungen (Zitaten) bei *Daphnis und Chloë* – wegen der Entstehungsperiode der Musik auf die Zeit um 1900 fixiert – wird suggeriert durch begehbare Stege und Treppen mit bemalten Blenden, dahinter konturiertem Berg- und Meerprospekt, alles ornamental bemalt (Gustav Klimt), und eine gleißendes »Sonnenlicht« ausstrahlende Lampenapparatur – im Gegensatz dazu die übergroßen vollplastisch modellierten Statuen des Apollon (Zeustempel in Olympia) und der drei Göttinnen (alt-attische Mädchenstatuen aus Antenor). Die Kostüme der Lehrerin und Schüler, der Inselbewohner oder Matrosen haben ihren genauen historischen Bezug. Die Kostüme der Piraten sind aus der Ornamentik der Umgebung, die der Göttinnen aus den Konturen und Details der Statuen abgeleitet. Das Nebeneinanderstellen, das Aufeinanderwirkenlassen verschiedenster stilistischer Ebenen ergab hier bereits das theatralische Spannungsfeld.

DER NUSSKNACKER – WINNIPEG 1972, MÜNCHEN 1973, HAMBURG 1974

Während meiner Vorbereitungsgespräche für *Kuß der Fee* und *Daphnis und Chloë* sah ich in Frankfurt eine *Nußknacker*-Vorstellung. John hatte zur Vorweihnachtszeit 1971 – ohne viel Etat, Dekorationen und Kostüme, fast alles aus dem Fundus – diesen Ballettklassiker relativ schnell konzipieren, neu choreographieren und szenisch improvisieren müssen. Ich war fasziniert von der Aufführung und bat John, diese *Nußknacker*-Version einmal ausstatten zu dürfen. (Ich hatte dieses Ballett bereits Jahre zuvor mit Celia Franca in Toronto gemacht, mit einem traditionellen Libretto und in sehr farbenfrohen, abstrahierten Dekorationen und Kostümen.) Mich interessierte die genaue Geschichte, die John Neumeier in seiner Version mit den Tänzern erzählte, die Art und Weise, wie er das Theater, – die Phantasien um das Theater – in die Handlung einbezogen hatte, wie er das Großbürgertum und seine Sicht auf die Theaterwelt, ganz aus der Tschaikowsky-Zeit heraus, detailgenau und suggestiv choreographiert und inszeniert hatte.

Wegen der Frankfurter Umstände hinkte die optische Seite dieses ingeniösen Wurfs ein wenig nach, und ich fühlte mich damals, in langjähriger Arbeit mit Rudolf Noelte detailgeschult, prädestiniert für diese Aufgabe. Meine ersten Entwürfe machte ich für die Compagnie in Winnipeg – kleine Bühne, viele Gastspiele, daher mußte alles sehr praktikabel sein, kaum eigene Werkstätten, wenig Geld ... Die Dekorationen ließ ich in München malen, die Kostüme wurden vor Ort angefertigt. Parallel dazu wurde schon die größere Bühnenbildversion für München vorbereitet, direkt auf das Nationaltheater mit seinem klassizistischen weiß-rot-goldenem Ambiente abgestimmt. (Vorbild war immer das Ambiente der Grand Opéra de Paris mit ihren ornamentalen Details.) Auch im *Nußknacker* arbeiteten wir wieder mit stilistischen Collagen und historischen Zitaten. Erstens: der gemalte pompöse Portalrahmen mit der reichen Vorhangdraperie, figural und ornamental in Marmor, Gold und Samt ... Ausdruck der feudalen oder großbürgerlichen Theaterfiktion. Dieser Prunk wird dann noch einmal im dritten Akt – in der Galavorstellung zitiert, setzt sich optisch hinter dem Portal fort ...

Zweitens: die bürgerliche Wohnung, das repräsentative Zimmer mit großen bequemen Polstermöbeln, mit Tapetenwänden, Vorhangdrapierungen, Makartstrauß, Ölgemälden von Familienangehörigen und Nippes, – große eichene Schiebetüren mit ornamentiertem Glas, dahinter weitere Zimmerfluchten, pompös gedeckte Tafel, kostbare Gaslampen. Die Personen, die diese Räume beleben, die aus Anlaß eines Geburtstagsfestes zusammengekommen sind, sind in ihrer Kleidung – genau in der Mode um 1875 – individuell charakterisiert und differenziert ausgearbeitet. Diese bürgerliche Welt ist die Basis, auf der sich John Neumeiers *Nußknacker*-Version aufbaut. Neben vielen anderen Geschenken für Marie kommt auch das kleine Figurentheater in die bürgerliche Wohnstube, eine Miniaturausgabe (wieder ein Zitat) des großen Theaters, in dem sich das Ballett gerade abspielt. Dieses kleine Papptheater ist ein Requisit, das Phantasien auslöst und Träume wahr werden läßt. Es wird hier als theatralisches, dramaturgisches Symbol genutzt, um Wege für Visionen frei werden zu lassen. Auch die geschenkten Spitzenschuhe sind so ein Phantasie anregendes, weiterführendes Symbol. Der Weg der Phantasie führt Marie – und damit uns, die Betrachter – direkt in die konkrete Theatersituation eines Ballett-Trainings an der Stange, einer Tanzprobe.

Drittens: der »weiße« Akt, – die übliche »Schneeflocken«-Szene – ist nicht in einem nebulösen Irgendwo angesiedelt, sondern bekommt seine Realität, und dadurch auch seine Poesie, aus der ganz konkreten Theatersituation: Tänzer haben Probe, arbeiten. Auf der kargen, transparenten Gassenbühne (naturweißer Tüll), mit indirektem Licht durch eine helle Operafolie und einem Tüllprospekt, stehen die Ballettstange, ein von der Rückseite zu sehender ausgesägter Kulissenbaum, eine Stehleiter und ein paar Stühle. Die Mädchen tragen, von Degas inspiriert, halblange Tutus aus naturweißem Baumwollvoile. Die Ballerina tritt – ganz in ihrer Allüre sich abhebend – mit einem kostbaren exotisch gemusterten Seidenschal über dem Tutu auf.

Viertens: die Galavorstellung, das Resultat der Probe, die Krönung ... Das Ambiente des »Festlichen Saals« entwickelt sich aus der Vervielfältigung des prunkvollen Theaterportals. Der Abschlußprospekt hat in der Mitte wieder ein Portal mit einem aufziehbaren Wagnervorhang. Dahinter werden durch immer neue Prospekte die Verwandlungen gezaubert, der jeweilige Stimmungshintergrund für die unterschiedlichen Divertissements. Diese Zitate des Kulissentheaters des 19. Jahrhunderts spiegeln sich auch in den farbenprächtigen detaillierten Kostümen des Galaaktes wider, sind inspiriert von der Tradition des russischen Balletts der Uraufführungszeit. Dadurch, daß Drosselmeier und Marie inmitten der aufgeputzten Tänzer immer in den Kleidern ihrer Ausgangssituation agieren, entstehen entscheidende theatralische Brechungen ...

Nach dem außerordentlichen Erfolg der Münchener Premiere hätte ich gern arrangiert, daß John Cranko eine Vorstellung sieht. Ich bin sicher, ihm hätte das erste große Handlungsballett John Neumeiers gefallen, war es doch eine legitime Weiterführung seiner großen abendfüllenden Ballette. Es lag mir am Herzen, die beiden Johns wieder näher zueinander zu bringen, die nach Neumeiers Weggang von Stuttgart nach Frankfurt doch große Distanz hielten. Es sollte nicht sein, John Cranko kam nicht wieder.

ROMEO UND JULIA – KOPENHAGEN 1974, HAMBURG 1981

Vielfältige Bezüge zu unserer Biographie: Als John Anfang des Jahres 1974 *Romeo und Julia* – mit dem Bühnenbild von Filippo Sanjust – aus Frankfurt übernahm, war ich zufällig bei den Endproben in Hamburg dabei. Wir beschlossen damals, dieses Stück einmal miteinander zu machen. Ich hatte ja eine besondere Beziehung zu dem Stück: Das Bühnenbild zu *Romeo und Julia,* in der Choreographie von John Cranko, hatte 1963 meinen Durchbruch bedeutet, völlig »aus dem Bauch heraus« gemacht. – 1974 Kopenhagen: Die Neumeiersche Interpretation stand als Tanz-Konzept in größten Umrissen fest. Im Unterschied zur eher flächigen Bühnenbildlösung in Frankfurt aber war unser Raum – zuerst in Kopenhagen, später in Hamburg – dimensionaler gegliedert, bewußt ausgerichtet auf die einfachen Gegebenheiten der Shakespeare-Bühne, verknüpft mit Bildwelten der Frührenaissance, viel »Toskanisches«, aber ganz schlicht. Dem bis in kleinste Details überlegten Konzept des Choreographen entsprach eine starke architektonische Klarheit des Raumes – in allen Bildern stets der große Himmel im Hintergrund, entscheidend vor allem für die Rückblenden, durch die John den Handlungsablauf gliederte. Übersichtlichkeit als Prinzip: sichtbare, schnelle Wechsel von großer Wirkung, beispielsweise außen und innen der Kirche in der Lorenzo-Szene – bis heute mein Lieblingsbild in Johns Version. Der Raum wird transparent, der Hintergrund reißt auf, die Menschen sind nur noch silhouettenhaft sichtbar, charakteristisch für Johns Arbeitsweise, auch in späteren Balletten.

Mit Abstand gesehen erscheinen für mich heute – eigentlich verrückt – zwei Arbeitsweisen nebeneinander möglich, sind gleichwertig. Als ich *Romeo und Julia* mit John Cranko erarbeitete, war ich niemals zuvor in Italien gewesen. Ich hatte dieses Italien zu »erfinden«. John Cranko warf mich ins kalte Wasser. »Ich mußte schwimmen.« Er wartete ab, was von mir kam, und dann reagierte er. Ganz anders mit John. Wir waren ja gleich alt; ich hatte da schon viel mehr gesehen, viel mehr erlebt; ich fuhr nach Italien, lief durch Florenz und »studierte«. Natürlich macht man sich's so komplizierter, kommt aber letztlich nicht ohne solches Studium aus, braucht es vielmehr als Voraussetzung, um in der Arbeit dann wieder ganz frei und spontan zu sein, eine Vorgehensweise, die wir in unseren späteren Arbeiten häufig beibehalten haben.

Erinnerungen an Kopenhagen: Die Arbeit machte ungeheuren Spaß. Wir trafen dort, was sehr spannend war, auf eine ungewöhnliche Compagnie, deren Mitglieder eigentlich aus jeder Altersgruppe bestanden, wo vom kleinen Kind bis zum alten Mann alle Rollen aus dem Corps de ballet adäquat zu besetzen waren. Romeo und Julia waren beide sechzehn oder siebzehn Jahre alt, ganz, ganz jung, so wie es das Stück vorschreibt – ohne Maskenbetrug. Und Julias Mutter, die eigentlich die Julia tanzen wollte, war eine Dreißigjährige. Ein Drittel der Leute in der Ballszene waren tatsächlich ältere Tänzer, was dem Bild eine besondere Glaubwürdigkeit gab. Für ein realitätsnahes Stück wie *Romeo und Julia* war das wunderbar; es sah alles überhaupt nicht »verkleidet« aus.

ILLUSIONEN – WIE SCHWANENSEE
HAMBURG 1976

Diesen Ballettklassiker hatte ich bereits zweimal mit John Cranko in Stuttgart und München erarbeitet, in unterschiedlichen Versionen. John Neumeier wollte wieder einen ganz neuen Schlüssel zu diesem Werk finden, – wir tasteten uns ganz offen und unbefangen an die Materie heran, soweit das mit den vielen Bildern, die einem bei so einem Klassiker durch den Kopf schießen, überhaupt möglich ist. In meinen Finnlandurlaub 1975 hatte ich mehrere Biographien und andere historische Studien über König Ludwig II. von Bayern

Kostümentwürfe zu »Romeo und Julia«, Die Schauspieltruppe

IG

mitgenommen. Meine Faszination über diese historisch theatralische Ausnahmeerscheinung, meine ausschweifenden Erzählungen und begeisterten Detailschilderungen schienen Wirkung erzielt, John Neumeier neugierig gemacht zu haben. Er beschäftigte sich eingehend mit diesem Phänomen und schien mehr und mehr inspiriert ...

Bald unternahmen wir eine mehrtägige Besichtigungsreise durch die wichtigsten Ludwig-Schlösser – Hohenschwangau, Neuschwanstein, Linderhof und Herrenchiemsee. Wir durchlebten Wechselbäder von Staunen, Nichtfassenkönnen, Angeekeltsein, Belächeln und Betroffenheit. Der große Bezug zu unserem *Schwanensee*-Vorhaben, der dramaturgische Einstieg vollzog sich ganz unerwartet bei der Besichtigung des letzten Schlosses: in den backsteinrohen, unfertigen Seitenflügeln des Schlosses Herrenchiemsee, dort, wo in den sonnendurchfluteten leeren, von keinem Touristen je betretenen riesigen Räumen hunderte von exakt gestapelten, nie benutzten kostbarsten Möbeln, Gemälden, Büsten, Statuen, Teppiche u. a. unter endlosen vergilbten weißen Tüchern lagerten und ihre Geschichte auszuschreien schienen. Wir waren ganz benommen, ganz still, – hatten unseren Ausgangspunkt, die Grundsituation für das *Schwanensee*-Ballett gefunden: Ludwig – der Prinz im *Schwanensee* – gefangen in seinen eigenen Bauten, umgeben von seinen in Auftrag gegebenen theatralischen Visionen, Utopien, die nur für ihn allein einen inhaltlichen Bezugswert hatten, in der Isolation des Gefängnisses seine Phantasie immer wieder von neuem entzündeten, während die anderen, die Umwelt, nur profanes Material darin sehen konnten.

Diese Backsteinmauern, dieses Gefängnis wurde in unserem Ballettkonzept der immer gegenwärtigere Grundbau, auf den sich dann alles bezog; das hölzerne Baugerüst vor bayerischem Landschaftspanorama, das königliche Richtfest mit ländlichen Bauarbeitern, trachtengeschmücktem Volk und eleganter Hofgesellschaft, die »Separatvorstellung« im zweiten Akt – eine kulissengemalte Theaterinstallation innerhalb des Baugerüsts –, Schwanenprinzessinnen in weißen Tutus mit Federn und der König persönlich als Protagonist in historischem »Lohengrin«-Kostüm gekleidet ... der große historisch-theatralische Kostümball im Spiegelsaal mit seinen unzähligen brennenden Kerzen, alles wieder innerhalb des Baugerüsts installiert.

Im Finale stürzt ein großer blauer Seidenbaldachin des Festsaals ein. Die Stoffbahnen werden zu Wassermassen, in denen der König ertrinkt. Die großen offenen Szenen kontrastieren immer mit der abgeschlossenen Gefängnisenge. Die Visionen des Königs heben die räumlichen Gesetze auf, die Mauerwände öffnen sich, fahren auseinander. Mit solchen Theatermitteln kann man emotionale, subjektive Zustände einer Mittelpunktsfigur bildlich und szenisch erzählen. Mit der Fülle der Zitate, die wir im *Schwanensee* aufeinander wirken ließen, konnten wir das schillernde Kaleidoskop dieses Königs, dieses außergewöhnlichen Charakters aufspüren und formen.

EIN SOMMERNACHTSTRAUM – HAMBURG 1977, KOPENHAGEN 1980, PARIS 1982, WIEN 1986

Shakespeares geniale Parabel über die Verirrungen der Liebe – Ver- und Entwirrspiel menschlicher Extremzustände, gezeigt an verliebten Aristokratenkindern, an einem siegreichen und daher die Liebe frevelnden Herrscher, an einem zerstrittenen, doch liebessüchtigen Elfenkönigspaar und an einem sich grotesk nacheinander verzehrenden Liebespaar aus einer Theaterschnulze. Ich hatte mit Dieter Dorn in München das Schauspiel gemacht, bin von dem Gedanken immer wieder aufgestellter theatralischer Behauptungen ausgegangen: Eigentlich braucht man nichts. Alles entsteht aus den Darstellern heraus. Sagt der Schauspieler, das ist der Wald, das ist der Mond etc., dann ist es das! Im Ballett hat man klassischer vorzugehen. Die Notwendigkeit der Gassenbühne stand von Anfang an nicht in Frage. Es gab – wie häufig in der Zusammenarbeit mit John – einen Grundbau, einen Grundaushang, eine Welt, die, ist sie einmal festgelegt, »bleibt«. Dennoch auch im Ballett ganz bewußt: Leere, Strenge, Klarheit. Alles geschieht in Johns Choreographie vor den Augen der Zuschauer, ständige Verwandlungen, ein Ineinander-Gleiten der Welten und Sphären, alles nahezu aus dem Nichts entwickelt, weitgehender Verzicht auf dekorative oder illustrative Elemente – wie etwa in anderen, traditionell vorgeprägten Balletten. Das Blau eines Hochzeitsraumes wird in Sekunden zum Blau eines Sternenhimmels, Freiraum, um die abenteuerlichsten Details hineinzusetzen, Zauber der Metamorphose. Körper – in diffusem Licht, in abstrakten Räumen – formen sich zu Menschenpyramiden; das ist in gutem Sinn simpel, »Shakespeare-nah« und daher über Jahre und viele Neueinstudierungen hinweg kaum »abgenützt«.

Im Ballett bleiben die Dinge häufig so, wie man sie einmal erfunden hat; ein entscheidender Punkt für mich, warum ich immer wieder Ballette machen muß, aber auch nicht ständig machen könnte. In den letzten Jahren verliebe ich mich mehr und mehr in den Gedanken einer »letzten Vorstellung«. Nach drei, vier oder fünf Jahren hat sich die unmittelbare Wirkung einer Inszenierung erschöpft. Man »muß« neu machen: im Schauspiel eigentlich generell, in der Oper zumeist (da setzt sich eine solche Einstellung zunehmend durch), im Ballett am seltensten, was jedoch seine guten Gründe hat. Im Ballett bleiben Konzeptionen über Jahre bestehen, schon aus dem Zwang der einmal festgelegten Bewegungsabläufe heraus; es herrscht häufig ein poetischer Zauber der Erinnerung. Man kann im Ballett intensiver als in allen anderen Theatergattungen auf dem aufbauen, was einmal war, was sich einmal bewährt hat.

Im *Sommernachtstraum* waren räumliche Gestaltungen vorgegeben durch Johns Trennung der Handlung in Menschen- und Elfenwelt, gespiegelt in der Auswahl der jeweiligen Musik, Werke von Mendelssohn Bartholdy für die Hofwelt, Kompositionen von Ligeti für den nächtlichen Elfenzauber. Ausgangspunkte: sehr knappe, aber genaue Möbel und Requisiten für die Hofszenen, rekonstruierte Historie von 1810/1820. Kostüme in der Hofwelt historisch genau (für die Menschen), für die Elfen abstrakt, glänzende Trikots, »dazwischen« die Handwerker: real-naiv, aber historisch. – Dazu drei Olivenbäume für den Wald. Mit den Bildern eines Urlaubs in Griechenland und in der Toskana im Kopf konnten es nur Olivenbäume sein. Ursprünglich sollten sie für die Bühne so realistisch wie möglich nachgebildet werden (ähnlich wie später in Verdis *Otello*, den ich 1978 mit John in München gemacht habe). Aber plötzlich inspirierten mich ungeheuer die Eisenkonstruktionen, die die Schlosser

Kostümentwürfe zu »Ein Sommernachtstraum«   IG

der Hamburger Werkstätten für die Olivenbäume entwickelten. Ich kam gerade dazu, als die Kascheure die Konstruktionen verkleiden wollten: »Das rohe Eisen muß bleiben!« Ich rief John an: »Komm in die Werkstatt! – Ist es nicht spannender, wir lassen die Bäume als ›Behauptung‹ in der Eisenkonstruktion?« Nachträglich sah das wie ein Gedanke aus, ergab sich jedoch als handwerkliche Konsequenz aus der Grundidee – ein karger Raum, drei Bäume, der ganze Shakespeare, Figuren, die die Szenen bestimmen, nicht umgekehrt. In einem weitgehend abstrakten Raum – Schritt für Schritt Annäherung an das, was wir später in *Peer Gynt* oder *A Cinderella Story* versuchten – bekommt das Kostüm die Funktion einer Hauptsprache, wird Hauptausdrucksmittel, wesentlicher Akzent in nahezu allen meinen Arbeiten mit John.

DORNRÖSCHEN – HAMBURG 1978

Ebenfalls visionäre Eindrücke aus meinem damaligen Urlaub in Irland: Entdeckungen von zahlreichen leerstehenden, eingefallenen, wunderschönen Schlössern und Burgen des Mittelalters und der viktorianischen Zeit. Vegetation: Rosen, Efeu, Bäume; die Zeit, ablesbar an den überwucherten Ruinen, Thema des Stückes, Ausgangs- und Grundmotiv des Märchens. Ablesbar: die ursprüngliche Beschaffenheit, stilistisch einordbar, jetzt verlassen, aus dem Zusammenhang gerissen, der Natur, der Vegetation überlassen. Das kannte man aus dem Märchen; aber zum ersten Mal in meinem Leben hatte ich es unmittelbar erfahren, sinnlich wahrgenommen. Bilder davon im Kopf, malte ich die Prospekte für das Ballett, richtete meine Vorstellungen nach Johns – auch in diesem Fall – genauen historischen Überlegungen: viktorianisches Schloß – Taufe Auroras – Geburtstag – erkennbare Situation um 1870 – genaue Kostüme, Originalmaterialien, entstanden nach langen Recherchen, in diesem Fall unter anderem nach Filmen von Luchino Visconti. Ausgangspunkte von Johns exaktem Libretto: hundert Jahre Schlaf – Prinz kommt in Jeans und

Hemd – Prinz kämpft mit den Dornen, dem Ballett entsprechend umgesetzt in »Dornen-Menschen« – Prinz gelangt zu Aurora. – Grundgedanke des Einst (1878) und Jetzt (1978): aufwendige Aufbauten zweier Schlösser. (In Stuttgart, wo ich das Ballett später mit Marcia Haydée machte, beschränkte ich mich auf die Darstellung des Zeitenwandels in der Vegetation, ließ die architektonischen Bezüge, die für Hamburg wesentlich gewesen waren, weg.)

Den vorgegebenen illustrativ-historischen Rahmen zerstörte John in seinem Konzept ganz bewußt. Üblich war, mit diesem Stück vom 18. ins 19. Jahrhundert zu gehen, von einer rokokohaften Welt in die Romantik. Hier jedoch führt der Weg direkt in unsere Zeit. Der Prinz, das sind »wir«. Aurora dagegen gehört der Vorstellungswelt Tschaikowskys an. Diese neuartige Zeit-Spannung, daher auch Gefühls-Spannung, war eine bewußte Verschärfung, die John der Aufführungstradition dieses Balletts entgegensetzte. Eine gewisse Irritation beim Zuschauer war bewußt (vor)programmiert. Heute könnte man sich diese Irritation, nach unseren Erfahrungen mit *A Cinderella Story,* schärfer, akzentuierter vorstellen, aber wahrscheinlich lag der besondere Reiz bei diesem unglaublich »klassisch« festgelegten Ballett gerade in der Einbindung eines aus der Gegenwart kommenden Prinzen in eine romantische Welt; in dem bewußten Ausweichen des von der Tradition überzeugten Choreographen vor der Zerstörung aller historischen Bezüge. Ich erinnere mich an lange Diskussionen mit John, welche Welt in *Dornröschen* überwiegt, unsere oder die romantische, zentrale Frage für unseren gesamten »Tschaikowsky-Zyklus«, vom *Nußknacker* über *Illusionen – wie Schwanensee* bis zu *Dornröschen.*

DIE KAMELIENDAME – STUTTGART 1978, HAMBURG 1981

Für damalige Verhältnisse – in bezug auf unsere Erfahrungen mit klassischen Balletten – waren wir erstaunlich mutig , was Abstraktion anging, sicherlich ein Grundprinzip der *Kameliendame,* dieses häufig üppig vertanzten Themas, meist in der Absicht, Zeit und Zeitkolorit möglichst genau einzufangen. Johns Libretto ging streng auf den Roman von Alexandre Dumas d. J. zurück – ausschließlich mit Musik von Chopin –, in bewußter Abgrenzung zu bekannten Varianten des Stoffes in Schauspiel, Oper und Ballett. Vor allem die Technik der Rückblende war dem Roman als dramaturgisches Prinzip fürs Ballett entlehnt: Es beginnt und endet auf einer Auktion. In bewußter Neumeierscher »Kompliziertheit« war das Geschehen verwoben mit den »Manon-Episoden«, theatralische Spiegelung der Grundkonflikte. Beim Lesen macht sich das wunderbar. Dramaturgisch, bei der Umsetzung in getanzte Handlung, ist das ungeheuer kompliziert und doch im Ablauf des Balletts von verblüffender Folgerichtigkeit, wie überhaupt die Idee von »Theater im Theater« eine von Johns stilbildenden ist und fast in jedem seiner Balletten auftaucht. Sie kommt im *Nußknacker* vor – der zweite Akt, eine Theatervorstellung –, im *Sommernachtstraum,* in *Peer Gynt,* dort als Traumwelt des Kinos usw. Mich hat die Behauptung »Wir sind auf der Bühne, und jetzt spielen wir das so« stets ungemein fasziniert. Sie verbindet meine Vorstellung von Theater eng mit den Visionen von John.

Kostümentwürfe zu »Die Kameliendame«   IG

Zentraler Punkt in der *Kameliendame* ist die starke Konzentration auf die Titelfigur. Marguerite kommt, flieht und hastet von einer Szene zur anderen, von einer Situation zur nächsten, von einem Ball zum anderen – Grundidee für sie, eigentlich für alle Figuren, die zunehmend in ihren Sog geraten: allmähliches Verschwinden. Dies geht in schnellstem Wechsel vor sich. Rein pragmatisch war daher ein Grundbau notwendig, der sich möglichst rasch verwandeln ließ – der transparente Raum (durchsichtig, aus Tüll), Vor- und Übergangsstufe von der Gassenbühne zum »geschlossenen Raum«. Diesem Raum wohnte die Fähigkeit zur Auflösung inne: »Dahinter« werden Menschen sichtbar. Das Ringen um immer größere »Durchsichtigkeit« prägt als ein Fixpunkt meine jahrzehntelange Zusammenarbeit mit John; *Peer Gynt* ist in solchem Sinn extrem durchsichtig, übrigens auch unsere Wiener Version von *Daphnis und Chloë*. Bis zur *Kameliendame* – zuvor zuletzt in *Dornröschen* – war die Gassenbühne dominant. Zum ersten Mal kam es jetzt zu einer bewußten Auflösung, bereits angedeutet in Teilen des *Sommernachtstraumes* und in der »Degas-Vision« des zweiten Aktes im *Nußknacker.* Ein durchsichtiger weißer Raum (beispielsweise mit einer Ballettstange auf der leeren Bühne) wurde zu einem »Bild-Schlüssel« unserer Arbeiten. In der *Kameliendame* baut sich die Vielfalt aller Bilder auf solchem Schlüsselerlebnis auf, nicht zum Selbstzweck, sondern in enger Verbindung mit der Technik der Rückblende (Wechsel von Realität und Traum); überhaupt ist Johns Erzählweise ja zumeist intellektuell-konzeptionell ausgerichtet, im Gegensatz etwa zu John Cranko, dessen Handlungsballette streng linear verlaufen, mit visionären Momenten nahezu ausschließlich im Pas de deux (was wiederum auch Neumeiers Ballette besonders auszeichnet). Die Konzentration auf den Grundbau bedingte in der *Kameliendame* die Dominanz des Kostüms, detailgenau bezogen auf die Pariser Salons um 1850, zum Teil inspiriert durch Fotos aus jener Zeit – Reichtum und Vielfalt eines Kostümstückes, stets gesehen aus dem Blickwinkel Marguerites.

DER FEUERVOGEL – WIEN 1983, HAMBURG 1985

Gedacht als »Gegen-Welt« zu *Daphnis und Chloë,* beeinflußt von einer »Science fiction«-Welt, was damals noch nicht so in Mode gekommen war. Zuvor hatte ich den *Feuervogel* mit John Cranko gemacht, als großes Ausstattungsstück, der Herkunft nach »russisch«, die Apotheose beispielsweise nicht vertanzt, wie später bei John, sondern gestaltet als riesiger Ikonen-Aufzug, durchaus wirkungsvoll (eine Version, die lange Zeit an der Deutschen Oper in Berlin zu sehen gewesen ist). – Charakteristisch für Johns und meine Wiener und spätere Hamburger Version wurde die »Erfindung« einer Geschichte zum vorgegebenen Sujet, von John bewußt melodramatisch gedacht, starke Akzente gesetzt für das »Böse«, Sphäre des Zauberers Kastschej, die real empfunden war mit Gefängnis, Stacheldraht, Lageratmosphäre, heutige kaputte Welt, unter anderem Reste einer zerschlagenen Glocke, alles ruinös, vergleichbar dem Verfall in *Dornröschen.* Dazu standen die Naivität der Prinzessin – hier des jungen Mädchens – und die Erscheinung des Feuervogels, ein Wesen aus einer anderen Welt, in starkem Kontrast; teilweise waren die Kostüme bewußt den dreißiger Jahren unseres Jahrhunderts entlehnt. So wurde über eine neue Erzählweise, durchaus im Einklang mit Strawinskys Musik, wiederum Ikonenhaftes und Archaisches erzeugt, in sich geschlossen wie auch unsere antike, helle Welt in *Daphnis und Chloë*. Die Apotheose war eine große räumliche Veränderung vom Dunkel ins Helle, von der Nacht zum Licht: zwei übereinandergelegte Kreise, die sich auseinanderbewegten, photographischer Trick, der wegen der größeren Bühnenverhältnisse in Wien eindrucksvoller geriet als in Hamburg. (Später habe ich Ähnliches im *Wozzeck* von Alban Berg angewandt.) Darin »eingebettet« war ein emporwachsender Baum – als Symbol kehrt er in *A Cinderella Story* wieder –, Zeichen für Natur, Sonne, Helligkeit.

PEER GYNT – HAMBURG 1989, STOCKHOLM 1992

Wir saßen zusammen, haben immer wieder an Ideen gesponnen, einander Vorschläge gemacht: komplexes Stück, viele Bilder, schnelle Wechsel, zusammengehalten von der Inspirationskraft der Musik Schnittkes. *Peer Gynt* hatte – stoffgebunden: großes, episches, abendfüllendes Ballett – etwas bewußt Errechnetes (Johns Einfall von Lebens- und Erfahrungskreisen) und war doch als weniger traditionsbelastetes Thema für uns im Endeffekt neu, mit klarem Hang zu immer stärkerer Abstraktion, analog zum Fortgang des Stückes – Änderungen des jeweiligen Bildes durch wenige Hänger und Bodensegmente. Vielfältiges wurde gebündelt in einer »Farb-Dramaturgie«: beispielsweise Erd-Rot für Aase, Gelb für die Welt der Trolle, Blau und Grau für Norwegen. Detailliertes wird übers Kostüm »erzählt«: Peers verschiedene Lebensstationen. Gerade die Arbeit an *Peer Gynt* bewies mir sinnfällig, wie unmöglich es für mich wäre, »nur« den Raum und nicht die Kostüme zu entwerfen. Beides ist eine untrennbare Einheit für mich, ausgehend von einem am Ende eigentlich stets klaren Grundraum (in *Peer Gynt* dunklere Farben, starke Formen), in dem die vielfältigsten Situationen durch unverwechselbare Kostüme und Kostümwechsel verdeutlicht werden; Geschichten im Theater erzählen sich für mich nur durch die Menschen, daher sind Kostüme so entscheidend: Wie kommen die Bauern zu den Trollen, wer sind die Trolle, wie funktionieren die unterschiedlichsten Rückblenden?

Langer Weg dramaturgischer Entschlüsselung: Zunächst orientierten wir uns an Ibsens Original. Dann führten unsere Welt-Reisen immer intensiver zu Theater-Reisen (Peer als »Kaiser der Welt«). Ich fürchtete damals zuweilen, wir würden uns zu sehr in Rechenaufgaben, sprich Bilderfluten verlieren: Jetzt kommt das achtundzwanzigste Bild, dann das nächste etc. Ursprünglich war der Raum für dieses abendfüllende Ballett mit zwei Pausen konzipiert, und wir hatten das Handicap, Schnittkes Musik zunächst nur von einer sehr vagen Orchesteraufnahme zu kennen, in der viele Details noch fehlten. Zu meinen Bildern hatte John bereits die Pausen konzipiert; wo geht Peer ab, wie erscheint er wieder vor dem Vorhang etc. Plötzlich merkten wir, daß dies so nicht gehen würde und daß der Prolog und der erste Akt mit dem zweiten Akt (gewaltige Fahrten der Bühnenmaschinerie von der Tanzprobe bis zur Wahnsinnsszene) verbunden werden mußten, während der eigentlich nicht mehr lange dritte Akt und das »endlose Adagio« des Epilogs eine eigene Sphäre darstellten. Das ist toll bei John: Er handelt in solchen Situationen rigoros. Wenn er (mit großen Augen) merkt, »Oh Gott, wir haben einen Fehler gemacht« (Spannungen gehen verloren, Auftritte und Abgänge funktionieren nicht mehr etc.), dann ist er augenblicklich zu oft radikalen Änderungen bereit, derart entschlossen, daß man am Ende – ist die neue Lösung gefunden – denkt: So und nicht anders muß es sein. Anfangs hatten wir beispielsweise gar nicht den Mut, *Peer Gynt* im leeren Raum enden zu lassen. Das Grundgestell, das in den Bildern zuvor Peers und Solveigs Welt versinnbildlichte, sollte fürs letzte Bild stehenbleiben. Als wir es auf der Bühne sahen, sagten wir: »Das muß weg!« Es muß ganz leer sein. Beispielsweise sollten im Schlußbild mehrere Spiegel hängen; in Hamburg war es dann schließlich einer (um die Konzentration der Zuschauer auf Solveigs Kleid zu erhöhen); bei der Stockholmer Version fiel auch dieser eine Spiegel weg.

Erinnerung an Stockholm 1992, *Peer Gynt* weitergedacht. Für mich war es nicht leicht, mir nach relativ kurzer Zeit – drei Jahre waren seit der Hamburger Uraufführung vergangen – das Stück erneut vorzunehmen. Man hat die Arbeit hinter sich (für einen selbst ist das zunächst Wiederholung), man weiß, wie's war und wie's sein sollte – gewisse Dinge, die einem nicht so gelungen scheinen, will man dann besser machen –, und jetzt muß man es einem neuen Haus »beibringen«. Da verfährt man leicht so, daß man sagt »Alle Sachen von Hamburg kommen lassen, genau kopieren« . . . – und da habe ich gemerkt, daß es plötzlich viel besser ist, wenn man auf das eingeht, was einem in Werkstätten neu vorgeschlagen wird. So richteten sich die Maler in Stockholm nicht ausschließlich nach den aus Hamburg geschickten Vorlagen, sondern »wagten« es, wie sie sagten, auf meine »frechen«, bewußt mit »dickem Pinselstrich« gemalten Entwürfe zu schauen und kamen so zu wunderbaren Lösungen. Ganz andere Menschen haben da ganz anders auf meine Phantasie reagiert, eine Erfahrung, die ich sicherlich mit John teile, wenn er eine durch eine Creation entwickelte Vorgabe mit anderen Tänzerinnen und Tänzern neu erarbeitet. Das war ein interessanter Vergleich, auch ein großer Lernprozeß für mich. 1989 in Hamburg haben wir in den Werkstätten monatelang ungeheuer intensiv gearbeitet, lange fruchtbare Kämpfe im Malersaal gehabt, was man – oftmalige Wiederholung in meinem Beruf – nachher ja vergißt. Die Arbeit war sehr professionell, sehr genau. Jahre später ging man jetzt nochmal ganz naiv an meine Entwürfe heran, und ich merkte rückblickend, wieviel Improvisation und Phantasie in unserer gemeinsamen *Peer Gynt*-Arbeit steckt.

A CINDERELLA STORY – HAMBURG 1992

Der Raum, nicht gebaut, eine Schachtel, ein Zelt, ein Kasten, im besten Sinn: »Guck«-Kasten, »Schau«-Bühne, eine Einfassung. *A Cinderella Story:* Fortführung, Konsequenz, in gewisser Weise auch Wendepunkt unserer gemeinsamen Arbeit. John hatte die Idee, Prokofjews Musik aus dem Kriegsjahr 1943 mit dem *Tagebuch der Anne Frank* zu verbinden und merkte dann zunehmend, daß das Märchenhafte des Stoffes einer solchen Konzeption entgegenstand. Aber die Grundidee, vom Klischee unter allen Umständen abzuweichen, blieb. *Cinderella* ist vom Aufbau her ein merkwürdiges Musikstück, mit einer ähnlichen Struktur wie Jahrzehnte zuvor Ballettmusik bei Tschaikowsky (obwohl natürlich viel zeitgebundener, schroffer, lebendiger), was in der Aufführungstradition zur Konsequenz hatte, daß dieses Ballett zumeist nicht viel anders realisiert wurde und wird als *Dornröschen, Nußknacker* oder *Schwanensee*. In den sechziger Jahren hatte ich *Cinderella* bereits gemacht, traditionsgebunden eben. Es hätte nahegelegen, daß John und ich, gerade nach unseren Erfahrungen mit den Tschaikowsky-Balletten, auf diesem historischen Weg geblieben wären. Aber ich habe gesagt: »Ich bin ein wenig ›Ballett-müde‹, was diese Form angeht«; und mit *Peer Gynt* hatten wir bereits, was eine gewisse Herangehensweise an eine Vorlage betraf – das Arbeiten mit traditionell nicht

Kostümentwürfe zu »Peer Gynt«

Bühnenbildskizze zu »A Cinderella Story«

so belasteten Themen –, die Erfahrung von etwas völlig Neuem gemacht. Wir saßen voreinander, zunächst ganz »leer«. Ich fand keinen Aspekt, ihn mitzureißen oder mich zu animieren. Irgendwie spukte mir aber durch den Kopf: »Nur keine Gassenbühne.«

Ich zeigte ihm ein Foto meines Bühnenbildes zu Ibsens *Gabriel Borkman,* entstanden für eine Inszenierung von Hans Lietzau an den Münchner Kammerspielen. John hatte die Aufführung nicht gesehen, klammerte sich aber an den Raum, den er vor sich hatte, ohne damals genau wissen zu können, worauf er sich da einließ: ein geschlossener Raum, extrem gegen die Gesetzmäßigkeiten des Balletts gerichtet, keine Gelegenheit zu häufigen Szenenwechseln, keine vielfältigen Auftritts- und Abgangsmöglichkeiten. Für mich ergaben sich sofort andere Dimensionen. Ich wußte: Die Tänzer – als Menschen – werden anders aussehen als im gewohnten Seiten- oder Gegenlicht, Entstehung eines existentiellen Raumes, Ballett der inneren Stimmungen. Es müßten so suggestive Raumbilder = Tanzbilder möglich sein.

Der Raum in *A Cinderella Story* ist im wesentlichen schwarz-weiß. Farbtupfer spenden die Möbel, Kostüme, Requisiten und ein immer größer werdender Haselnußstrauch im Hintergrund – Lichtstimmungen zur Auslotung von Hoffnungen, Verzweiflungen und Sehnsüchten. Die zur Konzentration führende Leere des Raumes macht alles, was die Tänzer tun, erlebbar, nachfühlbar, unmittelbar. Für mich ist *A Cinderella Story* ein entscheidender Schritt in unserer gemeinsamen Arbeit, deutlich sichtbar etwa in der Ballszene. Die große Form – fürs Handlungsballett und für Johns Denken in Tanz ganz entscheidend – bleibt dabei gewahrt, und doch eröffnet gerade der geschlossene Raum eine Unzahl differenziertester Darstellungsmöglichkeiten – man sieht jede kleinste Bewegung, kann auch im Ensemble jede und jeden als Individualist zeichnen. So entspricht der vermeintlich äußeren Einschränkung große innere Freiheit; dadurch wird Ballett zu getanztem Theater.

Der »geschlossene Raum«: mich reizt im Theater eine zu bauende, während der gesamten Aufführung unweigerlich vorhandene »Be-Grenzung«. Innerhalb dieser Begrenzung ereignen sich Fülle und Einsamkeit. Gewaltige Freiheiten sind gegeben; in ein- und demselben Raum sind die unterschiedlichsten Konflikte von Figuren genau und scharf ablesbar; Ideal eines Licht-Raums, vergleichbar einem Bogen weißen Papiers, in den ein Stück »hineingezeichnet« wird (zunächst nur eine Grundlage, ein rein technischer Vorgang). Als Zuschauer sehe ich – bin ich aufgeschlossen für die Dinge vor meinen Augen – einen realen Raum, bestimmt durch eine Wand, eine Tür etc.; all dies ist exakt nachvollziehbar. Und jetzt sehe ich – der für mich faszinierendste »Augen-Blick« im Theater –, wie ein Darsteller aus dieser Vorgabe seinen Raum macht, der zu meinem Raum wird. Das ist das tollste, denn das Bild im Raum allein bliebe abstrakt, erweckte es der Darsteller nicht zum Leben. Sogar extreme Zuspitzungen sind dabei möglich. In *A Cinderella Story* ist der Raum nach hinten noch offen; vielleicht ist ein Ballett vorstellbar, in dem alle Figuren ständig »da« sind, gezwungen im Raum zu bleiben, ohne Fluchtmöglichkeit. Für mich ist dies eine Grundidee, die helfen könnte, einen im Ballett – nicht zuletzt durch den Zwang zu Tournee, zu wechselnden Aufführungsorten – häufig üblichen, zumeist wenig nützlichen Pragmatismus zu brechen. *A Cinderella Story* ist in seiner räumlichen Geschlossenheit, Leere und daher Unverwechselbarkeit bewußt ein Ballett für die »große Bühne«, das man nicht so ohne weiteres anderswo spielen könnte.

Mit einer Detailarbeit wie sonst nur im Schauspiel zwangen John und ich uns in *A Cinderella Story* nach mehr als zwanzig Jahren gemeinsam entwickelter Projekte zu Entscheidungen, nur dem Wichtigsten »Raum« zu lassen. Wenn so etwas gelingt – nach noch so schweren Anstrengungen wie eben bei *A Cinderella Story* – ist man einen guten Schritt vorangekommen, hat gemeinsam »ein« Werk geschaffen, das Lust zu neuen Projekten und zu neuen Auseinandersetzungen in sich birgt. Vielleicht *Antonius und Cleopatra* oder ein anderes Stück von Shakespeare (gibt's da noch viele, die zu »ver-tanzen« wären?). Als John und ich jüngst in Paris eine Wiederaufnahme vom *Nußknacker* vorbereiteten, standen auf der Bühne aus dem ersten Bild zwei Wände, die man in der Aufführung selbst eigentlich nie richtig zu sehen bekommt. Staunend stellten wir fest, wie »schön« diese Wände nach zwanzig Jahren noch sind, und wir sagten spontan: »Da müßte man ein Ballett nach *Hedda Gabler* machen oder nach einem anderen Stück von Ibsen, von Strindberg, Tschechow oder Schnitzler.«

BÜHNENBILDER UND KOSTÜME VON JÜRGEN ROSE FÜR CHOREOGRAPHIEN UND INSZENIERUNGEN VON JOHN NEUMEIER

DER KUSS DER FEE

Frankfurter Ballett
2. 1. 1972
American Ballet Theatre
18. 7. 1974

DAPHNIS UND CHLOË

Frankfurter Ballett
2. 1. 1972
Hamburg Ballett
18. 10. 1973
Ballett der Wiener Staatsoper
22. 1. 1983

DER NUSSKNACKER

The Royal Winnipeg Ballet
27. 12. 1972
Ballett der Bayerischen
Staatsoper München
8. 5. 1973
Fernseh-Produktion des
C. B. S. Toronto (Kostüme)
1974
Hamburg Ballett
27. 10. 1974
Ballett der Pariser Oper
geplant 17. 12. 1993

ROMEO UND JULIA

Königlich Dänisches Ballett
Kopenhagen
20. 12. 1974
Hamburg Ballett
23. 12. 1981

ILLUSIONEN – WIE SCHWANENSEE

Uraufführung, Hamburg Ballett
2. 5. 1976

EIN SOMMERNACHTSTRAUM

Uraufführung, Hamburg Ballett
10. 7. 1977
Königlich Dänisches Ballett
Kopenhagen
11. 10. 1980
Ballett der Pariser Oper
5. 5. 1982
Ballett der Wiener Staatsoper
21. 12. 1986
Königlich Schwedisches Ballett
Stockholm
4. 11. 1990
Ballett der Bayerischen Staatsoper
München
geplant 5. 12. 1993

DORNRÖSCHEN

Hamburg Ballett
16. 7. 1978

OTELLO

Oper von Giuseppe Verdi
Bayerische Staatsoper München
25. 1. 1978

DIE KAMELIENDAME

Stuttgarter Ballett
4. 11. 1978
Hamburg Ballett
31. 1. 1981
Kino- und Fernsehfilm Polyphon/
NDR/WDR, Uraufführung
26. 9. 1987

DER FEUERVOGEL

Ballett der Wiener Staatsoper
6. 1. 1983
Hamburg Ballett
20. 12. 1985

PEER GYNT

Uraufführung, Hamburg Ballett
22. 1. 1989
Königlich Schwedisches Ballett
Stockholm
3. 11. 1992

A CINDERELLA STORY

Uraufführung, Hamburg Ballett
15. 5. 1992

BÜHNENBILDER UND KOSTÜME VON JÜRGEN ROSE FÜR CHOREOGRAPHIEN VON JOHN CRANKO IM REPERTOIRE DES HAMBURG BALLETTS

DER WIDERSPENSTIGEN ZÄHMUNG

Hamburg Ballett
11. 3. 1979

ONEGIN

Hamburg Ballett
4. 11. 1984

THEMA

15. MAI 1992

A CINDERELLA STORY

Ballett von John Neumeier
Musik von Sergej Prokofjew
Choreographie und Inszenierung von John Neumeier
Bühnenbild und Kostüme von Jürgen Rose
Musikalische Leitung: Eri Klas
Licht-Design von Max Keller
Uraufführung, Hamburgische Staatsoper – Hamburg Ballett

Aschenputtel – Cinderella – ist mir nicht nur die Märchenperson, sondern auch ein lebendiger Mensch, der fühlt, erlebt und dessen Schicksal uns erregt.

Sergej Prokofjew

Der Mond ist wie ein schlafendes Kind, die goldnen Locken sind ihm im Schlaf über das liebe Gesicht heruntergefallen. – O sein Schlaf ist Tod. Wie der todte Engel auf seinem dunkeln Kissen ruht und die Sterne gleich Kerzen um ihn brennen.
Armes Kind, kommen die schwarzen Männer bald dich holen? Wo ist deine Mutter? Will sie dich nicht noch einmal küssen? Ach es ist traurig, todt und so allein.

Georg Büchner,
Lena in »Leonce und Lena«

Ein Ballett, das *Cinderella* heißt, weckt gewisse Erwartungen – Erwartungen an eine bestimmte Art von Handlungsballett, an einen traditionellen Ballett-Typus, dem meine Fassung wahrscheinlich nicht unbedingt entsprechen wird. Ich denke, mein Ballett sollte deshalb einen anderen Titel haben, einen, der einen gewissen Spielraum läßt. Im Amerikanischen hat »Story« den Anklang, die Assoziation an Mythos oder an Legende. Das Wort läßt sich nicht einfach mit »Geschichte« oder »Handlung« übersetzen, »Story« präzisiert nicht, im Gegenteil, es bedeutet eher: eine Geschichte – wie eben die von Cinderella. (...)

Ein Ballett, das *Cinderella* heißt, weckt Erwartung, es sei sicherlich, wie *Dornröschen* ein Ballett für Kinder. Ob es eine kindgerechte Cinderella-Story wird oder eher eine für Erwachsene, weiß ich nicht. Vielleicht ja, vielleicht nein. Wie alle meine Stücke erhält auch dieses sein eigenes Leben, seine eigentlichen Gegebenheiten und Eigenschaften erst während der Arbeit im Ballettsaal. Alles vorher ist gedacht. Es bleiben Intention und Vorbereitung. Natürlich habe ich mir, bevor ich zu choreographieren begann, ein gewisses Gerüst gebaut und ein vorläufiges Libretto geschrieben, um den Stoff zu ordnen und durchzuspielen, wie sich die Partitur musikalisch-tänzerisch gliedert und welche Funktion den verschiedenen Musikblökken zukommt. Wie die einzelnen Situationen wirklich aussehen, was die Brücken und dramaturgischen Verbindungen zwischen den musikalischen Blöcken sind und wie die Relation der verschiedenen Teile ist, das entwickelt sich erst in den Proben und ändert sich ständig.

Aschenputtel-Märchen gibt es auf der ganzen Welt in den verschiedensten Kulturen und den unterschiedlichsten Versionen. Wir kennen vor allem die Fassungen

HANDLUNG

Cinderellas Mutter wird begraben

Im Hause von Cinderellas Vater – zwischen Beerdigung und Hochzeit Erinnerung an die Mutter

Morgens – die Welt des Prinzen – Vorschläge zur Brautwahl

Tagträumerei

Erinnerung an ein trauriges Mädchen

Am Nachmittag – Cinderellas Stiefmutter hat Gäste

Ein vorbeieilender Minister verliert eine Einladung zum Hofball

Aufbruch zum Ball – wie von Zauberhand

Erinnerung an die Mutter

Die Vogelgeister

Spiegelsaal – großer Ball bei Hofe

Der Prinz auf Reisen – Menschen, die ihm begegnen

Erinnerung an Cinderella

Nach Jahren – der Haselnußstrauch

Probenfoto mit Gigi Hyatt (Cinderella)

HB

von Charles Perrault und den Gebrüdern Grimm. Prokofjew folgte mehr (wie auch die früheren Ballettfassungen
des 18. und 19. Jahrhunderts) der französischen Version,
während ich mich stärker auf das Grimmsche Märchen be-
ziehe, das – anders als Perrault – mit der Krankheit und
dem Tod der Mutter beginnt. Wie dort ist mein Ballett von
ihrem Sterben überschattet. Und wie dort wird das Sterben
eines Menschen, trotz des Verlustes, der Trauer und der
Not, zur Quelle des Guten und zum Schutz des Lebenden.
Auf dem Grab der Mutter wächst ein Baum. In ihm woh-

Ivan Liška (Cinderellas Vater), Chantal Lefèvre (Cinderellas Stiefmutter), Stefanie Arndt,
Emmanuelle Broncin (deren schöne Töchter)

HB

In Neumeiers neuem Ballett, in dem
das von Stief-Mutter und
-Schwestern herumgestoßene
Brödel aufsteigt zur Aschen-
Königin, ist »der eschengrüdel dem
hausvatter« wirklich »an dem
allerliebsten«: Neumeier
choreographiert (auch) die
Geschichte einer Vater-Tochter-
Liebe. Wenn die junge Frau in der
Ballnacht am Hof vor den Spiegel
tritt, um sich selber zu bewundern,
ist ihr nicht nur der Königssohn,
sondern auch der Vater gefolgt:
Hinter dem Mann, der sie liebt,
sieht sie zugleich den Vater-Mann,
der sie auch liebt. Entgleitet ihm die
Kind-Frau endgültig, bricht der
verliebte Vater tot zusammen.
So einleuchtend schön dichtet
Neumeier das »Cinderella«-
Märchen zu Ende.

Rolf Michaelis, Die Zeit, 1992

nen Vögel. Die Natur, der Baum, die Tiere, sie alle werden
Cinderellas Helfer – ein sehr poetischer Gedanke, wie ich
finde, der im französischen *Cendrillon* weitgehend fehlt.
Auch die vielen anderen Aschenputtel-Geschichten sind
voll von Bildern und Details, die als Anregung im Unterbewußtsein bleiben. Bewußt aber folge ich keiner der Geschichten genau, damit es *A Cinderella Story* wird – und
zwar eine andere als die, die wir schon kennen, eine, die aus
dem Tanz lebt und nicht eine vorgefundene Geschichte vertanzt. Es gibt einen Ausgangspunkt, einen Initialgedanken,
aber er artikuliert sich erst im Tanz. Aus dem ersten Schritt
entsteht ein nächster und das nicht nur in der Bewegung,
sondern auch im dramaturgischen Verlauf. (...)

Als ich begann, mich mit Prokofjews Werk auseinanderzusetzen, hat mich die Tatsache sehr beschäftigt, daß diese »Märchen«-Musik in der schlimmsten Zeit entstanden ist, die Europa in diesem Jahrhundert (bis jetzt) erlebt hat: Sie wurde während des Zweiten Weltkrieges, im April 1941 begonnen, zu Anfang von Hitlers Einmarsch in Rußland unterbrochen, im Laufe des folgenden Jahres fertiggestellt und im November 1945, ein halbes Jahr nach Kriegsende, uraufgeführt. Fast gleichzeitig, im Juni 1942, beginnt Anne Frank ihr Tagebuch. Mir kam der Gedanke, eine Verbin-

Gilma Bustillo (Cinderellas Mutter), Gigi Hyatt (Cinderella), Anders Nordström, Kim David McCarthy (die Vogel-Geister)

HB

Die Auseinandersetzung mit dem, was wir heute unter klassischem Ballett-Repertoire verstehen, die John Neumeier in seiner Frankfurter Zeit begonnen hatte, schloß er eigentlich in den ersten fünf Hamburger Spielzeiten ab. In den folgenden Jahren entwickelte er, ohne den Rückgriff auf tradierte Werke, eine epische Form des abendfüllenden Balletts und eine ganz eigene tanzdramaturgische Gestaltung und Aufschlüsselung eines Themas, eines Schicksals, eines Stoffes oder einer Idee (...) In seiner neunzehnten Spielzeit wandte sich John Neumeier wieder einem »klassischen« Ballettstoff zu und näherte sich ihm in der assoziativen spielerischen Form, die er inzwischen entwickelt hatte: Prokofjews *Cinderella*. Daraus wurde *A Cinderella Story*. Sie ist neu und raffiniert schlicht erzählt (kompliziert einfach, wissend naiv) in dem klaren, einheitlich hellen Lichtraum von Jürgen Rose – es ist das elfte gemeinsame Projekt –, dem nur einige Requisiten Farbe verleihen. Weil die Geschichte in irgendeinem »zeitlosen« Jahrzehnt des zwanzigsten Jahrhunderts angesiedelt ist, wirkt sie archetypisch, ein zeitgemäßes altes Märchen.

Angela Dauber, Programmbuch der XIX. Hamburger Ballett-Tage, 1993

dung herzustellen und die fiktive mit der wirklichen Geschichte zu konfrontieren. Ich habe lange darüber nachgedacht, bewußt und unbewußt, und schließlich erkennen müssen, daß ich keine Form finden kann, die beiden miteinander zu verweben, ohne Gefahr zu laufen, daß die Märchenwelt dem – tödlichen – Ernst der realen Geschichte nicht gerecht würde. Ich mußte einen neuen Weg suchen. Es wurde ein Weg der freien Assoziation. (...)

Wahrscheinlich ist *A Cinderella Story* ein Ballett über Selbstfindung und Erwachsenwerden. Ich möchte, anders als Prokofjew, beiden Figuren, dem Aschenputtel und dem Prinzen, den gleichen Wert geben. Zwei Menschen finden zusammen, die beide ein bißchen Außenseiter sind oder wurden: Cinderella durch die Wiederheirat ihres Vaters und die schlechte Behandlung durch Stiefmutter und Stiefschwestern, der Prinz, weil er in manchem dem Schwanenseeprinzen ähnelt, der (vor allem in meinen *Illusionen – wie Schwanensee* – aber auch in dem Originalballett) nicht ganz in seine höfische Welt paßt. Cinderella träumt von einer Welt wie der seinen. Wenn sie sie aber erlebt, weiß sie instinktiv, daß das nicht ihre Welt ist. Von sich aus verläßt sie den Ball. Sie will um ihrer selbst willen geliebt werden. Sie will nicht Erfolg haben und begehrt werden, nur weil sie durch Zauber in eine fremde Welt versetzt wurde. Sie fühlt sich verkleidet. Cinderella ist ein Mensch, der sich treu bleiben muß. Das erinnert in manchen Zügen an Büchners *Leonce und Lena*. Sein Überdruß und Übermut, ihre Unabdingbarkeit und Unschuld. Die einen fliehen einander, die anderen suchen sich, ohne es zu wissen. Beide gehören zusammen; sie sind sich bestimmt.

John Neumeier, Programmheft zu
»A Cinderella Story«, 1992

Was für den Dichter ein Bogen leeren weißen Papiers, was für den Maler eine leere Leinwand ist, das bedeutet für den Tänzer und Choreographen der Raum. Sowenig wie die bloße Aneinanderreihung von Wörtern Dichtung wird, genausowenig genügt das äußere Erfassen des Raumes, der nur durch die innere Bewegtheit des Tänzers gelebt und erlebt werden kann.

Walter Sorell

Manuel Legris (Ein Prinz), Bettina Beckmann (Cinderella)   *HB*

Bettina Beckmann (Cinderella), Manuel Legris (Ein Prinz)   *HB*

Gigi Hyatt (Cinderella), Manuel Legris (Ein Prinz)   *HB*

VARIATIONEN

BÜHNENBILDER UND KOSTÜME VON JOHN NEUMEIER ZU EIGENEN CHOREOGRAPHIEN

THE HOUND OF HEAVEN (Kostüme)

Milwaukee, Marquette University

1961

LUDUS COVENTRIAE (Kostüme)

Milwaukee, Marquette University

1961

ARIA DA CAPO (Kostüme)

Uraufführung, Stuttgarter Ballett
Noverre-Gesellschaft

10. 7. 1966

HAIKU (Kostüme)

Uraufführung, Stuttgarter Ballett
Noverre-Gesellschaft

18. 12. 1966

WDR-Fernsehen

8. 9. 1968

Hamburg Ballett, Nijinsky-Gala VI

13. 7. 1980

VON UNSCHULD UND ERFAHRUNG
(Kostüme)

Uraufführung, Stuttgarter Ballett
Noverre-Gesellschaft

17. 12. 1967

**DER PRINZESSIN
EINZIGES ABENTEUER** (Kostüme)

Uraufführung, Stuttgarter Ballett
Noverre-Gesellschaft

17. 12. 1967

SEPARATE JOURNEYS (Kostüme)

Uraufführung, Stuttgarter Ballett /
Schwetzinger Festspiele

16. 5. 1968

STAGES AND REFLEXIONS

Uraufführung, Harkness Ballet

28. 12. 1968

FRONTIER

Uraufführung, Scottish Theatre Ballet

26. 11. 1969

UNSICHTBARE GRENZEN
(Ballett-Collage in drei Teilen:
Frontier / Aria da Capo / Rondo)

Uraufführung, Frankfurter Ballett

7. 10. 1970

The Royal Winnipeg Ballet *(Rondo)*

27. 7. 1971

Hamburg Ballett *(Rondo)*
Fernseh-Produktion des ZDF
(Frankfurter Ballett)

18. 10. 1973

DER NUSSKNACKER

Frankfurter Ballett
(unter Verwendung von Teilen der
Ausstattung von Werner Schachteli)

21. 10. 1971

DÄMMERN (Kostüme)

Uraufführung, Frankfurter Ballett

3. 5. 1972

Unter dem Titel *Twilight*
Royal Winnipeg Ballet

4. 4. 1973

UNTERWEGS
(Bühnenbild von Gunter Kieser)

Uraufführung, Frankfurter Ballett

3. 5. 1972

Unter dem Titel *The Game*
Royal Winnipeg Ballet

10. 1. 1974

TRAUMA (Kostüme)

Uraufführung, Ballet-Théâtre
Contemporain Paris

10. 5. 1973

Hamburg Ballett

25. 3. 1974

NACHT Vierter Satz der Dritten
Sinfonie von Gustav Mahler
(Kostüme)

Uraufführung, Stuttgarter Ballett

6. 7. 1974

DIE STILLE

Uraufführung, Hamburg Ballett

8. 2. 1975

Königlich Schwedisches Ballett
Stockholm

25. 2. 1984

**DRITTE SINFONIE
VON GUSTAV MAHLER**

Hamburg Ballett

14. 6. 1975

Fernseh-Produktion des ZDF

Juni 1976

RÜCKERT-LIEDER (Kostüme)

Uraufführung, Hamburg Ballett

9. 5. 1976

Neufassung

3. 11. 1976

PETRUSCHKA-VARIATIONEN
(Kostüme)

Uraufführung, Hamburg Ballett,
Schwetzinger Festspiele

14. 5. 1976

Hamburg Ballett

12. 9. 1976

Ballet Théâtre Français de Nancy

Nov. 1980

London Festival Ballet

11. 8. 1986

DER FALL HAMLET (Neufassung von *Hamlet-Connotations)*

Stuttgarter Ballett
28. 11. 1976

Hamburg Ballett
17. 7. 1977

ARIEL (Kostüme)

Uraufführung, Hamburg Ballett, Nijinsky-Gala III
17. 7. 1977

VASLAW (Kostüme)

Uraufführung, Hamburg Ballett, Nijinsky-Gala V
21. 7. 1979

Ballett der Pariser Oper
Oktober 1980

Ballet Théâtre Français de Nancy
1. 2. 1987

SONGFEST

Uraufführung, Hamburg Ballett
22. 12. 1979

THE AGE OF ANXIETY

Uraufführung, Hamburg Ballett
22. 12. 1979

LIEB' UND LEID UND WELT UND TRAUM

Hamburg Ballett
6. 7. 1980

Ballett der Warschauer Oper
28. 10. 1984

BACH SUITE-2

Hamburg Ballett, Nijinsky-Gala VII
28. 6. 1981

Ballett der Pariser Oper
(Teil von *Magnificat)*
27. 7. 1987

SKIZZEN ZUR MATTHÄUS-PASSION

Uraufführung, Hamburg Ballett
13. 11. 1980

MATTHÄUS-PASSION

Uraufführung, Hamburg Ballett
25. 6. 1981

BACH SUITE-3

Uraufführung, Hamburg Ballett
2. 10. 1981

Königlich Schwedisches Ballett Stockholm
25. 2. 1984

Zürich Ballett
19. 12. 1984

Ballett der Deutschen Oper Berlin
3. 5. 1986

Ballett der Pariser Oper
(Teil von *Magnificat)*
27. 7. 1987

VORLÄUFER (Kostüme)

Uraufführung, Hamburg Ballett
6. 6. 1982

GALA-SUITE (IGOR S.) (Kostüme)

Uraufführung, Hamburg Ballett
26. 6. 1982

PETRUSCHKA (Kostüme)

Uraufführung, Hamburg Ballett
26. 6. 1982

ARTUS-SAGE
(Kostüme von Silvia Strahammer)

Uraufführung, Hamburg Ballett
12. 12. 1982

Neufassung, Hamburg Ballett
Kampnagelfabrik
13. 5. 1986

TRISTAN

Exkurs aus der 1. Fassung
Artus-Sage
(Kostüme von Silvia Strahammer)

Uraufführung, Hamburg Ballett
12. 12. 1982

Königlich Schwedisches Ballett
Stockholm
25. 2. 1984

Ballett der Deutschen Oper Berlin
3. 5. 1986

Sächsisches Staatsballett Dresden
13. 12. 1992

REGENLIEDER (Kostüme)

Uraufführung, Hamburg Ballett, Nijinsky-Gala IX
2. 7. 1983

ENDSTATION SEHNSUCHT

Uraufführung, Stuttgarter Ballett
3. 12. 1983

Hamburg Ballett
30. 4. 1987

STREICHQUINTETT C-DUR VON FRANZ SCHUBERT

Stuttgarter Ballett
3. 12. 1983

MOZART 338
(Kostüme von Jil Sander)

Uraufführung, Hamburg Ballett
8. 1. 1984

Stuttgarter Ballett
30. 12. 1986

Ballett der Wiener Staatsoper
11. 11. 1990

Philadelphia Ballet
6. 3. 1991

SECHSTE SINFONIE VON GUSTAV MAHLER

Uraufführung, Hamburg Ballett
25. 5. 1984

OTHELLO

Uraufführung, Hamburg Ballett
Kampnagelfabrik
27. 1. 1985
Fernseh-Produktion des ZDF
August 1987

SHAKESPEARES LIEBESPAARE

(unter Verwendung von Kostümen von
Jürgen Rose: *Romeo und Julia*,
Der Widerspenstigen Zähmung und
von Klaus Hellenstein: *Amleth*,
*Mozart und Themen aus »Wie es Euch
gefällt«*)

Uraufführung, Hamburg Ballett
29. 11. 1985

EINHORN

Uraufführung, Ballett der
Deutschen Oper Berlin
3. 5. 1986
Hamburg Ballett
12. 5. 1990

SHALL WE DANCE?

Uraufführung, Hamburg Ballett
Kampnagelfabrik
3. 9. 1986

FRATRES

Uraufführung, Stuttgarter Ballett
30. 12. 1986

MAGNIFICAT

Uraufführung, Ballett der
Pariser Oper
27. 7. 1987
Hamburg Ballett
2. 6. 1989

SEVEN HAIKU OF THE MOON

(Kostüme von Yukiko Hanai)

Uraufführung, Tokyo Ballet
21. 7. 1989

DES KNABEN WUNDERHORN

Uraufführung, Hamburg Ballett
10. 12. 1989

Königlich Dänisches Ballett
Kopenhagen
(geplant 21. 4. 1994)

FÜNFTE SINFONIE
VON GUSTAV MAHLER

Uraufführung, Hamburg Ballett
10. 12. 1989

Königlich Dänisches Ballett
Kopenhagen
(geplant 21. 4. 1994)

MEDEA

Uraufführung, Stuttgarter Ballett
21. 1. 1990

BIRTHDAY DANCES (Kostüme)

Uraufführung, Königlich Dänisches
Ballett Kopenhagen
20. 4. 1990
Hamburg Ballett
Nijinsky-Gala XVIII
24. 5. 1992

REQUIEM

Uraufführung, Hamburg Ballett,
Salzburger Festspiele
26. 7. 1991
Hamburger Fassung, Hamburg
Ballett
12. 1. 1992

BERNSTEIN-SERENADE (Kostüme)

(Möbelobjekte von Peter Preller,
Jasper Morrison)

Uraufführung, Hamburg Ballett
Nijinsky-Gala XIX
27. 6. 1993

DIE SPIELZEIT

PREMIEREN UND WIEDERAUFNAHMEN

On the Town
Neuinszenierung
15. 12. 1991

Requiem
Hamburger Erstaufführung
12. 1. 1992

A Cinderella Story
Uraufführung
15. 5. 1992

BALLETT-WERKSTÄTTEN

Spiel mit FENSTERn
13. 10. 1991

Der Choreograph als Regisseur
1. 12. 1991

Ruhe und Distanz,
Klage und Verzweiflung
26. 1. 1992

Märchen – neu erzählt
10. 5. 1992

BALLETT-GASTSPIELE

Belfast, Grand Opera
6.–9. 11. 1991

Leverkusen, Forum
4./5. 2. 1992

Frankfurt, Jahrhunderthalle Hoechst
8./9. 2. 1992

Dresden, Semperoper
11.–14. 2. 1992

Ludwigshafen, Theater im Pfalzbau
18.–20. 2. 1992

Turin, Parco Rignon
23./24. 6. 1992

Palermo, Teatro di Verdura di
Villa Castel nuovo
30. 6.–3. 7. 1992

Chateauvallon Amphithéâtre /
Théâtre Couvert
7.–11. 7. 1992

GAST-COMPAGNIEN IN HAMBURG

Wien, Wien, nur du allein
Gastspiel des Stuttgarter Balletts,
Choreographie von Maurice Béjart
20./21. 5. 1992

BESONDERE EREIGNISSE

Junge Choreographen
im Forum Leverkusen
5. 2. 1992

Junge Choreographen
Spielarten 3
Kampnagelfabrik
29. 3.–1. 4. 1992

Tod von *Jeffrey Kirk*

François Klaus
beendet seine tänzerische Laufbahn

Achtzehnte Hamburger Ballett-Tage
15.– 24. 5. 1992

Nijinsky-Gala XVIII
»Für Sergej Prokofjew und
Leonard Bernstein«
24. 5. 1992

AUSZEICHNUNGEN

Emmanuelle Broncin
Heather Jurgensen
Oberdörffer-Preis

John Neumeier
Benois de la Danse (Moskau)

DAS ENSEMBLE

Beginn, Mittelpunkt und Ende jeder Ballett-Arbeit – Das Ensemble

ASPEKTE

Rolf Michaelis

WO DIE GOLDENEN FÜSSE TANZEN – DER BALLETT-RATTENFÄNGER VON HAMBURG
KEIN MÄRCHEN: JOHN NEUMEIER VERSETZT EINE GANZE STADT IN TANZ-RAUSCH

Ein Sonntagmorgen im Mai. Ganz Hamburg an der Ostsee, denkt man, aus dem U-Bahn-Schacht am Stephansplatz in die Sonne kriechend. Die älteren Herrschaften beim Spaziergang an der Alster, die wetterfesten an der Elbe, die seetüchtigen schon vor Travemünde oder gar zwischen Cuxhaven und Helgoland kreuzend. Aber nein: Hamburg ist brav, doch fiebernd zu Haus. Als ob eine Premiere lockte, strömen die Hamburger, alt und jung, zur Gottesdienstzeit, 11 Uhr, in die Staatsoper. Am Sonntag treibt ein so alltäglich-arbeitstäglicher Termin wie *Ballett-Werkstatt* die Leute ins Theater. Am Eingang noch wollen junge Frauen, Männer uns die Eintrittskarten abschwatzen. Rappelvoll das Haus, sonntags, 11 Uhr.

Was sehen wir, noch ehe die Matinee begonnen hat? Die Tänzerinnen und Tänzer des Hamburg Balletts machen sich warm: dehnen und biegen die Glieder an einer Reckstange, machen Kniebeugen, riskieren erste Schritte, einen kleinen Sprung. Ein Klavier klimpert. Eine Ballettmeisterin korrigiert Positionen. Und dazu pilgern die Leute in die Oper? Ja. Dazu. John Neumeier hat seine Verbeugung vor dem ihn mit Beifall umarmenden Publikum noch gar nicht gemacht, hat noch keinen erklärenden Satz ins Mikrophon gehaucht, schon fühlen sich die Hamburger, einmal doch, als Teil des Balletts. Wir sind nicht mehr bloß Zugucker, sondern Dazugehörer. Ja, was wäre diese wunderbare Truppe, ohne daß wir ihr, alle Vierteljahr, den Rücken stärkten – gegen sparwütige Politiker, auswärtige Neider, einheimische Kritiker, vielleicht sogar gegen Anfälle von Verzagtheit in den eigenen Reihen. Ist da auch ein bißchen Selbstfeier dabei? Natürlich. Wer einen ersten Frühlings-Sonnenmorgen im dunklen Bunker eines Theaters verbringt, will sich mindestens so gut fühlen, wie die Sonnenanbeter auf den Alsterwiesen. Auch wenn das »Gigi«-Gewisper, das »Bettina«-Flüstern, das »Gamal«-Staunen und »Liška«-Seufzen im Parkett und auf den Rängen nicht wären: Der Sonntagmorgen ist kein Fan-Fest. Wer hier unruhig den Auftritt des Ballettdirektors erwartet, ist gekommen, um etwas Neues zu sehen, zu hören, zu erleben – ist gekommen, um etwas zu lernen.

Dies ist das Schönste, was John Neumeier in zwei Jahrzehnten der Arbeit in Hamburg gelungen ist: Ja, er hat ein Ensemble geschaffen, das zu den besten der Welt gehört; er hat eine Ballettschule gegründet, um die ihn Kolleginnen und Kollegen überall beneiden – aber ein Wunder hat er bewirkt bei den als spröd und kühl und sachlich und kunstfern wirkenden Hanseaten. Damit ist ihm geglückt, was seinem Lehrmeister John Cranko, ein Jahrzehnt früher, in Stuttgart gelungen ist: die Verhexung einer als kunstfeindlich geltenden Stadt und ihrer Bevölkerung in eine Gemeinde von Tanz-Enthusiasten. Als John Cranko vor dreißig Jahren in Stuttgart anfing, gefördert durch den kunstsinnigen Intendanten und schwäbischen Dickkopf Walter Erich Schäfer, mußten wir Redakteure im Feuilleton der »Stuttgarter Zeitung« einem ähnlichen Trotzkopf aus dem Schwabenland, dem lateinische Gedichte schreibenden Herausgeber – und Besitzer! – jeden einzelnen Artikel unseres Ballett-Kritikers Horst Koegler abtrotzen. Im pietistischen Schwabenland hatte Josef Eberle wenig gegen leicht bekleidete Tänzerinnen, viel aber gegen »halbnackerte Kerle« auf der Bühne. Ein großer Teil von Eberles Protest kam allerdings daher, daß unser Mann immer öfter zu Premieren aus Köln anreisen mußte und nicht mit einem Pensions-Stüble vorlieb nehmen wollte, sondern auf ein Hotelzimmer mit Dusche Wert legte. Es kann nicht schaden, an die kuriosen Bedingungen zu erinnern, unter denen das Ballettwunder Deutschland auch möglich wurde. Denn John Neumeier, vor dreißig Jahren einer der »halbnackerten Kerle« in Crankos Stuttgarter Truppe, ist zum Ballett-Rattenfänger von Hamburg geworden. Ein einziger Künstler und sein – sagen wir ruhig mal: Charisma – hat eine ganze Stadt in Tanz-Rausch versetzt.

Auf Rausch folgt Kater. John Neumeier hat auch dies erlebt, durchlitten. Nach einer Auslandstournee titelte die »Tageszeitung« (taz): »Es wabert in Herrlichkeit, Amen.« über Neumeiers *Magnificat,* das er, wie seine (sehr viel bessere) *Matthäus-Passion,* in der Hauptkirche St. Michaelis zelebriert. Andere Zeitungen gehen mit dem Hamburger Ballettdirektor nicht weniger glimpflich um: »peinlich«, »unschlüssig«, »Erschöpfungserscheinungen«, »Wendung ins Nazarenisch-Ergriffene«. Alles

John Neumeier bei der Repräsentation einer Ballettwerkstatt 1974   *FP*

richtig. Alles wahr. Und doch ist damit das Eigene von Neumeiers Kunst nicht benannt. Auf Neumeier scheint der Titel eines Gedichtbandes gemünzt, den der Hamburger Dichter Gustav Falke (1853–1916) im Jahr 1893 veröffentlicht hat: *Tanz und Andacht*. Fast immer ist eine Aura erlesener, leider oft etwas boutiquenhaft wirkender Einsamkeit um Neumeiers Helden, stets Männer. Träumer sitzen an der Rampe, Grübler legen das Tanzbein an die Stirn. Denker im Trikot stürmen nicht adlergleich den Himmel der Utopie, sondern ducken sich unter den Flügeln der Eule der Philosophie.

Und doch ist ein anderes Wort des Lyrikers aus Großborstel bei Hamburg für Neumeier und sein Ballett wirklich geworden: »Ihr seht goldene Füße tanzen . . . und hört das Klingen silberner Harfen.« So entzückt sich Falke, als er an seine Töchter Gertrud und Ursula denkt, ohne die »Moderner Tanz« in Hamburg nicht zu denken ist. Die »goldenen Tanzfüße«: John Neumeier hat sie in zwei Jahrzehnten unermüdlicher Arbeit immer weiter veredelt. Neumeiers auf Perfektion gedrillte Tanz-Truppe: Ist sie in Gefahr, sich ins Nirgendwo des Tanzes zu verlieren – zur Musik von Johann Sebastian Bach oder Mozart? Wunderbar, welche Erfahrung der Zuschauer machen kann, wenn er diesem Ballettmeister, Choreographen, Fuß-Artisten, Arm-Hand-Finger-Fetischisten auf der Fährte bleiben kann. Bodenhaftung durch eine konkrete Geschichte, durch eine Erzählung von liebenden, also leidenden Menschen tut dem manchmal geradezu deutsch vergrübelten Träumer aus Amerika gut. Ja, sie scheint notwendig, wenn ihm das große Kunstwerk gelingen soll. Weder als Entertainer aus den Staaten *(Shall we dance?, West Side Story, On the Town)* noch als Andachts-Apostel gedankenschwer religiöser Tanz-Exerzitien *(Matthäus-Passion, Magnificat,* Mozarts *Requiem* im Verschnitt mit gregorianischen Chorälen) oder als abstrakt arbeitender Choreograph (mit immer noch einer Sinfonie von Gustav Mahler) hat Neumeier (mich) wirklich überzeugt. Doch wenn er sich einläßt auf das kleine, große Liebes-Trauer-Spiel von Othello und Desdemona! Doch wenn er sich in das in fast allen Sprachen und Kulturkreisen erzählte Märchen vom Aschenbrödel versenkt und es aufblättert als aufregende Geschichte der Selbstfindung einer jungen Frau, als schmerzliche Fabel der Selbstbefreiung einer Tochter vom Vater, als Erweckung einer Kindfrau zur Mutter!

Frech, witzig, grotesk, parodistisch, absurd, traurig-lustig, verspielt: Zwei Stunden fallen einem bei Neumeiers *Cinderella* von Sergej Prokofjew Wörter ein, die wie ein Sakrileg klingen zu der oft feierlich steifen Grübel-Kunst dieses Choreographen. Groß und fremd gleich der Anfang, lange ehe der Dirigent den Einsatz gibt. Aus dem Dunkeln kämpft sich eine Trauergemeinde durch den Schneesturm. Am Grab der Frau fällt Aschenbrödels Vater in Ohnmacht. Die Verwandten in langen, schwarzen Mänteln, Kapott-Hüten, Hände im Pelz-Muff, unter ihnen die Schwester der Toten mit Sonnenbrille im Schneegestöber, schleppen den jugendlichen Witwer vom Kirchhof. Erst jetzt, da das mit dem Papa einzig trauernde Kind, die jüngste Tochter, Aschenputtel, allein am Grab kniet und einen Haselzweig pflanzt, setzt die Musik ein. Doch wieviel hat Neumeier schon in den zwei, drei Minuten der Eröffnungs-Pantomime erzählt: Vater und jüngstes Kind sind in Trauer verbunden. Immer wenn ein grünes Reis winkt, im Haar des auf den Ball im Königsschloß geladenen Puttels oder am Revers des Prinzen, sind Segen und Schutz der Mutter gegenwärtig. Der kleine Zweig wird zum grüngolden blühenden Baum, in dem am Ende Cinderella den Prinzen erwartet. Und die Schlange mit dunkel glitzernden Augengläsern liegt auch schon auf der Lauer. Der Prinz, wie alle »Helden« Neumeiers: Träumer. Den Zeichenblock in der Hand, schweift der allem Herrschertum abgeneigte Thronfolger (noch immer dürfen wir an den pinselnden Kronprinzen Charles Windsor denken) durch die Welt. Auf dem Kirchhof erblickt er Cinderellas Tränengesicht. Seither sucht er den Körper dazu.

Körper! Wie gut für seine Tanz-Dramen, wenn sich John Neumeier an Körper, Leben, Wirklichkeit erinnert! Wie lebt von solcher Lebensgier Neumeiers kräftigstes, auch theatralisch überlebenskräftigstes Tanz-Drama, *Othello*, nach Shakespeares Tragödie. Ja. Tragödie! Dramatisch, kraftvoll, leidenschaftlich. So ist Neumeiers Choreographie und Inszenierung für ein unvergeßliches Liebes-Drama. Ist es Shakespeares wilde Geschichte von Liebe, Eifersucht, Mord und Selbstmord, die den Hamburger Ballettdirektor auf neue Bild-Ideen, kühne Schritt-Folgen, überraschende Brüche in der getanzten Erzählung gebracht hat? Ist es die gefährlich flackernde Ausstrahlungskraft des stämmigen Ägypters Gamal Gouda? Großartig fremd der Beginn. Aus allen Ecken dringen Stimmen. Unverständliches Kauderwelsch, exotischer Singsang, Zungenmusik. Das rhythmisch-phonetische Konzert, das der brasilianische Folklore-Musiker Nana Vasconcelos 1979 unter dem Titel *Vozes* (Stimmen) komponiert hat, schafft sofort das archaische Klima, aus dem Othello, der Mohr, in die hochzivilisierte Welt des Stadtstaates Venedig kommt, dem er als Feldherr dient. Durch die Gänge zwischen den Zuschauer-Blöcken stürmen schreiend und gestikulierend grell kostümierte junge Leute. Die Flic-Flac schlagenden, raufenden, Menschen-Pyramiden bauenden Rocker und Punks im alten Venedig sind greller Gegensatz zu den gesitteten Adels-Kindern der Dogen-Welt, die in blütenweißen Tanzkleidern sich zu zeremoniösen Reigentänzen auf Madrigale der Renaissance-Zeit wiegen.

Von den ersten Spielminuten an ist die dramatische Konfrontation gegenwärtig: Schwarz gegen Weiß, farbiges Wildes gegen monochrome Strenge, Chaos gegen Kultur, Afrika gegen Europa, Zauber gegen Zivilisation. Ob grotesk gekleidete Morisken-Tänzer mit Schellen an Armen und Beinen, manche mit Masken vor dem Gesicht – oder ob in durchsichtige, mit Blüten be-stickte Schleier gehüllte Mädchen, die aus Botticellis »Frühlings«-Bild zu tänzeln scheinen, Röcke raffen und kichernd durch den Wassergraben eines *canale* waten, der das aus weißen Vorhängen gebildete, zweistöckige Giebel-»Haus« im Hintergrund von der Tanzfläche trennt: Die Gegen-Welten Archaik und Spätkultur sind die Pole, zwischen denen Neumeier das Liebes- als Todes-Spiel ausspannt. Die Klarheit solcher Gliederung der Handlung dient der dramatisch gesteigerten Wucht des Balletts. Mit schönen gestischen Erfindungen und einleuchtend neuer Deutung vertrauter Motive und Requisiten erreicht Neumeier in seinem zweieinhalb Stunden dauernden Tanz-Drama ungewöhnliche Ausdruckskraft.

Schon die von Neumeier entworfene Ausstattung ist faszinierend vieldeutig. Die hinter weißen Vorhängen versteckte Stahlkonstruktion in zwei Etagen ist, wie die Drei-Seiten-Szene, Zitat der Shakespeare-Bühne. Die Sonnensegel, die unten in Tür- oder Fenster-Segmenten aufgezogen, oben wie zum Baldachin einer Dachterrasse gerafft werden können, erinnern, zusammen mit dem schmalen Wassergraben, an den Markusplatz im Sommer, können zugleich aber auch das Zelt des Feld-herren auf der Insel Zypern bis ins atmosphärische Detail erwecken. Aus Shakespeares zauberkräftigem, besticktem Taschen-tuch wird ein großes Stück weißen Stoffes, das zwischen Lendenschurz, Hochzeits-Laken, tödlichem Strang und Leichentuch alles symbolisieren kann. Wie Neumeier dieses »Requisit«, das zu einer mächtig sich ins Spiel mischenden »Figur« wird, als Leitmotiv entwickelt – die je zehn Bilder des Venedig- und des Zypern-Teiles gliedernd – läßt an Patrice Chéreau denken, der in seinem Bayreuther Jubiläums-»Ring« ähnlich unaufdringlich-virtuos Menschen durch ein weißes Tuch miteinander verbunden, voneinander getrennt hat.

Bei Othellos erstem Solo, einem Hüpf- und Spring-Tanz der Werbung, mit zuckenden Schultern, wedelnden Armen, in einer Art legerer Militär-Uniform auf die Bretter gestampft, liegt das verwöhnte Patrizier-Mädchen Desdemona am Boden und klatscht verzückt in die Hände. Beim Hochzeitstanz hat der Mohr die ihn auszeichnende Schärpe, die er zuvor als Drei-eckstuch über der Hüfte trug, als Lendenschurz um den sonst nackten Körper gewickelt. Der dunkle Barbar und die Licht-gestalt aus der Metropole Venedig tanzen nicht nur weit auseinander, sondern lange auch mit dem Rücken gegeneinander. Was hier noch Fremdheit ist, in der sich schließlich doch die hinter dem Rücken ausgestreckten Hände der beiden finden, wird in dem ähnlich choreographierten Todestanz zur Entfremdung: Beide haben den Instinkt blinder Zuneigung verloren, tasten und tappen aneinander vorbei. Im Vermählungstanz löst Othello das Tuch von den Hüften und schlingt es um die Braut. So beginnt die Wanderschaft des Tuches durch die Hände aller Beteiligten an diesem Drama des Untergangs, bis es – als Todesstrang – zu Othello zurückkehrt.

Desdemona will dem vor Eifersucht heißen Mann die Stirn kühlen. Der stößt sie weg. Die Dienerin Emilia findet das Tuch, muß es sich von ihrem gewalttätigen Mann Jago entreißen lassen. Der knotet sich das Tuch, lässig, wie eine Trophäe um den Hals, ehe er es, wie eine Fessel, dem verhaßten Cassio um den Hals wirft, als der sich bei der Dirne Bianca vergnügt. Die schleppt das Tuch sorglos am Boden hinter sich her – so sieht es Othello wieder und entschließt sich zum Mord an der für untreu gehaltenen Desdemona. In einer (in rotes Licht getauchten) Szene des Eifersuchts-Wahns »sieht« Othello, wie Desdemona das Tuch – Eheband und Keuschheits-Gürtel in einem – löst und Cassio um den Leib legt. Wenn Othello, auf offener Szene, seine Frau erwürgt hat und apathisch neben der Leiche hockt, wird das Hochzeits-Laken zum Leichentuch: Cassio nimmt es Bianca ab und deckt Desdemona damit zu. Der Anblick des Fetzens Tuch erweckt Othello zum Tod. Wieder liegen Mann und Frau so weit wie möglich auseinander. Den Körper abgewendet, berührt Othello die Tote nur mit der Stirn. Dann rollt er die Geliebte, im Todeskuß, über die Bühne. Dabei wickelt er sich das Tuch um den Hals und erstickt sich, endlich wieder in der – nun töd-lichen – Umarmung mit Desdemona. Mit dieser bedrückend neuen Version vom Liebestod erweist sich John Neumeier als ein weit über alles bloß »Choreographische« hinausgehender, so intelligenter wie sensibler Theatermensch, als Bruder der nicht nur mit dem Kopf, sondern auch mit dem Herzen lesenden Bühnenkünstler wie Patrice Chéreau und Peter Stein, Peter Brook, Klaus Michael Grüber und Luc Bondy.

THEMEN

John Neumeier im Gespräch mit Wolfgang Willaschek

ERINNERUNGEN: ASPEKTE, THEMEN UND VARIATIONEN
ZWANZIG JAHRE HAMBURG BALLETT

Im vorliegenden Buch sind Daten und Fakten gesammelt, die Ihre zwanzigjährige Tätigkeit in Hamburg prägten. Was in diesem Buch zwischen den Zeilen erwähnt wird, sind Ihre Gefühle und Empfindungen. Konnten Sie sich, als Sie Ihre Tätigkeit hier begannen, vorstellen, zwanzig Jahre in Hamburg zu bleiben?

Zunächst einmal: in allem, was ich in meinem Leben gemacht habe, bin ich es gewohnt gewesen, mich auf das Momentane, das Wesentliche, das Wichtige zu konzentrieren. Das heißt, ich spekuliere nicht über das, was kommt. Als ich mich entschieden habe, nach Hamburg zu gehen, dachte ich nicht, ich bleibe kurz oder ich bleibe lange. Ich bin einfach gekommen. Es war damals schwierig. Es war ein Balanceakt, ob ich komme oder nicht. Für mich gab es Momente, in denen ich dachte, ich sollte wegrennen, denn muß ich nicht idiotisch sein, wenn ich eine angefangene Arbeit in Frankfurt, die sehr gut und hoffnungsvoll lief, wegschmeiße, um irgendwo in den kalten Norden zu gehen, wo die Menschen mich anfangs gar nicht haben wollten?

In Hamburg bekam ich zum ersten Mal in meinem Leben eine negative Presse, menschlich gesehen. Ich habe mich als Ballettdirektor stets bemüht, offen und fair mit Menschen umzugehen. Als ich mein Amt in Hamburg antrat, wurde mir massiv vorgeworfen, menschliche Fehler zu begehen. Ich habe dies bereits damals nicht geglaubt. Für mich ist die Kunst ein harter, ein privilegierter Beruf, in dem man das Recht hat, wunderbare Dinge zu machen, aber auch die Pflicht, diese Dinge konsequent zu machen. Als ich nach Hamburg kam, war es besonders angenehm, in August Everding einen Partner zu haben, mit dem ich über alles reden konnte. Damals bestand meine Aufgabe darin, in eine Compagnie, die viele gute Tänzer hatte, diejenigen Tänzerinnen und Tänzer zu integrieren, die ich aus Frankfurt mitgebracht hatte. Es sollte unter keinen Umständen »die« Tänzerinnen und Tänzer aus Hamburg und »die« aus Frankfurt geben, sondern alle sollten Schritt für Schritt zu einer Einheit zusammenwachsen. Mir war von Anfang an klar, daß dies zu einer Situation führen könnte, in der zuviele Fische zuwenig Wasser haben. Dies ist für eine engagierte und sich ständig in Veränderung befindliche Compagnie eine symptomatische Situation. Wo es zuviele Talente gibt, ohne daß ein Tänzer eindeutig über andere hinausragt, kommt es zwangsläufig zu Spannungen. Natürlich kann man nach einem Gießkannenprinzip handeln, demokratisch sozusagen. Dann würden zwar alle

John Neumeier und August Everding bei der ersten Ballettwerkstatt, 9. September 1973

MV

irgendwie gleich behandelt, aber der einzelne Tänzer käme nicht so recht vorwärts, und der Choreograph sähe sich gezwungen, seine Inspiration der Gleichheit anzupassen. Für mich war letztlich einzig die Arbeit entscheidend: Wer unter den Tänzerinnen und Tänzern versteht tatsächlich die Vision, die mich persönlich trägt? Und wer weicht davon ab, sei es durch Ehrgeiz oder Eitelkeit oder weil er entscheidet, einen ganz anderen Weg gehen zu wollen. Das war für mich der »esprit« des Anfangs.

Es war eine aufregende Zeit für mich, meine Sturm- und Drangzeit. Ich erinnere mich, damals sehr viel geschrien zu haben. Ich war sehr demonstrativ, nicht aus Aggressivität, eher aus Lust, Aufregung und Enthusiasmus. Dabei habe ich während meiner Anfänge in Hamburg keineswegs die Tänzerinnen und Tänzer favorisiert, die ich aus Frankfurt mitgebracht hatte. Ich habe persönliche Freundschaften sogar zurückgestellt, beispielsweise meine Beziehungen zu Tänzern wie Marianne Kruuse oder Truman Finney, um bewußt das Bild eines Direktors zu vermitteln, der aufrichtig zu sein versucht. Man darf dabei nicht vergessen, daß es in meiner Anfangszeit nicht nur die Frankfurter und die Hamburger Tänzer gab, sondern auch Persönlichkeiten, die von außen hinzukamen, beispielsweise aus Amerika Marina Eglevsky und Salvatore Aiello.

Man hat Ihnen damals bei Ihrem Beginn in Hamburg massiv vorgeworfen, einigen Tänzerinnen und Tänzern ungerechtfertigt gekündigt zu haben.

Aus der Distanz von zwanzig Jahren kann ich »vor Gott« bekennen: Ich war so ehrlich mit mir und meiner Auffassung von meinem Beruf, um sagen zu können, wären die Tänzer in Hamburg besser gewesen und jene Persönlichkeiten, mit denen ich glaubte, meine Visionen von Tanz realisieren zu können, hätte ich sie nicht »nicht verlängert«. Ich habe meinen Amtsantritt nicht – wie damals in der Presse häufig dargestellt – als Räumungsaufgabe verstanden, sondern wirklich zu sehen versucht, mit wem kann ich vorwärts gehen, um meine Idee eines Ensembles zu verwirklichen. Das habe ich bewußt als meine künstlerische Pflicht der Hamburgischen Staatsoper gegenüber aufgefaßt und nicht als soziale Leistung irgendwelcher Art. In Gesprächen mit Mitgliedern der Compagnie, deren Verträge ich nicht verlängerte, habe ich stets ehrlich gesagt, was ich denke. Dabei habe ich gar nicht geleugnet, daß die- oder derjenige ein guter Tänzer sei, ideales Material für jemand anderen; ich jedoch wußte, für diesen Menschen könnte ich niemals auch nur einen Schritt choreographieren. Das habe ich ehrlich zugegeben. Am Beginn meiner Hamburger Zeit habe ich nicht »gerechnet«, so- und soviele Tänzer kommen, also brauche ich so- und soviele Plätze, sondern ich habe die Planung für mich offengelassen; erst einmal die Leute anschauen und dann entscheiden, mit wem ich arbeiten kann.

Wann war für Sie die erste, die Gründungsphase abgeschlossen, der erste entscheidende Markierungspunkt erreicht?

Nach der Premiere der *Dritten Sinfonie von Gustav Mahler* im Juni 1975. Die *Dritte Sinfonie* ist symbolisch für die Qualität der Compagnie, weil ich glaube, daß an dieser Arbeit ersichtlich wurde, wer tatsächlich zur Compagnie gehörte oder gehören wollte und wer nicht. Hier prägte sich ein Stil aus. Ein Teil der Tänzerinnen und Tänzer, beispielsweise die erwähnten Marina Eglevsky und Salvatore Aiello, hatten entschieden, mein Ensemble zu verlassen, weil sie für sich keine Weiterentwicklung sahen. Andere Tänzer fanden gerade durch diese Arbeit zu meiner Compagnie, etwa Roy Wierzbicki, der damals noch ziemlich neu war. Als Natalia Makarova ihn unter den Männern im ersten Satz der *Dritten Sinfonie* sah, zeigte sie auf ihn und sagte zu mir: »Das ist Dein Tänzer!« Mit der *Dritten Sinfonie* erhielt die Compagnie ihre unverwechselbare Signatur. Von diesem Augenblick an dachte ich, daß meine Strategie für die Hamburger Compagnie aufgehen könnte, eine Strategie, die bis dahin im wesentlichen daraus bestand, Choreographien von George Balanchine und John Cranko aufzunehmen, Frankfurter Abende mitzubringen, beispielsweise *Daphnis und Chloë*, *Dämmern* oder *Rondo*, einen ersten eigenen Versuch mit dem Ballettabend *Meyerbeer – Schumann* zu unternehmen und – nicht zu vergessen – einen wesentlichen Akzent mit der Hamburger Premiere von *Romeo und Julia* zu setzen, damit das Publikum weiß, so wird eine zentrale Richtung aussehen: geschlossene Dramaturgien in Verbindung mit zeitgenössischer Musik und zeitgenössischem Stil, vergegenwärtigt im Tanz. Aber *Romeo und Julia*, 1974 in Hamburg vorgestellt, war bereits in Frankfurt gezeigt worden, teilweise mit anderen Tänzerinnen und Tänzern. Mit der *Dritten Sinfonie* kam erstmals ein ganz außergewöhnliches Werk ins Repertoire, als choreographisches Wagnis extrem, dabei zentral bestimmt vom Ensemblegedanken. Die Arbeit hing nicht an irgendeinem Star oder an einer einzelnen Persönlichkeit, sondern alle Tänzer waren gezwungen, Persönlichkeiten zu sein, damit das Werk überhaupt realisiert werden konnte.

Das einmal erreichte Niveau mußte gehalten werden, ohne der Gefahr zu verfallen, daß das gefundene Etikett »John Neumeier und das Hamburg Ballett« zu einem Selbstgänger wird. Wo liegt für Sie persönlich ein weiterer zentraler Punkt, vergleichbar der Wirkung der Dritten Sinfonie von Gustav Mahler?

Der nächste entscheidende Wendepunkt war die Choreographie der *Matthäus-Passion* in den Jahren 1980 und 1981. Nach der *Dritten Sinfonie von Gustav Mahler* war für die Entwicklung der Compagnie der Durchbruch junger Tänzer wichtig, beispielsweise von Kevin Haigen oder Lynne Charles, die einer ganz anderen Generation angehörten als jene Tänzerinnen und

Probenfoto, »Dritte Sinfonie von Gustav Mahler« – Stefanie Arndt, Jean Laban   *HB*

Tänzer, die aus Frankfurt gekommen waren. Man muß sich vorstellen, daß in meinen ersten Jahren eine Tänzerin wie Marianne Kruuse, die meine Chloë *(Daphnis und Chloë)* oder meine Julia *(Romeo und Julia)* gewesen ist, ganz entscheidend den Stil meiner Frauenrollen prägte. Für mich war sie eine Art von Anti-Ballerina-Typ: ein Mensch anstelle von einem Klischee. Man sollte bedenken, daß diese Ent-Mystifizierung der Primaballerina zum lebendigen Menschen vor der großen Zeit des Tanztheaters mit seinen uns inzwischen eng vertrauten Anti-Typen stattfand. Das war am Anfang, schon in Frankfurt, vor dreiundzwanzig Jahren. Ich glaube, man darf nicht vergessen, daß ich am Beginn meiner Tätigkeit als Choreograph nach einer Ballettcompagnie suchte, die nicht wie eine Ballettcompagnie aussah. Im Mittelpunkt sollten das Werk und der Mensch stehen. Meine große Lehrerin Vera Volkova sagte: »Wenn eine Tänzerin im Training eine Arabesque macht und der Lehrer oder ein Beobachter feststellt, was für eine schöne Arabesque Jane heute zustandebringt, so ist das total falsch. Man müßte stattdessen sagen: ›Ah, Arabesque! – Oh, das ist Jane!‹« Von solchen Gedanken bin auch ich ausgegangen. Deswegen bevorzugte ich Außenseiter-Typen wie Marianne Kruuse, Beatrice Cordua oder Max Midinet, die wirkliche Künstler waren und die sich bei ihrer Rollengestaltung nicht orientieren mußten an der Schablone vom klischeehaften klassischen Tänzer. Sie waren mir lieber, weil sie Menschen waren. Ich wollte ein Ballett-Theater von Menschen mit ihren Problemen und ihren Beziehungen untereinander.

Auf dieser Basis eines Individualistentums habe ich aufgebaut. So kamen in einer nächsten Generation Lynne Charles, Colleen Scott, Ivan Liška und Kevin Haigen, neue, wieder ganz andere Typen von »Menschen-Tänzern«, die es zwangsläufig erforderten, neue Stücke zu kreieren. Ich ging dabei ganz verschiedene Wege, Wege, die man in einer, ich würde sagen »bösen« Kritik teilweise als Wiederholungen bezeichnen könnte. Auf die *Dritte Sinfonie* folgten 1976 und 1977 die *Rückert-Lieder* und die *Vierte Sinfonie von Gustav Mahler*. Ich schuf nach *Romeo und Julia* weitere Handlungsballette, und der große Premierenerfolg von *Der Nußknacker* wurde 1976 mit *Illusionen – wie Schwanensee* und zwei Jahre danach mit *Dornröschen* fortgesetzt. In diesen drei Balletten versuchte ich jedes Mal, eine neue Dramaturgie mit einer sehr bekannten klassischen Vorlage zu verbinden. Ohne Zweifel liegt diesen Arbeiten ein Wiederholungsprinzip zugrunde. Aber jedes Mal war für mich dabei das bestimmte, einzigartige Resultat entscheidend. George Balanchine erwähnt sehr oft, daß Choreographie etwas ist, das man »machen« muß. Man kann es nicht »ausdenken«. Man denkt sich nicht ein neues Ballett aus und wartet dann, bis man eine Inspiration dafür hat, sondern wenn man, wie ich, über eine eigene Compagnie verfügt, ist man gezwungen, ständig »zu machen«. Wie John Percival einmal geschrieben hat: »Meine Muse muß rechtzeitig im Ballettsaal erscheinen.«

In diesem Rausch des Machenmüssens ist meiner Meinung nach auch die Entwicklung einer Compagnie und eines Choreographen enthalten. Ich habe nun einmal diese hungrige Familie mit dem Namen Hamburg Ballett, die ständig gefüttert werden will. In diesen Zwang muß ich mich integrieren. In diesem Zusammenhang ist die *Matthäus-Passion* von entscheidender Bedeutung, nicht nur, weil diesem Ballett ein gewaltiges religiöses Thema zugrundeliegt, das mich jahrelang beschäftigt hat, sondern stärker, weil dieses Ballett eine Destillation von ganz unterschiedlichen Wegen ist. Es bedeutete das Resultat alles bis dahin Gewesenen und spiegelte detailliert den Stand meines damaligen Denkens in Choreographie, sei es in dramaturgischer Hinsicht, sei es, was das sogenannte sinfonische Ballett angeht oder überhaupt die Form, Ballett als abendfüllende Collage zu erfinden. Ähnlich wie die *Dritte Sinfonie von Gustav Mahler* war die *Matthäus-Passion* zweifellos ein sehr gewagtes Projekt, das so noch nie gezeigt worden war, und sie markierte, wie zuvor die *Dritte Sinfonie*, einen neuen Punkt der Abwanderung in der Compagnie. Die *Matthäus-Passion* ist in der Besetzung, mit der ich ein ganzes Jahr lang probiert habe, nur ein einziges Mal getanzt worden, bei der Voraufführung in der Hamburgischen Staatsoper. Schon während der Premiere verletzte sich im zweiten Teil Jean-Christophe Maillot und jemand mußte für ihn einspringen. Im Jahr danach verließen einige Tänzerinnen und Tänzer die Compagnie. Für mich ist dies ein interessanter Aspekt an Choreographie: Man »schreibt« einen Text für den Tanz und verwendet die Menschen, mit denen man arbeitet, gleichsam als lebendiges Material. Faszinierenderweise müssen eben diese Menschen einen solchen Text nicht unbedingt erfüllen. Wenn der Text für eine Choreographie einmal geschaffen ist – vergleichbar einem Dramentext von Shakespeare –, können immer wieder andere Darsteller, in meinem Fall Tänzerinnen und Tänzer, diesen Text neu lesen und ihn sich aneignen.

Fanden diese beiden entscheidenden Entwicklungsphasen, geprägt durch die Dritte Sinfonie von Gustav Mahler *und die* Matthäus-Passion, *eine Entsprechung in den späten 80er und in den 90er Jahren, also im zweiten Jahrzehnt?*

Ohne Zweifel bildete die *Matthäus-Passion* einen starken Einschnitt. Mit ihr endete unter anderem das kreative Mitwirken eines Tänzers wie Kevin Haigen. Er hatte sich entschlossen, wegzugehen, kam dann zwar noch einmal wieder, aber die

»Matthäus-Passion« – Anders Hellström, Ballettensemble   HB

»Othello« – Ballettensemble   HB

Matthäus-Passion war der Grenzpunkt. Von da an entwickelten wir uns in unterschiedliche Richtungen. Das war interessant, denn zu dem Zeitpunkt, da unser Verhältnis in gewisser Weise gespalten war, kreierte ich für Kevin Haigen zwei »gebrochene« Figuren, die zu meinen faszinierendsten gehören: Lancelot in *Artus-Sage* und Petruschka. Das konnte ich nur mit ihm. Ein derartiges Zwitterwesen wie Petruschka, den kein Tänzer aus meiner Compagnie nach ihm getanzt hat, entwickelte sich durch Kevin Haigens intuitive Gestaltungskraft aus unseren damaligen Spannungen.

Das Entscheidende, was mir danach passierte, war die Erscheinung von Gigi Hyatt. Sie inspirierte mich – ganz ähnlich wie zuvor Marianne Kruuse – mag sein, daß da Generationen voneinander lernen – in einer sehr starken Form zu verschiedenen Frauenfiguren. Das geschah sehr unbewußt, ungeheuer beeinflußt durch ihr Wesen, durch ihre hemmungslose Hingabe an das Ballett. Dabei hatte unsere Beziehung ganz anders begonnen. Gigi Hyatt hatte in ihrem letzten Münchner Schuljahr die Goldmedaille beim renommierten Ballettwettbewerb in Jackson/USA gewonnen und war dadurch populär geworden. Ich hörte durch Freunde von ihr, war einem solchen »Schul-Star« aber zunächst abgeneigt. Eines Tages bekam ich einen kleinen handgeschriebenen Brief von ihr mit der einfachen Bitte, mir vortanzen zu dürfen, ohne daß sie dabei ihre Auszeichnungen erwähnte. Ich ließ sie vortanzen und engagierte sie. Zunächst fiel sie mir nicht weiter auf. Erst als sie mit Dinko Bogdanic – ihrem ehemaligen Partner aus Jackson, der Solist in der Hamburger Compagnie werden wollte – einen Pas de deux tanzte, bemerkte ich ihre Außergewöhnlichkeit. Ich war überhaupt nicht vorbereitet gewesen auf eine so bescheidene, ernsthafte Künstlerin (in Amerika würde man sagen: »completely committed«), eine Tänzerin, die sich als Künstlerin zunächst nicht durch sensationelle Rollen, sondern durch ihre harte Arbeit im Ensemble entpuppte. Als erste Solorolle kreierte ich für sie Elaine in der *Artus-Sage*. Ich erinnere mich, daß kurze Zeit später die Wiederaufnahme der 1974 erstmals geschaffenen *Kinderszenen* in einer Fernsehaufzeichnung von dem Quartett Gigi Hyatt, Bettina Beckmann, Jeffrey Kirk und Gamal Gouda getanzt wurde, von den damals künftigen Solisten meiner dann schon dritten Hamburger Tänzerinnen- und Tänzergeneration. Ich habe diese Linie konsequent fortgesetzt. Diese vier Tänzer kreierten die Hauptrollen in meinem Ballett *Sechste Sinfonie von Gustav Mahler*. Sie bildeten die nächste entscheidende führende »Welle« für mein Ensemble. Heute stellt sich für mich die Entwicklung der Hamburger Compagnie tatsächlich in solchen Wellen dar. Ein schönes Bild, finde ich: Die Compagnie ist wie ein See, der stets gleich bleibt und doch jedesmal anders aussieht.

Sucht man in meinem zweiten Hamburger Jahrzehnt überhaupt den Vergleich zu Creationen wie *Dritte Sinfonie von Gustav Mahler* oder *Matthäus-Passion*, wären am ehesten *Othello* und *A Cinderella Story* zu nennen. *Othello*, uraufgeführt im Januar 1985, war für mich ein neuer Schnittpunkt, weil es darin zu einer bewußten Weiterentwicklung meiner Ballettdramaturgie gekommen ist. Es fand in einem für mich völlig neuen Raum statt, in der Kampnagelfabrik, ein Raum, der mich in seiner Intimität stark an meine frühesten Arbeiten mit Pater Walsh am Teatro Maria in Milwaukee erinnerte. *Othello* ist wie ein Puzzle collagenhaft aufgebaut, wobei interessant ist, daß sich dieses Ballett zu einer Form entwickelt hat, die mit einer Art freiem Libretto zu tun hat, das bewußt Raum läßt für die Zufälle der im Ballettsaal erarbeiteten Choreographie. Ich wußte beispielsweise am Anfang meiner Arbeit nicht, daß am Ende Othello sich mit dem Tuch umbringt. Dies ist ein Detail, das sicherlich durch eine Idee unbewußt vorgegeben ist, aber nicht so, daß ich mich dabei mit meiner Dramaturgin Angela Dauber hingesetzt hätte, um festzulegen, in dieser Szene geschieht dieses oder jenes. Es wäre ja tödlich für ein Ballett, an einem vorgegebenen Konzept festzuhalten! Obwohl ich bereits in *Romeo und Julia* die Tradition des klassischen Balletts brechen wollte (als bewußter Protest eines jungen »Bilderstürmers« gegen das Meisterwerk meines Förderers John Cranko), findet man in *Othello* eine viel freiere Form der choreographischen »Schrift«. *Romeo und Julia* erscheint mir rückblickend viel einheitlicher, viel genauer vom Konzept her, eine Choreographie durchdacht vom Anfang bis zum Ende.

»Kinderszenen« – Trinidad Vives, Gamal Gouda, Jeffrey Kirk, Gigi Hyatt, Vivienne Gilligan, William Parton

Der nächste Punkt in dieser »freien« Entwicklung war für mich wahrscheinlich *A Cinderella Story*, entstanden im Mai 1992. Vergliche man mein Arbeitsbuch zu diesem Ballett mit meinen Skizzen zu früheren Handlungsballetten, würde man feststellen, daß von dem Libretto, das ich in einer frühen Arbeitsphase für den Bühnen- und Kostümbildner Jürgen Rose aufgeschrieben habe, in der endgültigen Choreographie fast nichts übriggeblieben ist, einmal abgesehen von fundamentalen Gesichtspunkten der Geschichte. Was im Ballettsaal geschieht, ist inzwischen vorrangig, ist viel wichtiger für mich geworden als alles andere. Jürgen Roses hervorragend einfacher Bühnenraum zu *A Cinderella Story* gab mir die Freiheit, ganz offen mit dem Schicksal der Figuren zu spielen. Im nachhinein hätte man ein ganz anderes Libretto schreiben müssen und dies ist, glaube ich, inzwischen zu einer ganz wichtigen Tendenz für mich geworden. Am Anfang meiner Entwicklung bin ich von der Kritik abwechselnd gelobt oder gescholten worden, weil ich zu dramaturgisch denken und Ballette machen würde, die wie Programmhefte wären. Ich glaube nicht, daß das stimmt. Aber ich weiß, daß meine Ballette der letzten Jahre in einem viel stärkeren Maße als in den Jahren zuvor direkt durch die Arbeit mit den Tänzern im Ballettsaal entstanden sind. Natürlich sind meine Choreographien letztlich immer so zustandegekommen, aber die dramaturgischen Fäden entspinnen sich jetzt viel, viel freier als früher.

Hat dies mit Ihnen als Person zu tun? Ist der demonstrative John Neumeier, als der Sie sich in Ihren Hamburger Anfangsjahren beschrieben haben, ruhiger, gemäßigter geworden? Sind Sie heute eher bereit, Fragezeichen zu setzen?

Ja – aber das habe ich wahrscheinlich immer getan. Ich dachte früher nur, auf eine Frage müsse man mindestens eine mögliche Antwort haben. Sicherlich haben diese Veränderungen mit wachsender Erfahrung zu tun. Dementsprechend souveräner geht man mit dem um, was man machen kann und was nicht. Die Unsicherheit nimmt eine andere Form an. Man verfährt sehr realistisch mit dem, was kommt oder nicht kommt. Mir jedenfalls geht es so. Kann sein, daß jemand anderer bereits souverän und intuitiv gearbeitet hat, als er zwölf Jahre alt war. Ich sehe mich als einen Menschen, der sehr gerne organisiert ist. Ich muß sechs Bücher haben, in denen ich meine Gedanken notiere. Die habe ich auch heute noch, aber wahrscheinlich habe ich heute mehr Mut, das Notierte in der Arbeit einfach wegzulassen.

Sieht man die Eignung zu der Menschendarstellung, wie Sie sie sich vorstellen und die Sie sich als Ideal wünschen, einer jungen Tänzerin oder einem jungen Tänzer an?

Ja, das kann man. In der Salzburger Uraufführung des *Requiem* habe ich beispielsweise Karin Brennan eine Solorolle übertragen, obwohl sie zum damaligen Zeitpunkt noch nicht ihr Examen an unserer Ballettschule abgelegt hatte. Ich habe gespürt: da ist mehr als nur Technik. Natürlich muß ich differenzieren. Es ist etwas anderes, ob man selbst fünfzig Jahre alt ist und einen Tänzer mit achtzehn Jahren sieht oder als Dreiundzwanzigjähriger einen gleichaltrigen beobachtet. Ich habe mich in diesem »Menschen-Ballett-Theater«, das ich schaffen wollte, stets als Mitwirkender und nicht als Außenstehender gesehen. Und das war lange Zeit eine Gruppe meiner Generation. Jetzt ist das anders. Insofern ändern sich meine Visionen und meine Sichtweisen ständig. Ich kann meine Erlebnisse heute nicht mehr mit jungen Menschen in dem Maß teilen wie früher, als ich selbst an der Seite einer Julia den Romeo tanzte. Ich versuche heute sehr offen mit der Compagnie zu sein und verberge, so glaube ich, nichts, aber ich kann und will andererseits meine Distanz nicht leugnen. Es wäre unsinnig, würde ich in allen Kumpel sehen – was ich übrigens niemals getan habe.

In der Bilanz Ihrer Hamburger Jahre gibt es rein äußerlich eine auffällige Zäsur, der Zeitpunkt, als die Unterzeichnung eines zweiten Zehnjahresvertrages anstand. Sie verbanden damals Ihre Unterschrift mit weitreichenden Forderungen, insbesondere nach der Schaffung eines Ballettzentrums, und setzten Ihre und die Popularität Ihrer Compagnie bewußt als Waffe ein. Sie haben diese sanfte Form der Erpressung nicht über die Medien gemacht, aber doch mit Nachdruck. Der Fakt bleibt: wären Ihre Forderungen nicht erfüllt worden, hätten Sie Hamburg verlassen. Wie sieht heute, zu einem Zeitpunkt, da beinahe wieder Vertragsverhandlungen anstehen, Ihre Einstellung zur damaligen Situation aus? Hätten Sie Hamburg ohne Wehmut den Rücken kehren können, da man eine Compagnie auch anderswo aufbauen kann und Creationen in Wien, Kopenhagen, Stockholm oder Toronto ebenso möglich sind wie in Hamburg?

Ich bin gezwungen, so zu denken. Wenn Leute zu mir sagen, Hamburg sei eine schöne Stadt und ich wolle sicherlich hier bleiben, muß ich antworten: »Nein«. Wenn man mir Fragen stellt, wie »Wo sind Sie zu Hause?« oder »Fühlen Sie sich als Amerikaner oder als Deutscher?«, dann kann ich darauf nur erwidern: »Ich bin zu Hause, wo meine Arbeit ist!« Mein wirkliches Zuhause ist der Ballettsaal. Ohne Zweifel war es ein spannender Augenblick, als man 1985 nicht wußte, ob ich bleiben oder gehen würde. Wäre man in der Stadt nicht gewillt gewesen, den nächsten Schritt zu tun, hätte ich mit dem Gewissen eines Künstlers sagen müssen: »Dann kann ich nicht weitermachen.« Egal, ob das nun schmerzlich gewesen wäre oder nicht. Kunst ist nicht dazu da, schmerzlos zu sein. Kunst ist meiner Meinung nach Arbeit, Aufgabe, Verpflichtung, Berufung, und man muß sie absolut ernst nehmen. Ich muß an meine Biographie glauben. Als ich in London auf der Ballettschule war, kam Ninette de Valois zu mir und sagte, sie habe mit George Balanchine gesprochen und er würde mich in seine Compagnie aufnehmen. Zu diesem Zeitpunkt hatte ich jedoch meinen Vertrag in Stuttgart bereits unterschrieben. Heute glaube ich daran, daß ich unter allen Umständen Choreograph geworden wäre, selbst wenn ich Europa verlassen hätte und nach Amerika zurückgegangen wäre. Wenn in Hamburg eine ähnliche Situation eintreten würde wie derzeit am Berliner Schiller-Theater und man sagte zu mir: »Herr Neumeier, ab der nächsten Spielzeit gibt es kein Hamburg Ballett mehr«, so bin ich dennoch gezwungen zu glauben, nach wie vor Choreograph zu sein. Die Essenz lautet für mich: »Ich bin John Neumeier und Choreograph.« Verbannte man mich auf die Fidschi-Inseln, könnte ich nicht anders als Choreographien zu machen, und vielleicht würde ich sogar dort eine kleine Compagnie gründen.

Die Situation wird bei den neuen Vertragsverhandlungen 1995 anders sein als zehn Jahre zuvor. Da spuken Begriffe wie »Alterswerk« oder »Lebenswerk« im Hintergrund. Wie schützt man sich in einer solchen Lage vor der eigenen Befangenheit?

Das weiß ich nicht. Irgendwie verfolgt mich die Angst davor, denn man sagt leicht, so (oder zu) lange sollte man nicht bleiben. Ich muß auch die andere Seite sehen. Ein Ballettzentrum und eine Ballettschule, wie sie uns zur Verfügung gestellt wurden und an deren Weiterentwicklung ich in Hamburg kontinuierlich arbeite, bekommt man nicht in ein paar Jahren. Wenn man ein solches Instrument in Händen hält, schmeißt man es nicht leichtfertig weg. Es geht dabei nicht um die Arbeit einer Spielzeit oder um eine einzelne Creation. Ein Ballettzentrum von der Qualität und Größenordnung Hamburgs läßt sich nur in ganz kleinen Schritten aufbauen. Diese Diskrepanz – frei sein zu wollen und dennoch an einem Ort bleiben zu müssen – empfinde ich manchmal sehr stark. In aller Bescheidenheit muß ich bekennen, daß die Schule und die Compagnie, so wie sie heute existieren, an meine Person und meine Arbeit gebunden sind. Man muß offen und ehrlich sagen, daß die jungen Tänzerinnen und Tänzer hierher kommen, um mit mir zu arbeiten. Sie wollen mit mir zusammen kreieren. Der beste, der harmonischste Moment in der Compagnie ergibt sich während der Entstehung eines neuen großen Balletts – und zwar in dem Augenblick, in dem die Tänzerinnen und Tänzer unmittelbar in den kreativen Prozeß eingebunden sind. Wüßte ich, es gäbe Herrn X oder Herrn Y, der meine Arbeit besser machen würde oder bessere Nerven hätte als ich, der also mehr für meine Compagnie tun könnte als ich, müßte ich mir ernsthafte Gedanken machen. Manchmal überlege ich mir, ob es nicht gut wäre, für ein paar Jahre an diesem oder jenem Ort zu sein. Als ich einmal in ganz lockerem Ton einigen von meinen Tänzern sagte, es würde mir gefallen, ein Jahr mal nicht mit meiner Compagnie zu arbeiten, stieß ich auf null Verständnis. Ich konnte das nicht begreifen. Natürlich kämen sie zurecht, sollte ich morgen sterben. Das ist nicht die Sache. Aber solange ich da bin und meine Compagnie da ist, besteht ein besonderes Kräfteverhältnis, wirkt eine besondere Energie, die, wie ich finde, keine Gewohnheitserscheinung ist. Eher zeugt diese Energie von einer sehr lebendigen Beziehung, denn mit jeder neuen Choreographie begeben sich die Tänzer und ich auf Glatteis.

Sie haben auch für andere Compagnien Creationen gemacht, beispielsweise Medea *und* Fratres *für das Stuttgarter Ballett,* Amleth *für das Königlich Dänische Ballett Kopenhagen oder zuletzt* Now and Then *für das National Ballet of Canada. Ist es eine Umstellung für Sie, es mit Tänzern anderer Compagnien zu tun zu haben?*

Ohne Zweifel. Und es ist ganz wichtig für mich, diesen Wechsel zu haben, den ich nicht nur in letzter Zeit einige Male gemacht habe, sondern auch in meiner früheren Hamburger Zeit. Vielleicht damals sogar zu viel, denn ich war sehr jung, voller Enthusiasmus, anderswo eingeladen worden zu sein. Ich war beim Royal Winnipeg Ballet und beim American Ballet Theatre ständiger Choreograph. Und da gab es den Moment, wo mir klar wurde, daß es zuviel gewesen ist. Wenn man wirklich daran interessiert ist, daß es zu einem regen Austausch zwischen der Compagnie, die einen braucht, und einem selbst kommt, ist ein gewisser Prozentsatz an Anwesenheit einfach notwendig. Dabei geht es in erster Linie nicht darum, meine Zeit abzusitzen, sondern Energien zu verteilen. Weil ich an meinem Ensemble hänge, es sehr liebe, scheint es mir aber notwendig, von Zeit zu Zeit wegzugehen, auch um eigene Perspektiven nicht zu verlieren. Denn im jahrelangen Umgang mit der eigenen Compagnie ist es wichtig, die Tänzerinnen und Tänzer nicht nur zu lieben, sondern sich die Fähigkeit zu erhalten, sie auch kritisieren zu können. Außerdem muß ich zuweilen »nur« als Choreograph arbeiten, das heißt, ich muß machen können, was ich will, ohne dabei jedes Mal an die Bedürfnisse meiner eigenen Compagnie zu denken. Zudem gibt es Dinge, die man mit dem eigenen Ensemble nicht erarbeiten kann, etwa in Japan in einer ganz anderen kulturellen Sphäre ein Ballett wie *Seven Haiku of the Moon* zu choreographieren oder ein Werk zusammen mit einer Tänzerin wie Marcia Haydée zu schaffen. Solange ich eine eigene Compagnie habe, fällt es mir ja leicht zu sagen, alles, was ich woanders mache, ist wie Geld auf einem Konto, es gehört gewissermaßen »uns« als Ensemble. Das regele ich bewußt in meinen Verträgen. Nur meine eigene Compagnie hat das Recht, alle Stücke von mir aufzuführen.

Sie sind ein religiöser Mensch, der sich gerade in den letzten Jahren, beeinflußt durch den Verlust enger Freunde, intensiv mit dem Tod auseinandergesetzt hat. Denken Sie daran, was nach Ihrem Weggang oder womöglich nach Ihrem Tod mit dem Hamburg Ballett geschehen soll?

Ich scheue nicht vor dieser Frage zurück, die eine Überlebensfrage ist. Wenn ich erkläre, die Compagnie zu lieben, ist es mehr als selbstverständlich, mir auch Gedanken über meine Zeit als Direktor hinaus zu machen. Das Problem ist nur, daß ich dies in Details gar nicht absehen kann. Wenn man das Glück hat, lange zu leben und seine Position zu behalten, kommt man unweigerlich zur »König Lear«-Frage: Ich könnte ein bißchen zurückstecken, würde nach wie vor meine Choreographien machen und jemand anderes müßte die Leitungsfunktion übernehmen. Aber du kannst eben nicht ein Königreich gleichzeitig haben und abgeben. Die Frage nach einem möglichen Nachfolger berührt den privaten Bereich. Wenn man seine Mutmaßungen darüber öffentlich äußert, klingen sie entweder egozentrisch oder peinlich. Sieht man beispielsweise nach zwanzig Jahren – und dies zu dokumentieren war der tiefere Sinn der Retrospektive des Jahres 1993 – die ungeheure Skala der entstandenen Werke – von *Nußknacker* bis zu *Le Sacre,* von *Matthäus-Passion* bis zu *A Cinderella Story* – so wird einem bewußt, welchen Stellenwert es hat, daß ein Ensemble, geleitet von einem einzigen Choreographen, über derart vielschichtige Ausdrucksmöglichkeiten verfügt. Sie reichen vom Handlungsballett über das sinfonische Ballett bis zum Musical, vom Werkstattexperiment bis zum großen abendfüllenden Ballett.

Mich fasziniert die große Form des Balletts besonders, denn wir leben in einer Zeit, wo die Form generell kleiner wird und der Mensch sich immer stärker spezialisiert. Wer will heute noch eine Compagnie leiten, zugleich Choreograph sein und darüber hinaus für eine Schule Verantwortung tragen? Neulich sprach ich mit Jiří Kylián, der mir sagte: »Ich will eigentlich nur noch kleine Ballette schaffen.« Mir steht dagegen ein Konzept näher, wie es Maurice Béjart zu verwirklichen versucht. Ein solches Konzept entstammt der Tradition des großen Balletts. Dabei geht es nicht darum, eine andere Epoche manieristisch nachzuahmen, sondern darum, für sich selbst eine Ausdrucksform innerhalb der eigenen Gegenwart zu finden. Maurice Béjart hat dies auf seine Art getan, ich auf meine. Beide haben wir Experimente gemacht »über Abende«, also banal gesagt über den Zeitraum, in dem Menschen ins Theater gehen.

Aspekte – Themen – Variationen heißt der Untertitel dieses Buches. Gibt es über Themen und Variationen hinaus einen zentralen Aspekt, unter dem John Neumeier das Unverwechselbare seines Stiles beschreiben würde?

Oh Gott, nein. Ich bin kein Mensch, der in Epigrammen spricht. Da ich daran interessiert bin, ein Problem von mehreren Seiten zu durchleuchten, würde ein zentraler Aspekt mich zu sehr einengen. Aber bei der Auswahl der Bilder für dieses Buch ist mir eine Photographie aus meiner Studienzeit bei Sybil Shearer aufgefallen, die etwas zeigt von meiner Sehnsucht nach der Horizontalen, poetisch gesprochen von der Sehnsucht nach der Ewigkeit. Die Horizontale kann der menschliche Körper niemals vollendet erreichen, außer natürlich erdgebunden im Liegen. Diesem unerreichbaren Idealzustand nahezukommen ist sicherlich ein wesentliches Moment meiner Arbeit.

Ich merke immer mehr, wie unmöglich es ist, die Faszination einer Choreographie zu beschreiben. Dramaturgie ist lediglich ein Beiwort dafür, eine Ausgangsposition. Choreographie ist nichts, was einen Gedanken nacherzählt, sondern eine Form, die einen Betrachter zum Denken anregt – im nachhinein. Choreographie ist etwas, das in einem entsteht im Augenblick der Bewegung, aus Empfindung für einen anderen Menschen, für Musik oder für etwas, das einem das Herz bewegt, sei es die Herald Tribune oder ein Stück von Anton Tschechow. Ein solches Gefühl läßt sich nicht vorformulieren, sondern es überwältigt den Betroffenen, ohne daß er von diesem Gefühl zuvor eine Ahnung hatte. Dies ist das Wunder. Ich merke es an mir selbst. Über Dinge, die ich persönlich gut finde, hätte ich am Vormittag, da sie entstanden, kein Wort sagen, geschweige sie beschreiben können. Es ist mir heute unmöglich, vor einer Creation einem Tänzer zu sagen, »was« wir machen werden. Als ich jung war, habe ich das unentwegt versucht, weil ich glaubte – übrigens bis heute glaube –, daß Tanz den Menschen in seiner Ganzheit ansprechen muß, seinen Intellekt, seine Gefühlswelt, seine Augen, seinen Sinn für Ästhetik etc. Deswegen habe ich immer versucht – etwa in meinem ersten Ensemble für drei Menschen: Marianne Kruuse, Truman Finney und mich – alles zu integrieren, was wir fühlen und spüren, wo wir sind, woher wir kommen, wohin wir gehen etc. Das ist sehr aufschlußreich und doch nicht das Wesentliche. Das Wesentliche ist das, was man nicht weiß. Das Wesentliche ist das, was man erst im nachhinein versteht.

»Bernstein-Serenade« – Janusz Mazoń, Ivan Liška, Patrick Becker, Bettina Beckmann, Heather Jurgensen, Gigi Hyatt   HB

LIEBER JOHN NEUMEIER

Da geht ein Menschenkind durch Hamburg, das man ins Herz schließen muß. Es heißt John Neumeier und ist eine einzigartige Symbiose von äußerster Sensibilität, großer Verletzlichkeit und stählerner Energie. Mit unermüdlichem, ausdauerndem Fleiß versucht er, seine geistig-seelischen Visionen in Bewegung und Gebärde zu kleiden. Große Liebes- und Leidensfähigkeit und ein recht einsames Leben sind Ausgangsort und Nährboden, aus dem er diesen Reichtum an Körpersprachmöglichkeiten gestaltet. Hier hat sich eine polnisch-deutsche Elternschaft als äußerst erfreulich und schöpferisch erwiesen. Vor 20 Jahren bei einer Matthiae-Mahlzeit im Rathaus sagte meine Frau zu mir: »Da steht John Neumeier. Jetzt sind wir einmal aufdringlich und sprechen ihn an.« Daraus wurde eine lebenslange Freundschaft. Geliebter John, in Deiner Truppe arbeiten über 15 Nationen ohne Schwierigkeiten neben- und miteinander. Da ist eine multikulturelle künstlerische Gemeinschaft mit großem Erfolg und weltweit am Werk. Die schönsten und bewegendsten Kulturereignisse in Hamburg verdanken wir Deinen Balletten und Matineen. Ohne Dich wäre Hamburg entschieden ärmer und Dein Dich liebendes und verehrendes Publikum weiß das. Gott sei Dank.

Will Quadflieg

JOHN

Jetzt ist er auch schon 20 Jahre in Hamburg! Wie die Zeit vergeht. John ist für meine Tänzer und mich beim Stuttgarter Ballett immer ungeheuer wichtig gewesen. Das läßt sich am besten belegen mit *Kameliendame* und *Endstation Sehnsucht*, Ballette, in denen er grandiose Rollen für uns geschaffen hat. Ich weiß, was John für uns bedeutet. Was John für mich ist? Nicht nur ein großer Choreograph. Ich kenne ihn als Tänzer von Anfang an, als John Cranko ihn in Stuttgart in die Gruppe aufnahm. Ich kenne ihn als Partner (ich möchte den Grafen Paris in *Romeo und Julia* erwähnen), ich kenne ihn als meinen Choreographen, und seit Maurice Béjart *Die Stühle* für uns gemacht hat, ist er noch etwas anderes für mich – er ist einfach mein Mann. Dankeschön, John.

Marcia Haydée

VARIATIONEN

27. JUNI 1993

NIJINSKY-GALA XIX

»Nijinsky-Gala-Aufführungen«: Kaum eine andere, inzwischen zur Institution gewordene Veranstaltung ist so sehr als »Variation« dessen aufzufassen, was der Choreograph John Neumeier unter Ballett als getanztem Theater im Spannungsfeld von Tradition und Gegenwart versteht. Die erste Nijinsky-Gala, gewidmet dem Tänzer Vaslaw Nijinsky, fand am 22. Juni 1975 statt. Jeweils zum Abschluß eines Ballett-Jahres und am Ende der Hamburger Ballett-Tage sind die Nijinsky-Gala-Aufführungen seitdem zentralen Aspekten und Themen der Hamburger Ballettarbeit vorbehalten. Werke von Komponisten wie Peter I. Tschaikowsky, Gustav Mahler, Igor Strawinsky, Wolfgang Amadeus Mozart, Antonín Dvořák, Sergej Prokofjew oder Leonard Bernstein standen im Laufe der Jahre ebenso im Zentrum des Programms der Nijinsky-Gala-Aufführungen wie Programme zur Erinnerung an William Skakespeare, Serge Diaghilew oder spezielle Aspekte und Themen, die John Neumeiers Beschäftigung mit dem abendfüllenden Ballett widerspiegeln: »Poesie und Tanz«, »Der sakrale Tanz«, »Der romantische Tanz«, »Der sinfonische Tanz«, »Literatur und Tanz«, »Ballett und seine Musik«. Als Höhepunkt des Rückblicks auf die zwanzigjährige Tätigkeit John Neumeiers als Direktor des Hamburg Balletts war die Nijinsky-Gala XIX am 27. Juni 1993 ein großes Fest mit Freunden, ein Geschenk aller Mitwirkenden und Mitarbeiter des Hamburg Balletts. Diese Nijinsky-Gala XIX anläßlich des Jubiläums »Zwanzig Jahre John Neumeier und das Hamburg Ballett« liest sich im fotografischen Rückblick wie eine Bestandsaufnahme »en miniature«. Sie ist ein Dokument der Vielfalt von John Neumeiers Choreographien (auch in ihren Bezügen zu Werken anderer) und zugleich lebendiger Ausdruck des Versuches, die Auseinandersetzung mit der Tradition durch Innovationen zu beleben.

»Fünfte Sinfonie von Gustav Mahler«　　　　　　　　　　　　　　　*HB*

Natalia Makarova　　　　*HB*　　　*John Neumeier*　　　　*HB*　　　　　　　　　　*HB*

»Fünfte Sinfonie von Gustav Mahler« – Gamal Gouda, Anna Grabka HB

»Désir« – Lynne Charles, François Klaus   HB

»Daphnis und Chloë« – Christine Gaugusch, Christian Musil (Staatsoper Wien)   HB

»Fenster zu MOZART« – Stefanie Arndt, Jean Laban   HB

»Peer Gynt« – Johanna Björnson, Göran Svalberg (Königlich Schwedisches Ballett Stockholm)   *HB*

»My Way« – Stephan Toss, Raymond Hilbert (Sächsisches Staatsballett Dresden)   *HB*

»Mozart und Themen aus ›Wie es Euch gefällt‹« – Susanna Vironmäki, Sampo Kivelä (Finnisches Nationalballett Helsinki)   HB

»Die Kameliendame« – Ivan Liška, Elisabeth Platel
(Ballet de L'Opéra de Paris)   HB

»Giselle« – Guillaume Graffin, Cynthia Harvey
(American Ballet Theatre New York)   HB

»Urlicht« – Margaret Illmann, Graeme Mears (National Ballet of Canada Toronto)

HB

»Now and Then« – Graeme Mears, Karen Kain
(National Ballet of Canada Toronto)   HB

John Neumeier beim Applaus nach der Uraufführung von
»Bernstein-Serenade«   HB

»Bach Suite-2« – Christina McDermott, Oliver Wehe (Bayerisches Staatsballett München), Hamburg Ballett   HB

»Don Quixote« – Kevin Haigen, Vladimir Derevianko, Beatrice Cordua   *HB*

»Endstation Sehnsucht« – Marcia Haydée, Richard Cragun
(Stuttgarter Ballett)   *HB*

»Onegin« – Carla Fracci, Rex Harrington (National Ballet of Canada Toronto)   *HB*

CT

DIE SPIELZEIT

PREMIEREN UND WIEDERAUFNAHMEN

Sinfonia Concertante / Fandango / Gras / Meinungslose Weiden   Uraufführung
20. 12. 1992

Now and Then
Toronto, National Ballet of Canada, Uraufführung in der Choreographie von John Neumeier
24. 2. 1993

BALLETT-WERKSTÄTTEN

Auf dem Weg zu sich — Cinderella und der Prinz
3. 10. 1992

Volk tanz'!   8. 11. 1992

Geheimnis der Musik — Quelle der Choreographie
28. 3. 1993

An der Schwelle zur Professionalität
16. 5. 1993

BALLETT-GASTSPIELE

Frankfurt
Jahrhunderthalle Hoechst
23./24. 3. 1993

GAST-COMPAGNIEN IN HAMBURG

Giselle
16. 6. 1993

Bernarda / Carmen
17. 6. 1993
Choreographien von Mats Ek
Gastspiel des Cullberg Ballett Stockholm

Concerto Six Twenty-Two / Marimba / Waiting for the Sunrise
Choreographien von Lar Lubovitch
Gastspiel der Lubovitch Dance Company
18./19. 6. 1993

BESONDERE EREIGNISSE

Neunzehnte Hamburger Ballett-Tage
10. 6.–27. 6. 1993

20 Jahre John Neumeier in Hamburg
Unterwegs
(Vaslaw / Die Stille / Rondo)
Vorstellung der Theaterklasse der Ballettschule der Hamburgischen Staatsoper
Kampnagelfabrik
10./12. 6. 1993

Illusionen — wie Schwanensee
13. 6. 1993

Dritte Sinfonie von Gustav Mahler
14. 6. 1993

Des Knaben Wunderhorn / Vierte Sinfonie von Gustav Mahler
15. 6. 1993

Othello
Kampnagelfabrik
17. 6. 1993

Matthäus-Passion
Hauptkirche St. Michaelis
19. 6. 1993

Peer Gynt
20. 6. 1993

Neumeier / van Manen / Ek / Béjart
21. 6. 1993

Ein Sommernachtstraum
22. 6. 1993

Der Nußknacker
23. 6. 1993

A Cinderella Story
24. 6. 1993

Lubovitch / Ek / Neumeier
25. 6. 1993

Requiem
(Zum Gedenken an den 20. Todestag von John Cranko)
26. 6. 1993

Nijinsky-Gala XIX
»20 Jahre John Neumeier in Hamburg«
27. 6. 1993

Ausstellung *Bühnenbilder und Kostüme zu Choreographien von John Neumeier*
(Foyers der Hamburgischen Staatsoper)
10. 6.–27. 6. 1993

NAMEN

DATEN

FAKTEN

1973 oben links nach unten rechts *Maximo Barra, Herbert Roth, Rosa Sicart, Laurel Benedict, Fred Howald, François Klaus, Magali Messac, Dörte Rüter, Vladimir Bukovec, Helmut Berchtold, Caspar Hummel, Eugen Ivanics, Silvia Winterhalder, Max Midinet, Beatrice Cordua, Truman Finney, Anja Daniell, Darja Michel, Gaby Holtz, Patricia Berrend, Haichi Akamine, Plutarco Pardo, Ilse Wiedmann, Ray Barra, Isabella Vernici, John Gardner, Rolf Warter, Marianne Manniegel, Astra Sterns, Kurt Brandstätter, Wendy Freeman, Dorit Schneemann, Christiane Hasek, Victor Hughes, Adriana Schwab, Robyn White, Hella Leißner, Jürgen Lamke, Reimer Winkelmann, John Neumeier, Brigitte Thom, Sergej Handzic, Genie Jurriens, Helga Völker, Miklos Bognar, Martine Giaconi, Tomislav Vukovic, Marianne Kruuse, Persephone Samaropoulo, Angela Bödiker, Eva-Maria Braun, Christina Lemke, Yvonne Dideriksen, Emilia Gatewa (vom Ensemble 1973 fehlen auf diesem Bild Marina Eglevsky, Margret Wyeth, Salvatore Aiello, Waclaw Gaworczyk)*

ZWANZIG JAHRE JOHN NEUMEIER
UND DAS HAMBURG BALLETT
1973–1993

Auf den Seiten 278–289 sind die Tänzerinnen und Tänzer aus den Ensemblejahren 1973, 1983 und 1993 – den jeweiligen Dekaden – sowie, mit einer Ausnahme (im Jahre 1974), die jeweils neu in die Compagnie eingetretenen Ensemblemitglieder abgebildet.

1975 obere Reihe *Lynne Charles, Leslie Hughes, Angelica Bornhausen, Maya Li, Vesna Nikitovich, Madérique Dubouch, Beatrice Bouquet* untere Reihe *Klaus Arp (Ballettrepetitor), Nicholas Champion, Eric Emmanuele*

1976 von links nach rechts *Marco Carrabba, Gabrielle Günthard, Giselle Roberge, Kevin Haigen, Michael Steele, Ann Drower, Dieter Ammann, Patricia Machette, Tanju Tüzer*

1977 obere Reihe *Paule Cesselin, Cathy Kelemen*
mittlere Reihe *John Tucker, Judith Frege, Michael Haase, Ivan Liška*
untere Reihe *Alan Ebnother, Colleen Scott, Linda Kuchera,*
Indrani Delmaine

1978 obere Reihe *Ronald Alexander, Ricardo Garcia, Thierry Michel,*
Mark Diamond, Jean-Christophe Maillot
mittlere Reihe *Pascal Le Royer, Corinne Boulnois, Margret McLaughlin,*
Pamela Jones, Eyla Jeschke, Trinidad Vives, Laure Balon
untere Reihe *Anthony Sewell, Garland Deaderick*

1979 obere Reihe *Matthew Wright, Jean-Jacques Defago,*
Markus Annacker
untere Reihe *Gamal Gouda, Lynn Huck*

1980 obere Reihe *Vivienne Gilligan, Jeffrey Kirk, Jean-Yves Esquerre, Paola Cantalupo*
untere Reihe *Christiane Marchant, Bettina Beckmann*

1981 obere Reihe *Ralf Dörnen, Ilka Doubek, Cathryn Rhodes, Bruce Paul Michelson, Taraneh Naderi*
untere Reihe *Jean Laban, Jessica Nash, Jean-Jacques Herment, Zuhal Kutsal, Christoph Lechner, Alessandra Alberti*

1982 obere Reihe *Caroline Maylin, Stephen Pier, Indrani Delmaine, Vicki King* (Ballettrepetitorin)
untere Reihe *Steven Majewicz, Axelle Girollet, Gigi Hyatt, William Parton, Susanne Klement*

1983   erste (hintere) Reihe   *Zuhal Kutsal, Edward A. Pinder, Susanne Menck, Paola Cantalupo, Stephen Pier, Trinidad Vives, François Klaus, Ricardo Garcia, Jean Laban, Max Midinet, Victor Hughes, Kevin Haigen, John Neumeier, Vladimir Bukovec, Gamal Gouda, Chantal Lefèvre, Steven Majewicz, Iris Tenge, Herbert Roth*
zweite Reihe (stehend)   *Eugen Ivanics, Anthony Sewell, Taraneh Naderi, Sonia Pérusse, Judith Carlson, Robyn White, Colleen Scott, Beatrice Cordua, Matthew Wright, Leslie Hughes, Gigi Hyatt, Pascal le Royer, Michael Huber*

dritte Reihe (sitzend) *Rolf Warter, Giselle Roberge, Eduardo Bertini, Eva-Maria Braun, William Parton, Gabrielle Günthard, Bettina Beckmann, Ilse Wiedmann, Jean-Jacques Defago, Margaret McLaughlin, Truman Finney, Jeffrey Kirk, Ronald Darden, Ivan Liška, Roy Wierzbicki*
vierte Reihe (sitzend) *Wendy Roth-Freeman, Stefano Giannetti, Eileen Brady, Jean-Jacques Herment, Markus Annacker, Susanne Klement, Indrani Delmaine, Ralf Dörnen, Laure Balon, Christoph Lechner, Alessandra Alberti, Kathy Moriarty, Anne Brossier, Mark Diamond, Carolyne Maylin, Christiane Marchant, Cathryn Rhodes*

1983   Marco A. Wardini (Ballettrepetitor), *Billy Dunn, Dieter Riesle,
Stefano Giannetti, Carmen Barth, Dinko Bogdanic, Maurizio Giannetti*
mittlere Reihe   *Annette Gayou, Maurice Courchay, Eric Miot,
Rena Robinson, Tania Philip*
untere Reihe   *Susanna Vennerbeck, Marilyn Berlanger, Muriel Maffre,
Pnina Ducach, Osama Maksoud*

1984   *Nicoletta Santoro, Stefanie Arndt, Christina Fritschi, Ines Sprenger,
Anders Hellström*

1985 obere Reihe   *Janusz Mazoń, Nathalie Perriraz, Aurea Hämmerli,
Johannes Kritzinger, Anna Grabka, Hocine Layada*
untere Reihe   *Carolina Lohfert, Mats Lindström, Ulrike Hartmann*

1986 obere Reihe *Stephan Bossyvine, Roger Höde, Mette Bødtcher,*
Matthias Nolte, Jennifer Goubé, Peter Bo Bendixen
mittlere Reihe (kniend) *Frank Logeais, Fabrice Herrault*
untere Reihe *Sonja Herrmann, Karen Stephenson*

1987 von links nach rechts *Roberto Rigamonti, Valentina Divina,*
Alexandra Schmidt-Rieche, Andrea Hacquoil, Emmanuelle Broncin,
Joëlle Henry, Martin Stiefermann, Alexandra Schoettle

1988 *Malgorzata Falkowska, Bogdan Cholewa*

1988 oben *Katherine Panter, Dominik Schoetschel*
Mitte *Patrick Becker, Agnes Galatoire*
unten *Laura Cazzaniga, Cornelia Meierhans*

1989 von links nach rechts   *Tomi Paasonen, Heather Jurgensen,
Aino Zeichner, Teresa Augusta, Marek Zajaczkowski, Marie-Soizic Cabié*

1990 obere Reihe   *Michele Politi, Gildas Diquéro, Gilma Bustillo,
Jacopo Munari, Radik Zaripov*
mittlere Reihe   *Sarah Duley, Jan de Schynkel, Nathalie Perriraz,
Beata Wiech-Morka, Jan Pusch*
unten (sitzend)   *Karen Niles, José Ariño*

1991 obere Reihe (stehend)   *Sandra Asensi, Klara Matyas, Eva Perez,
Karin Brennan, Nuria Martinez, Kim David McCarthy*
mittlere Reihe (sitzend)   *Susan Hogard, Dina Kirkdorffer,
Magdalene Parungao*
untere Reihe (sitzend)   *Antonio Interlandi, Mario Barba-Sanchez,
Anders Nordström*

1992 von links nach rechts *Anna Rita Bernardini, Alessandro Tiburzi,*
Anna Polikarpova, Maksim Nisnevich, Teresa DeCastro

1993 obere Reihe *Lucila Alves, Otto Bubeníček, Jiři Bubeníček,*
Megumi Kondo
mittlere Reihe *Radoslaw Boguski, Silvia Azzoni*
untere Reihe *Emilija Jovanović, Julia Hellmund*

1993   **HAMBURG BALLETT**

Erste hintere Reihe   *Rolf Warter, Kevin Haigen, John Neumeier*

Zweite Reihe   *Kim David McCarthy, Maksim Nisnevich, Susanne Menck, Eduardo Bertini, Ilse Wiedmann, Victor Hughes, Ulrike Schmidt, Giselle Roberge*

Dritte Reihe   *Joëlle Henry, Karen Niles, Anna Polikarpova, Radik Zaripov, Denis Feuillette, Chantal Lefèvre, Anna Grabka, Bettina Beckmann, Jean Laban, Frank Logeais, Eric Miot, Eva Perez, Jean-Jacques Defago, Michele Politi*

Vierte Reihe   *Dominik Schoetschel, Jan de Schynkel, Sarah Duley, Mario Barba-Sanchez, Emilija Jovanović, Jacopo Munari, Valeria Chmilnicka, Janusz Mazoń, Gigi Hyatt, Stefanie Arndt, Teresa DeCastro, Heather Jurgensen, Ivan Liška, Julia Hellmund, Anders Nordström, Gamal Gouda, Nathalie Perriraz, Laura Cazzaniga, Nuria Martinez, Agnes Galatoire, Marilyn Berlanger, Dina Kirkdorffer, Anna Rita Bernardini, Sonja Herrmann, Patrick Becker, Sandra Asensi*

Fünfte Reihe   *Otto Bubeníček, José Ariño, Jiři Bubeníček, Antonio Interlandi, Silvia Azzoni, Karin Brennan, Radoslav Boguski, Klara Matyas, Lucila Alves*

Ich bedanke mich bei allen Autoren;
bei Peter Schmidt und dessen Mitarbeitern
von Peter Schmidt Design, die kostenlos
für dieses Buch tätig waren. Danke für das
Engagement in Druckerei und Verlag
Hans Christians und für die Hilfe der
Mitarbeiter im Hamburg Ballett.
Mein besonderer Dank gilt Herrn
Hermann Schnabel, der Stiftung zur
Förderung der Hamburgischen Staatsoper
und der Körber-Stiftung, die dieses
Buch finanziell unterstützt haben.

John Neumeier

BALLETTDIREKTOR
John Neumeier 1973 –

PRODUKTIONSLEITER
Rolf Warter 1988 –
(Ballettmeister seit 1974)

BALLETTMEISTER UND PÄDAGOGEN
Peter Appel 1976 – 79
Ray Barra 1973 – 76
Eduardo Bertini 1987 –
Truman Finney 1979 – 88
Kevin Haigen 1991 –
Victor Hughes 1975 –
Denuk Laschan 1989/90
Charles Mudry 1985 – 90
Giselle Roberge 1991 –
Brigitte Thom bis 1974
Isabella Vernici bis 1975
Rolf Warter 1974 –
Ilse Wiedmann 1973 –
Roy Wierzbicki 1984 – 91
Irina Jacobson (als Gast) 1984 –

CHOREOLOGINNEN
Susanne Menck 1979 –
Patricia Tierney 1987 – 92

BALLETTBETRIEBSDIREKTOR(IN)
Christoph Albrecht 1981 – 91
Ulrike Schmidt 1991 –

SEKRETARIATE
Cornelia Berger 1991 – 93
Hella Leißner bis 1975
Birgit Pfitzner 1975 –
Eva-Maria Richter 1985 – 91
Katrin Winkler 1993 –

PRESSE- UND ÖFFENTLICHKEITSARBEIT
Martin Günthardt 1989 –
Ulrike Ramsauer 1986/87
Ursula Viebig-Linnenkamp 1987/88
MITARBEIT
Christiane Marchant 1987 – 89
Sophie Verdure 1991 –
Ursula Wilhelm 1989 – 91
Anja von Witzler 1988 – 91

TOURNEELEITUNG
Katharina Benthaak 1986 –
Jürgen Simon bis 1986

PRODUKTIONSDRAMATURGIE
Angela Dauber 1975 –

FOTOGRAF UND GRAFIKER
Holger Badekow 1986 –

ARCHIV
William Parton 1992/93

BALLETTREPETITOREN/PIANISTEN
Klaus Arp 1975 – 78
Paul Baeyertz 1989 –
Harriet Cavalli 1979 – 81
Emilia Gatewa bis 1975
Stefan Gyártó 1978 – 80
Richard Hoynes 1981 –
Michael Huber 1975 –
Vicki King 1982/83
Jürgen Lamke 1974/75
Nancy R. Mayo 1981/82
Suzanne Nicks 1989 –
Edward A. Pinder 1981 – 86
Michael Thiel 1989/90
Wlodzimierz Trzeciak 1986 – 89
Marco A. Wardini 1982 –
Reimer Winkelmann bis 1979
Vlasta Woltär 1991 –

TECHNISCHER LEITER
Adolf Zimmermann 1987 –

BALLETTINSPIZIENT
Ulrich Ruckdeschel 1985 –

TONABTEILUNG
Michael Cords 1987 –
Gisela Tuchtenhagen 1988 –
Susanne Uhing 1987/88

BELEUCHTUNG
Carsten George 1993 –
Andreas R. Rinkes 1992/93
Ingo Schulz 1987 – 92
Karlheinz Torkler 1993 –
Robert Windecker 1988 – 91
Jürgen Zoch 1991 – 93

BÜHNE
Willi Eggert-Klein 1993 –
Rolf Hansmann 1993 –
Reinhard Kaestner 1987 –
Torsten Möller 1988 – 92
Franz Siebke 1987 – 93

REQUISITE
Klaus Hapke 1987 –

GARDEROBENMEISTER
Rudolf Bonell 1987 – 91
Ralf Christmann 1991 – 93
Kirsten Sindt 1993 –

GARDEROBE
Angelika Angermann 1987/88
Bettina Bätjer 1989 – 92
Klaus Frech 1991 – 93
Wolfgang Gehrke 1987 – 91
Susann Hawel 1992 –
Karina Rüprich 1989 –
Christel Weiland 1987 –
Beate Wolbeck 1987/88
Carsten Zeitler 1993 –

MASKE
Edith Moritz 1987 –
Horst-Walter Ross 1987 –

MASSAGE
Monika Brandt 1983 –
Daniela Kirchheim 1977 – 82
Horst Siegert bis 1977

HAMBURG BALLETT — MITGLIEDER SEIT 1973

G = Tänzer mit Gruppenverpflichtung / *GmS* = Gruppe mit Solo / *S* = Solist / *ES* = Erster Solist / VERSAL = derzeit verpflichtete Tänzerinnen, Tänzer / Pädagogen

Muriel Aasen *G* 1977
Salvatore Aiello *ES* 1973 – 75
Haichi Akamine *G* bis 1974
Alessandra Alberti *G* 1981 – 86
Ronald Alexander *G* 1978 – 80
LUCILA ALVES *G* 1993 –
Dieter Ammann *GmS* 1976 – 77
Markus Annacker *G* 1979 – 90
JOSÉ ARIÑO *G* 1990 –
STEFANIE ARNDT *G* 1984, *S* 1986,
    ES 1989 –
SANDRA ASENSI *G* 1991 –
Teresa Augusta *G* 1989 – 90
SILVIA AZZONI *G* 1993

Laure Balon *G* 1978, *GmS* 1981 – 83
MARIO BARBA-SANCHEZ *G* 1991 –
Maximo Barra *ES* 1973 – 76
Carmen Barth *G* 1983 – 85
PATRICK BECKER *G* 1988 –
BETTINA BECKMANN *G* 1980, *GmS* 1983,
    S 1984, *ES* 1986 –
Peter Bo Bendixen *G* 1986 – 89
Laurel Benedict *ES* 1973 – 75
Helmut Berchtold *GmS* bis 1976
MARILYN BERLANGER *G* 1983 –
ANNA RITA BERNARDINI *G* 1992 –
Patricia Berrend *G* bis 1976
EDUARDO BERTINI *G* 1974, *GmS* 1978,
    S 1986/ Ballettmeister seit 1987
Jan Blaas *G* 1974 – 77
Diana Blair *G* 1978 – 82
Angela Bödiker *G* bis 1981
Mette Bødtcher *G* 1986, *S* 1988 – 90
Dinko Bogdanic *S* 1983 – 86
Miklos Bognar *G* 1973 – 75
RADOSLAW BOGUSKI *G* 1993 –
Angelica Bornhausen *S* 1975 – 78
Stephan Bossyvine *G* 1986 – 88
Corinne Boulnois *G* 1978 – 80
Beatrice Bouquet *G* 1975 – 81
Eileen Brady *G* 1982, *S* 1984/85
Kurt Brandstätter *GmS* bis 1974
Eva-Maria Braun *G* bis 1985
KARIN BRENNAN *G* 1991 –
EMMANUELLE BRONCIN *G* 1987, *S* 1991 –
Anne Brossier *G* 1981, *GmS* 1983, *S* 1986 – 89
    († 25. 9. 1989)
JIŘÍ BUBENÍČEK *G* 1993 –
OTTO BUBENÍČEK *G* 1993 –

Vladimir Bukovec *G* bis 1988 († 12. 3. 1992)
Gilma Bustillo *S* 1990 – 1993

Marie-Soizic Cabié *G* 1989 – 92
Paola Cantalupo *G* 1980, *GmS* 1982/83
Judith Carlson *G* 1974, *S* 1986 – 92
Marco Carrabba *GmS* 1976 – 78
Barbara Casement *G* 1974 – 76
LAURA CAZZANIGA *G* 1988, *S* 1993 –
Paule Cesselin *G* 1977 – 80
Nicholas Champion *GmS* 1975, *G* 1976/77
Olivier Chanut *G* 1984 – 87
Lynne Charles *G* 1975, *GmS* 1976,
    S 1977, *ES* 1978 – 86
Valérie Cherittwizer *G* 1983 – 86
VALERIA CHMIILNICKA *G* 1992 –
Bogdan Cholewa *G* 1988 – 91
BEATRICE CORDUA *ES* 1973 – 86 /
    Pädagogin seit 1986
Maurice Courchay *G* 1983 – 86

Anja Daniell *GmS* bis 1976
Ronald Darden *S* 1978 – 83 († 4. 1. 1990)
Garland Deaderick *G* 1978 – 80
TERESA DeCASTRO *G* 1992 –
JEAN-JACQUES DEFAGO *G* 1979 –
Indrani Delmaine *G* 1977–79 u. *G* 1982 –91
Mark Diamond *G* 1978, *GmS* 1981 – 83
Yvonne Dideriksen *G* 1973 – 77
Gildas Diquéro *G* 1990 – 93
Valentina Divina *G* 1987 – 90
Ralf Dörnen *G* 1981, *S* 1986 – 93
Kevin Donnelly *G* 1977 – 78
Ilka Doubek *G* 1981 – 82
ANN DROWER *G* 1976 – 82 / Pädagogin seit 1982
Madérique Dubouch *G* 1975 – 83
Pnina Ducach *G* 1983/84
SARAH DULEY *G* 1990 –
Billy Dunn *G* 1983/84

Heidi Eads *G* 1974 – 77
Alan Ebnother *G* 1977 – 80
Marina Eglevsky *ES* 1973 – 75
Eric Emmanuele *G* 1975 – 77
Jean-Yves Esquerre *G* 1980 – 81

Malgorzata Falkowska *G* 1988 – 91
DENIS FEUILLETTE *G* 1984, *S* 1993 –
Truman Finney *ES* 1973 – 76 / Ballettmeister
    1979 – 88, Pädagoge 1981 – 88, Pädagogischer
    Leiter 1983 – 88

Judith Frege *G* 1977 – 80
Lauretta French *G* 1976 – 77
Christina Fritschi *G* 1984 – 90
Jessica Funt *G* 1984, *S* 1986 – 91
AGNES GALATOIRE *G* 1988 –
Ricardo Garcia *G* 1978 – 83
John Gardner *G* bis 1976
Waclaw Gaworczyk *S* 1973, *GmS* 1977 – 82
Annette Gayou *G* 1983 – 84
Martine Giaconi *GmS* 1973, *S* 1974 – 77
Maurizio Giannetti *G* 1983 – 85
Stefano Giannetti *G* 1983 – 85
Richard Gibbs *G* 1974, *GmS* 1975 – 78
Judith Gill *G* 1977 – 82
Vivienne Gilligan *G* 1980, *GmS* 1985, *S* 1986/87
Axelle Girollet *G* 1982 – 83
Jennifer Goubé *S* 1986 – 91
GAMAL GOUDA *G* 1979, *GmS* 1980
    S 1982, *ES* 1984 –
ANNA GRABKA *G* 1985, *S* 1986, *ES* 1987 –
Karon Graham 1976/77
Gabrielle Günthard *G* 1976, *S* 1986 – 88

Michael Haase *G* 1977 – 81
Aurea Hämmerli *G* 1985 – 86
KEVIN HAIGEN *G* 1976, *S* 1976, *ES* 1977 – 83 /
    Ballettmeister und Pädagoge seit 1991
Sergej Handzic *G* bis 1976
Andrea Hacquoil *G* 1987 – 91
Ulrike Hartmann *G* 1985 – 91
Christiane Hasek *G* bis 1982
JULIA HELLMUND *G* 1993 –
Anders Hellström *G* 1984, *GmS* 1985,
    S 1986, *ES* 1989 – 93
JOËLLE HENRY *G* 1987, *S* 1993 –
Jean-Jacques Herment *G* 1981 – 83
Fabrice Herrault *G* 1986 – 88
SONJA HERRMANN *G* 1986 –
Jeremy Hodges *G* 1984 – 85
Roger Höde *G* 1986 – 90
Susan Hogard *S* 1991/92
Gaby Holtz *GmS* bis 1975
Fred Howald *S* 1973 – 77
Lynn Huck *G* 1979 – 82
Leslie Hughes *G* 1975, *GmS* 1978 – 83
VICTOR HUGHES *GmS* 1973 / Assistent und
    Ballettmeister seit 1975
Caspar Hummel *G* 1973, *GmS* 1974,
    G 1977 – 81
GIGI HYATT *G* 1982, *S* 1983, *ES* 1986 –

ANTONIO INTERLANDI *G* 1991 –

Eugen Ivanics *S* bis 1974, *ES* 1974, *S* 1982 – 84
  († 6. 9. 1987)

Eyla Jeschke *G* 1978 – 82

Pamela Jones *G* 1978 – 79

EMILIJA JOVANOVIĆ *G* 1993 –

Tero Julku *G* 1984 – 85

HEATHER JURGENSEN *G* 1989, *S* 1991 –

Genie Jurriens *G* bis 1977

Cathy Kelemen *G* 1977 – 78

Jeffrey Kirk *G* 1980, *GmS* 1982, *S* 1983,
  ES 1986 – 92 / Pädagoge 1989 – 92
  († 19. 5. 1992)

DINA KIRKDORFFER *G* 1991 –

François Klaus *ES* bis 1991

SUSANNE KLEMENT *G* 1982 –

MEGUMI KONDO *G* 1993 –

Dagmar Kortum *G* bis 1974

Johannes Kritzinger *GmS* 1985, *S* 1986 – 91

MARIANNE KRUUSE *ES* 1973–85 /
  Pädagogin seit 1985, Pädagogische Leiterin
  seit 1993

Linda Kuchera *G* 1977 – 78

Zuhal Kutsal *G* 1981 – 86

JEAN LABAN *G* 1981, *GmS* 1985, *S* 1986,
  ES 1988 –

Hocine Layada *G* 1985 – 90

Christoph Lechner *G* 1981, *GmS* 1984/85

JESSIE LEE *G* 1990 –

CHANTAL LEFÈVRE *G* 1978, *GmS* 1979,
  S 1980, *ES* 1981 –

Christina Lemke *G* bis 1981

Pascal Le Royer *G* 1978 – 83

Lynn Letko *G* 1974/75

Lawrence Leritz *G* 1976/77

Maya Li *GmS* 1975, *G* 1976/77

Mats Lindström *G* 1985 – 87

IVAN LIŠKA *ES* 1977 –

FRANK LOGEAIS *G* 1986 –

Carolina Lohfert *G* 1985 – 91

Patricia Machette *G* 1976 – 77

Jean-Christophe Maillot *G* 1978,
  GmS 1979, *S* 1980 – 83

Muriel Maffre *G* 1983/84

Steven Majewicz *G* 1982 – 85

Osama Maksoud *G* 1983 – 85

Gabriel Manferdini *G* 1983, *S* 1986 – 89

Marianne Manniegel *S* bis 1975

Christiane Marchant *G* 1980 – 85

NURIA MARTINEZ *G* 1991 –

KLARA MATYAS *G* 1991 –

Caroline Maylin *G* 1982 – 90

JANUSZ MAZOŃ *G* 1985, *S* 1989,
  ES 1993 –

KIM DAVID McCARTHY *G* 1991, *S* 1993 –

Margaret McLaughlin *G* 1978 – 84

Cornelia Meierhans *G* 1988 – 91

Magali Messac *S* bis 1974, *ES* 1974 – 78

Darja Michel *GmS* bis 1977

Thierry Michel *G* 1978 – 81

Bruce Paul Michelson *G* 1981/82

Max Midinet *ES* 1973 – 87

ERIC MIOT *G* 1983, *S* 1987 –

Kathy Moriarty *G* 1979 – 83

JACOPO MUNARI *G* 1990 –

Taraneh Naderi *G* 1981 – 83

Jessica Nash *G* 1981 – 82

Vesna Nikitovich *G* 1975 – 79

KAREN NILES *G* 1990 –

MAKSIM NISNEVICH *G* 1992 –

Matthias Nolte *G* 1986/87

ANDERS NORDSTRÖM *S* 1991, *ES* 1993 –

Alison O'Neal *G* 1981 – 82

TOMI PAASONEN *G* 1989, *S* 1993 –

Anita Paiglis *G* 1976/77

Katherine Panter *G* 1988 – 91

Plutarco Pardo *G* bis 1975

William Parton *G* 1982, *S* 1986 – 92 /
  Archiv 1992/93

Magdalene Parungao *G* 1991 – 93

EVA PEREZ *G* 1991 –

NATHALIE PERRIRAZ *G* 1985 – 89 und 1990 –

Page Perry *G* 1977 – 80

Sonia Pérusse *G* 1979, *GmS* 1981 – 83

Tania Philip *G* 1983 – 87

Stephen Pier *G* 1982, *GmS* 1983, *S* 1986 – 90

ANNA POLIKARPOVA *S* 1992 –

MICHELE POLITI *G* 1990 –

Victoria Pulkkinen *G* 1974, *GmS* 1975 – 78

Jan Pusch *G* 1990 – 93

Kathleen Reilly *G* 1978 – 82

Cathryn Rhodes *G* 1981 – 85

Dieter Riesle *G* 1983 – 85

Roberto Rigamonti *G* 1987 – 91

GISELLE ROBERGE *G* 1976, *GmS* 1977,
  S 1978 – 82 / Ballettmeisterin seit 1991

Rena Robinson *G* 1983, *S* 1986 – 88

Jeffrey Ross *G* 1985 – 89

Herbert Roth *G* 1973, *GmS* 1976, *G* 1977 – 84

Wendy Roth-Freeman *G* bis 1986

Dörte Rüter *GmS* bis 1975, *S* 1975 – 79

Persephone Samaropoulo *S* 1973, *ES* 1975 – 80 /
  Pädagogische Leiterin 1980 – 83, Pädagogin
  1980 – 93

Nicoletta Santoro *G* 1984 – 87

Alexandra Schmidt-Rieche *G* 1987 – 93

Dorit Schneemann *G* bis 1974

DOMINIK SCHOETSCHEL *G* 1988 –

Alexandra Schoettle *G* 1987 – 90

Adriana Schwab *G* bis 1975

JAN DE SCHYNKEL *G* 1990 –

Colleen Scott *S* 1977, *ES* 1978 – 90

Rosa Sicart *S* 1973 – 78

Anthony Sewell *G* 1978 – 83

Ines Sprenger *G* 1984 – 90 († 11. 1. 1991)

Michael Steele *G* 1976, *GmS* 1977/78

Karen Stephenson *G* 1986 – 90

Astra Sterns *G* bis 1974

Martin Stiefermann *G* 1987 – 92

Marget Taylor-Wyeth *G* 1973 – 77

Iris Tenge *G* 1977 – 83

ALESSANDRO TIBURZI *G* 1992 –

John Tucker *G* 1977 – 79

Tanju Tüzer *ES* 1976 – 77

Karel Vandeweghe *G* 1977, *GmS* 1978 – 81

Susanna Vennerbeck *G* 1983 – 85

Trinidad Vives *G* 1978, *S* 1981 – 84

Helga Völker *G* 1973, *GmS* 1974 – 79

Tomislav Vukovic *ES* bis 1975

ROLF WARTER *ES* bis 1974 / Assistent und
  Ballettmeister seit 1974,
  Produktionsleiter seit 1988

Paul Werner *G* 1974 – 79

Robyn White *G* bis 1973, *GmS* 1974,
  S 1978 – 89

Beata Wiech-Morka *G* 1990/91

Roy Wierzbicki *G* 1974, *GmS* 1976, *S* 1977 – 91/
  Assistent und Ballettmeister 1984 – 91
  († 27. 2. 1991)

Silvia Winterhalder *GmS* 1973, *S* 1974 – 77

Matthew Wright *G* 1979 – 83

Marek Zajaczkowski *G* 1989 – 92

RADIK ZARIPOV *G* 1990, *S* 1991 –

Aino Zeichner *G* 1989 – 91

BALLETTSCHULE DER HAMBURGISCHEN STAATSOPER

DIREKTOR
John Neumeier 1978 –

PÄDAGOGISCHER LEITER
UND STELLVERTR. DIREKTOR
Peter Appel 1978/79
Truman Finney 1983 – 88
Marianne Kruuse 1993 –
Persephone Samaropoulo 1980 – 83

PÄDAGOGISCHE BERATUNG UND GASTPÄDAGOGIN
Irina Jacobson 1984 –

BALLETT-PÄDAGOGEN
Brita Adam 1978 –
Beatrice Cordua 1986 –
Ann Drower 1982 –
Truman Finney 1981 – 88
Kevin Haigen 1991 –
Jeffrey Kirk 1989 – 92 (†)
Marianne Kruuse 1985 –
Denuk Laschan 1989/90
Charles Mudry 1985 – 90
Anatoli Nisnevich 1990 –
Persephone Samaropoulo 1980 – 93
Beatrice Schickendantz-Giger 1978 –

ORGANISATORISCHE LEITUNG
Ursula Ziegler 1979 –

MITARBEIT
Sophie Verdure 1991 – 93
Frauke von Lehe 1993 –

PIANISTEN
Harriet Cavalli 1979 – 81
Lisa Harries 1986
Richard Hoynes 1981 –
Justin Hancock 1990 –
Antony Kinsella 1983 – 90
Richard Markon (zeitweise)
Wolfgang Müller 1978 –
Suzanne Nicks 1989 –
Barry Stone 1985 – 88
Irina Tschaikowa 1991 –
Marco A. Wardini 1982 –
Michael Wehr 1978 – 79
Vlasta Woltär 1991 –

PÄDAGOGEN – THEORETISCHE FÄCHER
Dr. Frauke Hofert (Anatomie)
Richard Hoynes (Musiktheorie)
Nils Jockel (Kunstgeschichte)
Wolfgang Müller (Musiktheorie)
Helmut Scheier (Tanzgeschichte)

INTERNATSLEITUNG
Dorothea Igel 1988 –

ERZIEHER/INNEN
Michaela Bilski 1989 – 92
Marianne Bruhn 1991 –
Irmgard Iszdons 1992 –
Isolde Jung 1992 –
Brigitte Kofod 1989 – 91
Michaela Krüger 1990 – 92
Anita Michelsen 1992
Ulrike Oergel 1990 –
Hilke Petersen 1989 –
Bärbel Schilling 1990 –
Anja Schmicker 1989/90
Karl Hermann Winkler 1992 –

DATEN	TITEL / ORT / COMPAGNIE	MUSIK	BÜHNENBILD	KOSTÜME
1960	*The Hound of Heaven* Milwaukee, Marquette University, Teatro Maria	Sergej Prokofjew		John Neumeier
1961	*Ludus Coventriae* Milwaukee, Marquette University, Teatro Maria Aufzeichnung CBS-TV, New York	Musik-Collage	Holly Haas	John Neumeier
23. 6. 1961	*The Temptation of Eve* Pas de deux aus »Ludus Coventriae« Aufzeichnung NBC-TV, New York	Musik-Collage		John Neumeier
10. 7. 1966	*Aria da Capo* Stuttgart, Schauspielhaus (Noverre-Gesellschaft), Stuttgarter Ballett	Francis Poulenc		John Neumeier
18. 12. 1966	*Haiku* Stuttgart, Schauspielhaus (Noverre-Gesellschaft), Stuttgarter Ballett / WDR Fernsehen (8. 9. 1968) / Hamburgische Staatsoper, Hamburg Ballett, Nijinsky-Gala VI (13. 7. 1980)	Claude Debussy		John Neumeier
17. 12. 1967	*Von Unschuld und Erfahrung* Stuttgart, Schauspielhaus (Noverre-Gesellschaft), Stuttgarter Ballett	Arthur Honegger		John Neumeier
17. 12. 1967	*Der Prinzessin einziges Abenteuer* Stuttgart, Schauspielhaus (Noverre-Gesellschaft), Stuttgarter Ballett	Mauro Giuliani		John Neumeier
16. 5. 1968	*Separate Journeys* Schwetzinger Festspiele, Stuttgarter Ballett	Samuel Barber		John Neumeier
28. 12. 1968	*Stages and Reflexions* Monte-Carlo, Opernhaus, Harkness Ballet	Benjamin Britten	John Neumeier	John Neumeier
26. 11. 1969	*Frontier* London, Sadler's Wells Theatre, Scottish Theatre Ballet	Arthur Bliss	John Neumeier	John Neumeier
16. 3. 1970	*Brandenburg 3* Städtische Bühnen Frankfurt, Frankfurter Ballett	Johann Sebastian Bach / Walter Carlos	Dorothee Zippel	Dorothee Zippel
16. 3. 1970	*Der Feuervogel* Städtische Bühnen Frankfurt, Frankfurter Ballett	Igor Strawinsky	Dorothee Zippel	Dorothee Zippel
7. 10. 1970	*Unsichtbare Grenzen* (Abendfüllende Ballett-Collage in 3 Teilen) Städtische Bühnen Frankfurt, Frankfurter Ballett – *Frontier* – *Aria da Capo* – *Rondo* 　Ottawa, National Arts Center, The Royal Winnipeg Ballet 　(27. 7. 1971) / 　Fernseh-Produktion des ZDF (Frankfurter Ballett) / 　Hamburgische Staatsoper, Hamburg Ballett (18. 10. 1973)	Arthur Bliss / Francis Poulenc / William Cornyshe / Jan Bark / Folke Rabe / Gustav Mahler / Jan Wilhelm Morthenson / Simon & Garfunkel	John Neumeier	John Neumeier

DATEN	TITEL / ORT / COMPAGNIE	MUSIK	BÜHNENBILD	KOSTÜME
14. 2. 1971	*Romeo und Julia* Städtische Bühnen Frankfurt, Frankfurter Ballett / Hamburgische Staatsoper, Hamburg Ballett (6. 1. 1974) /	Sergej Prokofjew	Filippo Sanjust	Filippo Sanjust
	Kopenhagen, Königliches Theater, Königlich Dänisches Ballett (20. 12. 1974) / Hamburgische Staatsoper, Hamburg Ballett (23. 12. 1981)	Sergej Prokofjew	Jürgen Rose	Jürgen Rose
9. 3. 1971	*Parade* Paris, Les Halles, Frankfurter Ballett, Fernsehaufzeichnung für den Südwestfunk	Erik Satie		nach Pablo Picasso
21. 10. 1971	*Der Nußknacker* Städtische Bühnen Frankfurt, Frankfurter Ballett /	Peter I. Tschaikowsky	Werner Schachteli / John Neumeier	Werner Schachteli / JohnNeumeier
	The Royal Winnipeg Ballet (27. 12. 1972) / München, Nationaltheater, Ballett der Bayerischen Staatsoper, Ballett-Festwochen (8. 5. 1973) / Fernseh-Produktion des C.B.S. Toronto, The Royal Winnipeg Ballet (1974) / Hamburgische Staatsoper, Hamburg Ballett (27. 10. 1974) / L'Opéra de Paris, Ballett der Pariser Oper (geplant 17. 12. 1993)	Peter I. Tschaikowsky	Jürgen Rose	Jürgen Rose
2. 1. 1972	*Der Kuß der Fee* Städtische Bühnen Frankfurt, Frankfurter Ballett / New York, New York State Theatre, American Ballet Theatre (18. 7. 1974)	Igor Strawinsky / Peter I. Tschaikowsky	Jürgen Rose	Jürgen Rose
2. 1. 1972	*Daphnis und Chloë* Städtische Bühnen Frankfurt, Frankfurter Ballett / Hamburgische Staatsoper, Hamburg Ballett (18. 10. 1973) / Wien, Staatsoper, Ballett der Wiener Staatsoper (22. 1. 1983)	Maurice Ravel	Jürgen Rose	Jürgen Rose
3. 5. 1972	*Dämmern* Städtische Bühnen Frankfurt, Frankfurter Ballett Hamburgische Staatsoper, Hamburg Ballett (18. 10. 1973)	Alexander Skrjabin		John Neumeier
	Dämmern unter dem Titel *Twilight* Winnipeg, Centennial Concert Hall, The Royal Winnipeg Ballet (4. 4. 1973)			
3. 5. 1972	*Unterwegs* Städtische Bühnen Frankfurt, Frankfurter Ballett	Modest Mussorgsky/ Emerson, Lake & Palmer	Gunter Kieser	John Neumeier
	Unterwegs unter dem Titel *The Game* Ottawa, The Royal Winnipeg Ballet (10. 1. 1974)	Modest Mussorgsky/ Emerson, Lake & Palmer	Gunter Kieser	John Neumeier
25. 11. 1972	*Don Juan* Städtische Bühnen Frankfurt, Frankfurter Ballett / Toronto, O'Keefe Center, National Ballet of Canada (13. 2. 1974) / Hamburgische Staatsoper, Hamburg Ballett (26. 10. 1975) / Wien, Staatsoper, Ballett der Wiener Staatsoper (14. 4. 1978)	Christoph Willibald Gluck / Tomás Luis de Victoria	Filippo Sanjust	Filippo Sanjust

DATEN	TITEL / ORT / COMPAGNIE	MUSIK	BÜHNENBILD	KOSTÜME
25. 11. 1972	*Le Sacre* Städtische Bühnen Frankfurt, Frankfurter Ballett / Hamburgische Staatsoper, Hamburg Ballett, Nijinsky-Gala (26. 6. 1975)	Igor Strawinsky	Filippo Sanjust	Filippo Sanjust
10. 5. 1973	*Trauma* Paris, Théâtre de la Ville, Ballet-Théâtre contemporain / Hamburgische Staatsoper, Hamburg Ballett (25. 3. 1974)	Harald Genzmer		John Neumeier
9. 9. 1973	*Désir* Hamburgische Staatsoper, Hamburg Ballett / Washington, Kennedy Center, Natalia Makarova, Anthony Dowell, American Ballet Theatre (30. 3. 1979)	Alexander Skrjabin		
12. 5. 1974	*Meyerbeer – Schumann* Hamburgische Staatsoper, Hamburg Ballett	Giacomo Meyerbeer / Günter Bialas / Robert Schumann / Wilhelm Killmayer	Marco Arturo Marelli	Silvia Strahammer
12. 5. 1974	*Kinderszenen* (Intermezzo aus *Meyerbeer – Schumann*) Hamburg Ballett, Hamburgische Staatsoper / NDR Fernsehen, Drittes Programm (12. 5. 1984)	Robert Schumann Robert Schumann		Silvia Strahammer John Neumeier
6. 7. 1974	*Nacht* (4. Satz der 3. Sinfonie) Stuttgart, Württembergische Staatstheater, Stuttgarter Ballett	Gustav Mahler		John Neumeier
8. 2. 1975	*Die Stille* Hamburg, Opera stabile, Hamburg Ballett / Stockholm, Opernhaus, Königlich Schwedisches Ballett (25. 2. 1984)	George Crumb	John Neumeier	John Neumeier
14. 6. 1975	*Dritte Sinfonie von Gustav Mahler* Hamburgische Staatsoper, Hamburg Ballett / Fernseh-Produktion des ZDF (Juni 76)	Gustav Mahler	John Neumeier	John Neumeier
8. 7. 1975	*Epilogue* New York, New York State Theatre, Natalia Makarova, Erik Bruhn, American Ballet Theatre / *Epilog,* Hamburgische Staatsoper, Violette Verdy, Tanju Tüzer, Nijinsky-Gala II (9. 5. 1976)	Gustav Mahler Gustav Mahler		Carl Michel John Neumeier
6. 1. 1976	*Hamlet – Connotations* New York, Uris Theatre, American Ballet Theatre	Aaron Copland	Robin Wagner	Theoni Aldrige
2. 5. 1976	*Illusionen – wie Schwanensee* Hamburgische Staatsoper, Hamburg Ballett	Peter I. Tschaikowsky	Jürgen Rose	Jürgen Rose
9. 5. 1976	*Rückert-Lieder* Hamburgische Staatsoper, Hamburg Ballett (Neufassung 3. 11. 1976)	Gustav Mahler		John Neumeier
14. 5. 1976	*Petruschka-Variationen* Schwetzinger Festspiele, Hamburg Ballett / Hamburgische Staatsoper, Hamburg Ballett (12. 9. 1976) / Nancy, Ballet Théâtre Français de Nancy (November 1980) / Edinburgh Festival, Orpheum Theatre, London Festival Ballet (11. 8. 1986)	Igor Strawinsky		John Neumeier

DATEN	TITEL / ORT / COMPAGNIE	MUSIK	BÜHNENBILD	KOSTÜME
28. 11. 1976	*Der Fall Hamlet* (Neufassung von *Hamlet-Connotations*) Stuttgart, Württembergische Staatstheater, Stuttgarter Ballett / Hamburgische Staatsoper, Hamburg Ballett, Nijinsky-Gala III (17. 7. 1977)	Aaron Copland	John Neumeier	John Neumeier
11. 2. 1977	*Josephs Legende* Wien, Staatsoper, Ballett der Wiener Staatsoper / Fernseh-Produktion Unitel (23. 12. 1977) / Hamburgische Staatsoper, Hamburg Ballett (18. 7. 1979) / München, Nationaltheater, Ballett der Bayerischen Staatsoper (18. 5. 1980)	Richard Strauss Richard Strauss Richard Strauss	Ernst Fuchs Marco Arturo Marelli Klaus Hellenstein	Ernst Fuchs Marco Arturo Marelli Silvia Strahammer
31. 3. 1977	*Vierte Sinfonie von Gustav Mahler* London, Royal Opera House, The Royal Ballet / Hamburgische Staatsoper, Hamburg Ballett (11. 12. 1977) / Stuttgart, Württembergische Staatstheater, Stuttgarter Ballett (30. 12. 1986)	Gustav Mahler	Marco Arturo Marelli	Marco Arturo Marelli
10. 7. 1977	*Ein Sommernachtstraum* Hamburgische Staatsoper, Hamburg Ballett / Kopenhagen, Königliches Theater, Königlich Dänisches Ballett (11. 10. 1980) / L'Opéra de Paris, Ballett der Pariser Oper (5. 5. 1982) / Wien, Staatsoper, Ballett der Wiener Staatsoper (21. 12. 1986) / Stockholm, Königliche Oper, Königlich Schwedisches Ballett (4. 11. 1990) / München, Nationaltheater, Ballett der Bayerischen Staatsoper (geplant 5. 12. 1993)	Felix Mendelssohn Bartholdy / György Ligeti / Mechanische Musik	Jürgen Rose	Jürgen Rose
17. 7. 1977	*Tanz für den Anfang* Hamburgische Staatsoper, Hamburg Ballett, Nijinsky-Gala III	Benjamin Britten		Silvia Strahammer
17. 7. 1977	*Ariel* Hamburgische Staatsoper, Zhandra Rodriguez, Zane Wilson, Nijinsky-Gala III	Wolfgang Amadeus Mozart		John Neumeier
17. 7. 1977	*Tanz für den Schluß* Hamburgische Staatsoper, Hamburg Ballett, Nijinsky-Gala III	Ralph Vaughan Williams		Silvia Strahammer
11. 12. 1977	*Streichquintett C-Dur von Franz Schubert* Hamburgische Staatsoper, Hamburg Ballett / Fernseh-Produktion ZDF / Unitel (September 1979) / Stuttgart, Württembergische Staatstheater, Stuttgarter Ballett (3. 12. 1983) /	Franz Schubert Franz Schubert	Marco Arturo Marelli John Neumeier	Marco Arturo Marelli John Neumeier
16. 7. 1978	*Dornröschen* Hamburgische Staatsoper, Hamburg Ballett	Peter I. Tschaikowsky	Jürgen Rose	Jürgen Rose
23. 7. 1978	*Elegie* Hamburgische Staatsoper, Natalia Makarova, Patrick Bissell, Nijinsky-Gala IV	Peter I. Tschaikowsky		John Neumeier

DATEN	TITEL / ORT / COMPAGNIE	MUSIK	BÜHNENBILD	KOSTÜME
6. 6. 1982	*Vorläufer* Hamburgische Staatsoper, Hamburg Ballett	Igor Strawinsky		John Neumeier
17. 6. 1982	*Unsere Schule* Hamburgische Staatsoper, Ballettschule der Hamburgischen Staatsoper	Benjamin Britten		
26. 6. 1982	*Gala-Suite (Igor S.)* Hamburgische Staatsoper, Marcia Haydée, Shonach Mirk, Patrice Touron, Hamburg Ballett, Nijinsky-Gala VIII	Igor Strawinsky		John Neumeier
26. 6. 1982	*Petruschka* Hamburgische Staatsoper, Hamburg Ballett, Nijinsky-Gala VIII	Igor Strawinsky		John Neumeier
12. 12. 1982	*Artus-Sage* Hamburgische Staatsoper, Hamburg Ballett	Jean Sibelius / Hans Werner Henze / Stephan Micus u. a.	John Neumeier	Silvia Strahammer
	Artus-Sage (Neufassung) Hamburg, Kampnagelfabrik, Hamburg Ballett (13. 5. 1986) /	Jean Sibelius / Stephan Micus u. a.	John Neumeier	Silvia Strahammer
	Tristan (Exkurs aus der 1. Fassung *Artus-Sage*) Stockholm, Opernhaus, Königlich Schwedisches Ballett (25. 2. 1984) / Berlin, Deutsche Oper, Ballett der Deutschen Oper (3. 5. 1986) / Dresden, Semperoper, Sächsisches Staatsballett (13. 12. 1992)	Hans Werner Henze	John Neumeier	Silvia Strahammer
6. 1. 1983	*Der Feuervogel* Wien, Staatsoper, Ballett der Wiener Staatsoper / Hamburgische Staatsoper, Hamburg Ballett (20. 12. 1985)	Igor Strawinsky	Jürgen Rose	Jürgen Rose
23. 6. 1983	*Giselle* Jean Coralli / Jules Perrot / Marius Petipa / Leonid Lawrowsky / Galina Ulanowa / neue Chor. John Neumeier, Hamburgische Staatsoper, Hamburg Ballett	Adolphe Adam / Friedrich Burgmüller	Klaus Hellenstein	Klaus Hellenstein
2. 7. 1983	*Regenlieder* Hamburgische Staatsoper, Hamburg Ballett, Nijinsky-Gala IX	Johannes Brahms		John Neumeier
3. 12. 1983	*Endstation Sehnsucht* Stuttgart, Württembergische Staatstheater, Stuttgarter Ballett / Hamburgische Staatsoper, Hamburg Ballett (30. 4. 1987)	Sergej Prokofjew / Alfred Schnittke	John Neumeier	John Neumeier
8. 1. 1984	*Mozart 338* Hamburgische Staatsoper, Hamburg Ballett / Stuttgart, Württembergische Staatstheater, Stuttgarter Ballett (30. 12. 1986) / Wien, Staatsoper, Ballett der Wiener Staatsoper (11. 11. 1990) / Philadelphia, Penn./USA, Philadelphia Ballet (6. 3. 1991)	Wolfgang Amadeus Mozart	John Neumeier	Jil Sander

DATEN	TITEL / ORT / COMPAGNIE	MUSIK	BÜHNENBILD	KOSTÜME
25. 5. 1984	*Sechste Sinfonie von Gustav Mahler* Hamburgische Staatsoper, Hamburg Ballett	Gustav Mahler	John Neumeier	John Neumeier
27. 1. 1985	*Othello* Hamburg, Kampnagelfabrik, Hamburg Ballett / Fernseh-Aufzeichnung ZDF (August 1987)	Arvo Pärt / Alfred Schnittke / Nana Vasconcelos u. a.	John Neumeier	John Neumeier
13. 7. 1985	*Mozart und Themen aus »Wie es Euch gefällt«* Hamburgische Staatsoper, Hamburg Ballett / Helsinki, Finnische Nationaloper, Finnisches Nationalballett (26. 3. 1992)	Wolfgang Amadeus Mozart	Klaus Hellenstein	Klaus Hellenstein
2. 11. 1985	*Amleth* Kopenhagen, Königliches Theater, Königlich Dänisches Ballett	Michael Tippett	Klaus Hellenstein	Klaus Hellenstein
29. 11. 1985	*Shakespeares Liebespaare* Hamburgische Staatsoper, Hamburg Ballett	Musik-Collage	John Neumeier	John Neumeier / Jürgen Rose / Klaus Hellenstein
3. 5. 1986	*Einhorn* Berlin, Deutsche Oper, Ballett der Deutschen Oper / Hamburgische Staatsoper, Hamburg Ballett (12. 5. 1990)	Hans Werner Henze	John Neumeier	John Neumeier
3. 9. 1986	*Shall we dance?* Hamburg, Kampnagelfabrik, Hamburg Ballett	George Gershwin	John Neumeier	John Neumeier
30. 12. 1986	*Fratres* Stuttgart, Württembergische Staatstheater, Stuttgarter Ballett	Arvo Pärt	John Neumeier	John Neumeier
27. 7. 1987	*Magnificat* Festival d'Avignon, Ballett der Pariser Oper / Hamburg, Hauptkirche St. Michaelis, Hamburg Ballett (2. 6. 1989) / Hamburgische Staatsoper, Hamburg Ballett (19. 10. 1989)	Johann Sebastian Bach	John Neumeier	John Neumeier
24. 4. 1988	*Eine Reise durch die Jahreszeiten* Hamburgische Staatsoper, Ballettschule der Hamburgischen Staatsoper	Alexander Glasunow		Robby Duiveman
22. 1. 1989	*Peer Gynt* Hamburgische Staatsoper, Hamburg Ballett / Stockholm, Königliche Oper, Königlich Schwedisches Ballett (3. 11. 1992)	Alfred Schnittke	Jürgen Rose	Jürgen Rose
25. 6. 1989	*Le Spectre de la Rose* Hamburgische Staatsoper, Hamburg Ballett Nijinsky-Gala XV	Hector Berlioz		
21. 7. 1989	*Seven Haiku of the Moon* (Sieben Haiku vom Mond) Tokio, Tokyo Ballet	Arvo Pärt / Johann Sebastian Bach	John Neumeier	Yukiko Hanai
10. 12. 1989	*Des Knaben Wunderhorn* Hamburgische Staatsoper, Hamburg Ballett / Kopenhagen, Königliches Theater, Königlich Dänisches Ballett (geplant 21. 4. 1994)	Gustav Mahler	John Neumeier	John Neumeier

DATEN	TITEL / ORT / COMPAGNIE	MUSIK	BÜHNENBILD	KOSTÜME
10. 12. 1989	*Fünfte Sinfonie von Gustav Mahler* Hamburgische Staatsoper, Hamburg Ballett / Kopenhagen, Königliches Theater, Königlich Dänisches Ballett (geplant 21. 4. 1994)	Gustav Mahler	John Neumeier	John Neumeier
21. 1. 1990	*Medea* Stuttgart, Württembergische Staatstheater, Stuttgarter Ballett	Béla Bartók / Alfred Schnittke / Johann Sebastian Bach / Michael Galasso u. a.	John Neumeier	John Neumeier
20. 4. 1990	*Birthday Dances* Kopenhagen, Königliches Theater, Königlich Dänisches Ballett / Hamburgische Staatsoper, Heidi Ryom, Jean Laban, Nijinsky-Gala XVIII (24. 5. 1992)	Leonard Bernstein	John Neumeier	John Neumeier
19. 4. 1991	*Fenster zu MOZART* Hamburgische Staatsoper, Hamburg Ballett	Wolfgang Amadeus Mozart / Max Reger / Ludwig van Beethoven / Alfred Schnittke / Wolfgang von Schweinitz	Klaus Hellenstein	Klaus Hellenstein
28. 4. 1991	*Spring and Fall* Hamburgische Staatsoper, Hamburg Ballett Nijinsky-Gala XVII	Antonín Dvořák		John Neumeier
26. 7. 1991	*Requiem* Salzburg, Felsenreitschule, Gemeinschaftsproduktion der Hamburgischen Staatsoper und der Salzburger Festspiele, Hamburg Ballett	Wolfgang Amadeus Mozart / Gesänge im gregorianischen Choral	John Neumeier	John Neumeier
12. 1. 1992	*Requiem* (Hamburger Fassung) Hamburgische Staatsoper, Hamburg Ballett	Wolfgang Amadeus Mozart / Gesänge im gregorianischen Choral	John Neumeier	John Neumeier
15. 5. 1992	*A Cinderella Story* Hamburgische Staatsoper, Hamburg Ballett	Sergej Prokofjew	Jürgen Rose	Jürgen Rose
24. 2. 1993	*Now and Then* Toronto, O'Keefe Centre, National Ballet of Canada / Hamburgische Staatsoper, Hamburg Ballett (geplant 16. 1. 1994)	Maurice Ravel	Zack Brown	Zack Brown
27. 6. 1993	*Bernstein-Serenade* Hamburgische Staatsoper, Hamburg Ballett, Nijinsky-Gala XIX	Leonard Bernstein	Peter Preller / Jasper Morrison (Möbelobjekte)	John Neumeier

INSZENIERUNGEN / CHOREOGRAPHIEN VON OPERN UND MUSICALS

DATEN	TITEL / ORT / THEATER	MUSIK	BÜHNENBILD	KOSTÜME
25. 1. 1978	*Otello* München, Bayerische Staatsoper	Giuseppe Verdi	Jürgen Rose	Jürgen Rose
12. 2. 1978	*Orpheus und Eurydike* Hamburgische Staatsoper, Gesangssolisten und Hamburg Ballett	Christoph Willibald Gluck	Marco Arturo Marelli	Marco Arturo Marelli

DATEN	TITEL / ORT / COMPAGNIE	MUSIK	BÜHNENBILD	KOSTÜME
10. 12. 1978	*West Side Story* Hamburgische Staatsoper, Solisten und Hamburg Ballett	Leonard Bernstein	Robin Wagner	Carrie Robbins
15. 12. 1991	*On the Town* Hamburgische Staatsoper, Solisten und Hamburg Ballett	Leonard Bernstein	Zack Brown	Zack Brown

CHOREOGRAPHIEN IN OPERN UND OPERETTEN

DATEN	TITEL / ORT / COMPAGNIE	MUSIK	BÜHNENBILD	KOSTÜME
15. 11. 1970	*Moses und Aron* Frankfurt, Städtische Bühnen	Arnold Schönberg	Ekkehard Grübler	Ekkehard Grübler
5. 7. 1972	*Die lustige Witwe* Frankfurt, Städtische Bühnen	Franz Léhar	Filippo Sanjust	Filippo Sanjust
21. 7. 1972	*Tannhäuser* Bayreuther Festspiele	Richard Wagner	Götz Friedrich	Jürgen Rose
20. 8. 1973	*De Temporum fine Comoedia* Salzburger Festspiele	Carl Orff	August Everding	Günther Schneider-Siemssen / Andreas Majewski
3. 2. 1974	*Falstaff* Hamburg, Hamburgische Staatsoper	Giuseppe Verdi	Götz Friedrich	John Gunter / Harold Waistnage
28. 9. 1974	*Chowanschtschina* Hamburg, Hamburgische Staatsoper	Modest Mussorgsky	August Everding	Andreas Majewski
26. 7. 1979	*Aida* Salzburger Festspiele	Giuseppe Verdi	Herbert von Karajan	Günther Schneider-Siemssen / Gheorge Wakhevitch

REPERTOIRE DES HAMBURG BALLETTS 1973–1993

PREMIERE	BALLETT	MUSIK	CHOREOGRAPHIE	BÜHNENBILD	KOSTÜME
9. 9. 1973	*Divertimento Nr. 15*	Wolfgang Amadeus Mozart	George Balanchine		Hans-Ulrich Hettinger
9. 9. 1973	*Allegro brillante*	Peter I. Tschaikowsky	George Balanchine		Hans-Ulrich Hettinger
9. 9. 1973	*Désir*	Alexander Skrjabin	John Neumeier		
9. 9. 1973	*Jeu de cartes*	Igor Strawinsky	John Cranko	Dorothee Zippel	Dorothee Zippel
18. 10. 1973	*Dämmern*	Alexander Skrjabin	John Neumeier		John Neumeier
18. 10. 1973	*Rondo*	Musik-Collage	John Neumeier	John Neumeier	John Neumeier
18. 10. 1973	*Daphnis und Chloë*	Maurice Ravel	John Neumeier	Jürgen Rose	Jürgen Rose
6. 1. 1974	*Romeo und Julia*	Sergej Prokofjew	John Neumeier	Filippo Sanjust	Filippo Sanjust
25. 3. 1974	*Trauma*	Harald Genzmer	John Neumeier		John Neumeier
12. 5. 1974	*Meyerbeer – Schumann*	Giacomo Meyerbeer / Günter Bialas / Robert Schumann / Wilhelm Killmayer	John Neumeier	Marco Arturo Marelli	Silvia Strahammer
12. 5. 1974	*Kinderszenen*	Robert Schumann	John Neumeier		Silvia Strahammer
27. 10. 1974	*Der Nußknacker*	Peter I. Tschaikowsky	John Neumeier	Jürgen Rose	Jürgen Rose

PREMIERE	BALLETT	MUSIK	CHOREOGRAPHIE	BÜHNENBILD	KOSTÜME
8. 2. 1975	*Das Echo* (Opera stabile)	George Crumb	Sergej Handzic		
8. 2. 1975	*Der Schrei* (Opera stabile)	George Crumb	Fred Howald		
8. 2. 1975	*Die Stille* (Opera stabile)	George Crumb	John Neumeier	John Neumeier	John Neumeier
14. 6. 1975	*Dritte Sinfonie von Gustav Mahler*	Gustav Mahler	John Neumeier	John Neumeier	John Neumeier
22. 6. 1975	*Le Sacre*	Igor Strawinsky	John Neumeier	Filippo Sanjust	Filippo Sanjust
26. 10. 1975	*Don Juan*	Christoph W. Gluck / Tomás Luis de Victoria	John Neumeier	Filippo Sanjust	Filippo Sanjust
2. 5. 1976	*Illusionen – wie Schwanensee*	Peter I. Tschaikowsky	John Neumeier	Jürgen Rose	Jürgen Rose
8. 5. 1976	*Mahler-Lieder*	Gustav Mahler	Oscar Araiz		Oscar Araiz
8. 5. 1976	*Gesten*		Oscar Araiz		Oscar Araiz
8. 5. 1976	*Familienszenen*	Francis Poulenc	Oscar Araiz		Susanna Otero Leal / Jürgen Rose
9. 5. 1976	*Rückert-Lieder*	Gustav Mahler	John Neumeier		John Neumeier
9. 5. 1976	*Epilog*	Gustav Mahler	John Neumeier		John Neumeier
14. 5. 1976	*Petruschka-Variationen*	Igor Strawinsky	John Neumeier		John Neumeier
12. 9. 1976	*Orpheus*	Igor Strawinsky	Fred Howald	Marco Arturo Marelli	Marco Arturo Marelli
12. 9. 1976	*Les Noces*	Igor Strawinsky	Jerome Robbins	Oliver Smith	Patricia Zipprodt
12. 9. 1976	*Agon*	Igor Strawinsky	George Balanchine		
10. 7. 1977	*Ein Sommernachtstraum*	Felix Mendelssohn Bartholdy / György Ligeti / Mechanische Musik	John Neumeier	Jürgen Rose	Jürgen Rose
17. 7. 1977	*Tanz für den Anfang*	Benjamin Britten	John Neumeier		Silvia Strahammer
17. 7. 1977	*Ariel*	Wolfgang Amadeus Mozart	John Neumeier		John Neumeier
17. 7. 1977	*Der Fall Hamlet*	Aaron Copland	John Neumeier	John Neumeier	John Neumeier
17. 7. 1977	*Tanz für den Schluß*	Ralph Vaughn Williams	John Neumeier		Silvia Strahammer
11. 12. 1977	*Vierte Sinfonie von Gustav Mahler*	Gustav Mahler	John Neumeier	Marco Arturo Marelli	Marco Arturo Marelli
11. 12. 1977	*Streichquintett C-Dur von Franz Schubert*	Franz Schubert	John Neumeier	Marco Arturo Marelli	Marco Arturo Marelli
17. 6. 1978	*Wie auf dem Wasser die Libelle* (Opera stabile)	Traditionelle japanische Musik	Victor Hughes		
17. 6. 1978	*Kindheitserinnerungen* (Opera stabile)	Nam June Paik	Beatrice Cordua		
17. 6. 1978	*Und sie weinte, weil* (Opera stabile)	Klaus Arp	Vladimir Bukovec		
16. 7. 1978	*Dornröschen*	Peter I. Tschaikowsky	John Neumeier / Marius Petipa	Jürgen Rose	Jürgen Rose
10. 12. 1978	*West Side Story*	Leonard Bernstein	John Neumeier	Robin Wagner	Carrie Robbins
11. 3. 1979	*Der Widerspenstigen Zähmung*	Domenico Scarlatti / Kurt-Heinz Stolze	John Cranko	Jürgen Rose	Jürgen Rose
18. 7. 1979	*Don Quixote*	Richard Strauss	John Neumeier	Marco Arturo Marelli	Marco Arturo Marelli

PREMIERE	BALLETT	MUSIK	CHOREOGRAPHIE	BÜHNENBILD	KOSTÜME
18. 7. 1979	*Josephs Legende*	Richard Strauss	John Neumeier	Marco Arturo Marelli	Marco Arturo Marelli
21. 7. 1979	*Vaslaw*	Johann Sebastian Bach	John Neumeier		John Neumeier
22. 12. 1979	*Songfest*	Leonard Bernstein	John Neumeier	John Neumeier	John Neumeier
22. 12. 1979	*The Age of Anxiety*	Leonard Bernstein	John Neumeier	John Neumeier	John Neumeier
6. 7. 1980	*Lieb' und Leid und Welt und Traum*	Gustav Mahler	John Neumeier	John Neumeier	John Neumeier
13. 11. 1980	*Skizzen zur Matthäus-Passion* (Hauptkirche St. Michaelis)	Johann Sebastian Bach	John Neumeier	John Neumeier	John Neumeier
31. 1. 1981	*Die Kameliendame*	Frédéric Chopin	John Neumeier	Jürgen Rose	Jürgen Rose
25. 6. 1981	*Matthäus-Passion*	Johann Sebastian Bach	John Neumeier	John Neumeier	John Neumeier
28. 6. 1981	*Bach Suite-2*	Johann Sebastian Bach	John Neumeier	John Neumeier	John Neumeier
2. 10. 1981	*Bach Suite-3*	Johann Sebastian Bach	John Neumeier	John Neumeier	John Neumeier
23. 12. 1981	*Romeo und Julia*	Sergej Prokofjew	John Neumeier	Jürgen Rose	Jürgen Rose
6. 6. 1982	*Fußgänger*	Igor Strawinsky	Gigi-Gheorghe Caciuleanu		Gigi-Gheorghe Caciuleanu
6. 6. 1982	*Eine Strawinsky-Montage*	Igor Strawinsky	Murray Louis		Frank Garcia
6. 6. 1982	*Vorläufer*	Igor Strawinsky	John Neumeier		John Neumeier
26. 6. 1982	*Gala-Suite (Igor S.)*	Igor Strawinsky	John Neumeier		John Neumeier
26. 6. 1982	*Petruschka*	Igor Strawinsky	John Neumeier		John Neumeier
12. 12. 1982	*Artus-Sage*	Jean Sibelius / Hans Werner Henze u. a.	John Neumeier	John Neumeier	Silvia Strahammer
23. 6. 1983	*Giselle*	Adolphe Adam / Friedrich Burgmüller	Jean Coralli / Jules Perrot / Marius Petipa / Leonid Lawrowsky / Galina Ulanova / John Neumeier	Klaus Hellenstein	Klaus Hellenstein
2. 7. 1983	*Regenlieder*	Johannes Brahms	John Neumeier		John Neumeier
30. 8. 1983	*Tristan* (Exkurs aus der 1. Fassung Artus-Sage)	Hans Werner Henze	John Neumeier	John Neumeier	Silvia Strahammer
8. 1. 1984	*Die vier Temperamente*	Paul Hindemith	George Balanchine		
8. 1. 1984	*Mozart 338*	Wolfgang Amadeus Mozart	John Neumeier	John Neumeier	Jil Sander
8. 1. 1984	*Tschaikowsky Pas de deux*	Peter I. Tschaikowsky	George Balanchine		
8. 1. 1984	*Serenade*	Peter I. Tschaikowsky	George Balanchine		Barbara Karinska
25. 5. 1984	*Sechste Sinfonie von Gustav Mahler*	Gustav Mahler	John Neumeier	John Neumeier	John Neumeier
4. 11. 1984	*Onegin*	Peter I. Tschaikowsky	John Cranko	Jürgen Rose	Jürgen Rose
5. 1. 1985	*Die Stühle*	Richard Wagner	Maurice Béjart		
27. 1. 1985	*Othello* (Kampnagelfabrik)	Arvo Pärt / Alfred Schnittke / Nana Vasconcelos u. a.	John Neumeier	John Neumeier	John Neumeier
13. 7. 1985	*Mozart und Themen aus »Wie es Euch gefällt«*	Wolfgang Amadeus Mozart	John Neumeier	Klaus Hellenstein	Klaus Hellenstein
20. 12. 1985	*Der Feuervogel*	Igor Strawinsky	John Neumeier	Jürgen Rose	Jürgen Rose

PREMIERE	BALLETT	MUSIK	CHOREOGRAPHIE	BÜHNENBILD	KOSTÜME
4. 4. 1986	*Artus-Sage* (Neufassung, Kampnagelfabrik)	Jean Sibelius u. a.	John Neumeier	John Neumeier	Silvia Strahammer
8. 5. 1986	*Jakobson-Miniaturen*	Vincenzo Bellini / Wolfgang Amadeus Mozart / Claude Debussy / Alban Berg	Leonid Jakobson		
8. 5. 1986	*Niemandsland*	Sytze Smit	Rudi van Dantzig	Toer van Schayk	Joop Stokvis
8. 5. 1986	*The Moor's Pavane*	Henry Purcell	José Limón		Pauline Lawrence
8. 5. 1986	*Verklärte Nacht*	Arnold Schönberg	Jiři Kylián	Jiři Kylián	Joop Stokvis
3. 9. 1986	*Shall we dance?* (Kampnagelfabrik)	George Gershwin	John Neumeier	John Neumeier	John Neumeier
30. 4. 1987	*Endstation Sehnsucht*	Sergej Prokofjew / Alfred Schnittke	John Neumeier	John Neumeier	John Neumeier
29. 4. 1988	*Über Ionesco: Hamburger Impromptu / Die Stühle*	Hugues Le Bars / Richard Wagner	Maurice Béjart	Roger Bernard	Joëlle Roustan
22. 1. 1989	*Peer Gynt*	Alfred Schnittke	John Neumeier	Jürgen Rose	Jürgen Rose
2. 6. 1989	*Magnificat* (Hauptkirche St. Michaelis)	Johann Sebastian Bach	John Neumeier	John Neumeier	John Neumeier
20. 6. 1989	*Hommage à José Limón: The Unsung / The Exiles / There is a Time*	Arnold Schönberg / Henry Purcell / Norman dello Joio	José Limón		Charles D. Tomlinson / Pauline Lawrence
25. 6. 1989	*Le Spectre de la Rose*	Hector Berlioz	John Neumeier		
10. 12. 1989	*Des Knaben Wunderhorn*	Gustav Mahler	John Neumeier	John Neumeier	John Neumeier
10. 12. 1989	*Fünfte Sinfonie von Gustav Mahler*	Gustav Mahler	John Neumeier	John Neumeier	John Neumeier
12. 5. 1990	*Einhorn*	Hans Werner Henze	John Neumeier	John Neumeier	John Neumeier
19. 4. 1991	*Fenster zu MOZART*	Wolfgang Amadeus Mozart / Alfred Schnittke / Max Reger / Ludwig van Beethoven / Wolfgang v. Schweinitz	John Neumeier	Klaus Hellenstein	Klaus Hellenstein
28. 4. 1991	*Spring and Fall*	Antonín Dvořák	John Neumeier		John Neumeier
28. 4. 1991	*The Leaves are Fading*	Antonín Dvořák	Antony Tudor	Ming Cho Lee	Patricia Zipprodt
26. 7. 1991	*Requiem* (Salzburger Fassung)	Wolfgang Amadeus Mozart / Gesänge im gregorian. Choral	John Neumeier	John Neumeier	John Neumeier
12. 1. 1992	*Requiem* (Hamburger Fassung)	Wolfgang Amadeus Mozart / Gesänge im gregorian. Choral	John Neumeier	John Neumeier	John Neumeier
15. 5. 1992	*A Cinderella Story*	Sergej Prokofjew	John Neumeier	Jürgen Rose	Jürgen Rose
24. 5. 1992	*Birthday Dances*	Leonard Bernstein	John Neumeier		John Neumeier
20. 12. 1992	*Sinfonia Concertante*	Wolfgang Amadeus Mozart	Lar Lubovitch	Joel Fontaine	Ann Hould-Ward
20. 12. 1992	*Gras*	Sergej Rachmaninow	Mats Ek	Karin Ek	Karin Ek
20. 12. 1992	*Fandango*	Maurice Ravel	Lar Lubovitch		
20. 12. 1992	*Meinungslose Weiden*	Henry Mikolaj Górecki / Traditionelle Weisen	Mats Ek	Peter Freiij	Peter Freiij
27. 6. 1993	*Bernstein-Serenade*	Leonard Bernstein	John Neumeier	Peter Preller / Jasper Morrison	John Neumeier

SPIELZEIT 1973/74

1.	9. 9. 1973	Klassische Technik in der modernen Choreographie
2.	7. 10. 1973	Optische Dramaturgie
3.	16. 12. 1973	Ein Klassiker – optisch übersetzt
4.	20. 1. 1974	Pas de deux – zwei Menschen in ihrer Beziehung
5.	7. 4. 1974	Der getanzte Charakter
6.	28. 4. 1974	Einführung zu *Meyerbeer – Schumann*
7.	17. 6. 1974	Junge Choreographen

SPIELZEIT 1974/75

8.	13. 10. 1974	*Der Nußknacker*
9.	19. 1. 1975	Klassisches Ballett – Mythos und Schweiß (I)
10.	11. 5. 1975	Klassisches Ballett – Mythos und Schweiß (II)
11.	8. 6. 1975	Das sinfonische Ballett
12.	17. 6. 1975	Junge Choreographen
13.	22. 6. 1975	Round Table Gespräch: Ballett als Musiktheater

SPIELZEIT 1975/76

14.	7. 9. 1975	*Dritte Sinfonie von Gustav Mahler*
15.	13. 10. 1975	Liebe und Tod
16.	14. 12. 1975	Debüt
17.	9. 2. 1976	Corps de ballet
18.	4. 4. 1976	*Schwanensee I*
19.	25. 4. 1976	*Schwanensee II*
20.	9. 5. 1976	Junge Choreographen

SPIELZEIT 1976/77

21.	30. 8. 1976	Strawinsky und der Tanz
22.	1. 11. 1976	*Schwanensee III*
23.	27. 3. 1977	Junge Choreographen
24.	8. 5. 1977	Ballett und Musik: Mit-, neben- oder gegeneinander
25.	23. 5. 1977	Ein Ballett unterwegs
26.	12. 6. 1977	Shakespeare vertanzt
27.	4. 7. 1977	Einführung zu *Ein Sommernachtstraum*

SPIELZEIT 1977/78

28.	15. 11. 1977	*Ein Sommernachtstraum*
29.	28. 11. 1977	Sinfonisches Ballett
30.	10. 12. 1977	Einführung zu *Wendungen* und Voraufführung *Vierte Sinfonie von Gustav Mahler*
31.	19. 2. 1978	Debüt
32.	26. 2. 1978	Über *Wendungen*
33.	10. 5. 1978	August Bournonville
34.	22. 5. 1978	Junge Choreographen
35.	11. 6. 1978	Die Petipa Ära
36.	17. 6. 1978	Der Petipa Stil

SPIELZEIT 1978/79

37.	12. 11. 1978	*Dornröschen* – Nach dem Erwachen
38.	20. 11. 1978	Der Choreograph als Regisseur
39.	8. 3. 1979	Shakespeare vertanzt
40.	19. 3. 1979	Pas de deux
41.	8. 4. 1979	Debüt
42.	24. 6. 1979	Junge Choreographen
43.	10. 7. 1979	Anton Dolin mit *Conversations . . . Diaghilev, Nijinsky, etc., etc.*
44.	16. 7. 1979	*Legenden* um *Joseph* und andere Träumer

SPIELZEIT 1979/80

45.	14. 10. 1979	Auf Spitze (1. Teil)
46.	25. 11. 1979	Auf Spitze (2. Teil)
47.	13. 12. 1979	Wortlose Poesie
48.	27. 12. 1979	Nachklang
49.	6. 1. 1980	Debüt
50.	9. 3. 1980	50. BALLETT-WERKSTATT
51.	29. 6. 1980	Junge Choreographen
52.	4. 7. 1980	Erste Schritte

SPIELZEIT 1980/81

53.	5. 10. 1980	*Lieb' und Leid und Welt und Traum*
54.	23. 11. 1980	Johann Sebastian Bachs *Matthäus-Passion* als Ballett
55.	8. 3. 1981	Der Mann tanzt
56.	26. 4. 1981	Zurück in die Zukunft (In Zusammenarbeit mit der Freien Akademie der Künste in Hamburg)
57.	17. 5. 1981	Junge Choreographen
58.	14. 6. 1981	Debüt
59.	17. 6. 1981	Der sakrale Tanz

22. Juni 1975
NIJINSKY-GALA
Musikalische Leitung: Kazuhiro Koizumi

Erster Teil: Ouvertüre *Scheherazade* M: Nikolai Rimsky-Korssakow / John Neumeier spricht über Vaslaw Nijinsky und seine Bedeutung für die moderne Choreographie – *Les Sylphides* M: Frédéric Chopin, Ch: Michail Fokine / Zhandra Rodriguez, Lynn Seymour, François Klaus – *Brahms-Walzer* M: Johannes Brahms, Ch: Frederick Ashton nach Isadora Duncan, Solist: Christoph Eschenbach (Klavier) / Lynn Seymour – *Le Pavillon d'Armide* M: Nikolai Tscherepnin, Ch: nach Michail Fokine, Einstudierung: Alexandra Danilova / Marina Eglevsky, Marianne Kruuse, Zhandra Rodriguez, Michail Baryschnikow – Zweiter Teil: *L'Après-midi d'un Faune* M: Claude Debussy, Ausschnitt aus dem Film »Augenblick der Erinnerung« von Petr Weigl, Ch: nach Vaslaw Nijinsky / Carla Fracci, Paolo Bortoluzzi – *L'Après-midi d'un Faune* M: Claude Debussy, Ch: Jerome Robbins / Jennifer Penney, Anthony Dowell – *Le Spectre de la Rose* M: Carl Maria von Weber, Ch: nach Michail Fokine, Einstudierung: André Eglevsky / Lynn Seymour, Michail Baryschnikow – Dritter Teil: *Le Sacre* Hamburger Erstaufführung, M: Igor Strawinsky, Ch: John Neumeier / Beatrice Cordua, Persephone Samaropoulo, Truman Finney, Hamburger Ballettensemble

9. Mai 1976
NIJINSKY-GALA II
Musikalische Leitung: Stewart Kershaw

Erster Teil: Begrüßung durch John Neumeier – *Das Lied von der Erde* (Gastspiel des Balletts der Württembergischen Staatstheater, Stuttgart), M: Gustav Mahler, Ch: Kenneth MacMillan, Solisten: Birgit Finnilä (Alt), James King (Tenor) / Marcia Haydée, Birgit Keil, Lucia Isenring, Richard Cragun, Egon Madsen, Joyce Cuoco, Jan Stripling, Reid Anderson, Jean Allenby, Megan Hintz, Ballettensemble – Zweiter Teil: *Epilog* M: Gustav Mahler, Ch: John Neumeier / Violette Verdy, Tanju Tüzer – *Rückert-Lieder* Uraufführung, M: Gustav Mahler, Ch: John Neumeier, Solistin: Birgit Finnilä (Alt) / Magali Messac, Truman Finney, Marianne Kruuse, Max Midinet, Beatrice Cordua, Fred Howald – *La Rose malade* M: Gustav Mahler, Ch: Roland Petit / Maja Plissetzkaja, Valerij Kowton – Dritter Teil: *Dritte Sinfonie von Gustav Mahler* – Sechster Satz: »Was mir die Liebe erzählt«, Ch: John Neumeier / Persephone Samaropoulo, François Klaus, Hamburger Ballettensemble

17. Juli 1977
NIJINSKY-GALA III — SHAKESPEARE VERTANZT
Musikalische Leitung: Kazuhiro Koizumi

Erster Teil: Begrüßung durch John Neumeier – *Tanz für den Anfang* Uraufführung, M: Benjamin Britten, Ch: John Neumeier / Lynne Charles, Beatrice Cordua, Victoria Pulkkinen, Persephone Samaropoulo, Rosa Sicart, Kevin Haigen, Victor Hughes, Eugen Ivanics, Ivan Liška, Tanju Tüzer – *Romeo und Julia* M: Sergej Prokofjew, Ch: John Cranko / Konstanze Vernon, Peter Breuer – *The Dream* M: Felix Mendelssohn Bartholdy, Ch: Frederick Ashton / Merle Park, David Wall – *Ariel* Uraufführung, M: Wolfgang Amadeus Mozart, Ch: John Neumeier, Solist:

Christoph Eschenbach (Klavier) / Zhandra Rodriguez, Zane Wilson – Zweiter Teil: *Der Fall Hamlet* Erstaufführung, M: Aaron Copland, Ch: John Neumeier, Solist: Michael Huber (Klavier) / Max Midinet, Magali Messac, Marianne Kruuse, François Klaus, Roy Wierzbicki – Dritter Teil: *The Moor's Pavane* M: Henry Purcell, Ch: José Limón / Erik Bruhn, Cynthia Gregory, Ivan Nagy, Sally Wilson – *Der Widerspenstigen Zähmung* M: Kurt-Heinz Stolze nach Domenico Scarlatti, Ch: John Cranko / Konstanze Vernon, Peter Breuer – *Romeo und Julia* M: Sergej Prokofjew, Ch: Kenneth MacMillan / Lynn Seymour, David Wall – *Tanz für den Schluß* Uraufführung, M: Ralph Vaughn Williams, Ch: John Neumeier / Hamburger Ballettensemble

23. Juli 1978
NIJINSKY-GALA IV
PETER I. TSCHAIKOWSKY GEWIDMET
Musikalische Leitung: André Presser

Erster Teil: Begrüßung durch John Neumeier – *Allegro brillante* M: Peter I. Tschaikowsky, Ch: George Balanchine, Solist: Klaus Arp (Klavier) / Magali Messac, Ivan Liška, Hamburger Ballettensemble – *Dornröschen* M: Peter I. Tschaikowsky, Ch: Marius Petipa / Florence Clerc, Charles Jude – *Onegin* M: Peter I. Tschaikowsky, Ch: John Cranko / Colleen Scott, Youri Vamos – *Tschaikowsky Pas de deux* M: Peter I. Tschaikowsky, Ch: George Balanchine / Ghislaine Thesmar, Michaël Denard – Zweiter Teil: *Schwanensee* – 2. Akt M: Peter I. Tschaikowsky, Ch: Lew Iwanow / Natalia Makarova, François Klaus, Ivan Liška, Dörte Rüter, Robyn White, Judith Carlson, Judith Gill, Leslie Hughes, Victoria Pulkkinen, Hamburger Ballettensemble – Dritter Teil: *Der Kuß der Fee* Erstaufführung, M: Igor Strawinsky, Ch: John Neumeier / Lynne Charles, Marianne Kruuse, Kevin Haigen, Roy Wierzbicki – *Elegie* Uraufführung, M: Peter I. Tschaikowsky, Ch: John Neumeier / Natalia Makarova, Patrick Bissell – *Marsch und Apotheose* Uraufführung, M: Peter I. Tschaikowsky, Ch: John Neumeier / Hamburger Ballettensemble

21. Juli 1979
NIJINSKY-GALA V
SERGE DIAGHILEW GEWIDMET
Musikalische Leitung: Klauspeter Seibel

Erster Teil: Begrüßung durch John Neumeier – *Daphnis und Chloë* M: Maurice Ravel, Ch: John Neumeier / Marianne Kruuse, Patrick Dupond, Ann Drower, Beatrice Cordua, Ivan Liška, Eduardo Bertini, Hamburger Ballettensemble – Zweiter Teil: *Les Sylphides* M: Frédéric Chopin, Ch: Michail Fokine / Lynne Charles, François Klaus – *Petruschka* M: Igor Strawinsky, Ch: Michail Fokine / Max Midinet, Colleen Scott – *Le Train bleu*, M: Darius Milhaud, Ch: Bronislava Nijinska, Einstudierung: Anton Dolin / Kevin Haigen – *Dornröschen* M: Peter I. Tschaikowsky, Ch: nach Marius Petipa / Lucia Montagnon, Egon Madsen – Dritter Teil: *Parade* M: Erik Satie, Ch: Léonide Massine / Fabrice Bourgeois, France Mérovak, Marie-Claude Dubus, Bernard Boucher, Jean-Claude Ciappara, Jean Dorizon, Patrick Félix, Frédéric Oliviéri – *Vaslaw* Uraufführung, M: Johann Sebastian Bach, Ch: John Neumeier, Solist: Homero Francesch (Klavier) / Patrick Dupond, Colleen Scott, Eugen Ivanics, Lynne Charles, Kevin Haigen, Persephone Samaropoulo, Roy Wierzbicki, Donna Wood,

Lucia Montagnon, Egon Madsen – *Finale* (Der Feuervogel), M: Igor Strawinsky, Ch: John Neumeier / Hamburger Ballettensemble

13. Juli 1980
NIJINSKY-GALA VI – POESIE UND TANZ
Musikalische Leitung: Klauspeter Seibel, André Presser

Erster Teil: Begrüßung durch John Neumeier – *Vierte Sinfonie von Gustav Mahler* Ch: John Neumeier, Solistin: Celestina Casapietra (Sopran) / Kevin Haigen, Marcia Haydée, François Klaus, Lynne Charles, Roy Wierzbicki, Leslie Hughes, Hamburger Ballettensemble – Zweiter Teil: *Haiku* M: Claude Debussy, Ch: John Neumeier, Solistin: Julie Hahn (Harfe) / Marianne Kruuse, Chantal Lefèvre, Jean-Christophe Maillot – *Heliogabale* Afrikanische rituelle Musik, Ch: Maurice Béjart / Shonach Mirk, Patrice Touron – *Inside* M: Robert Ruggieri, Ch: Ulysses Dove / Judith Jamison – *La Prisonnière* M: Camille Saint-Saëns, Ch: Roland Petit / Dominique Khalfouni, Denys Ganio – *Onegin* M: Peter I. Tschaikowsky, Ch: John Cranko / Marcia Haydée, Richard Cragun – Dritter Teil: *Serait-çe la mort?* M: Richard Strauss, Ch: Maurice Béjart, Solistin: Celestina Casapietra (Sopran) / Jorge Donn, Shonach Mirk, Katalin Csarnoy, Martine Detournay, Catherine Dethy – *Finale* (Der Feuervogel), M: Igor Strawinsky, Ch: John Neumeier / Hamburger Ballettensemble

28. Juni 1981
NIJINSKY-GALA VII – DER SAKRALE TANZ
Musikalische Leitung: André Presser

Erster Teil: *Bach Suite-2* M: Johann Sebastian Bach, Ch: John Neumeier, Solist: Jean-Claude Gérard (Flöte) / Lynne Charles, Ivan Liška, Robyn White, Eugen Ivanics, Giselle Roberge, Ronald Darden, Trinidad Vives, Gamal Gouda, Sonia Pérusse, Jean-Jacques Defago, Laure Balon, Ricardo Garcia, Kathy Moriarty, Anthony Sewell, Leslie Hughes, Matthew Wright – Begrüßung durch John Neumeier – *Thillana* Indischer Tempeltanz / Lilavati – *Yogi* M: Alexander Alexay, Ch: Ruth St. Denis, Solist: Edward A. Pinder (Klavier) / Carmen de Lavallade – *The Incense* M: Harvey W. Loomis, Ch: Ruth St. Denis, Solist: Edward A. Pinder (Klavier) / Carmen de Lavallade – *Invocation* Amerikanisch-indianisches Gebet, Tanzgedicht von Matteo / Kevin Haigen – *The Unsung* (Gastspiel der José Limón Dance Company), Ch: José Limón / Stephen Pier, Henry Daniel, Arie Weiner, Carlos Orta, Bill Cratty, Kevin Wynn – *Come Sunday* M: Amerikanische Spirituals, gesungen von Odetta, Ch: Geoffrey Holder / Carmen de Lavallade – *The Shakers* Traditionelle Musik, arrangiert von Daniel Jahn, Ch: Doris Humphrey, rekonstruiert von Risa Steinberg, Solisten: Yoko Kawahara (Sopran), Michael Huber (Harmonium), Claus Koschnitzke (Schlagzeug) / Jennifer Scanlon, Sue Bernhard, Carla Maxwell, Naomi Mindlin, Risa Steinberg, Nina Watt, Henry Daniel, Carlos Orta, Stephen Pier, Arie Weiner, Kevin Wynn – Zweiter Teil: *Air for the G String* M: Johann Sebastian Bach, Ch: Doris Humphrey / Jennifer Scanlon, Sue Bernhard, Carla Maxwell, Risa Steinberg, Nina Watt – Gebet aus *Coppélia* M: Léo Delibes, Ch: Erik Bruhn nach Arthur Saint-Léon / Colleen Scott – *The Creation* M: Gustav Theodore Holst, Ch: Geoffrey Holder / Carmen de Lavallade – *Don Juan* M: Tomás Luis de Victoria, Ch: John Neumeier / Marianne Kruuse, François Klaus – *Dixit Dominus* M: Georg Friedrich Händel, Ch: Kurt Jooss / Lilavati – *The Annunciation* M: Howard Blake, Ch: Robert North / Chantal Lefèvre, Kevin Haigen, Ivan Liška, Ronald Darden, Gamal Gouda, Roy Wierzbicki – Dritter Teil:

Le Sacre M: Igor Strawinsky, Ch: John Neumeier / Beatrice Cordua, Gabrielle Günthard, Max Midinet, Paola Cantalupo, Judith Carlson, Caspar Hummel, Karel Vandeweghe, Hamburger Ballettensemble – *Finale* (Der Feuervogel), M: Igor Strawinsky, Ch: John Neumeier / Hamburger Ballettensemble

26. Juni 1982
NIJINSKY-GALA VIII
IGOR STRAWINSKY GEWIDMET
Musikalische Leitung: Spiros Argiris

Erster Teil: Begrüßung durch John Neumeier – *Les Noces* Ch: Lar Lubovitch / Sylviane Bayard, Sarah Abendroth, Terry Edlefsen, Tamas Detrich, Leslie McBeth, Otto Neubert, Beatrice de Almeida, Eva Steinbrecher, John Alleyne, Mark McClain – *Agon* Ch: George Balanchine / Robyn White, François Klaus – *Capriccio für Klavier und Orchester* Ch: George Balanchine, Solist: Dianne Chilgren (Klavier) / Elise Flagg, Sándor Némethy – *Apollon musagète* Ch: George Balanchine / Colleen Neary, Reda Sheta – *Der Kuß der Fee* Ch: John Neumeier / Marcia Haydée, Marianne Kruuse, Kevin Haigen, Roy Wierzbicki – Zweiter Teil: *Ebony Concerto* Ch: Oscar Araiz / Jackie Planeix, Laura Smeak, Cheryl Wrench, Sergio Briceño – *Der blaue Vogel* M: Peter I. Tschaikowsky, instrumentiert von Igor Strawinsky, Ch: Marius Petipa / Colleen Scott, Ivan Liška – *Jeu de cartes* Ch: John Cranko / Max Midinet, John Alleyne, Mark McClain, Johannes Kritzinger, Randy Diamond, Tamas Detrich – *Gala-Suite (Igor S.)* Uraufführung, Ch: John Neumeier / Marcia Haydée, Shonach Mirk, Patrice Touron, Beatrice Cordua, Chantal Lefèvre, Giselle Roberge, Trinidad Vives, Gamal Gouda, Eugen Ivanics, Jean-Christophe Maillot, Hamburger Ballettensemble – Dritter Teil: *Petruschka* Uraufführung, Ch: John Neumeier / Kevin Haigen, Lynne Charles, Ronald Darden, Jean-Christophe Maillot, Hamburger Ballettensemble

2. Juli 1983
NIJINSKY-GALA IX – DER ROMANTISCHE TANZ
Musikalische Leitung: Michael Huber, Peter Ernst Lassen

Erster Teil: *Kinderszenen* M: Robert Schumann, Ch: John Neumeier, Solist: Homero Francesch (Klavier) / Judith Carlson, Vivienne Gilligan, Leslie Hughes, Gigi Hyatt, Trinidad Vives, Gamal Gouda, Jeffrey Kirk, Jean Laban, Christoph Lechner, William Parton – Begrüßung durch John Neumeier – *Cachucha* M: Casimir Gide, Ch: nach Jean Coralli, Einstudierung: Brita Adam / Bettina Beckmann – *Coppélia* M: Léo Delibes, Ch: Arthur Saint-Léon / Ghislaine Thesmar, Michaël Denard – *La Sylphide* M: Hermann Severin Løvenskjold, Ch: August Bournonville / Carla Fracci, Gheorghe Iancu – *Die Kameliendame* M: Frédéric Chopin, Ch: John Neumeier, Solist: Volker Banfield (Klavier) / Chantal Lefèvre, Ivan Liška – *The Dream* M: Felix Mendelssohn Bartholdy, Ch: Frederick Ashton / Antoinette Sibley, Anthony Dowell – Zweiter Teil: *Aus dem Werk von August Bournonville* mit Solisten des Königlich Dänischen Balletts, Kopenhagen – »Das Blumenfest von Genzano« M: Edvard Helsted, Holger Simon Paulli / Heidi Ryom, Arne Villumsen – »Polka militaire« M: Hans Christian Lumbye / Annemarie Dybdal, Niels Kehlet – »Die Musen des Heimatlandes« Uraufführung der Rekonstruktion, M: Johannes Frederik Fröhlich, Solist: Jens Andersen (Klavier) / Dinna Bjørn, Eva Kloborg, Lise Stripp – »Der Troubadour« M: Giuseppe Verdi / Eva Kloborg – »Des Königs Freiwillige auf Amager« M: V. Christian Holm /

Dinna Bjørn, Annemarie Dybdal, Heidi Ryom, Lise Stripp, Tommy Frishøi, Bjarne Hecht, Niels Kehlet – »Jockey-Tanz« M: Hans Christian Lumbye / Frank Andersen, Bjarne Hecht – »Napoli« M: Holger Simon Paulli, Edvard Helsted / Niels Bjørn Larsen, Tommy Frishøi, Ensemble – Dritter Teil: *Regenlieder* M: Johannes Brahms, Ch: John Neumeier, Solisten: Wilfried Laatz (Violine), Edward A. Pinder (Klavier) / Lynne Charles, Kevin Haigen, Anthony Dowell, Hamburger Ballettensemble – *Pas de quatre* M: Cesare Pugni, Ch: Anton Dolin / Carla Fracci, Antoinette Sibley, Ghislaine Thesmar, Colleen Scott – *Der Nußknacker* 2. Bild M: Peter I. Tschaikowsky, Ch: John Neumeier / Chantal Lefèvre, François Klaus, Max Midinet, Bettina Beckmann, Hamburger Ballettensemble

31. Mai 1984
NIJINSKY-GALA X – DER SINFONISCHE TANZ
Musikalische Leitung: Stefan Soltesz

Erster Teil: *Bach Suite-3* M: Johann Sebastian Bach, Ch: John Neumeier / Lynne Charles, Ivan Liška, Chantal Lefèvre, Gamal Gouda, Trinidad Vives, Dinko Bogdanic, Bettina Beckmann, Jean Laban, Gigi Hyatt, Christoph Lechner – *Isadora* M: Franz Liszt/Frédéric Chopin/Ludwig van Beethoven/Franz Schubert/Claude Joseph Rouget de Lisle/Alexander Skrjabin, Ch: Maurice Béjart / Marcia Haydée – *Nuages* M: Claude Debussy, Ch: Jiři Kylián / Birgit Keil, Vladimir Klos – *Tschaikowsky Pas de deux* M: Peter I. Tschaikowsky, Ch: George Balanchine / Patricia McBride, François Klaus – Zweiter Teil: *Serenade* M: Peter I. Tschaikowsky, Ch: George Balanchine / Eileen Brady, Chantal Lefèvre, Colleen Scott, Dinko Bogdanic, Ivan Liška, Hamburger Ballettensemble – Dritter Teil: *Pavane* M: Maurice Ravel, Ch: George Balanchine, Solist: Edward A. Pinder (Klavier) / Patricia McBride – *Vaslaw* M: Johann Sebastian Bach, Ch: John Neumeier, Solist: Michael Huber (Klavier) / Jeffrey Kirk, Colleen Scott, Eugen Ivanics, Bettina Beckmann, Christoph Lechner, Anne Brossier, Roy Wierzbicki, Rena Robinson, Trinidad Vives, Eduardo Bertini – *Nacht* M: Gustav Mahler, Ch: John Neumeier, Solistin: Marjana Lipovšek (Alt) / Marcia Haydée, Richard Cragun, Johannes Kritzinger – *Unsere Schule – die Compagnie* M: Benjamin Britten, Ch: John Neumeier / Schülerinnen und Schüler der Ballettschule, Hamburger Ballettensemble

14. Juli 1985
NIJINSKY-GALA XI – LITERATUR UND TANZ
Musikalische Leitung: Peter Ernst Lassen

Erster Teil: Begrüßung durch John Neumeier – *Shakespeares Liebespaare* Ch: John Neumeier / John Cranko – Tanz: »When griping griefs« M: Anonymes Lied / Bettina Beckmann, Jean Laban, Lynne Charles, Ivan Liška, Gigi Hyatt, Gamal Gouda, Marianne Kruuse, Roy Wierzbicki, Chantal Lefèvre, Jeffrey Kirk, Colleen Scott, François Klaus – »Romeo und Julia« M: Sergej Prokofjew / Bettina Beckmann, Jean Laban – »Ein Sommernachtstraum« M: Felix Mendelssohn Bartholdy / Marianne Kruuse, Chantal Lefèvre, Roy Wierzbicki, Jeffrey Kirk – »Der Widerspenstigen Zähmung« M: Domenico Scarlatti (eingerichtet von Kurt-Heinz Stolze), Ch: John Cranko / Lynne Charles, Ivan Liška – »Othello« M: Arvo Pärt / Gigi Hyatt, Gamal Gouda – »Mozart und Themen aus ›Wie es Euch gefällt‹« M: Wolfgang Amadeus Mozart / Colleen Scott, François Klaus – Tanz: »When griping griefs«, alle Paare – »Romeo und Julia«

M: Sergej Prokofjew / Marianne Kruuse, John Neumeier – Zweiter Teil: *Die Kameliendame* M: Frédéric Chopin, Ch: John Neumeier / Eileen Brady, Dinko Bogdanic, Beatrice Cordua, Hamburger Ballettensemble – *Fräulein Julie* M: Ture Rangström, Ch: Birgit Cullberg / Lucia Isenring, Rosy Jauckens, Niklas Ek – *Carmen* M: Georges Bizet, Ch: Roland Petit / Dominique Khalfouni, Denys Ganio – *Don Quichotte* M: Leon Minkus, Ch: nach Marius Petipa / Lynne Charles, Gamal Gouda – *Die Stühle* M: Richard Wagner, Ch: Maurice Béjart / Marcia Haydée, John Neumeier – Dritter Teil: *Ein Sommernachtstraum* – »Das Hochzeitsfest« M: Felix Mendelssohn Bartholdy, Ch: John Neumeier, Solisten: Richard Hoynes, Edward A. Pinder (Klavier), Winfried Rüssmann (Violine) / Monique Loudières, François Klaus, Gigi Hyatt, Dinko Bogdanic, Colleen Scott, Ivan Liška, Gamal Gouda, Hamburger Ballettensemble

18. Mai 1986
NIJINSKY-GALA XII – BALLETT UND SEINE MUSIK
Musikalische Leitung: Peter Ernst Lassen

Begrüßung durch John Neumeier – Erster Teil: »18. und 19. Jahrhundert« – *Orpheus und Eurydike* M: Christoph Willibald Gluck, Ch: John Neumeier / Colleen Scott, Ivan Liška, Hamburger Ballettensemble – *Don Juan* M: Christoph Willibald Gluck, Ch: Regina Beck-Friis / Anneli Alhanko, Per Arthur Segerström – *La Chatte métamorphosée en femme* M: Jacques Offenbach, Ch: Frederick Ashton / Merle Park – *La Sylphide* M: Hermann Severin Løvenskjold, Ch: August Bournonville / Eva Evdokimova, Jan Broeckx – *Die sizilianische Vesper* M: Giuseppe Verdi, Ch: Paolo Bortoluzzi / Paolo Bortoluzzi – *Dornröschen* M: Peter I. Tschaikowsky, Ch: Marius Petipa, Solist: Friedrich Wührer (Violine) / Lynne Charles, François Klaus – Zweiter Teil: »Diaghilew« – *Petruschka-Variationen* M: Igor Strawinsky, Ch: John Neumeier, Solist: Klaus Arp (Klavier) / Bettina Beckmann, Jean Laban, Jessica Funt, Anders Hellström, Gigi Hyatt, Jeffrey Kirk – *Der Feuervogel* M: Igor Strawinsky, Ch: John Neumeier / Chantal Lefèvre – *Josephs Legende* M: Richard Strauss, Ch: John Neumeier / Gamal Gouda – *Apollon musagète* M: Igor Strawinsky, Ch: George Balanchine / Monique Janotta, Paolo Bortoluzzi – *Le Sacre* 2. Teil, M: Igor Strawinsky, Ch: John Neumeier / Beatrice Cordua, Gabrielle Günthard, Max Midinet, Anne Brossier, Judith Carlson, Ralf Dörnen, Stephen Pier, Hamburger Ballettensemble – Dritter Teil: »20. Jahrhundert« – *Romeo und Julia* M: Sergej Prokofjew, Ch: Kenneth MacMillan / Anneli Alhanko, Per Arthur Segerström – *Der Nußknacker* M: Peter I. Tschaikowsky, Ch: John Neumeier / Evelyn Hart, Ivan Liška – *Wie Orpheus,* M: Igor Strawinsky, Ch: Toer van Schayk / Jane Lord, Clint Farha – *Sah ich dich je vor mir stehen …* M: Felix Strategier, Ch: Rudi van Dantzig / Katalene Borsboom, Wim Broeckx – *Medea* M: Samuel Barber, Ch: John Butler / Carla Fracci, Gheorghe Iancu – *Der Feuervogel* (Finale), M: Igor Strawinsky, Ch: John Neumeier / Hamburger Ballettensemble

10. Mai 1987
NIJINSKY-GALA XIII – LEADING MEN
DER MANN TANZT!
Musikalische Leitung: Peter Ernst Lassen

Erster Teil: *Artus-Sage* M: Jean Sibelius, Ch: John Neumeier / François Klaus, Max Midinet, Johannes Kritzinger, Rena Robinson, Hamburger Ballettensemble – *The Exiles* M: Arnold Schönberg, Ch: José Limón, Einstudierung: Carla Maxwell / Carla Maxwell, Ivan Liška – *Songfest*

M: Leonard Bernstein, Ch: John Neumeier, Solist: Ralph Houston (Bariton) / Gamal Gouda, Jeffrey Kirk, Hamburger Ballettensemble – *The Traitor* M: Gunther Schuller, Ch: José Limón / Jim Clinton, Peter London, Colin Connor, Stuart Gold, Kenneth Bowman, Jonathan Leinbach, Michael Blake, Carlos Orta – *Illusionen – wie Schwanensee* letztes Bild: »Wirklichkeit«, M: Peter I. Tschaikowsky, Ch: John Neumeier / Vladimir Derevianko, Colleen Scott, Peter Bo Bendixen, Hamburger Ballettensemble – Zweiter Teil: *Le Spectre de la Rose* M: Carl Maria von Weber, Ch: Michail Fokine / Gigi Hyatt, Peter Schaufuss – *Dornröschen* »Der blaue Vogel«, M: Peter I. Tschaikowsky, Ch: Marius Petipa / Julio Bocca, Bettina Beckmann – *Don Quixote* M: Richard Strauss, Ch: John Neumeier, Solist: Thomas Tyllack (Violoncello) / Max Midinet, Roy Wierzbicki, Anders Hellström, Hamburger Ballettensemble – *Don Quixote* M: Ludwig Minkus, Ch: Marius Petipa / Sylvie Guillem, Eric Vu-An – *Bolero* M: Maurice Ravel, Ch: Maurice Béjart / Jorge Donn, Philippe Lizon, Maurice Courchay, Serge Compardon, Rouben Bach, Tony Fabre, Didier Chape, Hervé Palito, Artur Kuraszewski, Jozsef Tari, Piero Rocchetti, Arnold Wohlschies, Dominique Sournac, Pascal Sani, Marc DeBatty, Martin Sommerlatte, Giorgio Madia, José Vidal, Xavier Ferla – Dritter Teil: *Blumenfest von Genzano* M: Edvard Helstedt / Holger Simon Paulli, Ch: August Bournonville / Trinidad Sevillano, Peter Schaufuss – *Mouvement – Rythme – Etude* M: Pierre Henry, Ch: Maurice Béjart / Sylvie Guillem, Eric Vu-An – *Shall we dance?* M: George Gershwin, Ch: John Neumeier, Solist: Tzimon Barto (Klavier) / Hamburger Ballettensemble

12. Mai 1988
NIJINSKY-GALA XIV – LEADING LADY
DIE FRAU TANZT!
Musikalische Leitung: Peter Ernst Lassen

Erster Teil: *Isadora Duncan* M: Johannes Brahms, Ch: Frederick Ashton nach Isadora Duncan, Solist: Marco Antonio de Almeida (Klavier) / Colleen Scott – *Wiesenthal-Tanz 1* »Der Tod und das Mädchen«, M: Franz Schubert, Ch: Grete Wiesenthal, Solist: Marco Antonio de Almeida (Klavier) / Marialuise Jaska, Lilly Scheuermann – *Der sterbende Schwan* M: Camille Saint-Saëns, Ch: Michail Fokine / Anna Grabka – *Wiesenthal-Tanz 2* »Wein, Weib und Gesang«, M: Johann Strauß, Ch: Grete Wiesenthal, Solist: Marco Antonio de Almeida (Klavier) / Marialuise Jaska – *Deutsche Lieder* M: Johannes Brahms, Ch: Arila Siegert, Solisten: Annette Jahns (Gesang), Gisela Franke-Wolfram (Klavier) / Arila Siegert – *Inperfect Order* M: Leslie Stuck, Ch: Alida Chase / Alida Chase, Andrea Tallis – *Einhorn*, M: Hans Werner Henze, Ch: John Neumeier / Eva Evdokimova, David Nixon – Zweiter Teil: *Bakhti* Indische Musik, Ch: Maurice Béjart / Marie-Claude Pietragalla, Wilfried Romoli – *Daphnis und Chloë* M: Maurice Ravel, Ch: John Neumeier / Gigi Hyatt, Jeffrey Kirk – *Der Widerspenstigen Zähmung* M: Kurt-Heinz Stolze nach Domenico Scarlatti, Ch: John Cranko / Colleen Scott, Ivan Liška – *Illusionen – wie Schwanensee* M: Peter I. Tschaikowsky, Ch: John Neumeier / Chantal Lefèvre, François Klaus, Peter Bo Bendixen – *Has Anyone Seen Joe* M: George Gershwin, Ch: John Neumeier / Rena Robinson, Gamal Gouda – *Notre Faust* M: Johann Sebastian Bach, Ch: Maurice Béjart / Olga Tschentschikowa, Ewgenij Neff – *The Leaves Are Fading* M: Antonín Dvořák, Ch: Antony Tudor / Eva Evdokimova, David Nixon – *Die Kameliendame* M: Frédéric Chopin, Ch: John Neumeier, Solist: Marco Antonio de Almeida (Klavier) / Lynne Charles, Kevin Haigen – *Die Dame mit dem Hündchen*

M: Rodion K. Schtschedrin, Ch: Maja Plissetzkaja / Maja Plissetzkaja, Boris Efimow – Dritter Teil: *Pas de quatre* M: Vincenzo Bellini, Ch: Leonid Jakobson / Gigi Hyatt, Anna Grabka, Jennifer Goubé, Chantal Lefèvre – *La Sylphide* M: Hermann Severin Løvenskjold, Ch: August Bournonville / Carla Fracci, Wayne Eagling – *Giselle* M: Adolphe Adam, Ch: Jules Perrot, Jean Coralli / Elisabeth Maurin, Kader Belarbi – *Souvenir de Leningrad* M: Peter I. Tschaikowsky, Ch: Maurice Béjart / Lynne Charles, Xavier Ferla, Michel Gascard – *Venezianischer Karneval* M: Cesare Pugni, Ch: Marius Petipa / Swetlana Efremowa, Sergej Wicharew – *Grand Pas Classique* M: Daniel François Esprit Auber, Ch: Victor Gsovsky / Sylvie Guillem, Manuel Legris – *Ritorno* M: Wolfgang Amadeus Mozart, Ch: Wayne Eagling, Solist: Marco Antonio de Almeida (Klavier) / Carla Fracci, Wayne Eagling – *La Rose malade* M: Gustav Mahler, Ch: Roland Petit / Maja Plissetzkaja, Boris Efimow – *Gershwin Finale* M: George Gershwin, Ch: John Neumeier, Solist: Marco Antonio de Almeida (Klavier) / Hamburger Ballettensemble

25. Juni 1989
NIJINSKY-GALA XV
VASLAW NIJINSKY ZUM 100. Geburtstag
Musikalische Leitung: Peter Ernst Lassen

Erster Teil: *Vaslaw* M: Johann Sebastian Bach, Ch: John Neumeier, Solist: Marco Antonio de Almeida (Klavier) / Frédéric Olivieri, Anna Grabka, Janusz Mazoń, Judith Carlson, Eric Miot, Jennifer Goubé, William Parton, Mette Bødtcher, Stefanie Arndt, Jean Laban – *Les Sylphides* M: Frédéric Chopin, Ch: Michail Fokine / Carla Fracci, Vladimir Derevianko – *Petruschka* M: Igor Strawinsky, Ch: Michail Fokine / François Klaus – *Don Quixote* M: Ludwig Minkus, Ch: Marius Petipa / Kimberly Glasco, Fernando Bujones – Zweiter Teil: *Le Sacre du Printemps* (Gastspiel des Joffrey Ballet), M: Igor Strawinsky, Ch: Vaslaw Nijinsky, rekonstruiert von Millicent Hodson / Beatriz Rodriguez, Carole Valleskey, Paul Shoemaker, Ballettensemble – Dritter Teil: *Afternoon of a Faun* M: Claude Debussy, Ch: Jerome Robbins / Lis Jeppesen, Alexander Kølpin – *Le Carnaval* M: Robert Schumann, Ch: Michail Fokine / Bettina Beckmann, Vladimir Derevianko, Ralf Dörnen – *Daphnis und Chloë* M: Maurice Ravel, Ch: John Neumeier / Gigi Hyatt, Anders Hellström – *Sept Danses grecques,* M: Mikis Theodorakis, Ch: Maurice Béjart / Fernando Bujones – *L'Amour fou* M: Lieder gesungen von Edith Piaf, Ch: Maurice Béjart / Gil Roman – *Scheherazade* M: Nikolaj Rimskij-Korssakow, Ch: Michail Fokine / Carla Fracci, Gamal Gouda – *Le Spectre de la Rose* M: Carl Maria von Weber, Ch: Michail Fokine / Chantal Lefèvre, Vladimir Derevianko – *Le Spectre de la Rose* M: Hector Berlioz, Ch: John Neumeier, Solistin: Hildegard Hartwig (Alt) / Gigi Hyatt, Frédéric Olivieri, Ivan Liška, Hamburger Ballettensemble

20. Mai 1990
NIJINSKY-GALA XVI
MODERNE KLASSIK – KLASSISCHE MODERNE
Den Hamburger Tänzern gewidmet
Musikalische Leitung: Eri Klas

Erster Teil: *Lieb' und Leid und Welt und Traum* M: Gustav Mahler, Ch: John Neumeier / Janusz Mazoń, Ralf Dörnen, Joëlle Henry, Hamburger Ballettensemble – *Shall we dance?* M: George Gershwin, Ch: John Neumeier, Solist: Richard Hoynes (Klavier) / Jennifer Goubé, Mette Bødtcher,

Judith Carlson, Laura Cazzaniga, Emmanuelle Broncin, Heather Jurgensen, Hamburger Ballettensemble – *Shall we dance?* M: George Gershwin, Ch: John Neumeier, Solist: Marco Antonio de Almeida (Klavier) / Gigi Hyatt, Gamal Gouda – Zweiter Teil: *Opus 1* M: Anton von Webern, Ch: John Cranko, Einstudierung: Georgette Tsinguirides / Stefanie Arndt, Gamal Gouda, Hamburger Ballettensemble – *Adagietto* M: Gustav Mahler, Ch: Maurice Béjart / François Klaus – *Nuages* M: Claude Debussy, Ch: Jiří Kylián, Einstudierung: Arlette van Boven / Gigi Hyatt, Anders Hellström – *Sarkasmen* M: Sergej Prokofjew, Ch: Hans van Manen, Einstudierung: Rachel Beaujean, Solist: Marco Antonio de Almeida (Klavier) / Chantal Lefèvre, Ivan Liška – *New Sleep* M: Tom Willems, Ch: William Forsythe / Anna Grabka, Jean Laban – Dritter Teil: *Tschaikowsky Pas de deux* M: Peter I. Tschaikowsky, Ch: George Balanchine, Solist: Winfried Rüssmann (Violine) / Chantal Lefèvre, Vladimir Derevianko – *Serenade* M: Peter I. Tschaikowsky, Ch: George Balanchine / Anna Grabka, Jennifer Goubé, Stefanie Arndt, Ivan Liška, Jean Laban, Hamburger Ballettensemble

28. April 1991
NIJINSKY-GALA XVII – 1791 · 1841 · 1991
NATÜRLICH MOZART GEWIDMET – ABER AUCH DVOŘÁK
Musikalische Leitung: Peter Ernst Lassen

Erster Teil: *MOZART Mozart und drei Themen aus »Wie es Euch gefällt«* Ch: John Neumeier – »Flucht und Verkleidung« / Jean Laban, Gigi Hyatt, Jennifer Goubé, Anders Hellström, William Parton, Eric Miot, Eduardo Bertini, Radik Zaripov, Ralf Dörnen – »Eine Schäferidylle« / Stefanie Arndt, Janusz Mazoń, Jessica Funt, William Parton, Eric Miot, Sonja Herrmann, Patrick Becker, Hamburger Ballettensemble – »Verliebt in die Liebe« / Elisabeth Platel, Ivan Liška – *Mozart 338* Ch: John Neumeier / Marie Lindqvist, Anders Nordström, Madeleine Onne, Pär Isberg – *Mozart Pas de deux* Ch: Leonid Jakobson / Anna Grabka, Gamal Gouda – *Winter Dreams* Ch: Kenneth MacMillan, Solist: Philipp Gammon (Klavier) / Darcey Bussell, Irek Mukhamedov – Zweiter Teil: *DVOŘÁK The Leaves are Fading* Ch: Antony Tudor, Einstudierung: Airi Hynninen, Solisten: Thomas C. Wolf, Günther Karpinski, Naomi Mählmann-Seiler, Thomas Tyllack, Dieter Eschmann (Streichquintett) / Heather Jurgensen, Anders Hellström, Anna Grabka, Jean Laban, Judith Carlson, Jean-Jacques Defago, Emmanuelle Broncin, Eric Miot, Hamburger Ballettensemble – *Spring and Fall* Uraufführung, Ch: John Neumeier / Gigi Hyatt, Manuel Legris, Hamburger Ballettensemble – Dritter Teil: *MOZART Kwintet* Ch: Hans van Manen, Einstudierung: Robert Fisher / Gilma Bustillo, José Ariño, Ralf Dörnen, Denis Feuillette, Michele Politi – *Spiegel* Uraufführung, Ch: James Kudelka / Serge Lavoie, Gizella Witkowsky – *Concerto Six Twenty-Two* Ch: Lar Lubovitch, Solist: Dietrich Hahn (Klarinette) / Silvain Lafortune, Edward Hillyer – *Mozart und zwei Themen aus »Wie es Euch gefällt«* »Die Zeit – für Roy« Solist: Jean-Claude Gérard (Flöte) / John Neumeier, Anders Hellström – »Happy End«, Solist: Thomas C. Wolf (Violine) / Jennifer Goubé, François Klaus, Elisabeth Platel, Ivan Liška – *Jupiter-Sinfonie* – »Finale«, Ch: John Neumeier / Hamburger Ballettensemble

24. Mai 1992
NIJINSKY-GALA XVIII – FÜR SERGEJ PROKOFJEW UND LEONARD BERNSTEIN
Musikalische Leitung: Peter Ernst Lassen

Erster Teil: *West Side Story* M: Leonard Bernstein, Ch: John Neumeier, Solistin: Eva Maria Tersson (Sopran) / Dominik Schoetschel, Jean-Jacques Defago, Heather Jurgensen, Ralf Dörnen, Hamburger Ballettensemble – Begrüßung durch John Neumeier – *Songfest* M: Leonard Bernstein, Ch: John Neumeier, »Music I heard With You«, Solistin: Renate Spingler (Mezzosopran) / Stefanie Arndt – »Zizi's Lament«, Solist: Urban Malmberg (Bariton) / Stefanie Arndt, Eric Miot – »What lips my lips have kissed«, Solistin: Renate Spingler (Mezzosopran) / Chantal Lefèvre, Hamburger Ballettensemble – »To What You Said«, Solist: Carl Schultz (Baß) / Ivan Liška, Anders Hellström, Hamburger Ballettensemble – *Cinderella* M: Sergej Prokofjew, Ch: Frederick Ashton / Marie Lindqvist, Anders Nordström – *Sarkasmen,* M: Sergej Prokofjew, Ch: Hans van Manen, Solist: Marco Antonio de Almeida (Klavier) / Rachel Beaujean, Clint Farha – *A Cinderella Story* M: Sergej Prokofjew, Ch: John Neumeier / Bettina Beckmann, Manuel Legris – Zweiter Teil: *The Age of Anxiety* M: Leonard Bernstein, Ch: John Neumeier, Solist: Marco Antonio de Almeida (Klavier) / Gamal Gouda, Anders Hellström, Bettina Beckmann, Anders Nordström, Hamburger Ballettensemble – Dritter Teil: *Birthday Dances* M: Leonard Bernstein, Ch: John Neumeier / Heidi Ryom, Jean Laban – *Romeo und Julia* M: Sergej Prokofjew, Ch: John Cranko / Annie Mayet, Tamas Detrich – *Romeo und Julia* M: Sergej Prokofjew, Ch: Rudolf Nurejew / Elisabeth Maurin, Manuel Legris – *Romeo und Julia* Ch: Kenneth MacMillan / Anneli Alhanko, Göran Svalberg – Drei Tänze aus *On the Town* M: Leonard Bernstein, Ch: John Neumeier, »Traum Coney Island« / Janusz Mazoń, Stefanie Arndt, Anders Hellström, Hamburger Ballettensemble – »Lonely Town« / Emmanuelle Broncin, Anders Hellström – »Times Square« / Heather Jurgensen, Anders Hellström, Hamburger Ballettensemble

27. Juni 1993
NIJINSKY-GALA XIX
Musikalische Leitung: Vello Pähn, Gregor Bühl

Begrüßungen durch August Everding, Christina Weiss, Natalia Makarova – Erster Teil: *Désir* M: Alexander Skrjabin, Ch: John Neumeier, Solist: Marco Antonio de Almeida (Klavier) / Lynne Charles, François Klaus / *Daphnis und Chloë* M: Maurice Ravel, Ch: John Neumeier / Christine Gaugusch, Christian Musil – *Fenster zu MOZART* »Aloisia – Constanze« M: Wolfgang Amadeus Mozart, Ch: John Neumeier, Solisten: Volker Banfield (Klavier), Thomas Tyllack (Violoncello) / Stefanie Arndt, Chantal Lefèvre, Jean Laban, Eric Miot – *Blumenfest von Genzano* M: Eduard Helstedt, Holger Simon Paulli, Ch: August Bournonville / Henriette Muus, Lloyd Riggins – *Peer Gynt* M: Alfred Schnittke, Ch: John Neumeier / Johanna Björnson, Göran Svalberg – *My Way* M: Lied gesungen von Frank Sinatra, Ch: Stephan Thoß / Stephan Thoß, Raymond Hilbert – *Mozart und Themen aus »Wie es Euch gefällt«* M: Wolfgang Amadeus Mozart, Ch: John Neumeier / Susanna Vironmäki, Sampo Kivelä – *Die Kameliendame* M: Frédéric Chopin, Ch: John Neumeier, Solist: Volker Banfield (Klavier) / Elisabeth Platel, Ivan Liška – *Giselle* M: Adolphe Adam, Ch:

Jean Coralli, Jules Perrot / Cynthia Harvey, Guillaume Graffin – *Urlicht* M: Gustav Mahler, Ch: William Forsythe, Solistin: Eva Maria Tersson (Sopran) / Margaret Illmann, Graeme Mears – *Zweiter Teil: Now and Then* (für Jeffrey Kirk), M: Maurice Ravel, Ch: John Neumeier, Solist: Volker Banfield (Klavier) / Karen Kain, Margaret Illmann, Caroline Richardson, Graeme Mears, Jeremy Ransom, Nils-Bertil Wallin – *Bernstein-Serenade* Uraufführung, M: Leonard Bernstein, Ch: John Neumeier, Solisten: Peter Zazofsky (Violine), Marco Antonio de Almeida (Klavier) / Heather Jurgensen, Gigi Hyatt, Bettina Beckmann, Ivan Liška, Janusz Mazoń, Anders Nordström, Patrick Becker, Hamburger Ballettensemble – *Dritter Teil:*

Bach Suite-2 M: Johann Sebastian Bach, Ch: John Neumeier / Christina McDermott, Oliver Wehe, Emmanuelle Broncin, Laura Cazzaniga, Joëlle Henry, Kim David McCarthy, Tomi Paasonen, Radik Zaripov – *Don Quixote* M: Richard Strauss, Ch: John Neumeier / Vladimir Derevianko, Beatrice Cordua, Kevin Haigen, Schüler der Theaterklasse der Ballettschule – *Endstation Sehnsucht* M: Alfred Schnittke, Ch: John Neumeier / Marcia Haydée, Richard Cragun – *Onegin* M: Peter I. Tschaikowsky, Ch: John Cranko / Carla Fracci, Rex Harrington – *Fünfte Sinfonie von Gustav Mahler* M: Gustav Mahler, Ch: John Neumeier / Anna Grabka, Gamal Gouda, Hamburger Ballettensemble

M = Musik / Ch = Choreographie

VERANSTALTUNGSREIHE »JUNGE CHOREOGRAPHEN« 1974–1992

17. 6. 1974 — Ballett-Werkstatt VII Choreographien von *Marianne Manniegel, John W. Gardner, Dagmar Kortum, Salvatore Aiello, Beatrice Cordua, Fred Howald*

17. 6. 1975 — Ballett-Werkstatt V Choreographien von *Beatrice Cordua, John W. Gardner, Victor Hughes, François Klaus, Roy Wierzbicki*

9. 5. 1976 — Ballett-Werkstatt VIII Choreographien von *Vladimir Bukovec, Beatrice Cordua, Eric Emmanuele, John W. Gardner, Kevin Haigen, Fred Howald, Victor Hughes, François Klaus*

27. 3. 1977 — Ballett-Werkstatt III Choreographien von *Victor Hughes, Lawrence Robert Leritz, Caspar Hummel, Dieter Ammann, Beatrice Cordua, Vladimir Bukovec, Kevin Haigen, Richard Gibbs, Roy Wierzbicki, Eric Emmanuele*

22. 5. 1978 — Ballett-Werkstatt VII Choreographien von *Caspar Hummel, Karel Vandeweghe, Vladimir Bukovec, Victor Hughes, Beatrice Cordua, Roy Wierzbicki, Iris Tenge, Ivan Liška, François Klaus*

24. 6. 1979 — Ballett-Werkstatt VI Choreographien von *Ronald Alexander, Ricardo Garcia, Beatrice Cordua, Karel Vandeweghe, Victor Hughes*

29. 6. 1980 — Ballett-Werkstatt VII Choreographien von *Caspar Hummel, Ronald Alexander, Ricardo Garcia, Iris Tenge, Jean-Christophe Maillot, Matthew Wright, Vladimir Bukovec, Beatrice Cordua*

17. 5. 1981 — Ballett-Werkstatt V Choreographien von *Caspar Hummel, Iris Tenge, Vladimir Bukovec, Victor Hughes, François Klaus, Beatrice Cordua, Ricardo Garcia, Matthew Wright, Ronald Darden*

13. 6. 1982 — Ballett-Werkstatt VI Choreographien von *Ricardo Garcia, Ronald Darden, Matthew Wright, Beatrice Cordua, Iris Tenge, Vladimir Bukovec*

5. 6. 1983 — Ballett-Werkstatt IV Choreographien von *Matthew Wright, Iris Tenge, Beatrice Cordua, Stefano Giannetti*

15. 4. 1984 — Ballett-Werkstatt V Choreographien von *Stefano Giannetti, Ysabelle Taylor, Vladimir Bukovec, Norberto dos Santos, Beatrice Cordua, Gabriel Manferdini, Mats Lindström, Alessandra Alberti, Victor Hughes*

18. 3. 1990 — Ballett-Werkstatt III / Zum vierzigjährigen Bestehen der Freien Akademie der Künste in Hamburg, Choreographien von *Markus Annacker, Ralf Dörnen, Johannes Kritzinger, Ivan Liška, Frank Logeais, Stephen Pier, Ines Sprenger, Martin Stiefermann, Patricia Tierney* sowie der *Theaterklasse der Ballettschule*

23./24. 5. 1991 — Spielarten 1 / »Junge Choreographen« des Hamburger Balletts auf Kampnagel, Choreographien von *Patricia Tierney, Tomi Paasonen, Ralf Dörnen, Ivan Liška* sowie der *Theaterklasse der Ballettschule*

25./26. 5. 1991 — Spielarten 2 / »Junge Choreographen« des Hamburger Balletts auf Kampnagel, Choreographien von *William Parton, Frank Logeais, Martin Stiefermann, Patrick Becker, Gamal Gouda*

5. 2. 1992 — Forum Leverkusen / Choreographien von *Patricia Tierney, Frank Logeais, Ralf Dörnen, William Parton, Ivan Liška, Martin Stiefermann*

29./30./31.3./ 1. 4. 1992 — Spielarten 3 / »Junge Choreographen« des Hamburger Balletts auf Kampnagel, Choreographien von *Martin Stiefermann, Frank Logeais, Tomi Paasonen, Ralf Dörnen, Kevin Haigen*

2./3. OKTOBER 1981 – THEATER AM SPIELBUDENPLATZ
BALLETT-GALA ZUR ERÖFFNUNG DES THEATERS

Ouvertüre M: Igor Strawinsky – *Der Nußknacker* M: Peter I. Tschaikowsky, Ch: John Neumeier / Marianne Kruuse, Max Midinet, Colleen Scott, Ivan Liška, Hamburger Ballettensemble – *A Chorus Line* M: Marvin Hamlisch / Gillian Scalici, Ronald Darden, Roy Wierzbicki – *Désir* M: Alexander Skrjabin, Ch: John Neumeier, Solist: Edward A. Pinder (Klavier) / Lynne Charles, François Klaus – *Brahms-Walzer* M: Johannes Brahms, Ch: Frederick Ashton, Solist: Edward A. Pinder (Klavier) / Beatrice Cordua – *Le Train bleu* M: Darius Milhaud, Ch: Bronislava Nijinska / Kevin Haigen – *Blumenfest von Genzano* M: Edvard Helmsted, Ch: August Bournonville / Marianne Kruuse, Frank Andersen – *Der sterbende Schwan* M: Camille Saint-Saëns, Ch: nach Michail Fokine, Solist: Tadao Kataoka (Violoncello) / Natalia Makarova – *Hommage au Bolschoi* M: Alexander Glasunow, Ch: John Cranko / Marcia Haydée, Richard Cragun – *Bach Suite-3* Uraufführung, M: Johann Sebastian Bach, Ch: John Neumeier / Lynne Charles, Kevin Haigen, Chantal Lefèvre, Ronald Darden, Leslie Hughes, Gamal Gouda, Trinidad Vives, Roy Wierzbicki, Robyn White, Eduardo Bertini – *Manon* M: Jules Massenet, Ch: Kenneth MacMillan / Natalia Makarova, Anthony Dowell – *Der Nußknacker* M: Peter I. Tschaikowsky, Ch: John Neumeier / Colleen Scott, Ivan Liška – *Something Special* M: Ernesto Nazareth, Ch: Dalal Achcar, Solist: Nancy Mayo (Klavier) / Marcia Haydée, Richard Cragun – *Top Hat* M: Irving Berlin, Ch: Peter Gennaro / Anthony Dowell, John Neumeier – *West Side Story* M: Leonard Bernstein, Ch: John Neumeier / Gillian Scalici, Roy Wierzbicki, Loretta Zien, Hamburger Ballettensemble

9. MAI 1988 – HAMBURGISCHE STAATSOPER
JOHN NEUMEIER UND SEINE FREUNDE
BENEFIZ GALA FÜR DEN
SCHUMACHER BALLETT-BAU
Musikalische Leitung: Gerd Albrecht, Peter Ernst Lassen, Günter Jena, John V. Baer

Ouvertüre M: Antonín Dvořák – *Kinderszenen* M: Robert Schumann, Ch: John Neumeier, Solist: Christoph Eschenbach (Klavier) / Gigi Hyatt, Anna Grabka, Gamal Gouda, Jeffrey Kirk, Marilyn Berlanger, Judith Carlson, Caroline Maylin, Jean Laban, Eric Miot, William Parton – *La Sylphide* M: Hermann Severin Løvenskjold, Ch: August Bournonville / Heidi Ryom, Nikolai Hübbe – Will Quadflieg liest Gedichte von Rainer Maria Rilke, Solist: Wolfgang Müller (Klavier) / Ulrike Hartmann, Patrick Becker – *La Cachucha* M: Casimir Gide, Ch: Jean Coralli / Carla Fracci – *Cavalleria rusticana,* M: Pietro Mascagni / Agnes Baltsa (Sopran) – *Carmen* M: Georges Bizet, Ch: Roland Petit / Susan Hogard, Peter Schaufuss – Michael Heltau erzählt Anekdotisches aus Wien und singt das Chanson *Ich liebe das Milieu* – Lieder von Richard Strauss / René Kollo (Tenor), Solist: Klaus Donath (Klavier) – *Dornröschen* M: Peter I. Tschaikowsky, Ch: Marius Petipa, John Neumeier / Max Midinet, Indrani Delmaine, Anna Grabka, Gamal Gouda, Johannes Kritzinger, Jean Laban, Janusz Mazoń, Charlotte Bremer-Wolff, Otto Waalkes, Hamburger Ballettensemble – *Magnificat* M: Johann Sebastian Bach, Ch: John Neumeier, Solist: Helen Donath (Sopran) / Elisabeth Maurin, Marie-Claude Pietragalla, Jean Laban – Ida Ehre erzählt Anekdoten – *West Side Story* M: Leonard Bernstein / Gillian Scalici (Sopran), Eduardo Bertini, Hamburger Ballettensemble – *Malraux ou la Métamorphose des Dieux* M: Ludwig van Beethoven, Ch: Maurice Béjart / Lynne Charles, Kevin Haigen – *L'Italiana in Algeri* M: Gioacchino Rossini / Agnes Baltsa (Sopran) – Michael Heltau singt das Chanson *Send in the Clowns* M: Stephen Sondheim – *Gershwin Finale* Solisten: Tzimon Barto, Klaus Donath, John V. Baer (Klavier), Helen Donath (Sopran), Gillian Scalici (Sopran) / Colleen Scott, Ivan Liška, Mette Bødtcher, Chantal Lefèvre, Gigi Hyatt, William Parton, Gabriel Manferdini, Hamburger Ballettensemble

4. FEBRUAR 1991 – KOMÖDIE WINTERHUDER FÄHRHAUS
BENEFIZVORSTELLUNG
ZUGUNSTEN DER BALLETTSCHULE
DER HAMBURGISCHEN STAATSOPER

Choreographien von José de Udaeta, Assistenz: Brita Adam, Solist: Wolfgang Müller (Klavier) – José de Udaeta mit Schülerinnen und Schülern der Ballettschule der Hamburgischen Staatsoper

AUTOREN

Christoph Albrecht

war zunächst Dramaturg und später Leiter des Künstlerischen Betriebsbüros an der Hamburgischen Staatsoper. 1978 wurde er Künstlerischer Betriebsdirektor der Kölner Oper. Von 1981 bis 1991 war er Betriebsdirektor des Hamburg Balletts und enger Mitarbeiter von John Neumeier. Zu seinen zahlreichen Publikationen, u. a. als Rundfunkautor, gehört das 1983 erschienene Buch »John Neumeier und das Hamburger Ballett 1973–1983«. Seit 1991 ist er Intendant der Semperoper in Dresden.

Clive Barnes

ist Kritiker und Publizist. Zwölf Jahre schrieb er für die »New York Times«, danach für die »New York Post«. Er arbeitet für zahlreiche Radio- und Fernsehprogramme sowie Zeitschriften und Magazine, unter anderem für »Ballet News«. Zu seinen zahlreichen Veröffentlichungen gehören u. a. Essays und Beiträge über Frederick Ashton sowie über Rudolf Nurejew, dessen Entwicklung er über Jahrzehnte begleitet hat.

Maurice Béjart

wurde in Marseille geboren. 1953 gründete er das »Ballet de l'Etoile« in Paris, das er später »Ballet-Théâtre de Paris« nannte. Aus dieser Compagnie ging anläßlich einer Brüsseler Einstudierung von *Le Sacre du Printemps* im Jahr 1959 das »Ballet du XXe Siècle« hervor, eines der international renommiertesten Ensembles in diesem Jahrhundert. Nach 28 Jahren seiner Tätigkeit in Brüssel verlagerte er 1987 den Sitz seiner Compagnie nach Lausanne und benannte sie um in »Béjart Ballet Lausanne«, heute bezeichnet als »Rudra Béjart Ballet Lausanne«. Seit Juli 1992 ist er First Guest Choreographer am Ballett der Staatsoper Unter den Linden in Berlin.

Marcia Haydée

ist gebürtige Brasilianerin und studierte zunächst in ihrer Heimatstadt Rio de Janeiro, danach an der Royal Ballet School in London. Vier Jahre lang war sie Mitglied des Grand Ballet du Marquis de Cuevas, bevor John Cranko sie 1961 nach Stuttgart berief und sie 1962 zur Primaballerina machte. 1976 übernahm sie die Direktion des Stuttgarter Balletts.

Horst Koegler

war von 1957 bis 1959 Ballettkritiker der Tageszeitung »Die Welt« und von 1959 bis 1992 Musikredakteur und Ballettkritiker der »Stuttgarter Zeitung«. Seit Erscheinen von »Ballett 1965« bis zum Jahr 1987 war er Mitherausgeber des deutschen Ballett-Jahrbuches. Zudem war er Deutschland-Korrespondent von »Dance and Dancers« und »Dance Magazine«. Zu seinen zahlreichen Publikationen zählen »Friedrichs Ballettlexikon« und »The Concise Oxford Dictionary of Ballet«.

Antoine Livio

ist Musikwissenschaftler und beschäftigt sich vorrangig mit Oper und Ballett. Er ist tätig bei Radio Suisse Romande und Radio France. Zu seinen zahlreichen Veröffentlichungen gehören unter anderem »Etoiles et

Ballerines«, »Béjart« und »Danser le XXe Siècle«. Als Taschenbuchautor veröffentlichte er Operneinführungen, u. a. zu *Don Giovanni, Falstaff* und zu Richard Wagners *Der Ring des Nibelungen.* Er ist Ehrendoktor der Université de la Danse in Paris sowie Gründer und Chefredakteur der Zeitschrift »Danse perspective«.

Rolf Michaelis

war nach dem Studium als Redakteur bei der »Stuttgarter Zeitung« und bei der »Frankfurter Allgemeinen Zeitung« (FAZ) tätig. Seit 1973 ist er Feuilletonredakteur bei der Wochenzeitung »DIE ZEIT«. Er veröffentlichte Bücher über Friedrich Hölderlin, Heinrich von Kleist, Federico García Lorca und Gerhart Hauptmann.

Alexej Parin

ist Lyriker, Übersetzer und Librettist sowie als Theater-, Opern-, Musik- und Ballettkritiker tätig. Seine Essays erscheinen in der »Sunday Times«, der »Frankfurter Allgemeinen Zeitung« (FAZ) und in der »Opernwelt«. Libretti verfaßte er zu Wassili Lobanows *Antigone* und zu Wladimir Kobekins *Der glückliche Prinz.* 1990 erschien erstmals ein Gedichtband von ihm in Moskau. In Deutschland wurden Gedichte von ihm unter dem Titel *Interludien* veröffentlicht. Lehraufträge und Lesungen führten ihn in den letzten Jahren an Universitäten und Institutionen in Zürich, Wien, Paris, Basel, Innsbruck und Tübingen.

John Percival

ist Ballett-Publizist. Er studierte an der Universität Oxford. Seit 1950 ist er Mitarbeiter der Zeitschrift »Dance and Dancers«, seit 1981 deren Herausgeber. Seit 1965 arbeitet er als Ballettkritiker der »London Times«. Er ist Londoner Korrespondent von »Dance Magazine« und des deutschen Ballett-Jahrbuches. Zu seinen Publikationen zählen Bücher und Essays über Antony Tudor, Rudolf Nurejew und John Cranko.

Will Quadflieg

erhielt Schauspielunterricht in Oberhausen, war nach Engagements an Bühnen in Gießen, Gera und Düsseldorf am Schiller-Theater in Berlin engagiert. 1947 wurde er an das Deutsche Schauspielhaus in Hamburg verpflichtet. Häufig gastierte er am Wiener Burgtheater, bei den Ruhrfestspielen und bei den Salzburger Festspielen. Neben einer umfangreichen Tätigkeit als Rezitator trat er in den letzten Jahren wieder häufiger am Hamburger Thalia-Theater auf, zuletzt in der Titelrolle von William Shakespeares *König Lear.*

Jürgen Rose

arbeitet als freier Bühnen- und Kostümbildner für Oper, Schauspiel und Ballett. In Stuttgart schuf er für John Cranko Räume und Kostüme u. a. zu *Romeo und Julia, Onegin, Poème de l'extase* und *Spuren.* Im Schauspiel arbeitete er häufig mit Hans Lietzau (u. a. *Die Räuber, Philoktet* und *Der blaue Boll*) und Rudolf Noelte (u. a. *Nora* und *Totentanz),* mit dem er in München auch Tschaikowskys Oper *Eugen Onegin* entwikkelte. Zu seinen Ausstattungen in der Oper zählen Inszenierungen mit

Otto Schenk, u. a. in München *La Traviata* und *Der Rosenkavalier*. Bereits seit 1959/60 ist er für die Münchner Kammerspiele tätig, wo er häufig mit Dieter Dorn zusammenarbeitet (u. a. Shakespeares *Was ihr wollt*, *Troilus und Cressida*, *König Lear* und Goethes *Faust*). Für Dieter Dorn entwarf er zudem Opernausstattungen, u. a. *Ariadne auf Naxos* (Salzburger Festspiele), *Der fliegende Holländer* (Bayreuther Festspiele) und *Cosi fan tutte* (Bayerische Staatsoper). Für Inszenierungen von Giancarlo del Monaco schuf er u. a. die Ausstattungen zu *Don Carlo* (Staatstheater Kassel) und *Cavalleria rusticana/Der Bajazzo* (Oper der Stadt Bonn). In den letzten Jahren arbeitete er häufig zusammen mit dem Regisseur Thomas Langhoff, u. a. in München an den Kammerspielen bei *Platonow*, *Lorenzacchio* und *Die Frau vom Meer*, an der Bayerischen Staatsoper für *La Damnation de Faust* sowie bei den Salzburger Festspielen für *Der einsame Weg* und *Die Jüdin von Toledo*.

René Servin

trat nach Studienjahren, u. a. an der Hochschule für darstellende Kunst René Simon, im Jahr 1959 bei der Zeitung »L'Aurore« ein, wo er als zweiter Leiter der Rubrik »Spectacles« sowie als Ballett- und Musikkritiker bis 1979 tätig war. Seit dieser Zeit betreut er die Tanzkritik der Tageszeitung »Le Figaro«. Neben seiner Tätigkeit als Musikkritiker, u. a. für »Diapason« und »Compact«, arbeitet er regelmäßig für die Ballettzeitschriften »Balletto Oggi – Balletto 2000« und »Danser«.

Alfred Schnittke

studierte in Moskau, wo er u. a. als Chordirigent tätig war. Von 1962 bis 1971 war er Lehrer für Komposition am Moskauer Konservatorium. Frühzeitig entwickelte er eine besondere Vorliebe für Kompositionen mit Streichinstrumenten und für Kammermusik. 1971 entstand *Labyrinth*, vor dem Auftragswerk *Peer Gynt* seine einzige Ballettkomposition. 1969 schrieb er seine *Erste Sinfonie*. 1993 wurde seine *Sechste Sinfonie* in Moskau uraufgeführt, ein Jahr zuvor in Amsterdam seine Oper *Leben mit einem Idioten*. Für das Jahr 1995 sind die Uraufführungen der Opern *Historia von Doktor Johann Fausten* in Hamburg und *Gesualdo* in Wien geplant.

Sybil Shearer

ist Tänzerin und Choreographin und war eine der führenden Erscheinungen des Modern Dance. Sie studierte am Bennington College und war Solistin der Humphrey-Weidman Company. 1938 gründete sie ihr eigenes Ensemble. 1941 debütierte sie als Solotänzerin. 1959 versammelte sie in der Nähe von Chicago die »Sybil Shearer Company« um sich (ausführliche Biographie Seite 134).

Michael Tilson Thomas

wurde in Los Angeles geboren, studierte an der University of Southern California Klavier und Komposition. Mit 19 Jahren wurde er Musikdirektor des Young Musicians Foundation Debut Orchestra. 1969 wurde er Assistant Conductor des Boston Symphony Orchestra und debütierte als Dirigent in New York. Von 1971 bis 1979 war er Musikdirektor des Buffalo Philharmonic Orchestra. Seit 1988 ist er Chefdirigent des London Symphony Orchestra und Musikalischer Direktor des New World Symphony Orchestra. In Deutschland arbeitete er u. a. mit dem Symphonieorchester des Bayerischen Rundfunks und mit den Berliner Philharmonikern.

Wolfgang Willaschek

ist freiberuflicher Dramaturg und Autor. Er war Dramaturg an der Hamburgischen Staatsoper, danach bei den Salzburger Festspielen. Als freier Produktionsdramaturg arbeitet er u. a. mit dem Regisseur Johannes Schaaf eng zusammen. Zu seinen Publikationen gehören die Libretti zur Kammeroper *Weiße Rose* von Udo Zimmermann und zur Oper *Sansibar* von Eckehard Mayer nach dem Roman von Alfred Andersch.

INDEX

Aufgeführt sind die in diesem Buch genannten Personen (mit Berufs- oder Funktionsbezeichnung), die erwähnten Compagnien und Institutionen sowie in kursiver Schrift Ballette und Werke unter Angabe der jeweiligen Choreographen bzw. Autoren. Bildnachweise sind hervorgehoben in halbfetter Schrift.

AL = Administrativer Leiter – B = Bühnenbildner – BD = Ballettdirektor/in – BK = Bildende(r) Künstlerin/Künstler – CH = Choreographin/Choreograph – D = Dirigent – DR = Dramaturgin/ Dramaturg – F = Fotografin – FP = Filmproduzent – K = Komponist – KB = Kostümbildnerin/Kostümbildner – KR = Kritikerin/Kritiker – I = Intendant – IS = Instrumentalsolistin/ Instrumentalsolist –LD = Lichtdesigner – MD = Modedesignerin – P = Pianistin/Pianist – PÄ = Pädagogin/Pädagoge – PO = Politikerin/Politiker – PU = Publizistin/Publizist – R = Regisseurin/Regisseur – = Sängerin/ Sänger – SCH = Schauspielerin/Schauspieler – SCHR = Schriftstellerin/Schriftsteller – T = Tänzerin/Tänzer – U = Unternehmer

ZWANZIG JAHRE JOHN NEUMEIER UND DAS HAMBURG BALLETT
1973–1993
Aspekte – Themen – Variationen
Das zweite Jahrzehnt

Dieses Buch wurde gefördert und unterstützt von Herrn Hermann Schnabel, der Stiftung zur Förderung der Hamburgischen Staatsoper, der Körber-Stiftung und Peter Schmidt Design.

ZUSAMMENSTELLUNG UND REDAKTION
Wolfgang Willaschek

GRAFISCHE GESTALTUNG
Peter Schmidt Design
Judith Grubinger und Marcel Cremer
Mitarbeit: Doris Künster

STATISTIK
Birgit Pfitzner

INDEX
Zusammenstellung: Cornelia Weidner

TITEL
Foto: Holger Badekow – Abschluß Nijinsky-Gala XIX, 27. Juni 1993

FOTOS

Holger Badekow (HB) – Archiv des Hamburg Balletts, Archiv der Hamburgischen Staatsoper

David Amzallag (DA), Friedman Abeles (FA), Archiv John Neumeier (AJN), Bundesbildstelle (BB), Gert von Bassewitz (GB), Jean-Marie Bottequin (Plakate für das Hamburg Ballett), Marc Enguerand (ME), Joachim Flügel (JF), Marcel Fugère (MF), Ines Gellrich (IG-Kostümentwürfe von Jürgen Rose), Martin Graf (MG), Gundel Kilian (GK), Ingrid Kruse (IK), Regine Körner (RK), Thomas Kaiser (TK), Dina Makarova (DM), Colette Masson (CM), Helen Balfour Morrison (HBM), Lena Mönkedick (LM), Jacobs Mydtskov (JM), Tony Nuttey (TN), Fritz Peyer (FP), Leslie Spatt (LS), Renate Schäfer (RS), Yngvild Sörby (YS), Cylla von Tiedemann (CT), Joachim Thode (JT), Rodolphe Torette (RT), Matthias duVinage (MV), Photo Weber (PW)

TEXTE

Originalbeiträge

John Neumeier An Kurt A. Körber – *Rolf Liebermann* An John Neumeier – *Wolfgang Willaschek* Vorwort – *Antoine Livio* John Neumeier (Übersetzung aus dem Französischen: Bettina Schlichting) – *John Percival* The Symphonic Ballet – *Horst Koegler* Die literarischen Metamorphosen des John Neumeier, Acht abendfüllende Handlungsballette in zehn Jahren – *René Servin* John Neumeier et la France – *Alexej Parin* Verona: Fragmente der Eindrücke, John Neumeier und das Phantom des Balletts – *Sybil Shearer* John Neumeier in America – *Maurice Béjart* Für John Neumeier – *Alfred Schnittke* Erinnerungen an die Zusammenarbeit mit John Neumeier zu »Peer Gynt« (unter Verwendung von Veröffentlichungen des Hamburg Balletts) – *Christoph Albrecht* Das Ballettzentrum John Neumeier, Eine Chronik – *Michael Tilson Thomas* »Requiem« – Salzburg 1991 – *Jürgen Rose* Räume für Tänzer, Meine Zusammenarbeit mit John Neumeier – *Rolf Michaelis* Wo die goldenen Füße tanzen, Der Ballett-Rattenfänger von Hamburg, Kein Märchen: John Neumeier versetzt eine ganze Stadt in Tanzrausch – *John Neumeier/ Wolfgang Willaschek* Erinnerungen: Aspekte, Themen, Variationen, Zwanzig Jahre Hamburg Ballett – *Will Quadflieg* Über John Neumeier – *Marcia Haydée* Über John Neumeier

Programmhefte und Publikationen Hamburg Ballett/Hamburgische Staatsoper/Programmbücher der Hamburger Ballett-Tage

Hans Christians Verlag, Hamburg 1993
Alle Rechte vorbehalten
Satz: Dammtorsatz, Hamburg – Lithos: Repro Studio, Hamburg – Druck: Hans Christians Druckerei, Hamburg – Buchbinder: Alster Buchbinderei, Hamburg
ISBN 3–7672–1175–0

Die Deutsche Bibliothek – CIP-Einheitsaufnahme
Zwanzig Jahre John Neumeier und das Hamburg-Ballett: 1973–1993; Aspekte, Themen, Variationen; das zweite Jahrzehnt / [Zsstellung und Red. Wolfgang Willaschek]. – Hamburg: Christians, 1993
Nebent.: 20 Jahre John Neumeier und das Hamburg-Ballett
ISBN 3-7672-1175-0
NE: Willaschek, Wolfgang [Hrsg.]; NT